近世妙心寺建築の研究

平井俊行 著

思文閣出版

近世妙心寺建築の研究◆目次

第1章　本書の概要……………………………………………………………………3
　1　本研究の目的…………………………………………………………………3
　2　従来の研究……………………………………………………………………4
　3　研究の方法……………………………………………………………………6

第2章　妙心寺の沿革…………………………………………………………………10

第3章　序　論…………………………………………………………………………20
　1　はじめに………………………………………………………………………20
　2　中世の五山寺院・大徳寺と妙心寺…………………………………………20
　3　中世の妙心寺諸建築の建立…………………………………………………23
　　　①　奉勅入寺の寺院としての体裁（単層建築）　23
　　　②　諸建築の建設と綸旨　27
　4　近世における妙心寺本山の組織……………………………………………29
　　　①　本山組織　29
　　　②　禅堂・僧堂・衆寮と弟子のあり方　31
　　　③　住持の入寺制度　32
　　　④　本山と塔頭、檀越　33
　5　妙心寺大工……………………………………………………………………35
　6　まとめ…………………………………………………………………………42

第4章　法　堂──天正・明暦期の普請文書と臨済宗最大教団への道──……48
　1　天正・明暦期の普請文書……………………………………………………48
　　　①　天正期の妙心寺法堂について　48
　　　②　承応・明暦期の法堂について　58
　　　③　明暦建立以後の経緯　72
　2　新行事が作られる法堂の利用………………………………………………73
　　　①　初祖忌　73

i

② 花園法皇忌（御忌）　80
　　　③ 開山忌　82
　　　④ 冬夜小参　84
　　　⑤ 改旦上堂　86
　　　⑥ 結制上堂　89
　　　⑦ 解制上堂　90
　　　⑧ 再住入寺式　90
　　3　まとめ……………………………………………………………………………99

第5章　仏　殿──文化・文政期における再建の目的とその結果──……………103
　　1　文化・文政期における再建………………………………………………103
　　　① 文化・文政期の仏殿について　103
　　　② 文政建立以後の経緯　108
　　2　利用頻度の高い仏殿……………………………………………………108
　　　① 日常の利用　108
　　　② 月行事での利用　119
　　　③ 再住入寺式での利用　147
　　3　まとめ……………………………………………………………………148

第6章　山　門──「山門閣」の意味と山門の活用──…………………………151
　　1　「山門閣」の意味…………………………………………………………151
　　　① 天文頃（前身建物または現存建物下層部分）　151
　　　② 慶長4年の山門閣建設工事　153
　　　③ 寛永14年（1637）の羅漢像安置にともなう工事　158
　　　④ その後の山門の修理　159
　　　⑤ 小　結　160
　　2　山門の活用………………………………………………………………160
　　　① 山門懺法（6月18日）　160
　　　② 山門施餓鬼（7月15日）　164
　　　③ 山門觸禮（7月15日）　166
　　　④ 再住入寺の際の山門の使い方　167
　　3　まとめ……………………………………………………………………169

第7章　大方丈——独立した本山施設と新行事の創造——……………………………………183
　1　本山の方丈建築……………………………………………………………………………183
　　① 大方丈の建立　183
　　② 承応建立以後の経緯　189
　2　新行事を創造する利用実態………………………………………………………………191
　　① 方丈懺法　191
　　② 方丈祠堂施餓鬼　196
　　③ 鉢斎式　198
　　④ 冬至巡塔諷経の茶禮　202
　　⑤ 開山忌の粥著座・斎著座　203
　3　不定期の行事での利用……………………………………………………………………207
　　① 再住入寺式　207
　　② 訪問者の接待と寺宝の展示　216
　　③ 僧侶の申渡し　220
　　④ 行者の任官にともなう饗宴　222
　　⑤ 高僧の大年忌　222
　　⑥ 檀越の大年忌　225
　4　まとめ………………………………………………………………………………………228

第8章　庫　裏——利便性の追求と役僧の変化——………………………………………255
　1　庫裏の建立とその後の増改築……………………………………………………………255
　　① 庫裏の建立　255
　　② その後の増改築　258
　2　庫裏の利用——火番と典座——…………………………………………………………266
　　① はじめに　266
　　② 火番の身分　266
　　③ 火番方の職務内容　268
　　④ 火番寮の位置　271
　　⑤ 火番方の変化　272
　　⑥ 監寺の取立て状況　273
　　⑦ 典座寮の成立　274
　　⑧ 典座寮の職務内容と本坊建物の使われ方　276
　　⑨ 小　結　280

3　まとめ……………………………………………………………………282

第9章　浴　室——正面の意匠保全と施浴の仕組み——…………………287
　1　浴室建立の経緯とその後の改造……………………………………287
　　①　浴室の建立　287
　　②　現存する浴室　288
　　③　延宝7年の改修工事　290
　　④　その後の江戸時代の改修工事　293
　　⑤　明治以降の修理　296
　2　浴室の利用方法および経営等………………………………………297
　　①　入浴の際の僧侶の作業と入浴方法　297
　　②　施浴者について　298
　　③　施浴に対する妙心寺の経営　299
　3　まとめ……………………………………………………………………302

第10章　結　語………………………………………………………………306

後　　書
初出一覧
索　　引

資料編
　1　法堂普請銀之拂帳…………………………………………………(3)
　2　風呂屋普請萬帳……………………………………………………(16)

近世妙心寺建築の研究

第1章　本書の概要

1　本研究の目的

　本研究の主な課題は、近世における禅宗本山寺院建築の時代的な変遷を、当時の時代背景や寺院の経営・宗教行事との関係から明らかにすることである。これにより禅宗に属する臨済宗妙心寺派の本山伽藍がいかにして現在の形に整えられてきたのかを把握することができ、広く禅宗本山寺院全体に対する妙心寺の位置づけを明確にすることができると考える。具体的には、妙心寺に残る古文書等を通して、近世における禅宗寺院本山の建築の成立とその後の改造、さらにはその利用方法について寺院の経営部分にまで踏み込んで解析を加えることとする。

　それらの解析により、現在の伽藍を構成する重要な要素となる承応から明暦年間に造営された法堂・大方丈・庫裏等について、造営直後の利用実態やその後の発展について、理論を展開していく。

　さらに個々の建築においても、いくつもの歴史的な事実を確認することができると考えている。

　法堂では、明暦以前の中世建物についても文書より調査ができ、応仁の乱以降の伽藍の整備の状況を一定程度理解することができると考える。なかでも天正11年（1583）に作成された普請文書は、これまでいわれていた前身の仏殿（法堂兼用）が建立されたときのものでなく、禅宗建築として未完成であった建物を、本格的な二重屋根とし、格の高いものとして改造を加えたときのものである可能性が、極めて高い点についても論証づけることとしている。さらに近世における妙心寺での最大の普請事業である明暦年間の法堂建設については、これまで紹介されていない古文書等から当時の普請の状況を具体的に把握していきたい。

　仏殿は、本山伽藍の中で最も新しく建て替えが行われた建物であったが、承応年間に新たに法堂が建てられる以前は、仏殿と法堂兼用のものとして建てられていた。その利用形態を明らかにすることにより、中世の仏殿と法堂兼用の形態が、規模・形式を変更することなく、そのまま近世後期に建て替えられた可能性が高い点について論証したい。

　山門においても、これまで建立年代として考えられてきた慶長4年（1599）は、普請文書

のタイトルに記されている「山門閣」（上層）のみの増築工事であり、下層についてはそれ以前の造営の可能性があることを論述する予定である。これは妙心寺のもと本山寺院であった大徳寺山門の歴史とまさに一致するものであり、中世における建物や寺院の格をあげるため、一般的に行われていた改造手法であることを指摘したい。

　さらに大方丈では、六間取りの方丈形式である点は他の禅宗寺院と共通するが、室中北面の現在建具のない開放となっている内法部分が、近世においては壁面で閉ざされていたことを建築と行事の際の利用状況より確認する。この点はこれまで研究が進んでいる禅宗の塔頭方丈と大きく異なる、禅宗本山の方丈建築の特色であることを指摘する予定である。

　庫裏については、その中で仕事をする僧侶の階級が、これまで研究の進んでいる大徳寺と異なり、時代の経過とともに変化している点を指摘し、住坊としての機能と本山の寺務の中枢機能とを併せ持ち、増改築を繰り返す建築の性格について論じる。

　また浴室に関しては、これまで建立年代と考えられていた明暦年間は本山伽藍域の拡大にともなう移築工事が行われたのであり、現存の浴室建立は天正年間まで遡る可能性がある点なども指摘する。

　以上のように建物の歴史と妙心寺内でのその利用方法等を把握することにより、これまで様式論で捉えられてきた禅宗建築が、近世という時代における利用実態をともなう建築として再認識できる点に本研究の意義があると考える。

2　従来の研究

　禅宗建築の研究は、日本建築史の創立者である伊東忠太が明治30年（1897）前後に執筆し、のちに刊行された『日本建築の研究　上』（龍吟社　昭和17年6月）の中で、和様・天竺様と違う様式として唐様が鎌倉時代に登場した点を指摘したことに始まる。さらに、『日本建築の研究　下』（龍吟社　昭和17年6月）では、禅宗伽藍の建物配置について触れているが、当時はまだ様式の編年や伽藍の変遷等にまで踏み込んだ研究とはなっていなかった。

　ただし、明治30年に施行された古社寺保存法の第1回目に、大徳寺唐門・東福寺三門が特別保護建造物の資格があるものと定められた。その後、五山寺院である相国寺・南禅寺・東福寺・建仁寺や大徳寺・妙心寺など多くの禅宗本山の建造物が、明治年間に特別保護建造物となっている。

　しかし、その後においても昭和20年以前の社寺建築の研究は奈良時代が中心で、中世寺院建築のひとつであった禅宗建築の歴史的な研究も十分なものとはなっていなかった。

　こうした状況の中で、昭和14年から20年代の半ばにかけて太田博太郎が中世五山寺院の発展消長の過程を文献を通して明らかにした（『中世の建築』彰国社　昭和32年）。

　さらに、昭和40年代に入り、関口欣也が『中世禅宗様建築の研究』（私家版　昭和44年）で

中世禅宗様仏堂を遺構に即して実証的に体系づけ、柱間、柱高と柱太さ、内部架構、斗栱、扇棰、装飾細部を克明に調査した。これらにより禅宗様建築の研究は、第一段階の基礎的な調査が完了したといわれている。

その後、横山秀哉の『禅の建築』（彰国社　昭和42年）が出版されるにおよび、中国と日本との総合的な観点に立ち、禅宗の教義と禅院の機能の変化からみた禅宗寺院建築の性格の変遷が文献などを通して追及された。さらに川上貢によって塔頭の建築が注目され、これを広く日本住宅の発展過程の中で位置づけるなどの取り組みが行われてきた（『禅院の建築』河原書店　昭和43年）。さらに、1980年代には桜井敏雄や大草一憲による禅宗寺院伽藍計画についての論考も発表されている。そして1990年代には、杉野丞が近世禅宗建築の中で臨済宗と曹洞宗の本堂を対象として、それらの平面と意匠ならびに構造と内部空間の発展過程を明らかにし、禅宗本堂の様式的な時代区分とその特質を解明することにより、近世における寺院建築の発展についてまとめている［『近世における寺院建築の発展に関する研究』私家版　平成7年］。

また、永井規男の「中世五山における庫院とその変容」（『建築史学』38号　平成14年3月）のように中心建物ではない周辺の建造物に対する論考や野村俊一による「五山叢林における夢窓疎石の修造知識」（『建築史学』43号　平成16年9月）、「鎌倉期・南北朝期における禅宗寺院の仏殿とその意味」（『建築史学』47号　平成18年9月）や「中世禅院における「造化」の語義とその背景──瑞泉院の景観とその意味に関する一考察」（『建築史学』48号　平成19年3月）をはじめ、禅宗の教義の中で把握することのできる建築の意味についての論考など幅広い観点から禅宗建築を捉えようとする試みが行われている。

しかし、個別寺院の研究が少なく、遺構の年代判定、実測だけにとどまらず、その利用方法、法会の勤修形態などを含めたさまざまな視野から観察を行い、禅宗建築の実態を解明するような研究はこれまで存在していない。

建築史の中で特に妙心寺に関する論文には、昭和40年代の古文書調査により福山敏男・川上貢「妙心寺の調査について」（『日本建築学会論文報告集』118　昭和40年）や川上貢「承応・明暦年間の妙心寺伽藍の造営と大工について」（『日本建築学会論文報告集』号外　昭和41年）が発表されている。さらに永井規男により「初期天正期の妙心寺法堂修造帳」（『建築史学』9号　昭和62年9月）、「承応二年以前の妙心寺伽藍地の形状について」（関西大学『考古学等資料室紀要』9号　平成4年3月）や「妙心寺の寺地について」（『建築史学』34号　平成12年3月）など一連の研究が発表されているが、いずれも短期間の事象についてまとめたもので、総合的に妙心寺の建築を捉えるものとはなっていない。

一方、他の分野を見てみると、大正末年頃から経済学者の中川與之助により、「妙心寺の財政組織」（『経済論叢』21巻6号　大正14年12月）、「妙心寺の無尽講」（『経済論叢』22巻4号

大正15年4月)、「妙心寺派教団の共済制度」(『経済論叢』22巻5号　大正15年5月)や「妙心寺の寺領と領民の負擔」(『経済論叢』23巻5号　大正15年11月)が発表され、近世における妙心寺の寺院経営についての、調査が行われていた。

　さらに宗教史の分野では、1700年頃、のちに妙心寺第314世となる無著道忠（1653～1744）により、それまでの妙心寺の歴史を総合的にまとめた『正法山誌』(思文閣出版　昭和45年1月　復刻)が作られ、また、大正6年には塔頭春光院の川上孤山により妙心寺の歴史書である『妙心寺史』(妙心寺派教務本所　上巻：大正6年4月、下巻：大正10年12月、復刻　思文閣　昭和59年)が刊行されている。論文では、荻須純道の「妙心寺の開創について」(『禅学研究』52号　昭和37年5月)や玉村竹二「初期妙心寺史の二三の疑点」(『日本禅宗史論集』下之二　思文閣出版　昭和56年1月)など、妙心寺の創建に関わる問題点についての論考がある。

　この他、笹尾哲雄により『近世に於ける妙心寺教団と大悲寺』(文芸社　平成14年3月)が発表され、近世の妙心寺教団についてその一部が理解できるようになってきている。しかし、この分野においても、中世・近世の妙心寺教団の寺院経営や本山の建築に関わる背景について、多くを触れるものとはなっていない。

3　研究の方法

　これまでの研究が第2節で述べたように総合的に近世の妙心寺建築についてまとめたものではなく、断片的な事象をとりあげたものであったことから、本研究の方法として以下のことを基本とする。

　本山や塔頭に残る中世から近世にかけての古文書の解読を進め、その中から見えてくる妙心寺本山の建築の建立の経緯やその後の変遷を明らかにするとともに、それぞれの建造物で行われる行事の実態についても把握し、建築建立の目的を明らかにする。そのため、臨済宗妙心寺派本山の個々の建造物を対象とし、年代判定、実測だけにとどまらず、その利用方法、法会の勤修形態などを含めたさまざまな視点から観察を行い、その実態を解明していきたい。妙心寺には中世以降の古文書と建物が豊富に残されていることから、文献と遺構の融合的研究が可能となる。近世における建築の諸様相を生きいきと描き出すことができれば、妙心寺一寺院にとどまらず、多くの近世禅宗寺院建築の成立の意義について把握することができるのではないかと考える。

　具体的に妙心寺本山と塔頭に残る主な古文書は以下の通りである。

　本山が執り行う行事については『法山規式須知』があり、近世の様子がわかる本山の日記として『記録』がある。また、中世から断片的に残っているものに金・銀・銭・米の出納簿である『納下帳』が現存している。その他、本研究の中心となる普請関係の古文書として、承応から明暦年間に開山300年遠忌に際して建設された法堂・大方丈・庫裏等に関係するも

のが多数保管されている。ここで、以上の古文書についてその成立や内容について述べておく。

『法山規式須知』は、天明2年（1782）11月の総評で常住清規の製作について議論となり、四本菴に総評の内容が伝達され、それぞれの派内で協議された。翌天明3年（1783）1月29日には各派より異存のない旨が文書で提出され、同年2月3日に総評が開かれる。同日の『記録』に以下のように記され、製作が開始されたことがわかる。

　　天明3年（1783）2月3日条
　　　清規製作之儀ニ付總評　衆議ニ先月廿九日四本菴ヨリ被差出ソロ清規製作尋ノ返答書ノ趣ニテハ四派共存寄無之ソロヘハ愈製作有之可然ソロ乍然此度ノ衆議新ニ常住ニ清規製作ト申事ニテハ無之是迄山中諸院ニ古来ヨリ傳リソロ諸-流ノ筆記ヲ悉ク集メ異同ヲ考ヘ合せ其上ニテ一様ニ相成リソロ様ニ致シ可然ソロ畢竟以来新規ナル流義出来不致爲メニ是迄ノ私ノ筆記ヲ常住エ差-出シ此度事ヲ極メソロ耳ミノ事ニソロ右製作ノ儀常住ニテハ難相決筋ニソロヘハ山中品麗達ノ前堂衆並ニ維那エ製作ノ儀選挙有之可然ソロ乍然不容易儀殊ニ諸-流申合セソロ事故各々心得違無之様件々覺書ヲ以可申入トノ儀ニテ書付出来文如左
　　　　　　　　覺
　一　此度衆議之上常住規式須知製作之儀山中品麗達之前堂衆並維那江令選挙候間一統申合セ製作可有之候右ニ付常住記録之寫一通差出候各覧之上心得違無之一統被申合製作可被致事　當維那交代後者次之維那出席可有之事
　一　諸院各々私記有之候ハ、會通之上被差出一様ニ相成候様製作可被致候但何連之流儀ニ茂無之新規之儀相談之上ニ而製作有之候事者縦令道理宜敷儀ニ而も堅ク可為無用候事
　一　山中品麗達之前堂衆一統ニ令選挙候得共何角便利之為メ一統之内ニ而四派より壱人充掛リ之衆致差定候間聚會并聞合等之儀掛リ之四座元ゟ宜敷取計規式肝要之儀者一統之相談ニ而被相極掛リ之四座元江被委間敷事
　一　選挙一統之内当時病気或ハ極老之衆者一統相談聚會之節出席之儀任其意相談無之候而ハ不相論儀者掛リ之衆某院江参向可被聞合候尤出席者隨意ニ候得共諸般可被添心事
　一　品麗衆聚會之儀者玉鳳院ニ候得共相談可及数回候得者此度者方丈裏西之間ニ而聚會可有之候尤晩炊等者副寺江可被相談候聚會之節度々行者両人出勤候様申付置候事
　一　右製作當年開山忌前ニ出来有之候様可被致事
　　　右之外何角瑣細之儀者一統相談之上宜敷可被取計候若常住江被聞合度儀有之候ハ、選挙之内何連ニ而も常住式日ニ出席有之可被申出候

これにより、これまでの諸流儀を統一することを目的として、山中の品麗達の前堂（15名）と維那（1名）に依頼し、今年の開山忌（12月12日）までに製作することを目標に作業が開始されたことがわかる。しかし、正式な完成は翌年まで時間を要したようで、天明4年（1784）4月20日にこれまで提出した「住持章」「両序章」「五侍者章」「大衆章」に加えて、「年中行事並図式」を差出している。この段階で一応完成したものと考えられるが、今後の本山での取り扱いについて相談をしているようである。

　その後の経緯については、詳細に把握できないが、寛政7年（1795）12月14日には先に提出した「住持章」「両序章」「五侍者章」「大衆章」を上下2冊ずつとし、新たに『法山再住入寺須知』「新命章」「第二」「第三」「圖繪」を加えた13冊を清書し、本山に提出している。

　さらに、寛政11年（1799）には『法山規式須知』を四本庵に下し意見を求める。享和元年（1801）には霊雲派が、文化元年（1804）には龍泉派が『法山規式須知』に対する意見を提出し、若干の修正を加えたものと考えられる。この頃には実際に活用される手引書となっていたと考えられる。さらに文化12年（1815）には、『法山規式須知』調べ・『副寺須知』改め、『小方丈須知』清書等が行われたことが確認でき、行事の実態やその時代に即した記述内容に変更が加えられていったものと考えられる。

　今回確認できた春浦院所蔵本は、文化元年に龍泉派が『法山規式須知』に対する意見を提出した後に書き写されたものと考えられ、全13冊が保管され『法山規式須知』9冊と『法山再住入寺須知』4冊からなる。各冊の前後には龍泉庵春江徒弟の印鑑が確認できる。『法山規式須知』は9分冊で表紙を含めて墨付丁数689丁におよぶ大書で、住持・維那等の役職ごとに日常のきまり事を示す「通用」と毎月行われる行事を示す「日分」、さらには1年間の行事を列挙する「月分」などの項目に分けて、わかりやすく解説した手引書である。最後の「第九」には、各行事の際にそれぞれの役僧がどのように行動するかを絵によって示した「圖繪」が添えられている。

　一方、『法山再住入寺須知』は、妙心寺の僧侶が世代帳に名を記し、本山の住職となるための儀式について、やはり役職別にその行動が記された手引書であり、4冊合わせて198丁に達する。『法山規式須知』と同様に最終の「第四」には「圖繪」が添えられている。

　『記録』は、毎日の本山での出来事を1年1冊の和綴本にまとめた妙心寺本山の公式文書である。延宝6年（1678）1月から慶応4年（1868）1月［元治元年のみ欠］まで実に189年分が現存する。また『記録』の内容を項目ごとに整理した『法山記録條箇分類』という目録も存在する。

　『納下帳』には、米と銭についてまとめた『米銭納下帳』と金と銀についてまとめた『金銀納下帳』とが現存している。『米銭納下帳』は、本山の米と銭の出し入れを1年1冊の和綴本にまとめたものである。中世のものは大永6年（1526）から天正16年（1588）まで45冊

が現存する。

　近世以降は慶長・元和・寛永など部分的に欠があるものの江戸時代末まで存在する。特に延宝7年（1679）以前のものは本山の小修理の内容を含んでいる。それ以降の修理は『修造月分牒』に記載することとなるが現在数冊が確認されるだけである。

　一方、『金銀納下帳』も毎年の本山の金と銀の出し入れを続紙形式で記載したものである。慶長2年（1597）から寛政6年（1794）までの198年のうち、52年分が存在する。なお、『米銭納下帳』『金銀納下帳』とも会計年度は8月1日から翌年の7月晦日までとなっている。

　普請関係については、多くの文書が残されている。特に妙心寺については、開山300年の遠忌前の事業として法堂の新築、方丈・庫裏・浴室・玉鳳院方丈・玉鳳院庫裏などの建替え等を行ったことが知られている。これらの工事に際して多くの文書が作成されたことが前掲の福山・川上「妙心寺の調査について」、川上「承応・明暦年間の妙心寺伽藍の造営と大工について」や『重要文化財妙心寺法堂・経蔵修理報告書』（京都府教育委員会　昭和51年）の中で紹介されている。さらに『重要文化財妙心寺庫裏ほか5棟修理工事報告書』（京都府教育委員会　平成11年）の中では、開山300年の遠忌前の事業についての庫裏と大方丈等に関する文書が紹介されており、さらにその他の年代に及ぶ庫裏・山門等に関する文書についても言及されている。

　註
（1）　妙心寺第9世雪江宗深により、4名の高僧が輩出された。その4名の僧侶により15世紀末から16世紀初めにかけて妙心寺山内塔頭の龍泉庵、東海庵、霊雲院、聖澤院が創建された。これらの塔頭を総称して四派本庵（四本庵）と呼び、中本山的な役割を担った。近世を通して妙心寺の重要事項は四派本庵の合議により決定されていた。
（2）　品麗達とは、本山塔頭で教育を受けた優秀な僧侶のこと。

第2章　妙心寺の沿革

　正法山妙心寺は、京都市右京区花園妙心寺町に位置する臨済宗妙心寺派の本山である。寺域は、東西約500メートル・南北約620メートルで面積は31ヘクタールにも達する。その境内地の内外には本山伽藍をはじめ46の塔頭が甍を並べている。平安時代のこの地は、条里の北西隅右京一条四坊に当たり、近隣には仁和寺・四円寺などの大寺や貴族の別邸が多く造られた。

　後醍醐天皇の一代前、花園法皇は禅への関心が深く、初めは大徳寺を開いた宗峰妙超に帰依したが、建武4年（1337）に宗峰が入寂すると、後嗣の関山慧玄を尊師として招いた。

　妙心寺の創建は、暦応5年（1342）花園御所跡の管領を記した院宣が関山に下され、公認された[1]。さらに花園法皇は、貞和3年（1347）に関山に2通の宸翰を送り、妙心寺と塔頭玉鳳院を関山の門弟によって継承するよう指示している[2]。これらのことから、これまで花園法皇の御所を禅院に改め、妙心寺を開いたと考えられてきた。

　しかし、初期妙心寺の寺地については近年永井規男の研究があり、もと花園領と呼ばれていた大炊御門右大臣家の大炊御門経宗（1119〜89）の所領であった可能性を指摘している。永井によれば、経宗所領の四至は、南を近衛大路、北を土御門大路、東を宇多川（紙屋河）、西を山小路で囲われた、平安京の条坊でいえば右京一条四坊の七町と八町にあたる地であり、かつ宇多川の西の範囲であった（図1）。一方、花園御所跡については花園左大臣源有仁（1103〜47）の

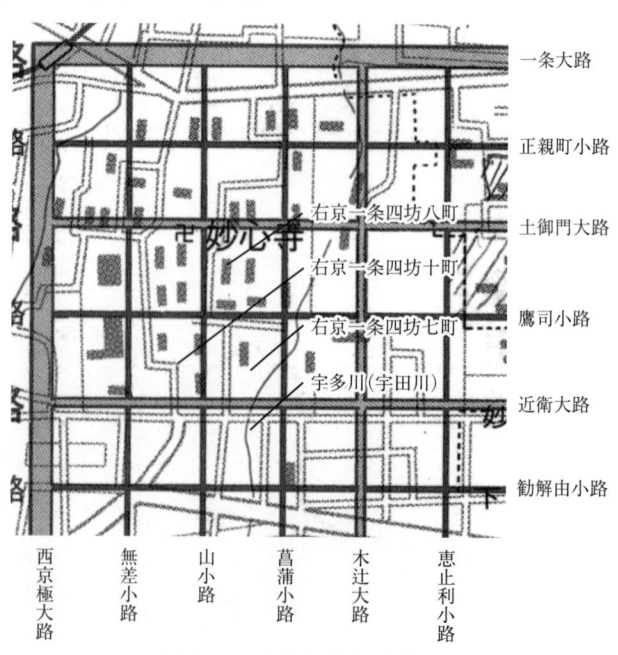

図1　平安京北西隅の条坊図
（『京都市の地名』平凡社、1979年を基に作成）

第2章　妙心寺の沿革

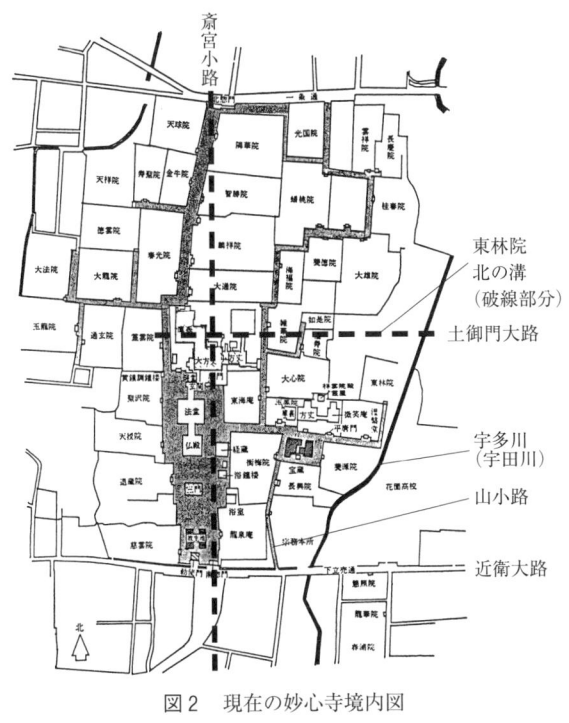

図2　現在の妙心寺境内図

邸宅跡と考え、この地がのちに花園法皇に伝えられ玉鳳院になったと推定、その位置を妙心寺の西側南の地1町、右京一条四坊十町を当てる案を示した。当時の資料に基づく成果であり、これまでの伝説の域を出ない言説からより確信に迫る見解として注目される。

開山関山慧玄の寂後、第2世授翁宗弼・第3世無因宗因とその法嗣により寺院の経営が行われ、順調に発展するかに見えた。しかし、応永6年（1399）に周防国守護大内義弘が足利義満に謀反を起こす事件が発生し、当時住持であった第6世拙堂宗朴が大内氏と関係があったために、この事件に連座する形で、妙心寺の寺産は幕府に没収され、寺名も33年間消滅することとなる。寺産は青蓮院に預けられ、のちには寺名を龍雲寺とし、南禅寺塔頭徳雲院の管理するところとなった。

永享4年（1432）に再びこの地が関山の法嗣に返還され、妙心寺が再興されることとなる。当時の寺域は、現在の玉鳳院を中心とする一角で、東は宇多川、西は山小路、北は東林院北の溝の延長線（土御門大路の北側溝）、南は近衛大路（現在の下立売通り）であったと考えられる（図2）。

しかし、復興は思うように捗らず長禄3年（1459）の開山寂後100年の遠忌は、細川勝元の援助を受けていた第8世義天玄承によって龍安寺で執り行われた。

そして、応仁の乱（1467〜1477）により再び荒廃を招くこととなるが、文明9年（1477）に後土御門天皇から妙心寺再興の綸旨を賜り、第9世雪江宗深により復興が計られる。玉鳳院を中心として東側には、北に退蔵院・南に養源院［文明10年（1478）立柱上棟棟札］が、西側には北より東海庵［文明16年（1484）敷地充当状］・天授院・大愚庵・衡梅院［文明12年（1480）小院創建］・龍泉庵［文明13年（1481）敷地充当状］の諸塔頭が造られていく（図3）。そして妙心寺本坊の建物は、玉鳳院の南側に造営されたと考えられるが、資料としては、文明9年の方丈の棟札が現存するだけで詳細は不明である。

この当時の制度は、先に大徳寺で奉勅入寺を行ったのち、妙心寺の住持としての式を挙行

するという、寺格の差が歴然としたものであった。しかし、永正6年（1509）に第19世栢庭宗松が、後柏原天皇の綸旨を頂戴してはじめて紫衣を着て直接妙心寺に入寺することを許されたことにより、社会的に大徳寺と同格の寺院として認められることとなった。

これにより本寺も勅使を迎えて入寺式を行う寺院としての体裁を整える必要が生じ、栢庭はただちに妙心寺の再興を計るための奉加銭の目録を、洛中・丹波・摂津・河内・伊勢・美濃・尾張・信濃に出している。

ちょうど同じ年、美濃の斎藤利国の夫人利貞尼により仁和寺真乗院の敷地が寄進される。この土地は現在の

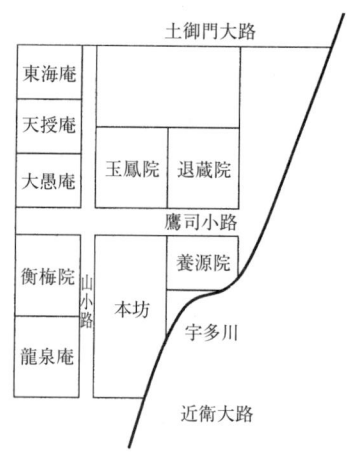

図3　応仁の乱後の妙心寺推定境内図

東海庵より西側に当たる。妙心寺では、この土地と周辺の所有者の異なる土地を同時に購入したようである。奉加により再興される本山伽藍は、この新しい敷地に計画されたと考えられるが、工事がただちに行われたことを示す資料はない。十数年を経過してからこの土地の西半分に聖澤院（大永3年（1523））、霊雲院（大永6年（1526））の創建や退蔵院の移転が行われた。

本山伽藍は、前身の庫裏が享禄元年（1528）に建てられている。またその他の建物についても享禄年間頃移築等が行われた可能性があり、当時、妙心寺の住持となった大休宗休の語録の中にもこれを裏付ける内容が書かれている。前身仏殿（法堂兼用）についても、永井規男の「天正期の妙心寺法堂修造帳」によると享禄4年（1531）頃建立された可能性があることが指摘されている。さらに、山門についても妙心寺第35世となる太原崇孚（1496～1555）より永楽銭50貫文の寄進を受け、単層の門を建立したことが『正法山誌』に記されている。おりしも大徳寺では、大永4年（1524）に山門の建設が始まり、享禄2年（1529）に単層の形で一応の完成を見ている。このことから妙心寺も刺激を受け、同格の門の建立を行ったと考えられる。以上のように、永正6年に利貞尼によって寄進された土地等に、享禄年間（1528～31）から本山伽藍の新築・移築が行われた可能性について述べた。

その後、本山伽藍や塔頭の移転・新築が頻繁に行われるのは、天正年間である。本山伽藍では、天正11年（1583）に前身仏殿（法堂兼用）で改築工事（前述）が行われ、天正15年（1587）には浴室が、天正20年（1592）には前身の方丈が建立されたことが、それぞれの棟札により確認できる。塔頭では、利貞尼寄進以前の旧来の敷地に、長興院（天正9年）・養徳院（天正11年）・雑華院（天正11年）・龍福院（天正12年）等が創建され、東海庵・大心院・如是院（大愚庵）などが寺基を移した（図4）。

慶長以降に建立された建物はほぼ現存している。慶長4年（1599）には山門が、慶長8年

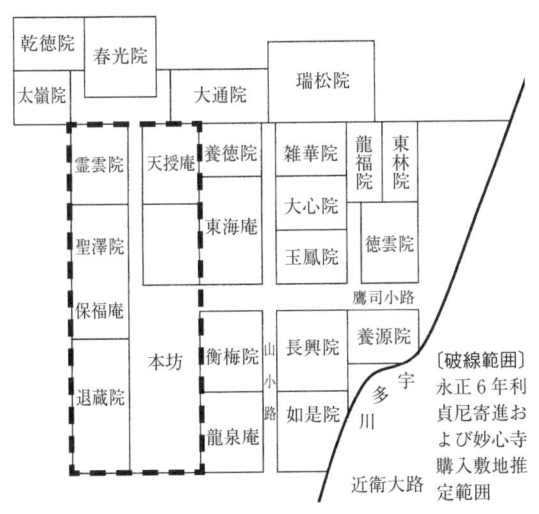

図4　天正頃の妙心寺推定境内図

には、のちに小方丈として移築される玉鳳院の方丈が建立される[19]。慶長15年（1610）には、山門の南に蓮池を掘り、さらにその南に勅使門と南門を造り、境内への入り口を龍泉庵の東側から現在の位置に移したと伝えられている[20]。またこの年は北門も同時に造られ、妙心寺の北と南の境内が確定され、以後今日におよんでいる。

　その後大規模な工事は、開山300年遠忌（1659）を前にした承応から明暦年間（1652～58）にかけて行われた。この工事は、仏殿と法堂を一つの建物で兼用している状態を解消するため、新たに法堂を新築することを最大の目的としていた。しかし当時の本山の伽藍地には、それだけの余裕がなかったため、本山の北側に位置していた塔頭をはじめ、周辺の塔頭に及ぶ大規模な移転や敷地の買い上げを行った[21]。これにより、現在の仏殿北側に広い本山地を確保した。

　建築工事は、新しい本山地の北端より順次南に工事区域を移す方法で行われ、承応2年（1653）には庫裏を、承応3年には大方丈を造り、明暦2年（1656）には、ついに法堂の上棟を行うことができた。その他寝堂・玄関・廊下等の付属建物や前述の小方丈の移築工事、浴室の新築、既存の山門・仏殿等の修理を含め明暦3年までにはその大部分を完成させている[22]。このような大規模な工事を短期間で行うために、京大工頭中井家配下の棟梁西村越前に全体計画を依頼して縄張りを行った。実際の工事は、妙心寺大工の鈴木権兵衛藤原重次が、庫裏・大方丈の棟梁を勤めている。また、法堂については、鈴木権兵衛藤原重次が父の鈴木孫左衛門尉正重と協力して工事に当たったことが棟札や当時の精算書より確認できる。さらに小方丈の移築工事は、鈴木孫左衛門尉正重が行った。

　工事費も莫大なもので承応2年5月から明暦元年8月までの費用をまとめた『普請金銀拂方帳』では、銀327貫769匁1分9厘6毛が支出されており、明暦3年までの総工事費は優に銀500貫を越えたものと考えられる。

　妙心寺では、この莫大な工事費を賄うために門派に助資を求め、承応2年（1653）より明暦元年（1655）末までに、前堂（30歳以上で寺の住職となる資格がある者）の僧侶には、白銀3枚を課している。また大壇越の勧化を行い、多くの門徒へも援助を求めている[23]。

　この一連の工事により現在の妙心寺の景観がほぼ形作られた。万治元年（1658）には、当時の塔頭を含む伽藍全体の鳥瞰図を狩野理左衛門に描かせた。これが『妙心寺伽藍並塔頭総

絵図』と呼ばれ、現在も本山に保管されている（図5）。

　以後の本山伽藍では、寛文13年（1673）に経蔵が新築され、文政10年（1827）には仏殿が新たに建替えられた以外、他の建物については屋根の葺替えや増改築が繰り返された。

　明治維新直後には、廃仏毀釈の運動が起きたが、本山建物にはほとんど影響はなかった。明治45年（1912）2月には、仏殿（本堂）・法堂・山門・浴室・鐘楼・経蔵・勅使門・大方丈・玄関・寝堂・小方丈・庫裏の12棟の建物が、古社寺保存法による特別保護建造物となった。

図5　妙心寺伽藍並塔頭総絵図(万治元年／妙心寺所蔵)

　そして、庫裏については、大正14年（1925）から翌15年にかけて半解体工事が行われた。同様に山門は昭和10年（1935）に、小方丈は昭和28年（1953）に、それぞれ解体工事を行い、大方丈・勅使門は、昭和33年（1958）に屋根葺替え、部分修理が行われた。徐々に修理が行われる中、昭和37年9月には鐘楼が火災に遭い、翌年重要文化財としての指定を解除されている。その後仏殿は昭和57年（1982）から昭和60年（1985）にかけて半解体工事が実施された。平成2年（1990）から平成10年（1998）にかけては、庫裏（半解体修理）・小方丈（屋根葺替え・部分修理）・寝堂（屋根葺替え・部分修理）・勅使門（屋根葺替え）・大方丈（屋根葺替え・部分修理）・山門（屋根葺替え・部分修理・塗装工事）の修理が実施され、今日に及んでいる。

　　註
（1）　花園法皇院宣（妙心寺蔵）
　　　　仁和寺花園御所跡、
　　　　可下令二管領一給上者、依二
　　　　御気色一、執達如レ件
　　　　　暦應五年正月廿九日　大蔵卿（花押）
　　　　関山上人禅室
（2）　花園天皇宸翰（妙心寺蔵・重要文化財）
　　　　往年在先師大燈
　　　　國師所、於此一段事
　　　　得休歇。特傳持衣鉢
　　　　之後、報恩謝徳之思、

　　　　　興隆佛法之志、宿
　　　　寐無忘。而心事依
　　　　違、于今未遂其願。
　　　　頃年病痾纏牽、旦夕難
　　　　期。空塡溝壑者、永劫之
　　　　恨、何事如之。仍一流再興
　　　　并妙心寺造営以下事、申
　　　　置仙洞之子細在之。縱過
　　　　一瞬必可満平生之志。門
　　　　徒之中其仁不在它。廻遠
　　　　慮可被果興隆之願、
　　　　故遣鳥跡、述蓄懷者也、
　　　　　　貞和三年七月廿二日　（花押）
　　　　関山上人禪室

　　　花園天皇宸翰（妙心寺蔵・重要文化財）
　　　　塔頭玉鳳院事、
　　　　不混妙心寺、開山
　　　　上人爲格別之沙汰、
　　　　塔主可令門弟相續、
　　　　仍爲後証、所染筆也
　　　　　　貞和三年七月廿九日　（花押）

(３)　永井規男「初期妙心寺の寺地について」（『建築史学』34号、平成12年３月）。
(４)　註(３)永井論文は、永享４年（1432）に寺地が返還されたときの請状から、微笑庵（開山堂）の敷地は、東を宇多河、西を山小路、南を鷹司小路、北を土御門大路と復元している。
(５)　『臥雲日件録』長禄３年10月12日条。
(６)　後土御門天皇綸旨
　　　　妙心寺者、花園法皇革／離宮、被爲禪刹之名藍也、其／基本寔以不淺、
　　　　雖然罹度々之禍亂、令没倒之趣、達／天聽訖、早運謀計、宣令／再興、者／
　　　　綸命如此、仍執達如件、
　　　　　　文明九年後正月廿六日　　　　　　　左中辨兼顯
　　　　雪江上人禪室
(７)　文明９年の方丈棟札（妙心寺庫前土蔵保管）
　　　大日本國山城州平安城西正法山妙心禪寺方丈立柱上棟文明九年丁酉五月十二日也
　　　　　　　　　　　　　　　　　　　　　　　　　　　　　　　　　　大工藤原次宗
　　　　　　　住持比丘宗深誌之　大檀那花園院也　當今特賜綸旨再興之
　　　　　　　　　　　　　　　　　　　　　　　　　　　　　　　　　　棟梁藤原宗㕝
　　　妙心寺には、建物修繕に関する永禄３年（1560）の米銭納下帳（一部分のみ現存）が現存し、方丈の修理も行われているとわかる。文明９年より83年が経過しており同じ建物であるか確認は取れないが、仮に同じものとすると、方丈の畳面代として52枚分２貫600文の下行が記されており、これが全数であるとすると、妙心寺搭頭退蔵院規模（正面６間半・側面５間半内１間は広縁）の小型の方丈が想定される。
(８)　後柏原院紫衣之　綸旨（妙心寺蔵文書『正法山綸旨寫　全』）
　　　　正法山妙心禪寺者

大燈國師上足之草創
　　　花園仙院御願之蘭若也
　　　是以　綸命復舊再興得
　　　時然則須著紫衣刷入院
　　　儀式位次等大德寺前後
　　　可守年月也門徒相互專
　　　佛法紹隆宜奉祈　寶祚延長之由
　　　天氣如此仍執達如件
　　　　　永正六年二月廿五日　　左少辨伊長
　　　當寺長老禪室

（9）『正法山誌』第四卷
　　　妙心再興化ニ末派ニ移文 元禄九丙子七月治ニ故紙ヲ而得レ之　當寺再興奉ニ加錢目ニ錄
　　　相ニ調進ニ　洛中并丹州接州河州勢州之　接作レ攝可乎　門徒中ニ如レ此。然ニ
　　　間濃州尾州信州　出ニ錢人數逐一一書ニ名字ニ可レ上賜レ也。萬代可レ留ニ置於
　　　本寺ニ事レ候、若又　有ニ違背之任ニ。永不レ可レ爲ニ門徒ニ之由。任宜レ作レ仁
　　　此方者堅申定者也。恐惶謹言。
　　　　　三月廿九日
　　　　　　　　　　當住
　　　　　　　　　　　宗松　此宗松ハ栢庭也蓋妙心ノ現住
　　　　　大珠寺　　　龍泉菴
　　　　　　宗松　　　　玄訥　玄訥ハ景堂也
　　　　　龍興寺　　　大心院
　　　　　　宗棟　　　　宗繕　宗繕ハ松岳也
　　　　　　　　　　養源院
　　　　　　　　　　　德樹　德樹ハ天蔭也養源至ニマテ天蔭ニ聖澤派也
　　　大珠寺ハ龍安ノ大珠菴也此ノ宗松ハ興宗悟溪之法子
　　　龍興寺ハ在ニ丹波ノ八木ニ宗棟ハ鄧林也
　　　　　正法山妙心禪寺再興奉加錢之事
　　　伍貫文　東堂　　參貫文　前板
　　　一貫文　都寺　　伍百文　後板
　　　伍百文　菴主　　參百文　書記
　　　參百文　監寺　　三百文　藏主
　　　二百文　副寺　　二百文　知客
　　　二百文　侍者　　百文　　上坐
　　　百文　　沙彌　　百文　　喝食
　　　　　　比丘尼。優婆塞。優婆夷。各在其意矣
　　　右以ニ衆評ニ攸レ定如レ件
　　　　年號
　　　　　　月　　日
　　　　　　　　　當住
　　　　　　　　　　宗松
　　　　　大珠寺　　　龍泉菴
　　　　　　宗松　　　　玄訥
　　　　　龍興寺　　　大心院
　　　　　　宗棟　　　　宗繕

```
                    養源院
                         德樹
           某國某寺
```
(10)　敷地寄進状　利貞尼（妙心寺蔵）
　　　花その妙心寺御さいこうに／つきて、にしの地を仁和寺／しんせう院殿よりはいとく候
　　　て、／うりけん本しせうのあんもん共に／あいそへ、永代ほたいのために／きしん申候、
　　　此外散在あり、かんろし／中なこん殿元長卿てんそうとして／ゑいりよをへられ、りん
　　　しを／申うけらるへく候、しからハながくわつらひ／あるましく候者也。
　　　　　　永正六年己巳十二月三日　松隠庵　利貞（『白露』白文方印）
　　　妙心寺東海庵
　　　　　　　玉浦和尚侍者御中

　　　後柏原天皇綸旨（妙心寺蔵）
　　　　　妙心寺敷地内有之差図仁和寺宮御境内備本賣券
　　　　　任利貞比丘尼寄進状之旨領掌不可有
　　　　　相違由天氣所候也仍執達如件
　　　　　　　　永正七年六月廿一日　左少辨（花押）
　　　　　　住持上人御房

(11)　『殿堂略記』（龍華院無著道忠著　元禄13年頃）
　　　　庫院　東西九間
　　　　　　　南北十三間
　　　　　　亨祿元年戊子建。承應二年癸巳改建。
とある。
　　また、文化5年（1808）庫裏改修時の棟札にも亨祿元年（1528）に前身の庫裏が造られた
　記述がある。
(12)　『見桃録』の「再住正法山妙心禪寺語録の歳旦の垂語」に「……□承今上皇下綸命建立吾
　正法門可謂山中雨露新師云從這裡入……」とあり、註(8)・註(9)と近い時期に前身の庫
　裏・方丈や門等が建立または移築され、本山伽藍の位置が西側の利貞尼寄進の土地に移動し
　た可能性がある。
(13)　永井規男「天正期の妙心寺法堂修造帳」（『建築史学』9号　昭和62年9月）。
　　　同氏はこの資料紹介の中で、これまで法堂の建立年代とされてきた天正11年（1583）は、
　　法堂上重の形式変更を含む改造工事を主としたものであり、創建年代は亀年の師大休宗休の
　　語録『見桃録』の中の亨禄4年（1531）の垂語に「此山近移柏樹於法堂前」とあることから、
　　この頃の可能性が大きいことを指摘している。
(14)　『正法山誌』第八巻
　　　　山門　鐵山和尚住山時。山門ノ造營始成ル。歳旦ニ作ル偈曰。烏藤拍二手叫ビ令辰ト。五百ノ僧
　　　　房萬物新ナリ。東序ハ歌ヒ花西序ハ月。山門起テ舞フ洛陽ノ春。于レ時慶長四年己亥歳三月造營。
　　　　功畢ル。大龍院藏　蓋預ジメ歳旦ニ祝スル之也。
　　　　　　　鐵山錄
　　　　太原和尚在二駿州一。一時將ニ牧溪畫三幀。観音左
右猿鶴　與二永樂錢五拾貫文一致二于妙心一。日二
　　　　物欲一ヲ寄レ捨大德。一ヲ寄レ捨於妙心。請ヒ揀ビ其所ノ可レ留ル者ヲ。于レ時妙心未ダ有二山門一。興
　　　　－議納ル烏目ヲ。以テ爲二造營之本一ト矣。太原便チ以テ三幅畫ヲ寄二于大德一矣。妙心子ニ陪シテ其財本
　　　　建テ二山門閣下一。如二上閣一。
　　　　　天子後陽成院。賜フ初住十人ノ職錢（イナリ）ヲ。充二營造之費一ニ。依レ此得二全備一矣。
　　　この点については、第6章で詳細に扱う。

(15) 天正15年（1587）が建設年代であることを記す棟札が、小屋裏にある。

　　　　　　　　　　　　　　　　　　　　　大工　藤原又三郎宗次
　　　　　正法山妙心禅寺浴室立柱上棟天正十五丁亥歳二月吉日住持恵稜誌之施主韶倹
　　　　　　　　　　　　　　　　　　　　　棟梁　藤原市左衛門家久

(16) 大方丈の棟札
　　　　大日本國山城州平安城西京正法山妙心禅寺
　　　　　　　　　　　　　　　　　　　　　大工　藤原又三郎宗次
　　　　　　住持比丘永善　旹天正廿稔壬辰十二月十一日立柱上棟
　　　　　　　　　　　　　　　　　　　　　棟梁　藤原市左衛門家久

(17) 『正法山誌』第九巻の如是院の部分には以下のように書いてある。
　　　　　如是院　如是院本稱大愚菴。舊在今之東海菴地。義天和尚開基矣。直指和尚移大愚菴。建今之處。改名如是院。今之如是院之地。大坂陣時分。本山爲置柴小屋。

　　如是院の前身の大愚庵は、天正11年（1583）旧東海庵の地に養徳院が創建され、東海庵が大愚庵の地に移されたため、龍泉庵の東の地に移された。以上の経過から東海庵・大愚庵の移築時期は、天正10年頃と考えられる。
　　しかし上の文は、慶長末年の頃まで本山の敷地が一部残存していたことを示している。

(18) 現在の山門の棟札
　　　　　　　　　　　　　　慶長Ⅹ年己亥
　　　　　正法山妙心禪寺山門上棟　　　　　　住山小比丘宗鈍誌焉　棟梁藤原家次
　　　　　　　　　　　　　　七月十二日吉辰

　　この棟札により山門の建立は、慶長4年とされているが、現在の山門の下層の頭貫木鼻の絵様が明らかに慶長より古いことより、天文19年（1550）頃に造られた単層の山門であった可能性がある。この点については第6章で詳細に考察を加える。

(19) 慶長8年（1603）の旧玉鳳院方丈（現小方丈）の棟札
　　　（表）　大日本國山城州平安城正法山妙心禅寺
　　　　　　花園大上法皇玉鳳院依舊重新造上棟
　　　　　　　　慶長捌捻癸卯三月廿七日　住山小比丘玄韓誌焉　大工藤原朝臣市左衛門家次
　　　（裏）　　　侍真宗董（花押）　天授祖宏（花押）　東海玄策（花押）　聖澤宗茂（花押）
　　　　　　修造奉行　　　　　　　　　　　　當院革古重新造即移旧院寄附龍泉庵
　　　　　　　　龍安瑞泰（花押）　龍泉道由（花押）　霊雲玄勝（花押）　納所月原（花押）

(20) 慶長15年（1610）の勅使門棟札
　　　　　　　　　　　　　　夫惟太上離宮天下法窟地属洛陽西北□愛宕山東南為□以□年近三百□今也吾山兄弟龍泉
　　　　　　　　　　　　　　宗元東海□□靈雲紹恵聖澤守晋／龍安租□天授宗化如是紹混及納所乾徳紹治等窃相謂日
　　　　　正法山妙心禅寺惣門上梁　顧本山惣門古來狭小也願倍其延□而改作之可□且不可乎以筈前席諸大和尚昔日□可也於
　　　　　　　　　　　　　　爰寳池新開石橋高架築巢雄喋於左右表鳴門於中間秋月之孟定權輿冬月之仲見輪奐伏願／此
　　　　　　　　　　　　　　門時ミ降息塵甘露往ミ現瑞世憂畳　大工藤原氏吉岡宗次法名宗智　同姓若狭守吉次
　　　　　　　　　　　　　　慶長十五載□龍上章閹茂十一月十三日　　　住持比丘説心宗宣謹言

(21) 永井規男「承応二年以前の妙心寺伽藍地の形状について」（『関西大学　考古学等資料室紀要』9号　平成4年）が、妙心寺の承応2年の文書『妙心寺普請屋敷并引料代帳』をとりあげている。

(22) 現存する妙心寺浴室は、明暦2年（1656）の『風呂屋普請萬帳』が存在することにより、この年に再建されたと考えられてきた。しかし、『風呂屋普請萬帳』を詳細に検討することにより明暦2年は、天正15年に建立された部材を再用して再建した可能性が高く、移築されたことも想定される。本書の第9章で詳細に考察を加える。

(23) 『正法山誌』第四巻
　　　　法堂新造告門派助資

追而啓爲=前堂之加助白銀三枚-。自レ今至=于乙未年-。可レ被=上納-者也。
開山本有圓成國師三百歳之遠忌。斯在=于近-矣。蓋到=厥忌辰-也。幾多之衆雲集焉乎。
是-故別創=建一宇之法堂-。要以レ辨=其儀-也。粵檢=考常住現在之資財-恐不レ足レ充=費
用-歟。然則得=諸知識之加助-。而可=以補-レ之。其員數記=于別幅-。猶德力有レ餘。則
勿レ拘=分之限-矣。凡爲=門中之僧徒-者。皆悉隨レ分而輸却焉。且復可レ被レ勸=化諸大檀
越-。不レ借=衆力-。何得=落成乎。請爲=法荷=擔此事-。敬白。

　　承應貳癸巳年　　　　　　　　　　　妙心寺
　　　　九月十二日　　　　　　　　　　　維那
救琳　判
納所
士暘　判
侍眞
智泰　判
　　拜呈
　　　竺印座元
　　　　　侍右
便不定故。本紙ハ此方ニ留置キ。寫進上申候

第3章　序　論

1　はじめに

　本書は、近世妙心寺建物について建立の経緯を明らかにし、その利用実態等を通して、個々の建物の性格を明らかにすることを目的としている。さらに禅宗本山寺院がどのような目的で建造物の充実に努めているのかを、より詳細に把握できると考えている。そこで本章では、中世以来の五山寺院や大徳寺と妙心寺の関係、中世における妙心寺本坊の諸建物の建設や寺内組織について概観し、全体として現存する建物をどのように捉え、いかにして保存を図ってきたのかを検討し、次章以降展開していく各論の序論としたい。

2　中世の五山寺院・大徳寺と妙心寺

　本節では、近世において臨済宗最大の門派となる妙心寺教団が、他の五山寺院や大徳寺とどのような社会環境の中で関係を持ち、中世に紫衣を勅許される本山寺院として発展していったのか検討する。

　日本における禅宗は、栄西が建久2年（1191）に南宋から帰朝し、翌年香椎神宮の傍らに建久報恩寺を建て、ついで博多に聖福寺を開いたことをもって、禅苑の始まりとしている。その後鎌倉に寿福寺（正治2年（1200））や京都に建仁寺（建仁2年（1202））、道元による京都深草の興聖禅寺（天福元年（1233））等が建立されるが、いずれも建立当初は禅宗寺院として完備されたものではなかったと考えられている。教義の面においても創建当時は天台・真言等の密教の影響を多く含んでいたが、宋僧が渡来して禅宗本来の儀式作法が伝えられると、建長年間（1249〜1256）頃から宋風禅が行われるようになったといわれている。

　その後、官寺として五山十刹制度が始められるのは、当時幕府が置かれていた鎌倉の地で西暦1300年前後のことと考えられている。当時の五山十刹制度は、鎌倉幕府の執権の地位にあった北条氏によって決定されており、それは正応4年（1291）に開創された京都の南禅寺においても、徳治2年（1307）後宇多法皇が同寺を五山に準じるよう幕府と交渉を行っている点から確認できる。その制度が根幹から変更されるのは、元弘3年（1333）鎌倉幕府が滅び、後醍醐天皇による政治が始まったときである。これまでの武家本位の五山十刹制度を改

定し、後醍醐天皇を開基、宗峰妙超を開山とし嘉暦元年（1326）に正式に創建された大徳寺を、元弘3年に「五山之其一」に加えている。翌年には南禅寺を「五山第一」に列し、大徳寺を「南禅第一之上刹に相並ぶべし」とした。当時の五山は南禅寺・建長寺・円覚寺・東福寺・建仁寺で準第一を大徳寺としたと考えられる。

建武の新政が挫折すると五山十刹制度は、室町幕府による武家を中心とした制度に戻され、天竜寺や相国寺など新たな寺院の建立や制度改革により、数度にわたり改定が行われた。その間の康暦元年（1379）には、僧録が設けられ五山以下の官寺の統括が行われるようになっていった。至徳3年（1386）には五山の順位が最終的に決定され、南禅寺を五山之上とし、京都（天竜寺・相国寺・建仁寺・東福寺・万寿寺）、鎌倉（建長寺・円覚寺・寿福寺・浄智寺・浄妙寺）の各5寺を五山として京都と鎌倉が対等の立場に置かれた。このように14世紀の後半には、五山の制度が確立したようである。しかし五山十刹制度の確立により、一定の枠にはめられ官僚化・固定化をきたし、いきおい禅風も意気が上がらなくなり、一方で貴族化と密教化がすすんだ。さらに中国の元末から明初の動乱の余波により、明朝建国にあたる応安元年（1368）を境に中国への渡航者が激減し、中国への関心の低下にともない、五山僧が禅文芸の世界に逃避する傾向が一層強くなったと指摘されている[1]。

この五山十刹制度の根幹は、十方住持制であり、いずれの派に属していても能力のある者は順次格上の寺院に登用される仕組みにあった。しかし、嘉禎2年（1236）九条道家によって発願された東福寺は、初めから円爾弁円の聖一派のみが住持を行う度弟院（つちえん）として成立したことから、後世しばしば五山の順位について議論となっていた。

寺院制度の中では、坐公文（ざくもん）と呼ばれる入寺をせずに各寺院の住職となる制度が、南禅寺では応永15年（1408）から、相国寺では応永18年（1411）、天竜寺では応仁2年（1468）から開始された。さらにそれに呼応し、新しい住持が入寺の際に行ってきた入寺式も、2度目に実際に入寺をする時に式を行う再住式に徐々に変化をしていき、相国寺では永享3年（1431）から、建仁寺では明応元年（1492）、南禅寺では永禄6年（1563）、天竜寺では天正13年（1585）、東福寺では慶長18年（1613）から確認され、本来1節住持3年2夏とした制度が崩壊していく様子を見てとることができる[2]。

さらに各寺院での僧侶の位を示す方法として用いられていたのが、法衣の色である。一般の衆僧は五山・十刹・諸山に関わらず黒衣に黒袈裟を用い、諸山の西堂には、袈裟の縧（とう）と環（かん）は他の色を用いることが許され、さらに十刹の西堂になると黒衣の上に黄袈裟を用いた。五山の住持となると黄衣を着すことが許されたが、南禅寺は公帖とともに朝廷から綸旨を頂戴して入寺することから紫衣が特許され、これに準じて天竜寺も浅紫衣を着すことが許されていた。

一方建武の新政の際、「南禅第一之上刹に相並ぶべし」とされた大徳寺では、後醍醐天皇

や花園法皇から宗峰妙超の門弟のみで相承し、法流を守るよう宸翰に記されたことから、これを守り度弟院として堅持する姿勢を示した。そのため、至徳3年（1386）7月の五山・十刹・諸山の位次改定の時、五山からはずされ十刹中第九位とされた。この当時の大徳寺は、幕府との間に開山宗峰妙超の師南浦紹明の門派の出世を認める妥協をしていたようである。その後、永享3年（1431）には、十刹から除外して元の辨道所に格下げを申請し、将軍足利義教の許可を得たことになっている。しかしその内実は十方住持制の強制の停止を願い出、それが不許可であったため、官寺辞退に踏み切らざるを得ない状況に追い込まれたようである。制度の上からは、ちょうどその頃第30世となった日照宗光が在国のまま住持となり「居成の長老」と呼ばれ、大徳寺の居成の初見となっている。

　その後の大徳寺では辨道所として綸旨のみで入寺式を挙行する奉勅入寺の寺院となるが、その初めが文安元年（1444）、第36世となる日峯宗舜である。日峯宗舜は妙心寺派（妙心寺の関山慧玄の門弟）として初めて大徳寺に入寺した僧侶である。日峯以降17名の妙心寺派の僧侶が大徳寺の住持となっている。さらに妙心寺派では日峯に次いで大徳寺の第39世となる義天玄承が、享徳2年（1453）に辨道所となって初めて紫衣の綸旨を頂戴して入寺している。以後、大徳寺は辨道所でありながら南禅寺と同じ紫衣を勅許され、奉勅入寺が行われる独自の地位を築き、室町時代後期からさらに大きく発展することとなる。ただ辨道所として綸旨のみで入寺式を挙行する初例も紫衣の綸旨を頂戴する初めも妙心寺派の僧侶であったことは、決して偶然ではなく、当時妙心寺の外護者であった細川勝元の奏請で可能となったものであり、妙心寺派の政治的な力が大きくなっていることの表れであったと考えられる。

　このような中世における五山寺院と大徳寺の状況の中で、法統、天皇家の勅願所としての歴史の上で、妙心寺の今後の発展にとって一番参考となったのは間違いなく大徳寺であったと考えられる。第2章でも述べたように応永6年（1399）から33年間妙心寺は消滅する。玉鳳院の地が返還され妙心寺の再興が認められるのが、永享4年（1432）であり、大徳寺が十刹から離脱した永享3年（1431）の翌年のこととなる。そのため再興のなった妙心寺では、大徳寺への接近を試み、前述したように文安元年（1444）に大徳寺の第36世として日峯宗舜が入寺することとなる。これは大徳寺の開山宗峰妙超が妙心寺開山関山慧玄の師に当たり、後醍醐・花園両帝の宗峰の一流相承の規定に反するものではなかったことによる。

　これにより、創建以来一時は「南禅第一之上刹に相並ぶべし」とされた大徳寺の住持を経験した僧侶が、その後妙心寺の住持となったことは、享徳2年（1453）以降においては紫衣を着ることを朝廷から許可された僧侶が妙心寺に入寺することを意味し、相対的に寺院の格を上げる効果があったと考えられる。さらに前述したように朝廷からの綸旨のみで入寺式を挙行する初例（日峯宗舜：文安元年（1444））も紫衣の綸旨を頂戴する初め（義天玄承：享徳2年（1453））も妙心寺派の僧侶であったことは、辨道所としての大徳寺自体の寺格の向上に

妙心寺派の僧侶が大きく貢献したことを示している。しかし、15世紀の段階では紫衣を許される奉勅入寺の大徳寺とその末寺として扱われていた妙心寺では、寺格に大きな格差があることは歴然としていた。

その後、京都中を焦土と化した応仁の乱の際、大徳寺は応仁元年（1467）にすべてを焼失したが、乱が収束する以前の文明5年（1473）には後土御門天皇の伽藍再興の綸旨を頂戴し、(7) 文明10年（1478）には方丈が、文明11年（1479）には法堂（仏殿兼用）が再興されている。この間応仁の乱の最中にも第45世岐庵宗揚、第46世景川宗隆（文明6年（1474））等は大徳寺で入寺式を行っているようで、社会情勢が不安定な中でも、一定の施設の整備を行っていたことがわかる。

一方、妙心寺では乱が治まる文明9年（1477）に後土御門天皇の綸旨を頂戴し、同年には方丈の再建が行われたことが棟札より確認できる。その後文明19年（1487）に同帝から宗門無双之綸旨を頂戴した頃には、周囲の塔頭等も一定程度復興されていたと考えられる。このような状況の中から、大徳寺に第68世として文亀年間（1501～1503）頃入寺した鄧林宗棟（妙心寺第17世）が永正4年（1507）に勅許を得て、初めて妙心寺に奉勅入寺式を挙行した。さらに2年後の永正6年（1509）に妙心寺の第19世となる栢庭宗松が、大徳寺の住持をすることなく後柏原天皇から紫衣の綸旨を頂戴するという事件が起こる。大徳寺側としては、妙心寺に出世の道場として利用されることを快く思っていなかったにしても、完全に独立されることは、末寺が離脱して本山となる点や寺院の経営の面からも大きな打撃であることから、永正6年に朝廷に訴状を提出している。(8) しかし、大徳寺の訴状は受け入れられなかったようである。これにより妙心寺は大徳寺との本末関係を断ち切り、独立した本山寺院として朝廷から公認されたことになる。

妙心寺が勅許を得て初めて奉勅入寺式を挙行したのは、大徳寺が辨道所として綸旨のみで入寺式を挙行した文安元年（1444）から63年目、さらに妙心寺が紫衣の綸旨を頂戴するのは、大徳寺より56年も後のことになる。この段階で五山寺院の南禅寺、辨道所の大徳寺と同じく綸旨を頂戴し、紫衣を着して入寺式を行う本山寺院としての寺格を得ることができた。

3　中世の妙心寺諸建築の建立

① 奉勅入寺の寺院としての体裁（単層建築）

本書では、研究の中心を近世におくこととしているが、暦応5年（1342）に創建された妙心寺には、中世からの歴史が存在する。中世の伽藍の建設については、4期に大別することができる。初めは開山関山慧玄が妙心寺を開いた時期、2回目は応永6年（1399）から永享4年（1432）の間、寺名も含め33年間妙心寺が消滅していた後に復興されたであろう時期、3回目は応仁の乱（1467～1477）により焦土と化した後、文明9年（1477）以降に復興され

た時期、4回目は永正6年（1509）後柏原天皇の綸旨を頂戴し、紫衣を着して奉勅入寺をすることが認められ、大徳寺から独立して本山寺院としての伽藍の整備が必要となり、同年利貞尼によって寄進された伽藍地に本山機能を移転していく時期の4期が考えられる。しかし、創建当時と2回目の伽藍については、妙心寺の廃絶や応仁の乱により資料を欠き、その実態を明らかにすることができない。わずかに残る資料から、その実態を垣間見ることができるのは、3回目以降のことである。

　3回目の文明9年（1477）以降に復興された伽藍については、第2章の妙心寺の沿革のところでも述べたように、朝廷から綸旨を賜わることにより、復興に努めたと考えられる。しかし、本山伽藍については、方丈の再建が確認できるのみで、他の施設は本格的な建築とはなっていなかったものと考えられる。

　中世での伽藍建設において最も重要なのは、前節で検討を行った、永正6年（1509）に妙心寺が紫衣を着して奉勅入寺が行われる出世道場として朝廷から認められた4回目の時期である。

　ここで妙心寺の伽藍整備を考えるうえでその模範となる当時の五山寺院での入寺式の様子を、儀式の場に注意しながら確認をすることとする。

（1）山門に到着し、焼香礼拝を行い、法語を述べる。
（2）仏殿・土地堂・祖師堂で焼香礼拝を行い、法語を述べる。
（3）方丈に入り拠室の法語をあげる。
　　　　（（4）からが本格的な儀式となり、法堂で行われる）
（4）法堂に赴き、幕府の公帖に対して法語を述べる。
（5）入山に対して諸方から贈られた疏に対して、一つひとつ香に拈じて謝意を述べる。
　　　1　山門疏（新住持を迎える時、寺より新住持に送る請待の文疏）
　　　2　諸山疏（新住持が入寺の際、近隣の諸山の住持が新住持の入院を勧請する文書）
　　　3　道旧疏（新住持が晋山し転法輪する場合、その旧識道友の者が、文を製してこれを賀する辞をいう〔禪林象器箋第二十二類、文疏門〕〔行持軌範二、晋山式作法〕）
　　　4　江湖疏（江湖とは広く世間の意。江湖を祝う疏）
　　　5　同門疏（新住持として寺に入る時、同門のものが新命のために疏を作って祝すること。普通、晋山式で読む〔禪林象器箋第二十二類、文疏門〕）
（6）住持の座に登って法語を唱える。
（7）法衣を拈じて法語を述べる。
（8）時の天皇・関白・将軍などのために祈願の法語を述べる。
（9）法を継いだ師匠のために、焼香して法語を述べる。これは嗣香（または嗣承香）と呼ばれ、新住持の法系を始めて内外に宣言する大切な法語である。

(10) 同寺の大衆に始めての索話問答（師が弟子の見解・力量をためすために鉤を下して、その問話をつり出すこと。また垂語の意にも用いる）を行う。

(11) 次に一則の公案をあげ、これについて自分の意見を述べる提綱を行う。

(12) 入山式に列席した五山などの来賓諸尊宿に対してお礼の法語を述べる。

(13) 最後にこの寺の東西両班をはじめとする大衆に礼を述べて法堂での行事を終了する。

(14) その日の晩には、当晩小参と呼ばれる、西堂以下東西両班・侍者等に対して問答を行い、これに対して総評を述べる小規模な説法が催され、すべての儀式を終了する。

　以上のように五山寺院においては、山門、仏殿（土地堂・祖師堂を含む）、方丈、法堂で主要な行事が行われていることが確認できる。さらに行事を遂行するうえでは、食事を準備するための厨房施設である庫裏が存在したことは明らかである。また多くの僧侶や壇越・幕府の役人等も出席することから、それぞれの施設とも相応の大きさが必要であったと考えられる。

　奉勅入寺を行うこととなった妙心寺でも、同様の儀式を行う必要から、伽藍の整備に迫られたと考えられる。このことが具体的な形として現れたものが、「妙心寺再興化_末派_移文[11]」である。その際妙心寺が一番参考にしたのは、関係は断絶しているとはいえ、朝廷の勅願寺として成立し、一時は五山十刹制度の中に組み込まれたものの、永享3年（1431）以降辨道所となった大徳寺であったことは間違いない。

　この大徳寺と妙心寺の諸施設の建設状況を示したものが、図1である。大徳寺では、応仁元年（1467）にすべてを焼失したが[12]、文明5年（1473）には伽藍再興の後土御門天皇の綸旨を頂戴し、文明10年（1478）には方丈が、文明11年（1479）には法堂（仏殿兼用）が再興されている。方丈についての資料を欠き、その規模を示すことはできないが、法堂については規模が判明し、東西6間半、南北5間と記されている[13]。この間、応仁の乱の中でも第45世岐庵宗揚、第46世景川宗隆（文明6年（1474））等は大徳寺で入寺式を行っているようで、社会情勢が不安定な時期にも、一定の施設が存在していたことがわかる。

　その中で五山寺院とは大きく隔たりがあった施設が山門であり、五山寺院が五間三戸二階二重門を基本としていたのに対して、応仁の乱以降の大徳寺には相応の規模の山門は存在していなかったと推定できる。そのため大徳寺では、大永4年（1524）1月の初めに工事に着手し、立柱を大永6年1月26日に行い、享禄2年（1529）には将来二重門とすることが可能な形の五間三戸の単層の門を建立し、一応の完成を見ている。これは、大徳寺の開山200年忌の7年前のことであり、年忌を見据えて山門・法堂（仏殿兼用）・方丈・庫裏を備えた寺院としての体裁を整えたものと考えられる。

　一方、妙心寺では、応仁の乱の後、本格的に復旧された建物は方丈だけで、仏殿や庫裏すら仮の建築であった可能性がある。そして永正6年（1509）に妙心寺が紫衣を着して奉勅入

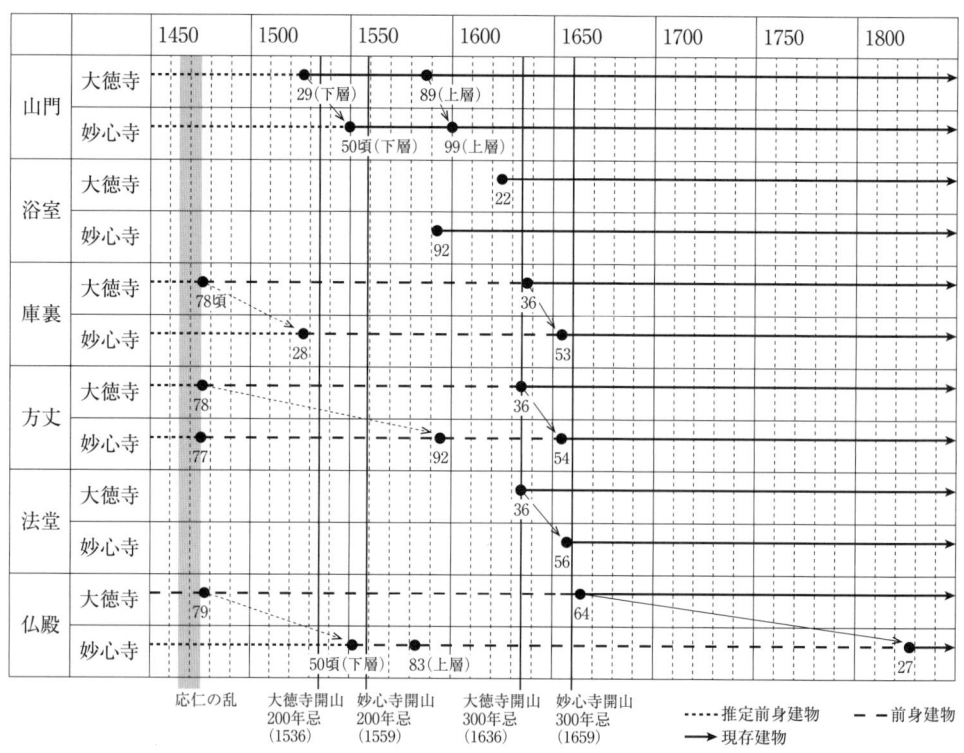

図1　応仁の乱以降の大徳寺と妙心寺の伽藍整備状況

寺が行われる出世道場として朝廷から認められると、当時妙心寺の最大の帰依者の1人であった利貞尼によりこれまでの境内の西にあたる仁和寺真乗院の土地が寄進された。これにより本山として新たな伽藍の新築が可能となったことから、妙心寺では再興の奉加銭の目録を地方に発送したと考えられる。この当時妙心寺が目指したのは同じ朝廷の勅願寺で辨道所の大徳寺であったと考えられ、享禄元年（1528）に本格的な庫裏が再建され、その後、妙心寺の開山200年忌を前にして、本格的な仏殿と山門の建設に取り掛かった可能性がある。両建物とも将来重層とする改修が可能な単層のものとして建設されたと推定できる。これらの詳細については、第4章以降でとりあげることとする。

　その後、妙心寺が大きな普請を行うのは天正年間であり、大徳寺から遅れをとっていた仏殿の重層化を天正11年（1583）に、応仁の乱後の再建で本格的な建築でなかったと推定できる方丈を天正20年（1592）に建て替えている。さらに大徳寺では利休の寄進により天正17年（1589）に二層の建築となった山門についても、妙心寺では慶長4年（1599）に後陽成天皇等の寄進により重層の門として完成している。応仁の乱以降、唯一大徳寺より先に建設することができた施設は天正15年（1587）建立の浴室である。これについては、密宗紹佺（明智光秀の供養のため）からの寄進により建設されたものであり、建立から20年近く光秀の供養の

ためだけの施設として利用されていた。この点については第9章で詳細に論述することとする。

以上のように中世の妙心寺は、寺名を含め33年間断絶し、永享4年（1432）に再興された時点では、大徳寺で紫衣の住持となった関山の法脈に連なる僧侶が妙心寺にあらためて入寺する形をとり、寺院の格を引き上げることに主眼が置かれていたと考えられる。

その後、応仁の乱を経て永正6年（1509）に妙心寺が紫衣を着して奉勅入寺が行われる出世道場として朝廷から認められると、五山寺院や大徳寺と同様の入寺式ができるような、諸堂の整備を進める必要が生じたと考えられる。しかし、開山200年忌が行われる永禄元年（1558）頃までの妙心寺では、五山寺院のような2層の屋根をもつ仏堂や山門の建設は財政的に無理があったため、将来重層の建築として改築が可能な形での単層の建物の建築を行ったと考えられる。その後、天正から慶長年間にかけて、仏殿（法堂と兼用）と山門の重層化が行われ大徳寺と同規模の諸施設を完成した。そして中世では成し得なかった法堂と仏殿の分離のみが、近世へと引き継がれることとなる。

② 諸建物の建設と綸旨

妙心寺所蔵の文書の中に『正法山綸旨寫　全』と題されたものがある。内容は貞和3年（1347）から寛文5年（1665）までに妙心寺が頂戴した宸翰や綸旨・院宣・令旨38通をまとめたものである（表1）。成立の年代については不明であるが、収録されている綸旨等の年代から江戸時代中期のものと考えられる。妙心寺創建時のものや14世紀の知行に関するもの、国師号や禅師号に関するものが全体の約3分の2の25通を占める。残りの13通の中に伽藍の復興に関するもの4通が含まれている。後土御門天皇の2通の綸旨は、応仁の乱で荒廃した妙心寺の復興を促すためのものと復興がなったとするもの。後西天皇の2通の綸旨は、明暦年間に法堂を新たに造営する際、それを促すものと完成を祝したものである。これについては、明暦3年12月12日と明暦4年1月12日と1カ月の間で出されているが、前者の法堂造営の綸旨を頂戴する時期が何らかの理由により遅れたためと考えられる。

これらは創建時の貞和3年7月22日に花園法皇から妙心寺造営の宸翰を頂戴した歴史を踏襲したものと考えられる。

『正法山綸旨寫　全』製作以後、普請関係で綸旨を頂戴したのは、仏殿の造替の際である。この時綸旨を頂戴した経緯については、『記録』に詳細な内容が記述されている。文化2年（1805）5月10日から山内で協議を行い、翌文化3年4月3日条には以下のように記されている。

　　　三日　總‐評　衆‐議ニ先達テ佛殿再‐建ノ儀公邉エ相願御‐聞‐済有レ之ソロ尤明暦年中法
　　　　　堂造營ノ節　天邉エ遂ニ奏‐聞‐勅‐許ノ上再興ノ綸旨　叡感之綸旨降‐下有レ之ソロ

表1 『正法山綸旨寫 全』所収の綸旨等一覧

番号	種類	種類別番号	タイトル	年号	西暦	宛先	判
1	創建	1	花園院宸翰	貞和3年7月22日	1347	関山上人禅室	
2	創建	2	同帝(花園院)宸翰	貞和3年7月29日	1347		
3	創建	3	光明院花園管領之綸旨	暦応5年正月29日	1342	関山上人禅室	大蔵卿
6	創建	4	崇光院関山再住之綸旨	観応3年8月22日	1352	関山上人禅室	隆蔭
7	創建	5	邦雅御書	6月23日		関山上人禅室	邦雅
4	知行	1	同帝(光明院)知行之綸旨	康永4年2月13日	1345	関山上人御房	
5	知行	2	同帝(光明院)知行之綸旨	康永2年3月20日	1343	雲山上人御房	左中辨
8	知行	3	萩原宮知行之令旨	貞治元年12月25日	1362	授翁上人御房	
9	知行	4	同宮(萩原宮)知行之令旨	貞治5年5月21日	1366	授翁上人御房	
10	知行	5	同宮(萩原宮)知行之令旨	応安4年10月3日	1371	雲山上人御房	
11	知行	6	後光厳院知行之院宣	応安6年9月3日	1373	雲山上人御房	
12	知行	7	同院(後光厳院)知行之院宣	応安6年9月3日	1373	雲山上人御房	
13	知行	8	萩原宮知行之令旨	永徳3年正月11日	1383	無因上人禅室	左衛門佐
15	知行	9	後円融院知行之綸旨	永和元年7月5日	1375	関山上人禅室	左少辨
16	知行	10	同帝(後円融院)知行之綸旨	永和4年3月20日	1378	授翁上人禅室	左中辨
17	知行	11	後円融院知行之院宣	明徳4年2月30日	1393	妙心堂長老禅室	権中納言
29	知行	12	長講堂領之綸旨			前内蔵頭	右兵衛督長光
14	境内	1	宮之御消息	至徳2年正月28日	1385	宗因上人御房	□正
22	境内	2	同帝(後柏原院)敷地之綸旨	永正7年6月21日	1510	住持上人御房	左少辨
19	再興	1	後土御門院再興之綸旨	文明9年正月26日	1477	雪江上人禅室	左中辨兼顕
20	再興	2	同帝(後土御門院)宗門無双之綸旨	文明19年7月17日	1487	特芳禅師丈室	左中辨政次
26	再興	3	後西院再興之綸旨	明暦3年12月12日	1657	妙心寺僧中	左中辨頼孝
27	再興	4	後西院法堂造営之綸旨	明暦4年正月12日	1658	妙心寺僧中	左中辨頼孝
30	寺院	1	鹿苑殿御書	応永5年10月25日	1398	住持	
21	寺院	2	後柏原院紫衣之綸旨	永正6年2月25日	1509	當寺長老禅室	左少辨伊長
24	寺院	3	同帝(後奈良院)宸翰	弘治3年8月9日	1557	妙心寺方丈	
25	寺院	4	正親町院居成之綸旨	天正7年7月5日	1579	甘露寺中納言	左中辨兼勝
23	国師号	1	後奈良院関山和尚国師号之宸翰	弘治3年3月12日	1557	微笑塔下	
28	国師号	2	後西院関山和尚国師号之宸翰	万治元年12月12日	1658	微笑塔下	
32	国師号	3	同帝(後奈良院)第大休国師号之宸翰	天文19年2月7日	1550	大休国師門徒等	
33	国師号	4	同帝(後奈良院)亀年国師号之宸翰	天文24年4月日	1555		
35	国師号	5	正親町院快川国師号之宸翰	天正9年9月6日	1581	快川国師禅室	
36	国師号	6	後陽成院南化国師号之宸翰	慶長10年5月20日	1605	無礙塔下	
37	国師号	7	愚堂国師号之宸翰	寛文2年6月12日	1662		
38	禅師号	8	涼室座元禅師号	寛文5年7月16日	1665		
18	その他	1	花園院鏡之寿影後花園院之賛				
34	その他	2	正親町院之綸旨	天正4年9月28日	1576	住持元昌喝食	右少辨
31	その他	3	後奈良院宸翰	天正11年5月13日	1542	大休上人禅室	

註：番号は『正法山綸旨寫 全』での掲載順を表す

佛殿ハ旦望祝聖并毎朝御祈‑禱ノ殿堂ノ儀ニ付遂‑奏‑聞綸旨可‑申‑降道‑理ニソロヘハ綸旨申‑降可然トノ儀ニテ去ル乙丑五月十日總‑評ノ上各派エ存‑寄相‑尋ソロ處同廿六日各派存寄大‑署大年忌前物‑入多キ時‑節故先ツ延‑引可然哉ノ旨被‑申‑出ソロ其‑後評量ノ上手‑軽ク可‑相‑調哉否ノ旨極内々ニテ執奏家エ申談シソロ處御‑禮式外々類‑例ヲ以テ御考ヘ有之ソロ処随‑分手‑軽相‑調可申趣先

禪=師號頂戴ノ振=合ニ準シ可レ申トノ儀ニ付左ソロヘハ格別ノ儀モ無レ之ソロヘハ
今般遂ニ奏=聞=綸旨申降可レ然ト存ソロ併各=派存寄有レ之ソロハ、無=覆=蔵=可
レ被ニ申=出ソロトノ儀也
右記録ノ寫四=本=菴エ降下

これにより、妙心寺の主要建物の再建の際には奏聞を遂げ、綸旨を申降すべき道理があると考えていたこと。明暦年間の法堂造営の際の綸旨を、「再興ノ綸旨」と「叡感ノ綸旨」と呼んでいたこと。今回も多額の経費を必要としないのであれば綸旨を頂戴したいと考えていることなどが把握できる。さらに11月3日の記述から綸旨を末派に触れるための廻状を作成していることが確認でき、末寺から資助金を徴収している実態も把握できる。

以上のように妙心寺では、創建時に綸旨を頂戴していることから、応仁の乱後、承応の法堂建設時、文化・文政期の仏殿造替時に同様の綸旨をいただき、朝廷の力を借りて諸伽藍の整備に努めている実態を把握することができた。

4　近世における妙心寺本山の組織

①　本山組織

ここで、妙心寺本山の組織について概観を述べることとする。これは今後展開する各章を理解する上で、基本となる情報であるのであえてここでまとめる事とする。

住持については、第9世の雪江宗深までは年限を特に定めず勤めていたが、彼の遺誡により文明7年（1475）以降36ヵ月で輪番とすることが定められた[19]。さらにその後住持の候補者が増加したことから永禄年間（1558～69）に住持を勤めた第38世希庵玄密の代から1年一住[20]となり、以後近世を通してこの制度が維持されることとなる。近世においてこの住持とは、居成の初住や再住入寺式を行う際の僧侶とは異なり、妙心寺では住番と呼ばれているもので、再住入寺式を経て住世帳に名前を記した僧侶のうちから適任者を選び、1年間（8月1日～翌年7月15日まで）実際に弟子と共に本山の小方丈に入り、妙心寺の代表としての対外的役割を果たし、さらに本山行事のすべてを主催する僧侶のことである。中世以降、五山寺院で行われた再住輪番制で10回以上住山するような制度[21]とは異なり、毎年別の僧侶が住持を勤めた。

しかし、本山としての決定権は住持に集中していたわけではなく、雪江の4人の弟子によって創建された四派本庵（四本庵）、すなわち龍泉庵、東海庵、霊雲院、聖澤院が中本山的な機能を果たし、これら四派の執事が本山に集まり、物事を決定していた。さらに妙心寺にとって特に重要な内容については、総評と称して山内全体の僧侶が集まり、議論を行い決定した。

一方、本山の金・銀・銭・米の出納のすべてを掌握した職が副寺（ふうす）である。この職も第9世

の雪江の時代に作られた制度で、1年交代となり当時は納所(なっしょ)と呼ばれていたが延宝6年（1678）以降副寺と呼ばれるようになった。一般的に禅宗寺院では寺務を司る東班僧侶(とうばんそうりょ)と法務を司る西班僧侶(せいばんそうりょ)とがあり、その東班僧侶の中に都寺(つうす)・監寺(かんす)・副寺(ふうす)・維那(いのう)・直歳(しっすい)があることになっている。しかし、妙心寺では東班僧侶の都寺・監寺名は残っているが、副寺・維那については西班僧侶の職とされていた。

　副寺は、8月1日から翌年の7月晦日まで本山庫裏の北にある副寺寮に弟子たちと一緒に入り、1年間本山の出納や什器の監理を行う。詳細については第8章で述べる。

　さらに維那は、各行事の導師役を務め、行事や『壁書(へきしょ)』（寺院内での決まりごと）に関する改定案を作成し衆議に諮り、各僧階の証明書の発給等の職務を行っていた。普段は本山には居らず、山内の塔頭におり、行事の際本山に出仕している。8月1日と1月15日の半年交代で1名が選ばれている。

　同様に書記も山内の西班僧侶の中から選ばれる。近世においては延宝6年（1678）2月にこの職が設けられ、任期は毎年1月16日から翌年1月15日までと定められていた。[22] 書記の重要な仕事の一つが毎日本山で起こったさまざまな出来事について、『記録』と呼ばれる正式文書に書き留めていくことである。『記録』には草稿があり、副寺や四派執事の確認を得て、正式な帳面に書き写す。正本は2冊作成され、1冊は普段から前例等を確認する際に用いられ庫裏背面側の部屋に、もう1冊は玉鳳院の南に位置する宝蔵の中に保管されていた。さらに書記は、妙心寺が発給する本山住持請状や末寺証文、僧階の証明書、各種領収書等の筆耕を行う。その他、『留書』と題された他所から送付されてきた書簡等をまとめて書き留めておく書物の作成など多くの仕事があった。

　上記の西班僧侶と異なる身分に東班僧侶がある。第8章で詳細に検討するが、火番(こばん)と呼ばれる者は、普段四派本庵の寮舎に住んでいる。彼らの基本的な仕事は、本山で行事がある際の給仕方の元締め役である。大きな行事の際、給仕方の手伝いとして動員される門前の在家の人々に役割を与え、行事を円滑に進める役である。日常は、副寺の下で食器類の監理を行っている。妙心寺では寛文8年（1668）に基本的に東班僧侶になることを禁止しているが、上記職務遂行のため少数の僧侶に許可をあたえている。都寺・監寺等の呼び名もあるが、妙心寺では役職名ではなく、東班僧侶の僧階として用いられている。

　さらにもう一つ特殊な職能が存在する。それが行者(あんじゃ)である。半僧半俗で腰に脇差を差し、代々世襲で妙心寺の寺務を行っている。住居は妙心寺の門前にあり、赤澤（2家）、伊地知、繁田の4家があった。住持をはじめとする僧侶が、本山の寺務に主体的に関わることができるのは1年限りであるのに対して、行者は世襲でそれを支え、対外的にも奉行所との交渉などに当たっていた。特に行事の際は殿司(でんす)として必ず立会い、副寺の下で実務的な経理にも当たっていた。『妙心寺史』下巻によると、行者は天正10年（1582）頃住持を務めた第58世南

化玄興の安名弟子であった能傳を祖とするとあるが、天文元年（1532）の『正法山妙心禅寺米銭納下帳』の天文2年7月12日の支出に「壹貫文　能椿　夏恩、五百文　能淳　同」とあることや、同年の『妙心寺祠堂方米銭納下帳』の米の支出に「壹斗五升　行者」と記されていることから、中世をさらに遡る制度であったことが確認できる。

　その他、本山に毎日出仕し、給金の支払いを受けていたものに、力者（3名）・司鐘（1名）・南門守（2名）・北門守（2名）・方丈掃除（1名）がいた。力者とは本来駕籠を担ぐ人足のことで山内の使い走り役、司鐘とは毎日定時に鐘を撞く者である。いずれの者も日常決められた場所の掃除も担当していたことが確認できる。

② 　禅堂・僧堂・衆寮と弟子のあり方

　近世以前の妙心寺と五山寺院の伽藍建築を比較する際、一番の違いは妙心寺には禅堂・僧堂等の修行僧の施設が一切ないことである。『正法山誌』第六巻には以下のように記されている。

　　舊話　本山古へ有僧堂。東陽和尚妙心ノ録ニ。臘月初七ノ夜ニ示衆ニ云。山僧曉ニ來夢。聞鐘聲披七條。從僧堂ノ後門而入。顧ルニ上肩。衡梅先師擁被。靠板頭而坐。云云故知。東陽時有僧堂。而夢現成境也歟。

　これによると、第13世の東陽英朝が住持であった15世紀の末には、僧堂が存在したのではないかと考えられている。しかし、その後の妙心寺で僧堂の記述がまったくないことを考えると、本山の施設として捉えることは難しいのではないだろうか。

　さらに、衆寮について以下の記述がある。

　　衆寮　秀禪云。聞古老ノ説ヲ言。妙心派。諸國師家建衆寮。接遍參僧ヲ。自天正慶長年中始マル。……

　これによると、諸国の師家でさえ、衆寮を構え、四来の修行僧に接得するようになるのは、天正から慶長年間のことと伝えられている。それ以外の寺院や塔頭では中世以来方丈や庫裏等既存の施設を利用し、小員数の弟子の育成を図っていたと考えられる。

　以上のように妙心寺は、天皇家の勅願所として創建され、15世紀の初めには一時廃絶させられた歴史をもつことから、本山を出世の道場として捉え、僧侶育成を行う機能をまったく備えずに近世を迎えたと考えられる。『記録』の元禄9年（1696）5月16日条には本山の僧堂建設について、前住の会評が行われたとの記述があるが、詳細については記述されていない。むしろ本山において紫衣の和尚が集まり、本山の役割について協議が行われたことこそが重要であったと考える。その後、本山に僧堂が設けられるのは、明治4年（1871）11月のことであり、一塔頭を本山が僧侶を育成する道場として特化させることにより成立しており、伽藍内の建築として禅堂・僧堂等が設けられることはなかった。

③　住持の入寺制度

　本山組織としての住持の位置づけについては、第１項で説明をした。そこで本項では近世での入寺式について、見ていくことにする。入寺式については『壁書歴年便覧　三　寛文』（妙心寺蔵）に以下の『壁書』が掲載されている。

　　　　　　　出世之次第
　　一　銀子三十四五貫文目　　歴住入目
　　　　　内三貫文目餘　　　　禁中方
　　　　　同五貫五百目餘　　　五山方
　　　　　同貳拾六貫文目餘　　當山一切之入目
　　一　同七貫文目程　　　　　居成入目
　　　　　内六百文目餘　　　　禁中方
　　　　　同六貫四百文目餘　　當山一切之入目
　　一　同拾壹貫文目程　　　　再住入目
　　　　　内貳貫六百文目餘　　禁中方
　　　　　同八貫四百文目餘　　當山一切之入目
　　　　右三段〓共大數如此〓御座候衆僧之聚會諸物之價
　　　　値増減高下有之故委細〓記定難仕候
　　寛文八年戊申四月十四日　　妙心寺

　この入寺の３方式を妙心寺では、「三段の式目」と呼んでいる。歴住入寺とは、入寺式の中で一番正式なもので、入寺開堂時に勅使の来臨を仰ぎ、五山の僧侶を招請して山門・同門の二疏を唱え、問禅の式を行うものである。そのため必要となる経費も再住入寺の３倍強となっている。式自体は再住入寺と同じ３日間で、入寺式後直ちに天皇に拝謁しお礼を述べる。その３日間は住番の住持に代わって、本山の行事を行う。

　居成とは、本来京に上らず地方にいながら妙心寺の住持職となることである。具体的には、職銭を本山に送り、本山が伝奏に届ける。その後、四本庵の塔主が紫衣を著し妙心寺の住持となることを許される綸旨を頂戴し、地方の僧侶に送るものであった。しかし、近世になると綸旨を受ける僧侶は本山に上京するようになり、17世紀中頃の特英寿栄（後に妙心寺の第179世）以降、みずから綸旨を頂戴するようになった。『副寺須知』内に「書記寮書式」があり、上掲「出世之次第」の内の「居成入目」に記された「同六貫四百文目餘　当山一切之入目」の細目が確認できる。これによると、居成住持職料青銅150貫文、居成両展待料青銅27貫文、大小内評両展待料白銀１貫文の３種類の証文の雛形が書かれている。青銅１文は、白銀（銀）0.03文目で計算でき、居成住持職料は白銀４貫500文目、居成両展待料は白銀810文目となり、大小内評両展待料白銀１貫文と合わせて、白銀６貫310文目となる。これを「出

世之次第」の「居成入目」にみえる「当山一切之入目」では、銀6貫400文目余と表記したと考えられる。

　再住入寺とは、開堂時に勅使の来臨は仰ぐものの、五山の僧侶を招請することや山門・同門の二疏を唱えることを省略する一般的な入寺儀式である。妙心寺では開山関山慧玄が初め花園法皇から妙心寺を造営するよう院宣や宸翰を頂戴したが、法皇の崩御後一時本寺を離れている時期があった。そのため崇光院は観応3年（1352）関山に対して妙心寺に再住するよう綸旨を下した。この歴史を受け再住入寺が行われるが、17世紀中頃に妙心寺の第193世となった顕州宗密からは再住の綸旨を頂戴することになった。

　寛文8年の「出世之次第」は、顕州の再住以降に成文化されたものである。

④　本山と塔頭、檀越

　鎌倉時代の禅宗は、明菴栄西・円爾弁円・無本覚心を派祖とする帰朝者によって移入されたものと、蘭溪道隆・無学祖元・大休正念・一山一寧・清拙正澄・竺仙梵僊などを派祖とする来朝者によるものと2系列に大別できる。南北朝以後室町幕府による統制のもと、無学の法系下から出た夢窓疎石の一派と円爾の法流が二大基軸として大門派を形成し、五山を中心としてめざましい発展を遂げた。しかし、14世紀後半には官僚化や固定化により、禅風も意気が上がらなくなったことは、先に述べた通りである。

　そのような社会情勢の中、枯淡な禅風を維持し、15世紀以降教線を拡大したのが、地方伝播に力を入れていた臨済宗大應派の中の大徳寺と妙心寺であった。両寺院とも戦国大名の庇護を受け、五山派の地方寺院を侵蝕しながら拡大を続けた。中でも妙心寺は、細川勝元・政

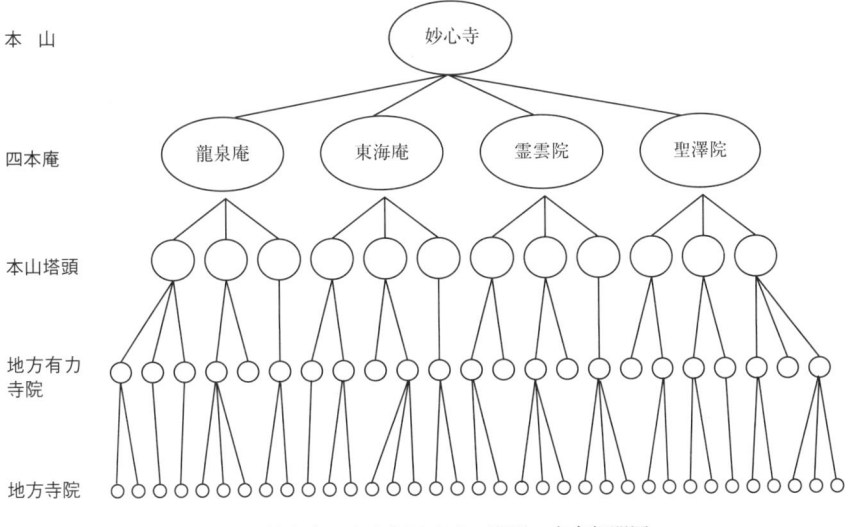

図2　妙心寺の本山と四本庵・塔頭・末寺相関図

表2 妙心寺山内の塔頭創立年代と開基檀超

塔頭名	創立年		開基檀超	開祖	四派	備考
天授院(中興)	康暦2年	1380	利貞尼(斎藤利国の妻)	授翁 柏堂	東海派	
退蔵院(中興)	応永2年	1395	波多野出雲守	無因 亀年	霊雲派	
養源院(中興)	文安5年	1448	細川持之 半田安立軒	日峰 網宗	霊雲派	
衡梅院(中興)	文明12年	1480	細川政元 真野一綱蔵人	雪江 天秀	霊雲派	
龍泉庵	文明13年	1481	細川政元	景川		
東海庵(中興)	文明16年	1484	利貞尼 石川一光	悟渓		
大心院(中興)	明応元年	1492	細川政元 細川幽齋	景堂 嶺南	龍泉派	
聖澤院(中興)	大永3年 慶長2年	1523 1597	美濃土岐氏 早川長政	天蔭 庸山		
霊雲院	大永6年	1526	薬師寺国長の前妣	特芳		
東林院(中興)	享禄4年	1531	細川高国の男氏綱 山名豊国	直指	霊雲派	
長興院	天正9年	1581	瀧川一益	九天	龍泉派	
養徳院	天正11年	1583	石川伊賀守光重	功澤	東海派	
雑華院	天正11年	1583	牧村利貞	一宙	東海派	
大通院	天正14年	1586	一柳直末	南化	東海派	
太嶺院	天正17年	1589	明智光秀	密宗	霊雲派	
春光院	天正18年	1590	堀尾吉晴子息	碧潭(勧請) 猷山(創建)	龍泉派	
寿聖院	文禄4年	1595	石田三成	伯蒲(勧請) 雲屋(創建)	霊雲派	
智勝院	慶長2年	1597	稲葉貞通	単伝	東海派	
桂春院	慶長3年	1598	石川壱岐守	桂南	東海派	
玉龍院	慶長3年	1598	生駒一正	大川	龍泉派	
隣華院	慶長4年	1599	脇坂中務少輔	南化	東海派	
長慶院	慶長5年	1600	木下肥後守妹	東漸	聖澤派	
蟠桃院	慶長6年	1601	前田玄以(伊達政宗)	一宙	東海派	
大雄院	慶長8年	1603	石川紀伊守光元	蘭叔	東海派	
大龍院	慶長11年	1606	中村一氏	鉄山	霊雲派	
海福院	元和2年	1616	福島正則	夬室	東海派	
雲祥院(亀仙庵)	元和2年	1616	長岡是庸(千坂宗策対馬守)	海山	東海派	
光国院	元和6年	1620	松平飛騨守忠政	梁南	龍泉派	
大法院	寛永2年	1625	真田信幸の孫 千種大納言有維卿内室長姫	淡道	東海派	
春浦院(趙州院)	寛永5年	1628	横田甚右衛門(一柳土佐守)	空山	龍泉派	万治元年再興
龍華院(保寿庵)	寛永7年	1630	松平綱廣	千山(勧請) 竺印(創建)	霊雲派	明暦2年再興
天球院	寛永8年	1631	池田輝政の息女	江山	東海派	
麟祥院	寛永11年	1634	春日局	碧翁	東海派	
天祥院	正保2年	1645	松平下総守忠弘	乳峰	龍泉派	

註:『妙心寺史』を参考にして作成、塔頭によっては創建年代・開基檀超・開祖に諸説があるものもある

元や美濃の斎藤氏・土岐氏、甲斐の武田氏、駿河の今川氏、その後織田氏、豊臣氏、徳川氏等の帰依を受けて、その勢力は山城・美濃・尾張・駿河・甲斐・信濃・近江・摂津・丹波・紀伊・伊勢・大和・豊後などの諸国へ広がっていった。

　妙心寺山内ついても、応仁の乱以前の歴史を持つ塔頭はごく少数であるが、大乱後の復興期に多く創設された。中でも文明年間に住持を務めた第9世雪江宗深の自坊として文明12年(1480)に衡梅院が創建されると、その後、雪江の四神足と呼ばれた第10世景川宗隆により龍泉庵(文明13年創建)が、第11世悟渓宗頓により東海庵(文明16年創建)、第12世特芳禅傑により霊雲院(大永6年創建)、第13世東陽英朝により聖澤院(大永3年創建)が作られた。妙心寺派の僧侶は法脈の上でその4師のいずれかと必ずつながりを持っていることから、これら4塔頭を中本山的扱いとし、四派本庵(四本庵)と呼び、山内すべての塔頭と全国すべての寺院がそのいずれかの配下に位置づけられる階層性を持っていた(図2)。山内の塔頭は寺域の拡大とともに数を増やしていき、天正年間および慶長年間には戦国大名を開基とする多くの塔頭が創設された(表2)。これらの塔頭の多くが近世を通じて檀超家のみの菩提寺として存在し、法脈を維持してきた。一方それぞれの法脈につながる僧侶にとって本山の塔頭は、地方僧侶の出世の際の宿坊としても利用されていた。

　明治維新を向かえ、廃仏毀釈や檀超の大名家等の没落の影響を受け、多くの塔頭が廃絶・統合や建造物の売却等何らかの影響を受けることとなるが、なお多くの塔頭が存在し、明治維新による被害をまったく受けることのなかった本山伽藍とともに、禅宗寺院本山の景観を今に伝えている。

5　妙心寺大工

　妙心寺における大工の系譜については、いくつかの資料から検討することができる。中世以来近世にいたるものに山内の建築に関わる棟札が存在する。さらに近世の初期から中期にかけては『棟梁代々記』(26)と題された書物の写本が知られている。内容は桃山時代に活躍した若狭守吉次法名宗知を初代とし、7代目までの名をあげ、それぞれの経歴や事績、血縁関係等を記述したもので、7代目望月若狭尉秦勝久がまとめたものと考えられる。

　さらに、近世の中期以降になると本山の『記録』の中に大工関係の記述が散見できることから、近世全体の様子をおおまかに把握することができる。それらの資料から概略をまとめることとする。

　中世については、判然としない部分があるが、2次資料ではあるものの『記録』の天明3年(1783)の記述に大工の系譜が記されている。長い文書になるが、ここで引用する。

　天明3年8月2日条に以下のような記述がある。

　　副寺悦巌座元披露云能順申ソロハ大工若狭八朔禮ニ中井主水方エ参リソロ処主水被申ソロハ

木造棟ニ上等ノ節衣冠大紋着用ノ儀ハ御所方大工ノ外右装束着用致間敷旨被申渡請書可
　　致トノコトニソロヘ圧日ニ延ノ儀申置罷帰ソロ追テ由緒書相認メ常住エ入二御覧ニソロ上主
　　水方エ掛合可申奉存ソロ先ツ右ノ段御噂申上置ソロト也
　　衆議ニ右ノ趣ニソロハ、由緒書相ニ認〃衆ニ座點撿ノ上主水方エ若狭ヨリ直ニ掛合可然
　　ト也

これによると、妙心寺大工の若狭が京都大工頭の中井主水方から御所方大工にしか認められていない衣冠大紋を着用しないようにいわれ、妙心寺と相談の上由緒書を提出することとしている。

同年8月17日条にその由緒書の全文が記述されている。

　　副寺披露云先達御噂申上ソロ大工若狭ヨリ中井主水方エ差出シソロ書付ノ寫唯今若狭持
　　參仕則奉備　衆覧ソロト也文如左
　　　　　乍恐奉差上口上書
　　一此度寺方普請之節木造始上棟之砌私共衣冠大紋等着用仕相勤候儀仕間敷候様被為
　　　　仰出奉畏り候乍然往古ゟ於妙心寺毎歳正月十一日釿始ニ付衣冠大紋等着用規式
　　有之則其職分私先祖ゟ代々相勤来申候其由緒左ニ奉申上候
　　　乍恐私先祖之儀者代々　禁裏様御大工木子職總官神森河内守従四位下藤原武継と
　　申者先祖ゟ上様御代々御規式相勤奉り今以木子職惣官之御綸旨奉所持候然所妙心
　　寺表大工職之儀者乍恐花園院様御宇妙心寺伽藍御造営之御時右河内守武継江被為
　　　　仰付則御規式之儀者　禁裏様御規式之通奉相勤候従是於妙心寺表花園院様御用
　　御規式兼役仕　禁裏様御用等奉相勤来候其後天文年中ニ　後奈良院様御代ニ御内侍
　　所御造営并出雲大社御造営無滞相勤候為御褒美菊梧之御紋附御道具箱并衣冠大紋
　　諸装束再興被　為仰付奉頂戴御釿始御上棟奉相勤候此時河内守を出雲守と奉受領
　　忰若狭守と奉受領候従是妙心寺表於山門毎年正月十一日乍恐　花園院様御神事御
　　規式として御造営御釿始格式之通忰若狭守江被為　仰付に今無怠惰私家ゟ奉相勤
　　来り候則其節格別之　御綸旨奉頂戴罷在候其外先々之者共　御書物　御綸旨等者
　　今以奉所持候私家代々先規之通乍恐　禁裏御所様　仙洞御所様毎年正月御規式之
　　御木造始先規之通奉相勤候妙心寺表之儀者右奉申上候通私先祖ゟ御免格式之通ニ
　　奉相勤候依之乍恐御断奉申上候右之外寺方ニ而普請等仕候共格式筋無之場所ニ而者一
　　切木造始上棟之節衣冠大紋等差用不仕候此段御請書奉差上候以上
　　天明三年癸卯八月　　　　　　　　　　　　　　妙心寺大工
　　　　　　　　　　　　　　　　　　　　　　　　　望月九兵衛　印
　　中井主水様
　　右之通御断書中井主水様御役所江此度差上申候所無滞相納り候ニ付依之右書付之
　　寫相認奉差上候以上

天明三年癸卯八月　　　　　　　御大工
　　　　　　　　　　　　　　　　　　望月若狭　印
妙心寺
　　常住様
　　　御役人中様
　　右衆議ニ就山門毎年釿始規式相行ソロ訣ノ綸-旨大工若-狭-家ニ昕持致シ来リ
　　ソロ此度右綸旨ノ寫差出シ可申旨申付ルニ付則差出文記于左

```
花園院　御神事之事
　毎年正月十一日伽藍造営之
　御釿始正法本山ニ而諸沙可有事
　山城國西京村之内拾八石知行可仕事
　禁裏御大工木子職
　従五位下神森若狭守藤原武継下
　仰右條ミ不可有子ミ孫ミ相違之由
　天気如此仍執達如件
　　天文五年十二月十一日　花押
　　　　　蔵人頭左中辨藤原光康
```

本　紙　ハ　絹　地　ニ　テ　裱　褙　有　之

　上の綸旨や『棟梁代々記』に記されている大工名と中世の棟札で実際に確認できる大工名とで一致する名前は確認できない（表3）。しかし、天文17年（1548）の『正法山妙心禅寺米銭納下帳』の天文18年1月の記述に大工事始が確認できることから、綸旨の内容を否定することはできない。中世の大工の系譜については、今後新たな資料が発見されることを期待する。
　『棟梁代々記』に初代として記される若狭守吉次法名宗知は、慶長15年（1610）の勅使門の棟札で藤原氏吉岡宗次法名宗智と記載されている人物と考えられる。さらに山内塔頭養源院本堂の慶長4年（1599）の棟札の裏面に大工藤原家次は「……大工者古之棟梁宗智也……」と書かれていることから慶長4年の山門棟札に棟梁藤原家次、慶長8年小方丈棟札に大工藤原朝臣市左衛門家次と書かれている人物であり、さらに天正15年（1587）と20年の棟札に棟梁藤原市左衛門家久と書かれた人物も市左衛門を名乗っていることから同一であった可能性がある。以上の推定が正しいとすると宗智は、天正から慶長年間に棟梁・大工として活躍し、本山の現存建物では浴室・山門（上層）・小方丈（元玉鳳院昭堂）・勅使門・北門や前身の方丈の建立に関わったこととなる。また天正年間の大工藤原又三郎宗次は先代である可能性が高い。また受領名を確認すると、棟札に若狭ないしは若狭守と記述されているのは、

表3　妙心寺山内の棟札から確認できる大工名

元号	西暦	大工・棟梁・番匠の記述内容	棟札の場所
文明9年	1477	大工　藤原次宗 棟梁　藤原宗弘	方丈棟札1
文明10年	1478	大工　藤原次宗 棟梁　藤原宗弘	養源院本堂棟札1
明応7年	1498	大工　藤原家継	衡梅院本堂棟札1
天文7年	1538	大工　藤原朝臣宗継 棟梁　藤原朝臣宗吉	微笑庵昭堂棟札
天正15年	1587	⓪大工　藤原又三郎宗次 ①棟梁　藤原市衛門家久	浴室棟札
天正20年	1592	⓪大工　藤原又三郎宗次 ①棟梁　藤原市左衛門家久	方丈棟札2
慶長4年	1599	①棟梁　藤原家次	山門棟札1
慶長4年	1599	①大工　藤原家次 棟梁　藤原□□	養源院本堂棟札2
慶長8年	1603	①大工　藤原朝臣市左衛門家次	小方丈棟札1
慶長9年	1604	②大工　藤原吉次	衡梅院本堂棟札2
慶長15年	1610	①大工　藤原氏吉岡宗次法名宗智 ②同姓　若狭守吉次	敕使門
慶長15年	1610	①大工　藤原□□宗□ ②大工　若狭吉次	北門棟札
寛永2年	1625	②大工　藤原氏若狭守吉次	文庫棟札
承応2年	1653	④大工　鈴木権兵衛藤原重次	庫裏棟札
承応3年	1654	④棟梁　藤原鈴木権兵衛重次	方丈棟札3
明暦2年	1656	親　　鈴木孫左衛門尉正重 ④子　鈴木権兵衛尉重次	法堂棟札
明暦2年	1656	大工　藤原孫左衛門尉正重	小方丈棟札2
明暦2年	1656	④大工　藤原権右兵衛重次 棟梁　藤原六左衛門家次	玉鳳院方丈
明暦2年	1656	④大工　藤原権右兵衛家重 棟梁　藤原六左右衛門家次	玉鳳院開山堂昭堂
明暦2年	1656	④大工　藤原権右兵衛重次 棟梁　藤原六左衛門家次	玉鳳院昭堂
寛文13年	1673	⑥大工　藤原香美宇兵衛尉清信	経蔵棟札
元禄9年	1696	⑦大工　棟梁望月若狭尉秦勝久 副匠山田作左衛門秦勝秀	鐘楼棟札
元禄16年	1703	⑦大工　若狭秦勝久	山門棟札2
享保7年	1722	望月九兵衛名代神森作太夫半兵衛	玉鳳院方丈高欄墨書
享保11年	1726	棟梁　　望月九兵衛 ⑧棟梁　神森作太夫 副匠　　木子作左衛門	山門棟札3
享保16年	1731	⑧棟梁　望月若狭秦勝景 副匠　　木子作左衛門秦勝貞 副匠　　神森作太夫秦勝好	山門棟札3
宝暦5年	1755	⑨棟梁　望月若狭秦勝善	寝堂墨書
宝暦6年	1756	棟梁若狭眼病ニ付弟清五郎	微笑庵瓦葺替墨書
宝暦7年	1757	⑨大工　望月若狭秦勝善	大廊下棟札
文化2年	1805	⑩棟梁　神森若狭 ⑪棟梁　同木工之丞	山門棟札4
文化5年	1808	⑩棟梁　神森若狭秦勝繁 ⑪大工　木之丞　同勝信	庫裏改築棟札
文政10年	1827	⑪棟梁　神森若狭藤原勝信 番匠　　木子近江大掾藤原久 ⑫　　　神森太市郎　藤原勝照	仏殿棟札

凡例：丸付番号は『棟梁代々記』にもとづく家系の順番

初代の先代（⓪）　藤原又三郎宗次
初　代　藤原市左衛門家久？、藤原朝臣市左衛門家次、
　　　　藤原氏吉岡宗次法名宗智
2代目　藤原氏若狭守吉次
3代目　吉岡七左衛門
4代目　鈴木権兵衛藤原重次
5代目　望月治郎右衛門秦勝信
6代目　藤原香美宇兵衛尉清信

7代目　望月若狭尉秦勝久、若狭秦勝久
8代目　望月九兵衛、望月若狭秦勝景
9代目　望月若狭秦勝善
10代目　神森若狭秦勝繁
11代目　杢之丞秦勝信、神森若狭藤原勝信
12代目　神森太市郎藤原勝照
13代目　神森秀次郎

2代目の吉次（法名宗意）と7代目勝久以降のことであることがわかる。7代目勝久が『棟梁代々記』をもって寺側に働きかけ、受領名を復活させた可能性も考えられる。

　2代目は初代宗智の次男吉次（法名宗意）であると伝えられ、慶長9年（1604）の衡梅院本堂の棟札から寛永2年（1625）の文庫の棟札に名を残している。

　3代目吉岡七左衛門吉次は、棟札の中では確認できないが、『棟梁代々記』によると2代目吉次（法名宗意）の妹の子（甥）であると書かれている。玉鳳院二階鐘楼を建立したと記されている。この鐘楼については慶安2年（1649）の『正法山妙心禅寺米銭納下帳』に建立の項目が散見でき、立柱は10月に行われたことが確認できる。また経費の多くは11月の決算に「玉鳳院鐘楼之用」として材木之代（1貫847文目3分5厘）や大工作料（452人半、684文目4分）等により計上されている。ただ大工として確認できるのは4代目となる権兵衛が中心で他に権兵衛の実父孫左衛門の名であり、3代目吉岡七左衛門吉次は確認できない。次に触れるが他所からの養子であった権兵衛の下で作業をしていた可能性は高い。

　4代目は、鈴木権兵衛藤原重次である。棟札によると承応から明暦年間の開山300年遠忌前に工事が行われた法堂・方丈・庫裏と玉鳳院の昭堂に名が記されている。『棟梁代々記』によると3代目以前とは血縁的にはまったく関係がなく、京大工頭中井大和守の弟子西村越前の弟子であり、養子となっている。大事業の遂行のため、幕府関係の事業を手がけてきた人物を妙心寺大工家に入れたものと考えられる。また、『棟梁代々記』によると法堂棟札に親鈴木孫左衛門尉正重、小方丈棟札に大工藤原孫左衛門尉正重とある人物は権兵衛の実の父で、玉鳳院昭堂棟札の棟梁藤原六左右衛門家次（六左衛門）は近江八幡の作左衛門[30]の弟子であると記述されている。やはり大事業のため乞われて参加したものと考えられる。

　今述べた4代目権兵衛以下の人物については、法堂を再建することを最大の目的として集められた職人集団であり、事業が完了するとその任を解かれたようである。妙心寺の承応から明暦年間に掛けての事業が短期間に速やかに遂行できた理由は、幕府関係の大工事に従事した経験のある職人集団を集めることができ、地割り等に西村越前の直接的な協力を得るなど京大工頭中井家の支援があったからと考えられる。[31]

　5代目望月次郎右衛門秦勝信は『棟梁代々記』によると2代目宗意の弟子であり、妻の弟であったと記されている。また本山での仕事は昭和38年火災により焼失した春日局寄進の浴鐘楼（寛永16年建立）を建立したとある。さらに山内では麟祥院（寛永11年創建）・龍泉庵（旧方丈：寛永18年に玉鳳院方丈を移設）・大心院（方丈：寛永10年代建立）・天球院（寛永8年創建）等の諸建物の建立に関わったと記されている。しかしそれらの寺院の創建や建物の建立年代はいずれも寛永年間であることから、3代目、4代目、5代目の活躍した年代に齟齬が生じていることがわかる。

　6代目藤原香美宇兵衛尉清信は、本山の経蔵にその名を残している。『棟梁代々記』によ

ると５代目勝信の子供であるとの記述がある。しかし寛文12年（1672）７月28日に「妙心寺輪蔵建立之覚」として京大工頭中井家に提出された普請願には「矢倉屋久右衛門組　大工宇兵衛」とあること、建立時の大工棟札に宇兵衛のほかに東寺組・六条組の名とこれまで本山と関係のない大工10名の名前が書かれていることから、経蔵についても妙心寺大工とは関係のない組織により建てられた可能性が指摘できる。(32)

　７代目望月若狭尉秦勝久は、『棟梁代々記』の著者である。同書によると宇兵衛の娘婿であり、南都春日の御大工古宮豊前守の孫であると述べている。さらに寛文３年（1663）から延宝３年（1675）にかけて御所や社寺33カ所の工事に参加し、延宝３年12月以降妙心寺の塔頭等の普請に関わり、延宝４年１月11日に本山の「釿始（ちょんなはじめ）」の棟梁位官を勤めたと記されている。『記録』によると延宝８年（1680）１月10日に、作大夫が若狭と名乗ることを本山が許可している。以上のことから婿養子となったのは延宝３年で、翌年の正月から釿始の棟梁を勤め、５年程経過してから受領名を名乗ることを許されたと考えられる。本山関係の棟札では元禄９年（1696）の聖澤院東北の鐘楼、元禄16年（1703）の山門修理のものに名を記している。没年は『記録』より享保元年（1716）４月９日と確認できる。

　８代目は、望月若狭秦勝景で『記録』より正徳２年（1712）に７代目の養子に入り、享保16年（1731）本山庫裏南の蔵（現存）を新築した際、その功により若狭と名乗ることを許された。さらに宝暦２年（1752）には、息子九兵衛に家督と受領名を譲り、本人は作太夫と改めている。本山関係の棟札では、前述した本山庫裏南の蔵のものが確認できる。(33)没年は不明。

　９代目望月若狭秦勝善は８代目の子で宝暦２年（1752）に家督と受領名を譲り受けている。庫裏と大方丈をつなぐ大廊下東側の増築工事の棟札にその名を残している。跡継ぎとして作之丞がおり、明和６年（1769）には本山に挨拶をしているが、実父方に帰ってしまったため離縁したとある。その後、勝善は明和８年（1771）８月26日に跡取りがないまま亡くなっている。

　同年12月晦日には、養子が見つかるまで宝暦11年（1761）に番匠作左衛門の養子となっていた９代目の弟吉左衛門に作太夫を名乗らせることとしており、妙心寺大工家の代表代行を務めていたと考えられる。この作太夫の代行は11年間続き、安永９年（1780）に９代目若狭の娘に婿を取り、その後見役に回り、寛政９年（1797）末から寛政10年の初めに没している。

　10代目神森若狭秦勝繁は、安永９年（1780）に９代目若狭の娘婿として、大工の棟梁家を相続し、名を九兵衛と改めている。天明２年（1782）３月10日には、棟梁職を仰せ付けられ、名を若狭と改めている。さらに寛政７年（1795）には、望月の名字を旧姓の神森に改めたいとして寺に願い出、許可されている。10代目の名は、文化５年（1808）７月に庫裏を瓦葺きに改修した時の棟札に記されている。しかし実際は同年閏６月３日に死去しており、工事の最終段階は息子の木之丞秦勝信が行ったと考えられる。

第3章 序　論

　11代目神森若狭秦勝信は10代目の息子で庫裏の改修工事中に先代が亡くなったため、急遽文化5年（1808）7月19日に棟梁職と若狭の名を与えられている。さらにこの勝信の代には仏殿の造り替えが行われており、文政11年（1828）11月11日には、その功により河内大掾の名を勅許されている。天保6年（1835）12月19日には、病気につき息子の木工之丞に家督を譲りたいと願い出、同月23日に許可され、天保9年（1838）9月22日に他界している。本山の棟札では前述の文化5年7月の庫裏改修のものにすでに他界していた10代目勝繁を棟梁とし、11代目は大工木之丞秦勝信と書かれているものと、文政10年（1827）の仏殿の棟札に名を記している。

　12代目は、天保6年（1835）12月23日に家督相続で大工職と若狭の名を許可された。文政10年（1827）の仏殿の棟札に神森太市郎藤原勝照として登場している。嘉永3年（1850）8月には、病気を理由に弟に家督を譲り、同年9月24日に死去している。

　13代目は、兄から嘉永3年（1850）に家督を継いだ秀次郎である。相続時15歳であったため、成人まで棟梁職は木子真八郎が後見する事となっていた(34)。先代が9月に他界したため、若狭の受領名はその後、継承したものと考えられる。嘉永6年（1853）には、若年のため他の場所で3年間修行をしたいと願い出、本山から許可を得ている。その後明治を迎え、『記録』等の資料が途絶えてしまってからの動向は不明である。

　棟梁家の家系については以上のとおりであるが、『棟梁代々記』は7代目望月若狭尉秦勝

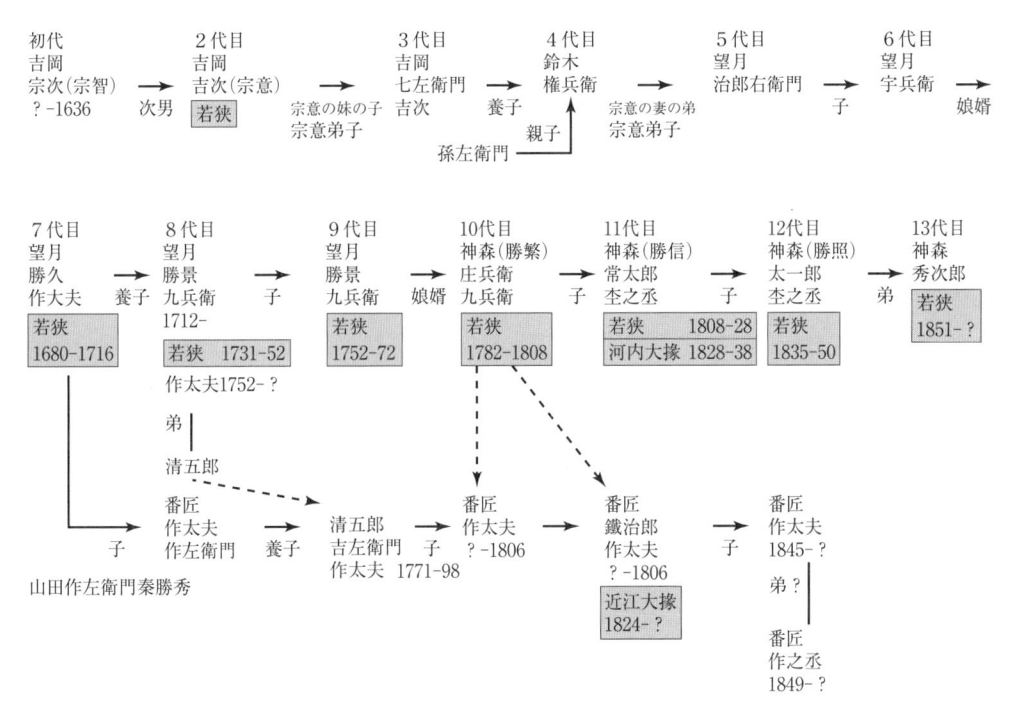

図3　妙心寺大工系図（網掛部分は、受領名を名乗る期間）

久が妙心寺大工として自己の正当性を示すために作成した文書であり、3代目（慶安年間）、4代目（承応・明暦年間）、5代目（寛永年間）が活躍した年代に齟齬が生じており、6代目についても血縁的なつながりが考えにくいなど、いくつもの問題を抱えている。妙心寺塔頭に残っている棟札等を用いて、今後検討を加える必要があると考える。また7代目以降は当時の一次資料である『記録』の記述内容から大まかな家系の流れを理解することができたと考える（図3）。

さらにこの家系を補完する存在として時代によって呼び名は異なるが、副匠・大工・番匠等で呼ばれる人物が存在している。享保年間に登場する副匠木子作左衛門秦勝貞は1代きりの番匠として位置づけられており、17世紀後半から登場する木子家は代々継承され、明治まで存続していると考えられる。

妙心寺大工については、系図と実際に建てられた建築を調査する以外に、個々の大工の技量や大工家としての技術的な特色について、検討を行う必要があると考えるが、この点については、今後の課題としたい。

6　まとめ

本章では、これから扱う近世の主要伽藍建築の歴史と妙心寺内でのその利用方法等を把握する上で、より大局的に見た妙心寺について検討を加えた。具体的には、中世以降広がる禅宗全般をとらえ、五山寺院や大徳寺と妙心寺との関係や中世の妙心寺の建築とその歴史的な意義について触れてきた。さらに次章以降で展開する各論を理解するうえで必要となる妙心寺の本山組織についても言及した。これらによりこれまで様式論で捉えられてきた禅宗建築を、利用実態をともなう建築として再認識できると考えている。

妙心寺は、暦応5年（1342）の創建以来の歴史を持つが、現存する資料からその建造物の歴史的な意味を探ることができるのは、応仁の乱以降のことと考える。その中で妙心寺が最も大切にしていたものは、第9世雪江宗深の遺戒であったと考えられる[35]。

これにより、住持は36カ月（のちに12カ月）を限って交替で務めること、四来の衲子を接待するほかは修造を勧めることとなる。宗深は文明8年（1476）から弟子の宗圓をして出納簿である『米銭納下帳』を記録させ、伽藍の修造に励ませている。この伽藍の修造こそ、妙心寺の寺格向上の原動力になったと考えられる。具体的に指摘できることは、応仁の乱により荒廃した伽藍を朝廷から綸旨を頂戴することにより、復興させたこと。その後檀越の細川澄元の援助により、紫衣を著して奉勅入寺が許される大徳寺と同格の寺院への格上げに成功したことがあげられる。さらに妙心寺が紫衣を著して奉勅入寺が許される出世道場となったことにより、勅使等を招いて入寺式ができる本格的な伽藍建築が必要となり、大徳寺を参考としながら、建造物の整備に励んだものと考えられる。その中で開山200年の遠忌までに本

格的な庫裏・法堂（単層で仏殿兼用）・山門（単層）の整備が実施され、その後16世紀末までに方丈の再建、法堂・山門の重層化が行われたと考えられる。

註
（１）　赤松俊秀監修『日本仏教史』Ⅱ、第３章（法蔵館　昭和42年５月）。
（２）　今枝愛真『中世禅宗史の研究』第２章（東京大学出版会　昭和45年８月）。
（３）　『増補龍寶山大德禪寺世譜付索引』（思文閣出版　昭和54年）20世李嶽妙周の代。
（４）　「大徳寺の歴史」（『日本禅宗史論集　下之二』思文閣出版　昭和56年１月）。
　　　　第18世東源宗漸、第21世香林宗簡、第23世巨嶽（聟）、第25世樗庵性才の４師が大應国師南浦紹明の門派であると述べられている。
（５）　『大日本古文書　大徳寺文書一』127号。蔭涼軒主仲方中正の古幢周勝宛の書状（永享３年９月５日付）。
（６）　前掲註（３）『増補龍寶山大德禪寺世譜付索引』30世日照宗光の項。
　　　　　　　　諱ハ宗光　言外忠七世ニ嗣ク　永享八丙辰十二月廿二日開山百年
　　　三十　日照
　　　　　　ニッセウ　　　　　　　　ソウグワウ
　　　　　　　　忌當任執行ス
　　　　　綸命ヲ受クトイヘドモ住山開堂セズ　俗ニ云居成ノ長老　攝州田原龍雲寺ヲ創ス
　　　　居成であることは『續群書類從』第４号　巻第九十九　「龍寶山住持位次」からも明らかである。
（７）　『大日本古文書』大徳寺文書之一
　　　　後土御門天皇綸旨
　　　　大徳禅寺者、宗派無盡、而祖風相承也、爰混兵戈之塵裏、改梵字之古跡、宜遂不日経営之造功、奉祈有道太平之聖運者、
　　　　綸命如此、仍執達如件、
　　　　　　文明五年六月十九日　　　左少弁（花押）
　　　　當寺衆僧中
（８）　『史料　大徳寺の歴史』（毎日新聞社　平成５年）。
　　　　「徹翁派一条殿へ訴状」
　　　　　　　　（端書）　　　　　（冬良）
　　　　　紫野大徳寺衆僧等謹言上、
　　　　　　　西京妙心寺申請
　　　　綸旨勅使、相並本寺、着紫衣可入院之由望申事、右当寺者、無比類子細条々依有之、開
　　（宗峰妙超）
　　　　山為侍者耆旧、依為元弘・建武両朝之国師、相並南禅寺、一緒着紫衣候、為末寺及二百
　　　　　　　　　　　　　　　　　　　　　　　　　　　　　　　　　　　　　　　（関山慧玄）
　　　　年之後、相並本寺、可着紫衣之由、企新儀候、彼派者依有子細、開山遷化之後、百年余
　　　　　　　　　　　　　　　　　　　　　　　　　　（勝元）　　　　　　　　　　（宗舜）
　　　　不許本寺之出頭之処、細川龍安寺依被帰依、日峰以種々調法、日峰八十歳之時、初而本
　　　　寺出頭之段申沙汰候、可相並本寺之子細有之者、百年之間仁可申沙汰歟、御代々勅書綸
　　　　旨等案写進候、此趣被達叡聞、如新規可預御裁断、忝可畏入者也、仍謹言上如件
　　　　　　　　永正六年三月十四日　　　　　　　　　　　　　大徳寺衆僧敬白
　　　　　　　　　　　（勧修寺尚顕）
　　　　　　　　伝奏執事閣下
（９）　第２章註（６）参照。
（10）　第２章註（７）参照。
（11）　第２章註（９）参照。
（12）　応仁元年に伽藍が焼失する前の法堂（仏殿兼用）の建物は以下のように記述されている。
　　　　『龍寶塔頭位次』

　　　　○　大雄殿　東西八間　南北七間半
　　　　　　　祈禱札　　張即之
　徹翁和尚所ᚹ創亨德二年遭₌回禄₌養叟和尚靏₌外護宗歡所₌施河州苍田別業₌再興兼₌行法堂㚖₌應仁年中又燬₌千兵₌文明十一年己亥一休和尚勸₌泉南宗臨及同郷壽源法名滴溷等₌興復之₌落成₌于同年六月十八日₌此時特芳和尚住₌本山故古₌佛₌殿上₌棟題₌禅傑名₌也……

(13) 『龍寶塔頭位次』
　　　　○　大雄殿　東西八間　南北七間半
　　　　　　　祈禱札　　張即之
　　　　（註12の後ろ）
　　　中古法堂兼佛殿
　　　　　今上皇帝聖壽無疆　大工左衛門少尉藤氏宗弘
　　　　龍寶山大德禪寺法堂上棟恭願　　住持禅傑
　　　　　洪基万安柱礎鞏固　文明十一己亥年六月十八日
　　　　　此堂昔在₌丹後文殊₌後為₌鞍馬山祈禱堂₌既及₌破壞₌新₌建本山買₌得以爲₌法堂₌兼₌仏殿₌東西六間半南北五間本尊釈迦文殊普賢也長三尺印吉法印彫刻殊賢大塔宮所₌寄附₌也……

　さらに、大永5年（1525）頃の景観が描かれていると考えられる洛中洛外図屏風（歴博甲本）の大徳寺の描写は、二重の屋根の仏堂がはっきりと描かれていることから、文明再建時から一重もこし付の建物であったと推定できる。

(14) 第2章註（6）参照。
(15) 『正法山綸旨寫　全』（妙心寺蔵）
　　　　○　同帝（後土御門院）宗門無双之　綸旨
　　　妙心禪寺者　花園院革離
　　　宮作梵宇請関山和尚為開山
　　　始祖誠是宗門無双之名刹也爰
　　　罹度ゝ之禍乱荒廢云ゝ所詮當時
　　　雖不領有所産之由緒近日雖
　　　無音爲末寺之舊縁相勸築紫
　　　州冝致寺家再興者
　　　綸命如此仍執達如件
　　　　　文明十九年七月十七日　左中辨政次判
　　　　雪江上人禪室
(16) 『正法山綸旨寫　全』（妙心寺蔵）
　　　　○　後西院再興之　綸旨
　　　妙心禪寺者　花園仙院御願
　　　蘭若佛法本源誠是宗門無
　　　双之名刹也爰當開山國師
　　　三百年忌改　離宮之舊基
　　　添法堂之新制冝全造營之
　　　成功奉祈　寶祚之延長
　　　者
　　　綸命如此仍執達如件
　　　　　明暦三年十二月十二日右中辨頼孝判

妙心寺僧中
(17) 『正法山綸旨寫　全』（妙心寺蔵）
　　○　後西院法堂造営之　綸旨
　　妙心寺者　花園院革離宮
　　被為禪刹之名藍也此故可
　　攀先例被成下建立之處當
　　関山國師三百年忌門徒運
　　忠策遂法堂造営之全功神
　　妙之至預　叡感訖弥令專
　　佛法興流冝奉祈　寶作長久
　　者依
　　天氣執達如件
　　　　明暦四年正月十二日右中辨頼孝判
　　妙心寺僧中
(18) 第2章註(2)参照。
(19) 「雪江和尚之遺誡」妙心寺蔵。『妙心寺史』上巻掲載の写真より判読。
　　當寺住持職叟承續
　　開山和尚命脉稱宗
　　匠者限三十六ケ月輪
　　次合致焼香者也接待
　　四来衲子之外冝以修造
　　為念矣珍重
　　　　文明七年季春六月　　妙心住持宗深花押
　　諸位堂頭
　　　　謂老漢之
　　　　嗣法輩也
(20) 『正法山誌』第六巻「故事」
　　……
　　法山ノ住持。往昔ハ毎ニ三年ニ一交。後龜年和尚住山。六年ニシテ而遷化。尋テ希菴和尚住持。
　　自レ此一年一交到レ今也。法山一年一交之式。自ニ希菴和尚ニ始。別堂云
　　……
(21) 註(2)参照。
(22) 『正法山誌』第五巻「書記」
　　……延寶六年二月。始置ニ書記一人ヲ。不レ局ニ前堂後堂藏主ニ。皆四派輪次掌レ之。
　　時聖澤派。無レ可シ　自ニ正月十六日ニ到ニ明年正月十五日ニ。時ニ龍泉派玉龍院
　　掌人　故闕レ之。　　　　　　　　　　　　　　寛首座務ム
　　　延寶五年之秋蟠桃院範首座。後號ニ涼蔭　龍華院ノ忠首座。後號ニ無著　西源院ノ云首座。三人請ニ評座ニ
　　　置ニ此職ヲ。到ニ明年二月ニ始許ニ其請ヲ焉。
　　又書記之職存。記ニ年中公界諸事ヲ為ニ一册ニ。毎月晦日於ニ評席ニ讀レ之。若有ニ差誤ヲ諸執
　　事論レ之改ム了淸書。一年記錄留ニ于評席ニ也。先レ此都無ニ此事ニ。
(23) 妙心寺の会計年度は中世より8月1日から翌年の7月晦日までであった。
(24) 『副寺須知　附　書記寮書式　副寺寮書式』妙心寺塔頭雑華院所蔵。
　　本山のものを書き写したものと考えられるが、本資料は文書中に書かれている年号から享
　　保4年（1719）1月〜享保10年（1725）1月の間に書かれたと考えられ、それを雑華院では
　　享保19年頃書き写したと考えられる。

その中で力者は南北両門、常住中門、浴室、乗物部屋の他、築地屋根、常住門内大庭、材木部屋等の掃除を、鐘司は仏殿、法堂、輪蔵、寝堂の月壇、山門の瓦敷廊架を、方丈掃除は大庫裏、板間、膳棚、内庭ならびに韋駄天堂の東の内庭等を割り当てられていた。

(25) 『正法山誌』第五巻「居成」

居成者。古者賜紫之人不レ上レ京。但遞=送職錢於本山ー。本山送=傳奏ー請=綸旨ー。綸旨下則某本菴ノ塔主受レ之。以遞=送田舎ノ賜紫之人ー。故言=居成ー也。不レ上レ京而居ナガラ成レ賜紫ー也。

其後願紫之人。上レ京受=綸旨於某本菴ー。猶不=賜紫ノ人出而受ー之塔主受レ之。讼=襲舊例ー也。

特英和尚受=綸旨ー時。方議曰。昔其人在=邊國ー。不レ上レ京故塔主受レ之。今者其人登レ山然不=自出受ー。綸旨者太無レ理也。自レ此新命自出受=綸旨ー。自出受=綸旨ー自=特英ー始。忠雲自=出維那持=綸旨ー來。方丈室中講ト受=綸旨ー規上ー。

(26) 『棟梁代々記』妙心寺春光院蔵の写本がある。裏書には以下のように記述されている。

これは明治卅三年妙心寺御用達大工となり、妙心寺北門通りに居住した木子作治郎が、昭和十二年頃に春光院蔵本を筆写したものである。

(27) 『棟梁代々記』の初代若狭守吉次法名宗知の項に以下の記述がある。

（前略）慶安元年子二月廿三日龍福院炎上ニ付棟林院同火、此時若狭ヨリ預リノ御綸旨代々記録炎上ス、綸旨写有ル

これにより、本山に提出した綸旨も元本ではなく写しの写しであったことがわかる。

(28) 第5章第2節第2項（14）「大工手斧始式」参照。

(29) 宗教法人養源院『京都府指定文化財養源院本堂附玄関修理工事報告書』（平成6年6月）第7章　資料。

寺蔵棟札

（表）□□□□慶長※年己亥□□□□□因工藤原家次棟梁藤原□□

（裏）鉄山書之大工者古之棟梁宗智也棟梁者上京堀出新介也　當寺山門閣建立之節鉄山當住法臘六十八歳也宗安四拾壹歳也

内容を確認すると最後の「宗安四拾壹歳也」は意味が通らず、宗安は宗智の可能性が高い。この仮定にもとづくと宗智は天正15年に29歳、慶長15年に52歳、没年とされる寛永13年には78歳となり、大工として活躍していた時期に矛盾はない。

(30) 『棟梁代々記』の中で「権大工近江六左衛門」の親方にあたるとされている作左衛門は、近世に近江八幡を中心として活躍した高木家の人物と考えられ、代々作右衛門を名乗った。作左衛門は作右衛門の誤記と考えられる。

(31) 本書資料編1『法堂普請銀之拂帳』2表、9表、39表参照。

(32) 『重要文化財妙心寺法堂・経蔵修理工事報告書』（京都府教育庁指導部文化財保護課　昭和51年6月）第4章「史料及び文献」1 発見墨書　経蔵　2　大工棟札。

（表）　　寛文拾三年　　　　南無阿弥陀仏
　　　棟梁宇兵衛尉清信　　　東寺組
　　　　丑ノ五月吉日　　　　六条組
（裏）　柳次左衛門正次　　　加藤甚左衛門
　　　　　　　　　　　　　　　　寛文十三□年
　　　　内八幡権右衛門信次　黒沢五兵衛
　　　　　　　　　　　　　　　　東寺組
　　　大工　内藤林左衛門延清　若林五兵衛
　　　　　　　　　　　　　　　　六条組

　　　　　　小西善兵衛吉清　　　　　田原次兵衛
　　　　　　　　　　　　　　　　　　　　丑五月吉日
　　　　　　栗林庄左衛門家信　　　鵜飼五右衛門宗次

(33) 庫裏南の土蔵（『記録』では「諸證文并什物等入置候火除之蔵」とある）の享保16年6月4日の棟札には「大工　棟梁望月若狭秦勝景　副匠木子作左衛門秦勝貞　副匠神森作太夫秦勝好」と、3名の大工の名が記されている。
　　さらに『記録』の享保16年6月晦日条には以下のように記述されている。
　　　晦日　當番和尚執事會評衆議ニ今度中門ノ内庫裡ノ前土蔵造営ニ付棟梁九兵衛儀精出ソロ間襃美トシテ家附ノ喚名若狭ト改ｰソロ様ニ可申付トナリ且又作太夫儀モ別而精出シ相勤ソロ間向後東寺作左衛門同前ニ作太夫江一代切番匠ﾆ可申-付ト也依之為祝儀若狭ﾆ金貳百疋作太夫ﾆ金百疋可遣之ト也右之段来月三日副寺可被申渡トナリ
　　これにより、副匠木子作左衛門秦勝貞は普段東寺作左衛門と呼ばれ、1代だけの番匠であったこと、副匠神森作太夫秦勝好についても、今回の働きにより作左衛門と同様に1代限りの番匠となったことが確認できる。
　　ただし、作太夫については翌年、瓦屋との争議があり、番匠をとりあげ、出入停止となっている。
(34) 嘉永4年（1851）4月26日には、後見の真八郎が退役し、代わりに近江が後見となることが許可されている。
(35) 註(19)参照。

第4章 法　堂
——天正・明暦期の普請文書と臨済宗最大教団への道——

1　天正・明暦期の普請文書

①　天正期の妙心寺法堂について

　妙心寺に保管されている古文書の中に天正12年（1584）に成立した『法堂修造米納下帳』がある。資料の紹介を含めた概要については、永井規男がすでに発表している[1]。しかし、その資料に関わる天正の法堂修造については、「詳しい分析は後に期するとして、いちおうの見通しを述べれば、この工事は法堂上重の形式変更を含む改造工事を主としたものと考えられる」と述べるにとどまる。私も永井の意見には賛同するが、本項ではその根拠となる部分について詳細に検討を加えることとする。

　『法堂修造米納下帳』の内容を把握する上で重要な点は、以下の3点である。
　(1)記述されている修造内容を、工期を含めて把握すること
　(2)各職種の人工数を把握すること
　(3)修造にかかる経費を把握すること
　これらについて順を追って説明を行う。

1．修造の内容と工期

　工期については、天正11年（1583）閏1月から天正12年（1584）3月までであり、最後の3月12日、13日と4月15日に総算用が行われている。『法堂修造米納下帳』から修造内容が把握できる記述を日付ごとに追っていくと表1のようになる。まず気づくのは新築工事の際必ず発生する地突きや基壇廻りの石工事等が一切ないことである。閏1月から2月にかけては組物の製作を七条道場で行っていたらしく、妙心寺の修造関係者が頻繁に見舞いに出かけている様子がわかる。3月には普請に必要な仮設の木屋の建設を行っている。

　4月に入ると4日〜20日頃に足代掛けと組物上げ・小壁解体が行われ、5月の後半には南の橋を掛け、虹梁（こうりょう）を境内に搬入するための準備をしているものと考えられる。6月には虹梁が搬入され、修造が本格化し、7月の上旬まで大工・鋸引・鍛冶が連日修造に参加している。さらに7月の後半になると屋根の瓦葺きが開始され、大工等の仕事と並行しながら8月の中旬までつづいている。その後、手伝等で壁の下地掻き・下塗り等が行われたようで、「竹

第4章 法堂

表1 『法堂修造米納下帳』の記述内容

年	月日	記述内容1	記述内容2	記述内容3
天正11年	閏正月下行			
	4日	大工宿所、組物見舞	餅	大工宿所江クミ物見舞各存
	27日	木屋	八郎左衛門	但木屋ノ戸之用手代共
	2月下行			
		大工宿所、組物見舞	七条道場見ニ各々出時酒□	
		組物	厚紙	クミ物張之用十帖
		大工宿所、組物見舞	同大工処 組物見舞	
		柴小屋普請	酒柴普請之時	
		木屋上葺	木屋上葺入目	同先過上是にて相済也
	3月下行			
	22日	木屋普請	小番并手伝衆30人	木屋普請時
	25日	木屋普請・松木鋸引	同	同前 内1斗ハ木屋之用 1斗ハ北野松木鋸引時手伝衆
	4月下行			
	4日	鋸引・足代掛け	西京ノ木鋸カクル時并脚代クム時東班衆一堂	
	14日	屋祢板揃え	法堂屋祢ノ板ソロエル時	
	15日	組物上げる・組物木口張り・小壁解体	クミ物上ル時手伝衆	
	16日	足代掛け・組物上げる	松木	三五寸ノ代大工取次、脚代ノ用
	17日	組物上げる	クミ物 アクル手伝衆	
	21日	屋祢木	八子木	17本クミ物クワッシヤウノ用
	5月下行			
	20日	南橋掛ける	手伝衆 南橋カクル時	
	6月下行			
	?6日	虹梁来る	唐瓜	虹梁来時紹欽江樽被遣時依遅来而先為肴如此
	7日	虹梁来る	大工衆 嵯峨へ虹梁之儀申理時	
	11日	虹梁来る	粽50把 虹梁来時紹欽へ肴	
	16日	虹梁来る・諸職振舞	自下虹梁来時路作并手伝共	
	21日	松木、引き・虹梁来る	後山松木引時	斎非時
	29日	綱打ち	綱縄ナイ衆62人	当寺龍安
	晦日	屋祢解体	法堂屋祢ムクル時手伝小番共	
	7月下行			
	1日	大綱打ち	酒 祈禱并大綱打大工	
	2日	大綱打ち	酒 綱打手伝并鍛冶鋸共ニ	
	3日	虹梁上げ	大根葉	虹梁上ル用
	12日	酒 一堂掃地之時	酒 一堂掃地之時	
	21日	屋祢葺き	小屋之屋祢葺	
	8月下行			
	22日	屋祢葺き・総普請・諸職振舞	屋祢葺2人	
	9月下行			
	26日	壁塗り	壁塗2人 童1人 小番1人	
	27日	壁塗り	壁塗3人 童1人 小番1人	
	28日	壁塗り・壁塗り足代	酒 壁土之時足代共	
	29日	壁塗り	酒 スサキリ	

		10月下行		
		3日	壁塗り 南橋掛ける 南橋掛ける	壁塗手伝衆3人分 酒 大工南ノ橋カクル時	但南橋カクル時 □供
		11月下行		
			酒 御材木山門に入之普請之時	酒 御材木山門に入之普請之時	
天正12年	3月下行			
		12日	大工江渡 ツマノソナへ 6ツ之分 同 法堂地ワリ 総算用	大工江渡 ツマノソナへ 6ツ之分 同 法堂地ワリ	
		13日	総算用		
	4月下行			
		15日	総算用		

法堂上之重壁之用」や「壁塗り」が計上されている。9月に入ると壁塗以外の職種は確認できず、おそらく左官による漆喰の仕上げ工事が行われたものと考えられる。

2．各職種の人工数

　修造事業全体の人工数は、飯米が支払われる「白」と作料の「米」の支出に関わる部分に記述があるが、厳密には一致していない。しかし、大きな違いはないことから概ね日付順に記述されている「白下行」を中心として若干の補正を行い算定したものが表2・グラフ1である。さらに大工・鋸引・鍛冶等の人工数については、その記述からほぼ算定できたと考えるが、手伝や寺側の小番・力者等についての記述はあいまいで人数を正確に把握することが出来なかった。

　中心となる大工については、閏1月の中旬以降に七条道場で組物の造作が開始されたと考えられるが、飯米作料の記述はなく、斎・中食・非時の3回の食事が供されている。そのためこの作業に関わった大工の人工数を特定することはできないが、6日間で「白」4.38石の下行があり、仮に大工1日7合の消費があるとすると625人工程度の職人が関わった可能性がある(3)。3間もこし付の禅宗様の仏堂であることから、必要となる組物の数は、詰組で隅4組、平24組と推定でき、単純に人工数を28組で割ると1組当たり、22.3人工となり、決して過大な人工数となっていないことがわかる(4)。

　妙心寺境内での実質的な作業は3月の後半以降、仮設小屋である木屋の普請から始まったようで、4月と5月はのべ200～300人工の大工が投入され、6月がピークとなり1日当たり40～50人工で1カ月間に946人工、その後7月に725人工、8月に626人工とこの3カ月に全大工2,883人工の8割弱が動員される短期集中型の修造であったことがわかる。同様な傾向は、鋸引や鍛冶でも確認できる。その後8月頃屋根瓦葺き工事が、9月下旬には左官工事が実施されているが、当時の工種分けの中で瓦職人と左官職人は工事の主要部分のみを担当し、大

表2　『法堂修造米納下帳』の推定職種別月別人工数

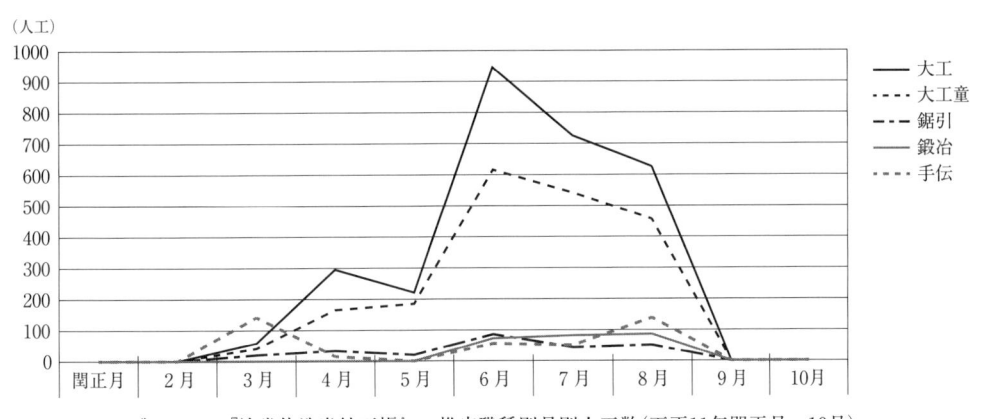

		大工	大工童	鋸引	鍛冶	手伝	杣	樽引	鍛冶童	壁塗	壁塗童	屋祢葺	桶結師	桶結師童	釘奉行	小番	力者	人夫	綱ナイ衆	月別合計
	閏正月	0	0	0	0	0	0	0	0	0	0	0	0	0	0	0	0	0	0	0
	2月	0	0	0	0	0	0	0	0	0	0	0	0	0	0	0	0	0	0	0
	3月	58	41	20	0	142	5	8	0	0	0	0	3	3	0	0	0	0	0	280
	4月	295	165	33	0	15	7	5	0	0	0	0	0	0	0	0	3	0	0	523
	5月	221	185	20	0	0	0	0	0	0	0	0	0	0	0	0	0	0	0	426
天正11年	6月	946	616	86	73	56	18	0	16	0	0	0	0	0	0	0	0	3	62	1,876
	7月	725	542	44	82	51	8	8	13	0	0	0	0	0	0	0	0	0	0	1,473
	8月	626	456	51	86	139	7	18	15	6	3	2	0	0	26	26	26	0	0	1,487
	9月	0	0	0	0	0	0	0	0	0	0	0	0	0	0	0	0	0	0	0
	10月	0	0	0	0	0	0	0	0	0	0	0	0	0	0	0	0	0	0	0
	11月	0	0	0	0	0	0	0	0	0	0	0	0	0	0	0	0	0	0	0
	12月	0	0	0	0	0	0	0	0	0	0	0	0	0	0	0	0	0	0	0
天正12年	1月	0	0	0	0	0	0	0	0	0	0	0	0	0	0	0	0	0	0	0
	2月	0	0	0	0	0	0	0	0	0	0	0	0	0	0	0	0	0	0	0
	3月	0	0	0	0	0	0	0	0	0	0	0	0	0	0	0	0	0	0	0
	4月	0	0	0	0	0	0	0	0	0	0	0	0	0	0	0	0	0	0	0
職種別合計		2,871	2,005	254	241	403	45	39	44	6	3	2	3	3	26	26	29	3	62	6,065

グラフ1　『法堂修造米納下帳』の推定職種別月別人工数(天正11年閏正月～10月)

部分は手伝等の手で行われていたと考えられ、その人工数は極わずかである。

3．修造の経費

『法堂修造米納下帳』の経費の記述は、前述の永井の資料紹介でも指摘されているように、米（黒）・白・銭と銀子の4種類を用い、決済が行われている。米で工匠の作料・酒代・材料代・運賃等が、白で工匠等への飯米が、銭では材木代や市場で購入する物品等が支出されている。銀子での決済は5月に1回のみ確認でき、すべて材木代として支出されている。『法堂修造米納下帳』は中世の決算書として一般的な形式をとっているが、米・銭・銀子等複数の決済手段により取引されていることから、単一の通貨により価格の判断を下しているわれわれには金額の判断がつきにくいものとなっている。そこで、これら4種類のものを銭

に統一して表示することとする。その際の交換レートは、変動相場のため一律ではないが、文書の中から判断して以下の通り、銀子1枚＝銀10両＝米3.8石＝白3.04石＝銭6貫200文とした。ちなみに大工の飯米は白6合で銭に換算すると約12文、作料は米1斗で銭163文となり、1日の日当は銭175文となる。

　工種ごとの米・白・銭・銀子の支払高と、上記の換算率により銭に統一した金額が表3、工種別割合が表4・グラフ2となる。総工事費は銭1800貫あまりとなるが、建武3年（1336）12月に作製された『東福寺諸堂造営注文』の金額と比較すると、同じ法堂建設費用の15％、僧堂の10％程度の額にしか当たらない。全盛期の五山寺院の見積もりとの比較であり、時代も250年程異なるが、同様の銭での換算であること、中世を通して物価の変動は比較的緩やかであることから参考にすることには問題がないと考えると、『法堂修造米納下帳』[5]に記述された内容が、妙心寺の法堂新築工事費を賄う金額でないことは、明らかである。

4．『法堂修造米納下帳』の工事内容のまとめ

　以上、修造の内容・人工数・経費について詳細に検討を行ってきたが、いずれも法堂の新築を示すものではないと判断できる。むしろ主屋柱上の組物から上部の普請を実施しているものと解釈でき、この修造が行われる天正10年以前の状態については、2通りの推測が可能である。1つはもこし部分を完成しており、主屋部分を仮屋根としていた可能性（図1）。もう1つは、単層の仮屋根が葺かれており、天正年間の修造により主屋ともこしの二重の屋根形態とした可能性である。

　前者の例として、愛知県瀬戸市定光寺町の定光寺本堂（重要文化財）がある[6]。この寺院は、建武3年（1336）臨済宗建長寺末として、覚源禅師を招聘して創建された。江戸時代の慶安2年（1649）には、喝堂全用が妙心寺派の寺院として中興し、尾張徳川家の菩提所となり、藩祖徳川義直以降の納骨が行われていた。

　定光寺の本堂は、創建当時建立されたと考えられるが、文明9年（1477）10月晦日に炎上し、明応2年（1493）に再建され、さらに永正7年（1510）8月7日に地震により倒壊した。その後の復興で、天文3年（1534）2月11日斧始、同年4月2日立柱式を行い、上棟式は5年後の天文8年（1539）4月13日に行った。このとき復興された建物が現存し、大正15年に特別保護建造物になると昭和12～13年に解

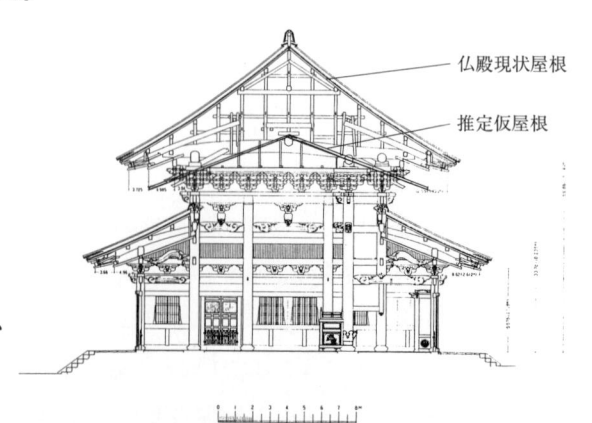

図1　天正期の法堂と同じ規模を持つ、現在の妙心寺仏殿上層に仮屋根を仮定した図（『重要文化財妙心寺仏殿修理工事報告書』の図を一部加筆）

第4章 法　堂

表3　『法堂修造米納下帳』の工種別修造経費

工種別修造経費一覧

工種	黒(石)	白(石)	銭(貫)	銀(枚)
材木	206.798		322.317	3
大工手間	297.740	20.203		
小買物	141.521	0.055	27.399	
雑	50.874	0.568	3.135	
鍛冶	35.212	2.171	14.449	
木引	25.395	3.2535	0.2	
日傭	15.501	7.9595		
瓦	19.430		2.63	
祝儀	2.465	4.423	0.508	
運賃	6.813	0.388		
左官	4.850	0.17		
仮設	1.931	0.226	3.41	
不明	2.409	0.099	1.564	
別途工事	0.300	0.242	0.936	
路銀		0.037	0.5	
屋袮下地		0.115		
合　計	811.238	39.91	377.048	3

工種別修造経費の銭への変換一覧

工種	黒→銭	白→銭	銭	銀→銭	すべて銭
材木	337.407		322.317	18.600	678.324
大工手間	485.786	41.203	0.000		526.990
小買物	230.903	0.112	27.399		258.414
雑	83.004	1.158	3.135		87.298
鍛冶	57.451	4.428	14.449		76.328
木引	41.434	6.635	0.200		48.269
日傭	25.291	16.233	0.000		41.524
瓦	31.702	0.000	2.630		34.332
祝儀	4.022	9.021	0.508		13.550
運賃	11.116	0.791	0.000		11.907
左官	7.913	0.347	0.000		8.260
仮設	3.151	0.461	3.410		7.022
不明	3.930	0.202	1.564		5.696
別途工事	0.489	0.494	0.936		1.919
路銀	0.000	0.075	0.500		0.575
屋袮下地	0.000	0.235	0.000		0.235
合　計	1,323.599	81.395	377.048	18.600	1,800.642

表4　修造経費の工種別割合表

工種	銭(貫)	比率(%)
材木	678.324	37.72
大工手間	526.990	29.28
小買物	258.414	14.36
雑	87.298	4.84
鍛冶	76.328	4.23
木引	48.269	2.68
日傭	41.524	2.30
瓦	34.332	1.90
その他	49.164	2.69
祝儀	13.550	0.75
運賃	11.907	0.66
左官	8.260	0.45
仮設	7.022	0.38
不明	5.696	0.31
別途工事	1.919	0.10
路銀	0.575	0.03
屋袮下地	0.235	0.01
合　計	1800.643	100.00

出典：『法堂修造米納下帳』

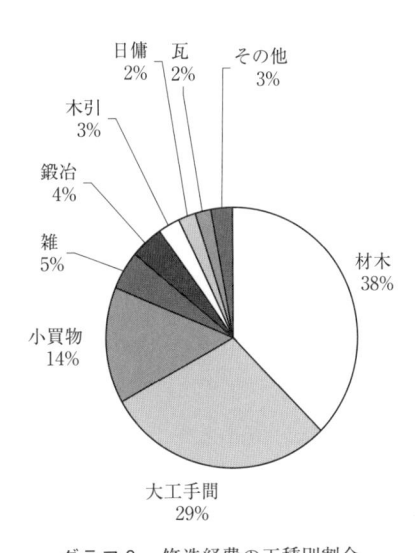

グラフ2　修造経費の工種別割合
出典：表2による

体工事を実施し、上層仮屋根、切妻造、こけら葺の簡易なものから三手先組物をもつ入母屋造、こけら葺の本格的な屋根に復原整備された。

ただし、上層頭貫や脇厨子その他に創建当時の、下層頭貫や台輪に明応2年のものと考えられる部材が現存するとの報告があることから、これまでの本堂の部材のうち、再利用できる部材については極力利用し、天文8年に完成したものと考えられる。しかし、天文8年の形は、上層の台輪上に組物を置かず、束を建て、屋根も切妻造で疎垂木とし、内部も天井をまったく張っていない仮屋根であった。天文再建時と考えられる上層の台輪上端には大斗を載せるための太柄穴もないことから、このような仮屋根の状態でとりあえず完成させておこうとする意思があったことが確認できる。

さらに同じ上層の台輪のうち、背面側と右側面の材は天文より古い室町時代中期（明応2年頃か）の材と考えられているが、上端の大斗固定用の太柄穴は確認できるものの、大斗が載った圧痕がないことから、やはり、明応再建時から上層屋根は仮屋根であった可能性が指摘されている（図2：定光寺本堂昭和15年（1940）の修理前、図3：定光寺本堂昭和15年修理後、図4：定光寺本堂昭和15年修理前・修理後断面比較図）。

他方、後者の例は管見に入らないが、同じ定光寺の下層台輪（室町時代中期。明応2年頃か）の上端には、現在の大斗の位置に束を建てた痕跡が確認されており、もこし部分も仮屋根の状況の期間があったと推定されている。明応再建時の上層台輪上の痕跡と考え合わせると、主屋ともこし部分が一体の屋根であった可能性も考えられる。

いずれにしても、中世の禅宗仏堂においては、本格的な禅宗様式の建造物を建設することが困難な際、組物から上部を省略して、仮の屋根を掛けておく例が存在したことを指摘しておく。

妙心寺の話に戻るが、江戸時代中期に無著道忠が著した『正法山誌』第八巻には以下のように記述されている。

  佛殿　龜年和尚住山ノ時。猷都寺保福開基主ル山中ノ事ニ。創ニ造佛殿ヲ。其支行ノ簿現ニ存ニ于本山ニ。本尊拈花ノ釋迦ノ像ナリ。鄭都寺揮二己ガ財ヲ造レ之。

  臺盤座元云。天正十年壬午之秋。月航和尚住山。明年癸未。佛殿稍成矣。月航和尚製スト上梁ノ銘ヲ云フ。忠曰蓋造營。始マテ于龜年住山ノ時ニ。而於ニ月航住山ノ時ニ落成スル歟。其上梁ノ銘。探ニ索ルニ佛殿ヲ。無ニ之云ニ。

『正法山誌』の記述は、前身仏殿（当時法堂と兼用）の建立を亀年和尚住山の時（天文20年（1551）頃）とし、天正12年（1584）に完成した工事を「忠曰蓋造營」と記述し、屋根形状を変更して重層屋根をもつ仏殿として完成させたものであると考えていたことがわかる。

まさに天正11年から12年の修造とは、古文書や言い伝えの検討から亀年禅愉が永禄元年（1558）の開山200年忌に向けて（天文20年頃）法堂を建立したが、本格的な禅宗様式の建造

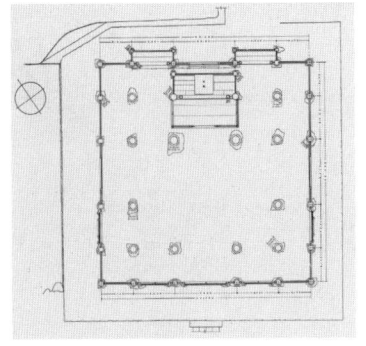

図2 定光寺本堂昭和12年修理前(『国宝建造物定光寺本堂維持修理報告書』から転載)

修理前平面図
修理前正面図
修理前側面図
修理前桁行断面図
修理前梁行断面図
修理前正面写真
修理前側面写真
修理前内部正面写真
修理前内部見上げ写真

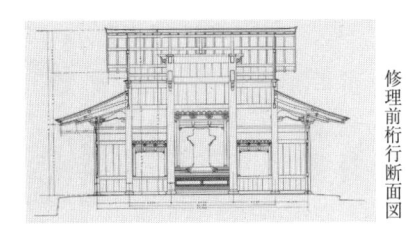

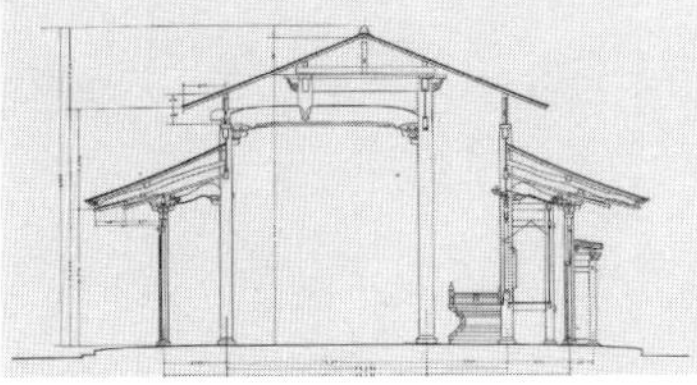

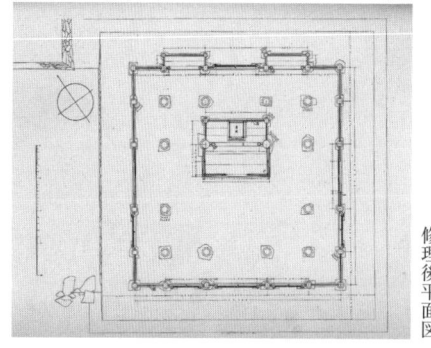

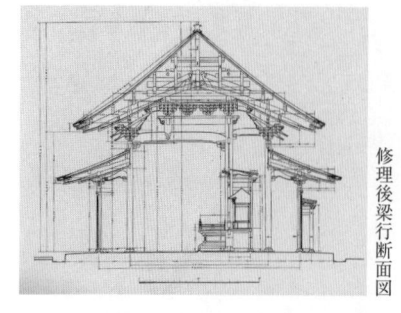

図3　定光寺本堂昭和12年修理後（『国宝建造物定光寺本堂維持修理報告書』から転載）

第４章　法　堂

桁行

修理前　修理後

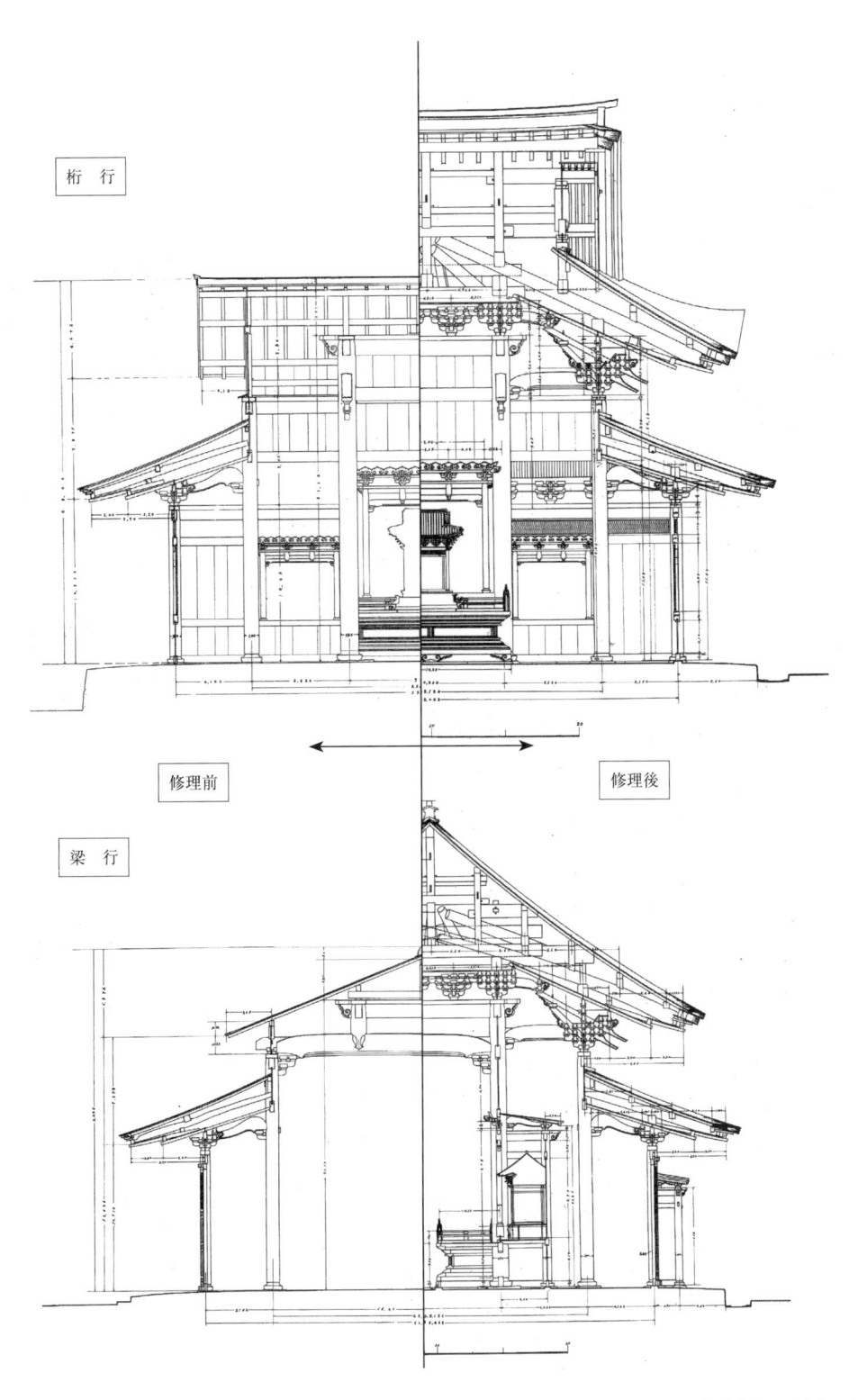

梁行

図４　定光寺本堂昭和12年修理前・修理後断面比較図(『国宝建造物定光寺本堂維持修理報告書』の図を加工)

物として完成までいたらなかったこと。それから約30年後の月航玄津が住山の天正年間に本格的な禅宗様の重層建築として完成させたことを示しているものと考えられる。

② 承応・明暦期の法堂について

　承応2年（1653）から明暦3年（1657）にかけては、開山関山慧玄の300年遠忌（1659）の事業として、伽藍全体の整備が図られた時期である。特に事業の中心は、これまで法堂を仏殿と兼用していた状況からそれぞれを独立したものとすることを最大の目的としていたと考えられ、既存の御堂を仏殿専用とし、その北側に新たに法堂を建設することであった。そのため、今の法堂の位置に存在していたと考えられる本坊の施設（方丈や庫裏等）をさらに北に移動することとなり、元の本坊の北にあった塔頭の移転保証から全体事業を開始せざるを得なかったと推定できる。

　そのことを示す『妙心寺普請屋敷幷引料代帳』は、承応2年から明暦3年にかけて行われた一連の普請事業の一番初め、本山域拡張にともなう敷地買収並びに移転保証についての古文書である。[7]

　内容は、16塔頭（寮舎を含む）の敷地買収と6塔頭（寮舎を含む）の移転保証費用が記載されている。買収費用はすべて1坪銀10匁で合計銀18貫417匁、移転保証費用の算定根拠は不明であるが合計銀3貫313匁7分となり、双方の合計は銀21貫730匁7分に達する。

　本古文書については、永井規男の研究があり、屋敷代は移転保証先の敷地面積と既存敷地面積の相殺によって支払われ、一律に1坪当たり銀10匁であったと推測しており、基本的な考え方については正しいものと判断できる。[8]一方で、同氏の推定には、移転場所等の明らかな誤りも確認できるが、この資料の中だけでは当時の保証の全体像を正確に把握することは難しいと考えられ、今後承応年間以前の絵図等の発見が期待される。[9]

　さらに、法堂の普請関係文書については、『重要文化財　妙心寺法堂・経蔵修理工事報告書』にまとめられている。[10]承応から明暦年間にかけて製作された59点の文書について、目録や所在、さらには一定の考察が加えられている。

　これら59点の文書の内容は、釘や材木などの材料ごとの支払簿や大工や日傭等の職人に関する請負見積もり等が大部分で法堂のまとまった事業費を示すものとはなっていない。唯一、承応2年5月の『普請金銀拂方帳』のみ各業種にわたる記述を含むものであるが、承応2年5月から明暦元年8月までが記されており、明暦2年3月11日に立柱を行う法堂の工事費全体を把握できるものとはなっていない。[11]

　しかし、京都府教育委員会が庫裏ほか5棟の修理を実施した平成2年度から平成10年度までの工事の際、これまで知られている文書と同じ庫裏前の土蔵に保存されている他の文書の中に、表紙に『承応二癸巳年　法堂普請銀之拂帳　八月吉辰』と書かれている文書を確認す

ることができた。和綴本で表紙を含めて46丁に承応2年から明暦3年7月までの間に妙心寺で行われていた法堂の普請内容を中心としてまとめられた文書と考えられる（巻末別添資料）。

　そこで、この『法堂普請銀之拂帳』の内容について詳細に検討を行うこととする。内容は、承応2年分を一括で記載し、以後承応3年から明暦3年7月分までほぼ毎月集計されている。年月別に支払い金額を示したものが表5・グラフ3である。年月ごとの支払いが、総項目数441、総額銀437貫285匁9分7厘5毛（文書に記載された合計は銀437貫286匁4分7厘5毛で5分過剰となっている）記述されている。表5を詳細に確認すると、承応3年7月と明暦2年閏4月の支払いが突出している。これは法堂に利用する材木代の支出がその大半を占めており、承応3年7月では大牛引物（大梁）2本（銀16貫目、承応2年に手付けとして銀10貫目が渡されている）と槻材木（欅材）の代金（銀64貫205匁）が、明暦2年閏4月には尾州樽材木の代金（銀59貫600匁）が支出されているためである。これらの多くの木材の購入には、花井紹隆なる人物が関わり、特に法堂の柱材については富士山麓の欅材が、大梁2本には日向の松材が搬入されたことが、『正法山誌』にも記述されている。[12]

　『法堂普請銀之拂帳』より工事内容を年月順に記述すると表6のようになる。承応2年から地割り、移転保証等を行い、瓦代・材木代の手付けを打ち工事を開始している。承応3年中法堂は準備期間であり、庫裏・大方丈等の別の建物の工事が中心に行われていると考えられる。承応4年3月（明暦元年）には仮囲い・手斧始を行い、本格的に工事が開始されると、翌月から地業・基礎石の石据下穴掘りが行われ、以後明暦元年中、多くの木材が搬入され、加工が行われている。本格的な工事が開始されてから1年が経過した明暦2年3月に立柱、翌4月には上棟が行われ、一気に組み立てが行われたことが確認できる。さらに1年後の明暦3年4月頃概ね工事が完了したと考えられ、木材の調達等の準備期間を入れて約4年、本格的な工事が開始されてから約2年で完成していることが確認できる。

　特徴としてあげられる点に基壇の石工事がある。本工事では基礎石の据付けとは別に、建物が立柱・上棟した後の、明暦2年閏4月に記述があり、建物の造作・内装工事等と同時期に行われていることがわかる。これは、作業スペースの関係からとられた措置と考えられ、立柱・上棟までは、加工した木材が狭い境内に積み上げられていたと想像でき、そのため、一定程度組み立てが完了した時点から、基壇廻りの石工事が開始されたものと解釈できる。

　職種別の人工数について推定が可能なものは、大工と日傭である。大工については、毎月の人工数によって賃銀を支払う「手間請け分」と工事内容を一括で請負い人工数が記述されていない「請切」とがある。手間請け分は、一定金額ではないが1日1人当たり作料約銀1.3匁、飯米約銀0.5匁、内容は不明であるが取分約銀0.1匁で、合計約銀1.9匁が支給されている。請切分については、本工事に関わった大工孫左衛門と六左衛門の見積書である『妙心寺法堂請取切之注文』が残されており、「代銀惣合八貫四百六拾四匁也」に対して、加工木材ごと[13]

表5　『法堂普請銀之拂帳』の年月別支払い金額

年　　月	金額(銀匁)	工事の概要
承応2年分	30,397.420	材木代・瓦の手付け・地割祝儀等
承応3年2月	5,807.556	材木代
6月	8,944.300	瓦の手付け・石据えの手付け
7月	80,531.400	材木代
8月	223.900	路銀
10月	4,690.110	材木代・仮設
11・12月	6,810.030	瓦の手付け・材木代・仮設等
承応4年1～3月	7,144.450	大工・仮設・運賃・石代等
3月	2,310.120	大工手斧始・仮設・基礎
4月	2,792.710	基礎・
明暦元年5月	2,901.270	基礎・仮設・大工
6月～7月6日	8,277.292	大工・基礎・瓦の手付け
7月8日～8月晦日	16,388.621	材木代・大工・瓦の手付け
9月分	5,444.095	大工・基礎
10月分	23,968.567	材木代・運賃・大工・基礎
11月～12月10日	26,382.665	大工・運賃・瓦手付け
明暦元年12月11～15日 明暦2年正月11～29日	8,425.241	鍛冶・運賃・大工
明暦2年2月分	19,279.690	大工・鍛冶・材木代・運賃・屋根下地材
3月分	12,043.324	大工・鍛冶・木引
4月分	8,247.845	大工・鍛冶・木引・屋根下地
閏4月分	74,010.557	材木代・大工・屋根下地
5月分	3,461.080	大工・基礎・石代
6月分	23,200.591	内装工事・瓦工事
7月分	3,840.674	内装工事・別途工事
8～11月分	32,886.113	内装工事・別途工事
明暦3年1・2月分	1,833.845	別途工事
3・4月分	13,183.934	内装工事・別途工事
5～7月分	3,858.575	別途工事
合　　計	437,285.975	

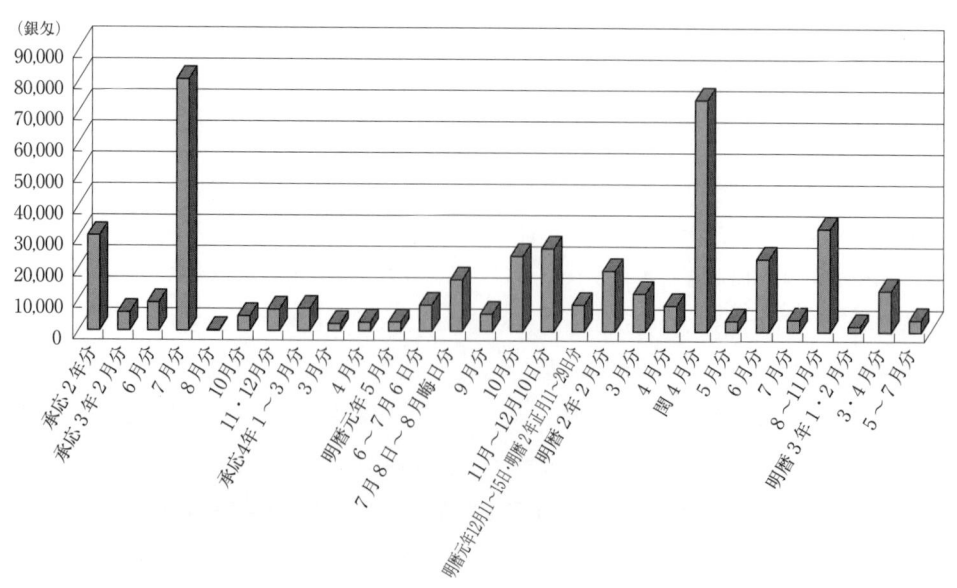

グラフ3　『法堂普請銀之拂帳』の年月別支払い金額

第4章　法　堂

表6　法堂集計年月別工事内容表

承応2年分
地割
錦嶺軒藪發・地形直し
周桂庵藪發
瓦代手付け

承応3年2月分
桂昌院前築地石垣こぼち

承応3年6月分
天授院の前地形土

承応3年7月分
材木代
欅材

承応3年8月分
路銀(尾州上下)

承応3年10月分
退蔵院前築地瓦

承応3年11・12月分
仮設小屋
瓦代

承応4年1月2月分
地業

承応4年3月分
仮設小屋
仮囲い
手斧始

承応4年4月分
地業
基礎石据え
材木搬入

明暦元年5月分
仮設小屋
材木搬入

明暦元年6月～7月6日分
仮設小屋
瓦代

明暦元年7月8日～8月晦日分
天井板
瓦代
地業

明暦元年9月分
基礎石据え

明暦元年10月分
材木搬入

明暦元年11月～12月10日分
材木搬入

明暦元年12月11日～15日 明暦2年正月11日～29日分
材木搬入

明暦2年2月分
材木搬入
土居葺板搬入

明暦2年3月分
漆塗
土居葺板拵え
立柱・虹梁上げ
彫物

明暦2年4月分
屋根土居葺き
漆塗
上棟(祝儀)

明暦2年閏4月分
瓦葺き
土居葺き
基壇石工事
造作

明暦2年5月分
内部造作(箱仏壇)
内部石工事(地福石)
基壇工事

明暦2年6月分
内部造作漆塗り
扉金物
瓦代
金箔(箱仏殿の用)

明暦2年7月分
漆塗

明暦2年8～11月分
漆塗
法堂日傭済み
外構工事(築地下諸石)
造作(大工手間)
備品(箱仏壇、椅子、長連床)
敷瓦
備品(台漆塗)

明暦3年1・2月分
別途工事　廊下、東海の蓋石

明暦3年3・4月分
普請完了
四半石敷き
外構
境内外構
扉金物
築地(100間余皆済)

明暦3年5～7月分
聖澤門引直し、築地こぼち
築地つき、かつら石
築地屋根大工手間
霊雲築地こぼち、築地つき
金物塗

出典：『法堂普請銀之拂帳』

の人工数が示され合計工数4,232人工であることから、1日1人当たり銀2.0匁で計算されていることが確認できる。それらを『法堂普請銀之拂帳』の該当すると考えられる年月に割り振り、推定した大工請取人ごとの月別推定支払い賃銀をまとめたのが表7・グラフ4、同じく各月人工数を推定したのが表8・グラフ5である。

大工工事は、承応3年10月から始まり、明暦3年7月まで記述されている。大工の総工数

表7 大工請負人ごとの支払い賃銀

単位：銀匁

年　月	推定 大工権兵衛	大工六左衛門	その他の大工	権兵衛・六左衛門請切	小計	月	実数 大工権兵衛	大工六左衛門	その他の大工	権兵衛・六左衛門請切	小計
承応3年10月	140.000				140.000	10月	140.000				140.000
11月	199.000				199.000	11・12月	398.000				398.000
12月	199.000				199.000						
承応4年1月	49.350				49.350	1・2月	98.700			500.000	598.700
2月	49.350			100.000	149.350						
3月	49.500			100.000	149.500	3月	49.500				49.500
4月	126.500			100.000	226.500	4月	126.500				126.500
5月	178.000			100.000	278.000	5月	178.000				178.000
6月	930.700	630.900		100.000	1,661.600	6月	930.700	630.900			1,561.600
7月	990.625	741.725		1,000.000	2,732.350	7・8月	1,981.250	1,483.450		2,000.000	5,464.700
8月	990.625	741.725		1,000.000	2,732.350						
9月	1,270.200	871.000		250.000	2,391.200	9月	1,270.200	871.000		500.000	2,641.200
10月	1,057.000	1,077.950		250.000	2,384.950	10月	1,057.000	1,077.950			2,134.950
11月	1,912.900	1,502.800		720.000	4,135.700	11月	1,912.900	1,502.800		2,000.000	5,415.700
12月	286.600	213.500		640.000	1,140.100	12月	286.600	213.500			500.100
明暦2年1月	523.500	447.700		640.000	1,611.200	1月	523.500	447.700			971.200
2月	1,822.650	1,472.300		320.000	3,614.950	2月	1,822.650	1,472.300		1,000.000	4,294.950
3月	1,519.000	1,108.200	11.000	340.000	2,978.200	3月	1,519.000	1,108.200	11.000		2,638.200
4月	1,320.740	1,015.950		340.000	2,676.690	4月	1,320.740	1,015.950			2,336.690
閏4月	1,270.600	970.900		2,000.000	4,241.500	閏4月	1,270.600	970.900		2,000.000	4,241.500
5月	116.400	100.000		464.000	680.400	5月	316.400	273.100		464.000	1,053.500
6月	100.000	100.000			200.000						
7月	100.000	73.100			173.100						
8月	229.750	81.925	191.000		502.675	8〜11月	919.000	327.700	764.000		2,010.700
9月	229.750	81.925	191.000		502.675						
10月	229.750	81.925	191.000		502.675						
11月	229.750	81.925	191.000		502.675						
12月	0.000				0.000						
明暦3年1月	0.000				0.000						
2月	0.000				0.000						
3月	410.750				410.750	3・4月	821.500				821.500
4月	410.750				410.750						
5月			19.300		19.300	5〜7月			57.900		57.900
6月			19.300		19.300						
7月			19.300		19.300						
大工別推定支払い金額	16,942.740	11,395.450	832.900	8,464.000	37,635.090		16,942.740	11,395.450	832.900	8,464.000	37,635.090

凡例：下線部分、複数月分の支払いを各月に案分したことを表す
斜体部分、大工権兵衛と大工六左衛門の一括支払い月を案分したことを表す
『実数』は普請請銀之覚帳記載の実数

出典：『普請請銀之覚帳』を基に算出

第4章 法堂

表8 大工請取人別人工数推定

単位：人工

年　月	推定				合計	実数			
	大工権兵衛	大工六左衛門	その他の大工	権兵衛・六左衛門請切		大工権兵衛	大工六左衛門	その他の大工	権兵衛・六左衛門請切	合計
承応3年10月	70.0				70.0	70.0				70.0
11月	49.0				49.0	99.0				99.0
12月	50.0				50.0	0.0				0.0
承応4年1月	24.0				24.0	49.0			250	299.0
2月	25.0			50.0	75.0					0.0
3月	27.5			50.0	77.5	27.5				27.5
4月	53.0			50.0	103.0	53.0				53.0
5月	81.0			50.0	131.0	81.0				81.0
6月	482.0	322.0		50.0	854.0	482.0	322.0			804.0
7月	523.5	381.0		500.0	1,404.5	1,047.5	762.5		1000	2,810.0
8月	524.0	381.5		500.0	1,405.5					0.0
9月	660.5	444.5		125.0	1,230.0	660.5	444.5		250	1,355.0
10月	556.0	547.5		125.0	1,228.5	556.0	547.5			1,103.5
11月	1,025.5	768.0		360.0	2,153.5	1,025.5	768.0		1000	2,793.5
12月	150.0	109.0		320.0	579.0	150.0	109.0			259.0
明暦2年1月	283.0	224.0		320.0	827.0	283.0	224.0			507.0
2月	1,015.0	765.0		160.0	1,940.0	1,015.0	765.0		500	2,280.0
3月	849.0	580.5		170.0	1,605.0	849.0	580.5	5.5		1,435.0
閏4月	660.0	254.0		170.0	1,084.0	660.0	254.0			914.0
4月	745.0	514.0		1,000.0	2,259.0	745.0	514.0		1000.0	2,259.0
5月	60.0	50.0		232.0	342.0	167.5	140.0		232.0	539.5
6月	57.5	50.0			107.5					0.0
7月	50.0	40.0			90.0					0.0
8月	130.0	50.0	100.0		280.0	459.0	164.0	382.0		1,005.0
9月	129.0	50.0	100.0		279.0					0.0
10月	100.0	32.0	100.0		232.0					0.0
11月	100.0	32.0	82.0		214.0					0.0
12月	0.0				0.0					0.0
明暦3年1月	0.0				0.0					0.0
2月	0.0				0.0					0.0
3月	211.0				211.0	411.0				411.0
4月	200.0				200.0					0.0
5月			10.0		10.0			29.0		29.0
6月			10.0		10.0					0.0
7月			9.0		9.0					0.0
	8,890.5	5,595.0	416.5	4232.0	19,134.0	8,890.5	5,595.0	416.5	4232.0	19,134.0

凡例：下線部分は複数月分の支払いを各月に案分したことを表す
　　　斜体部分は大工権兵衛と大工六左衛門の一括支払い月を案分したことを表す
出典：『法堂普請銀之拂帳』

63

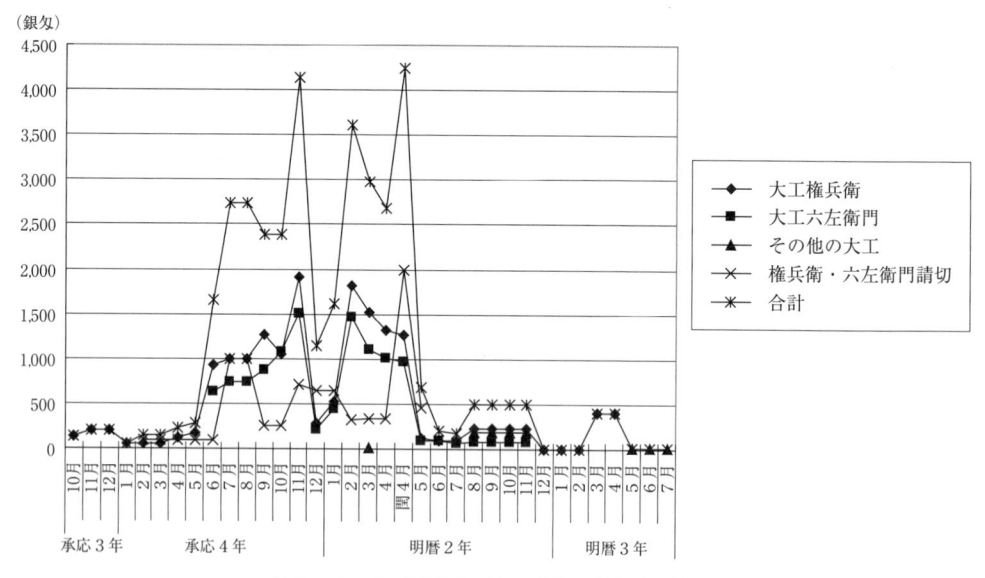

グラフ4　大工請取人ごとの支払い賃銀（推定）　　　　出典：表7による

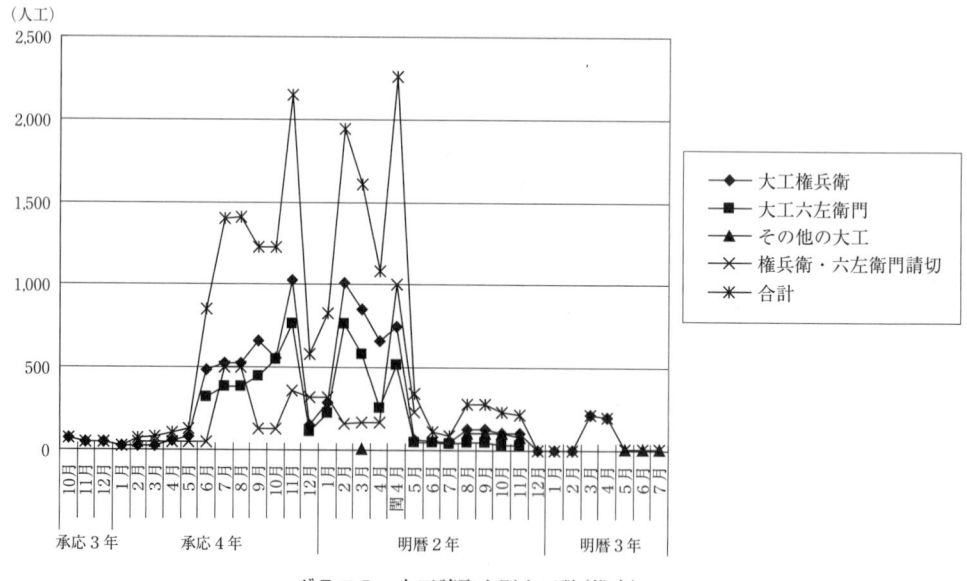

グラフ5　大工請取人別人工数（推定）　　　　出典：表8による

は19,100人工を超えるものと推定できる。大工への支払いは、権兵衛・六左衛門・孫左衛門・七兵衛と権兵衛・六左衛門請切分がある。全体を通して普請に関わっているのは、法堂の大工棟札に「子」と書かれている鈴木権兵衛尉重次で約8,800人工、次いで棟札に記載がない藤原六左衛門家次が約5,500人工、法堂の大工棟札で「親」と書かれている鈴木孫左衛門尉正重は、上棟が済んだ後の4カ月間ほどの内部造作と考えられる時期と明暦3年5月から7月頃の最終の工事に関わった程度ではないかと推定でき、約400人工にとどまっている。

第4章 法 堂

　大工七兵衛については、「3月分の付落」として閏4月に記載されており、本来、権兵衛または六左衛門の配下の大工と考えられる。

　工程的には、明暦元年5月まで支払い賃銀は小額であり、境内に搬入される木材の保管や管理について1日1～3人程度の極少人数の権兵衛配下の大工が関わっていたものと考えられる。本格的な工事が開始されるのは、手斧始が行われた承応4年3月より後の同年6月以降で、大工六左衛門の配下が参加し、搬入された木材や新たに建設された仮設小屋を用いて、木材加工が始められたと推測できる。大工工事のピークは、柱立・上棟が行われる前の明暦元年11月、翌明暦2年2月と上棟後の閏4月で、月に約2,000人前後、1日に約80人以上の大工が参加した計算となる。柱立・上棟が行われる明暦2年3月や4月はそれぞれ1カ月に約1,600人、約1,000人と、やや人工数が少ないことがわかる。

　「手間請け分」と連動しないのが、「権兵衛・六左衛門請切分」であり、手斧始より前の承応4年1月から組物等の加工準備が開始されているようである。権兵衛・六左衛門の請切の金額は、『妙心寺法堂請取切之注文』と同額であることが確認できる。『法堂普請銀之拂帳』からは受け取り年月と受け取り大工が（表9）、『妙心寺法堂請取切之注文』からは請負内容とその作業に必要な人工数が把握できる（表10）。これによると「請切」の部分は禅宗様建築の外観を形作る中心部分であることがわかる（図5）。同じ時に権兵衛・六左衛門の配下の大工が「手間請け」として動員されていること、権兵衛・六左衛門配下の大工数に4：3程度の工数の差があるにも関わらず、「請切」の受け取りは両者同額であることなどから、配下の大工で直接加工をしたのではなく、禅宗様建築の主要部分の加工を専門に行う、建仁寺流等の別の集団があり、そこに手配をした可能性も考えられる。

　もう一方の日傭については、年月別日傭請負人ごとの支払い賃銀表（表11）から複数の請負人が関係していることがわかる。しかしこの表のままでは、支払い月が毎月でないこと、前借等があり各月の金額が把握できないため、調整をして月別の賃銀を推定したものが表12・グラフ6である。日傭は承応3年10月から明暦3年7月まで支払いが確認できる。中でも喜右衛門・仁左衛門と西京四郎兵衛・三郎(右)衛門が関わる承応4年4月から10月までは、多額の支払いが確認でき、基壇のもととなる地業が行われていたと推定できる。さらに、明暦元年7月から明暦2年11月まで越前屋次兵衛（次左衛門）への支払いが確認できるが、支払いは整数で「前借」「法堂日傭請切の前借」と書かれている項目が確認できる。これは、法堂の作事に関する日傭を一括で請負ったものであり、出面等は一切確認できないが、当時の請負の実態を知るうえで貴重な部分である。請切の内容は、『妙心寺法堂御作事手傳之入札』に記述されており、作業内容として15項目が書かれている。1項目は法堂の規模等を記述したものであるが、他の14項目は大工・木引・瓦葺き・左官の手伝い4項目、木材の運搬や管理に関する木口張等2項目、仮小屋・足代の建設・解体等2項目、諸道具・莚・縄等の

表9 請切大工工事の受け取り年月

年　　月	受け取り大工	金額(銀匁)	備　　考	推定人工数
承応4年1・2月	権兵衛	500.000	前借	250
承応4年7・8月	権兵衛・六左衛門	2,000.000	前借(両者同金額を受領)	1,000
承応4年9月	六左衛門	500.000	請切の前請	250
承応4年11月	権兵衛・六左衛門	2,000.000	前借(両者同金額を受領)	1,000
明暦2年2月	六左衛門	500.000	請切の前借	250
明暦2年2月	権兵衛	500.000	請切の前借	250
明暦2年閏4月	権兵衛・六左衛門	2,000.000	請切の前借(両者同金額を受領)	1,000
明暦2年5月	権兵衛・六左衛門	464.000	法堂渡切皆済	232
合　　計		8,464.000		4,232

出典：『法堂普請銀之拂帳』

表10 『法堂請取切之注文』中の施工箇所別人工数

法堂請取切之注文	人工数	1丁当たりの人工数
舛形　大小　2332	584	0.25
大斗　50	75	1.50
雨打大斗　54	54	1.00
肘木　大小　488本	480	0.98
下ノ重軒廻り	1,150	
上ノ重軒廻り	1,050	
海老虹梁　26本	312	12.00
柱　18本　あらけずり	126	7.00
雨打の柱　26本	91	3.50
天井　9間半ニ6間半	310	坪　5.20
合　　計	4,232	

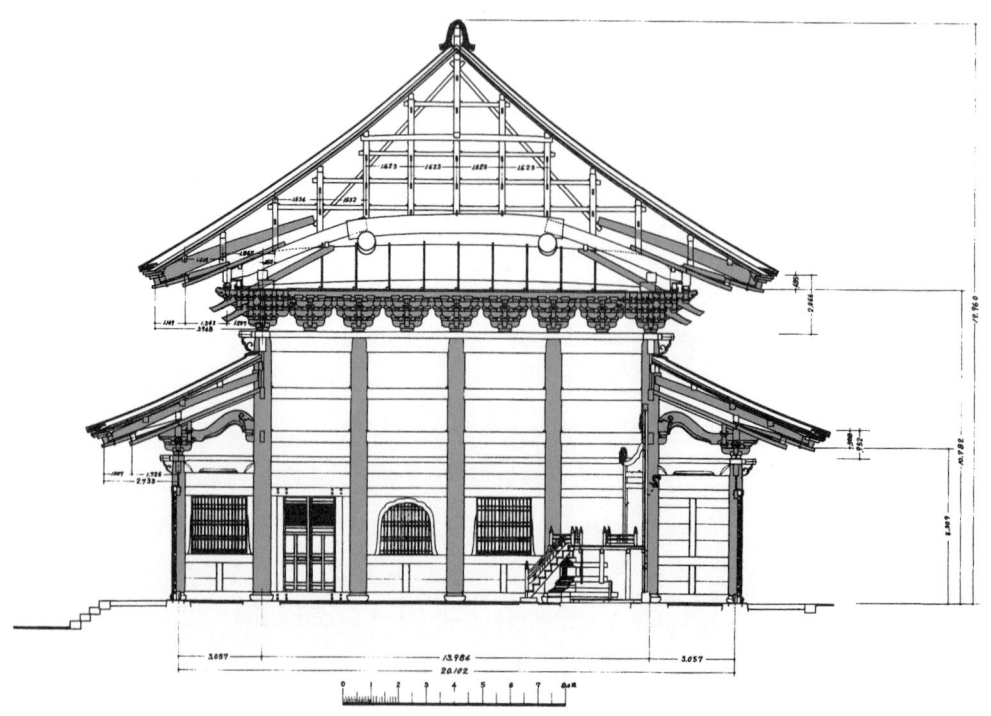

図5　『妙心寺請取切之注文』に記述され、請切で発注された加工部材(網カケの部分)
　　　(『重要文化財妙心寺法堂・経蔵修理工事報告書』の図を一部加筆)

第 4 章 法 堂

表11　年月別日傭請負人ごとの支払い賃銀表　　　　　　　　　　　　　　　（単位：銀匁）

支払い月	喜右衛門 仁左衛門	不明	天野屋 源兵衛	越前屋 次兵衛	西京四郎兵衛 三郎(右)衛門	西京太 右衛門	九郎衛門	小　計
承応3年10月分	163.700							163.700
11・12月分		208.480						208.480
承応4年1・2月分		55.000						55.000
3月分			173.330	374.890				548.220
4月分	1,170.060				834.810			2,004.870
明暦元年5月分	528.000				534.200			1,062.200
6月～7月6日分	96.700				76.950			173.650
7月8日～8月晦日分	407.170			500.000	382.350			1,289.520
9月分	778.795				772.420			1,551.215
10月分	644.410				614.320			1,258.730
11～12月10日分				3,000.000	77.270			3,077.270
明暦元年12月11～15日分 明暦2年正月11～29日分								0.000
明暦2年2月分				2,000.000	23.910			2,023.910
3月分				1,500.000	15.530			1,515.530
4月分				1,500.000				1,500.000
閏4月分				3,000.000				3,000.000
5月分					124.000		105.000	229.000
6月分				5,000.000	394.545			5,394.545
7月分							113.615	113.615
8～11月分				1,000.000	758.160	251.980		2,010.140
明暦3年1・2月分					205.250			205.250
3・4月分								0.000
5～7月分	249.395							249.395
総　　計	4,038.230	263.480	173.330	17,874.890	4,813.715	365.595	105.000	27,634.240
出面がわかる金額	2,846.340	263.480	173.330	374.890	3,077.885			6,735.925
出面が不明の金額	1,191.890			17,500.000	1,735.830	365.595	105.000	20,898.315
総　　計	4,038.230	263.480	173.330	17,874.890	4,813.715	365.595	105.000	27,634.240

註　：網かけ部分は出面がわかる金額
出典：『法堂普請銀之拂帳』

管理3項目、その他作業域内の掃除・木材の片付け・水汲み・湯沸し等3項目となっており、基礎・基壇と外構工事を除く、法堂のほぼすべての日傭が一括で請負われていたことが確認できる。『法堂普請銀之拂帳』から越前屋の日傭の月別推定事業費をみると、当然立柱・上棟が行われる前後を含む時期がピークとなるが、明暦2年3月・4月が銀1貫500匁程度であるのに対して、立柱前の2月が銀2貫、上棟後の同年6月・7月が銀2貫500匁と推定で

表12 日傭請負人ごとの推定月別賃銀

年　　月	喜右衛門 仁左衛門	不明	天野屋 源兵衛	越前屋 次兵衛	西京四郎兵衛 三郎(右)衛門	西京太右衛門	九郎衛門	小　　計
承応3年10月分	163.700							163.700
11月分		104.240						
12月分		104.240						208.480
承応4年1月分		*22.500*						*55.000*
2月分		*22.500*						
3月分			173.330	374.890				548.220
4月分	1,170.060				834.810			2,004.870
5月分	528.000				534.200			1,062.200
6月分	96.700				76.950			173.650
7月分	*203.585*			125.000	*191.175*			1,289.520
8月分	*203.585*			125.000	*191.175*			
9月分	778.795			125.000	772.420			1,551.215
10月分	644.410			125.000	614.320			1,258.730
11月分				*1,000.000*	*25.750*			3,077.270
12月分				*1,000.000*	*25.760*			
明暦2年1月分				*1,000.000*	*25.760*			0.000
2月分				2,000.000	23.910			2,023.910
3月分				1,500.000	15.530			1,515.530
4月分				1,500.000				1,500.000
閏4月分				1,500.000				3,000.000
5月分				1,500.000	124.000		105.000	229.000
6月分				2,500.000	394.545			5,394.545
7月分				2,500.000		113.615		113.615
8月分				*250.000*	*189.540*	*62.995*		*2,010.140*
9月分				*250.000*	*189.540*	*62.995*		
10月分				*250.000*	*189.540*	*62.995*		
11月分				*250.000*	*189.540*	*62.995*		
12月分								
明暦3年1月分					*102.625*			*205.250*
2月分					*102.625*			
3月分								0.000
4月分								
5月分	*83.135*							*249.395*
6月分	*83.130*							
7月分	*83.130*							
総　　計	4,038.230	263.480	173.330	17,874.890	4,813.715	365.595	105.000	27,634.240

註　：斜体は金額を月数で案分した部分
出典：表11による

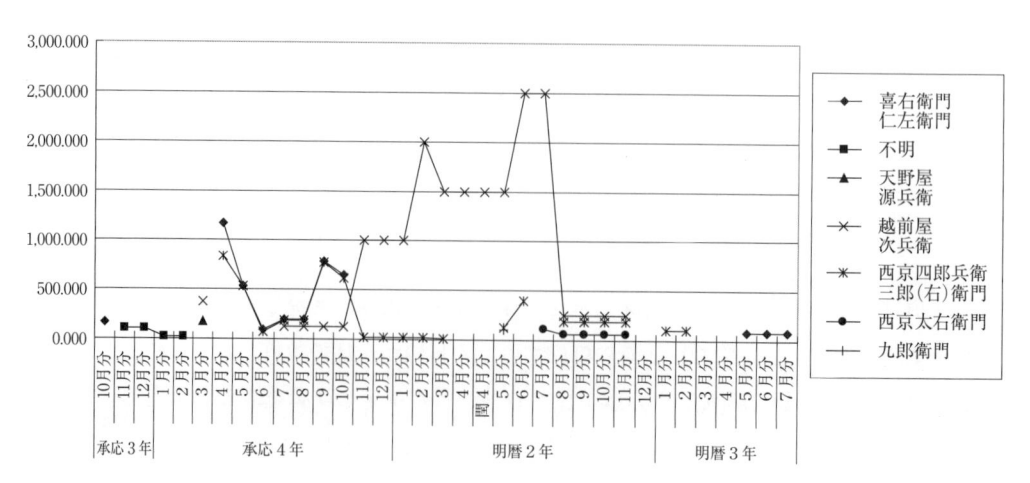

グラフ6　日傭請負人ごとの推定月別賃銀　　　　出典：表12による

きる。これは立柱前の騒然とした準備状況や上棟後の瓦工事や左官工事等の手伝い、足代の解体等複数の作業が重なることにより、生じた現象ではないかと推定できる。

さらに日傭の中には、平日傭（ひらひやとい）、手木（てぎ）、木遣（きやり）（上木遣・次木遣）、杣（そま）等が含まれている。平日傭は現在の普通作業員に、手木はとび工に、木遣（上木遣・次木遣）は音頭をとるために当時の作業には欠かせない職種であり、杣は日傭の関係する木材の扱いを指導する職と考えられる。(16)

それぞれの日当も異なり、平日傭は銀6分2厘と小額であるのに対して、手木銀1匁5厘、上木遣銀2匁5分、次木遣銀1匁8分、杣銀2匁と、支払われる額も相当な違いがある、雑多な職の集合体であることがわかる。

各々の職ごとの人工数は、請切や記載がないものがあり正確に把握することはできない。しかし、各職の人工数が判明している金額が銀6貫735匁9分2厘5毛あり、残りの金額銀20貫898匁3分1厘5毛を案分し、職ごとの推定工数を算出すると平日傭約31,400人、手木約5,200人、上木遣約160人・次木遣約1,360人、杣約16人の合計約38,200人が作業に従事したと推定でき、大工の2倍近い日傭が働いていた可能性を指摘できる（表13）。

最後に『法堂普請銀之拂帳』の工事内容について、総額銀437貫285匁9分7厘5毛を職種ごとに分類したものが表14・グラフ7である。大型の禅宗様の法堂建築であったため、主要な欅材を富士山麓から、屋根構造を支える大梁を日向から、その他の多くの木材を尾州から調達していることが確認でき、材木代が全工事費の44％に達していたことがわかる。さらにそれらの木材の運搬にかかる経費も全工事費の5％が当てられており、この2つで全事業費の約半分が費やされたことになる。残り約半分の工事費のうち、5分の1（全工事費の10％）を占めるのが、推定19,100人工を超える大工手間であり、工事全体を補助する日傭は、大工の約2倍に当たる38,200人工と推定できるが、金額的には全体の6％程度にとどまっていることがわかる。

その他多額の経費を必要としたものは、瓦工事で工事費全体の8％、銀37貫を超える支出が確認できる。瓦師加賀が請負い、承応2年から瓦の手付けの支払いが確認でき、以後も寺側から前借で銀を受け取っている。それら手付け・前借分銀29貫すべてが、瓦の製作に当てられたものと推定できる。法堂の瓦葺手間として確認できるのは、明暦2年閏4月の銀560匁8分で上棟後直ちに瓦葺が行われていることがわかるが、瓦製作費に比べ、葺手間は極小額である。これは当時の瓦葺が多く手伝の手で行われ、瓦師はその指導にのみ当たっていたことを示していると判断でき、当時の普請工事の施工実態を把握する上で、重要な部分であると考える。

以上、『法堂普請銀之拂帳』の内容について詳細に検討を行ってきた。その結果、木材を調達するための経費が高額になること、またその木材を日本国中から集めていることが判明

表13　日傭請負人別人工数推定表

年　月	喜右衛門 仁左衛門 平日傭	手木	上木遣	次木遣	杣人	不明 平日傭	手木	木遣	天野屋 源兵衛 平日傭	手木	木遣
承応3年10月分	?	?		?							
承応3年11・12月分						257.0	40.0	0.0			
承応4年1・2月分							55.0				
承応4年3月分									155.0	81.0	0.0
承応4年4月分	1,419.5	125.5	27.0	45.5	4.0						
明暦元年5月分	578.0	111.0		29.0							
明暦元年6月～7月6日分	95.0	36.0									
明暦元年7月8日～8月晦日分	462.0	83.0		15.0							
明暦元年9月分	?	?		?							
明暦元年10月分	778.0	95.0		28.0							
明暦元年11月～12月10日分											
明暦元年12月11日～15日・明暦2年正月11日～29日分											
明暦2年2月分											
明暦2年3月分											
明暦2年4月分											
明暦2年閏4月分											
明暦2年5月分											
明暦2年6月分											
明暦2年7月分											
明暦2年8～11月分											
明暦3年1・2月分											
明暦3年3・4月分											
明暦3年5～7月分	?	?									
総　計	3,332.5	450.5		117.5	4.0	257.0	95.0	0.0	155.0	81.0	0.0

註：表13は表11に対応している
　　人工数が記入されている欄　：支払い賃銀と各職種ごとの出面が確認できるもの
　　？の欄　　　　　　　　　　：支払い賃銀は確認できるが、各職種ごとの出面の記入がないもの
　　←の欄　　　　　　　　　　：支払いが西京太右衛門と三郎衛門でまとめていたため出面は三郎衛門の欄に記入
出典：『法堂普請銀之拂帳』

	平日傭	手木	上木遣	次木遣	杣人	合計出面	金額(銀匁)	備　考
出面の判明する人工数	7,668.5	1,288.5	40.0	333.5	4.0	9,334.5	6,735.925	出面がわかる金額
残りの出面推定人工数	23,791.6	3,997.5	124.1	1,034.6	12.4	28,960.2	20,898.315	出面が不明の金額
職ごとの推定総人工数	31,460.1	5,286.0	164.1	1,368.1	16.4	38,294.7	27,634.240	

(単位：人工)

越前屋次兵衛			西京四郎兵衛三郎(右)衛門					西京太右衛門			九郎衛門			小計	工事内容
平日傭	手木	木遣	平日傭	手木	上木遣	次木遣	平日傭	手木	木遣	平日傭	手木	木遣		
													0.0	退蔵院
													297.0	仮設小屋
													55.0	地業
426.0	55.5	28.0											745.5	地形縄張り・手斧始 仮設小屋・仮囲い
			1,153.0	37.0	13.0	27.0							2,851.0	地業・基礎石据え準備・材木搬入
			530.0	145.5		27.0							1,420.5	仮設小屋・材木搬入
			75.0	29.0		77.0							312.0	仮設小屋・瓦代
?	?	?	440.0	79.0		14.0							1,093.0	天井板・瓦代・地業
			?	?	?	?							0.0	基礎石据え
			756.0	96.0		23.0							1,776.0	材木搬入
?	?	?	1.0	73.0		0.0							74.0	材木搬入
													0.0	材木搬入
														材木搬入
?	?	?	3.0	21.0		0.0							24.0	材木搬入・土居葺板搬入
?	?	?	11.5	8.0		0.0							19.5	立柱・虹梁上げ・彫物
?	?	?											0.0	梁を上げる。棟木を上げる。土居葺
?	?	?											0.0	土居葺・瓦葺・基壇石工事・造作
			116.0	42.0		5.0				?	?	?	163.0	内部造作・内部石工事・基壇石工事
?	?	?	412.5	76.0		15.0	←	←	←				503.5	内部造作漆塗り・扉金物
							?	?	?				0.0	漆塗り
?	?	?	?	?	?	?	?	?	?				0.0	法堂日傭済み 外構工事 造作・備品製作 敷き瓦
			?	?	?	?							0.0	
													0.0	四半石敷き・外構・境内外構 扉金物・普請完了
													0.0	聖澤 霊雲 金物
426.0	55.5	28.0	3,498.0	606.5	13.0	188.0	0.0	0.0	0.0	0.0	0.0	0.0	9,307.5	

表14 『法堂普請銀之拂帳』の工種別割合

工　種	代銀(匁)
材木	189,582.706
大工手間	37,635.090
瓦	37,042.300
日傭	27,634.240
運賃	22,512.350
石	20,629.660
鍛冶	19,584.590
基壇	17,830.290
小買物	12,932.580
木引	10,337.438
雑	6,398.240
屋祢下地	6,089.490
仮設	3,728.600
祝儀	3,056.822
別途工事	22,291.579
合　計	437,285.975

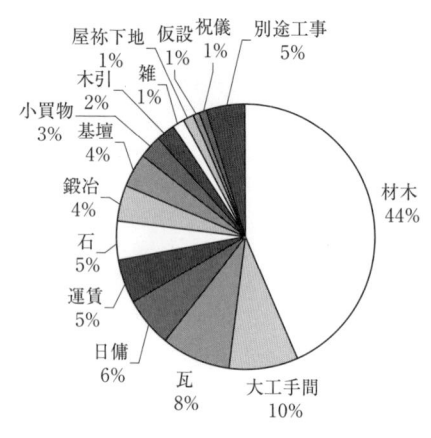

グラフ7　『法堂普請銀之拂帳』の工種別割合

した。すなわち江戸時代前期、一寺院であってもすでに全国から物資を調達することができる物流の仕組みが整っていたことを指摘できよう。さらに大工、手伝等の職種の人工数等を推定したことで、当時の禅宗様の仏堂建設の実態をつぶさに把握することができたと考える。

③　明暦建立以後の経緯

承応建立以後、部分的な補修が行われていた記録が残されている（表15）。しかし、屋根の部分的な葺き替えや基壇の修理、開山遠忌前の須弥壇廻りの漆塗り替えや内部の漆喰塗り替えといった小規模な修理など、いずれも維持管理の範囲内にとどまり、近世を通して法堂に大きな改造が加えられた記録はない。ただ正式な改造ではないが『記録』の宝暦2年2月20日条に以下の記述がある。

　　同披露ニ云奉　敕ノ節法堂ノ内雑人入込見分モ不宜奉存ソロ何卒東南ノ腰板御取ハナシ
　　被下ソロ様ニ仕度段新命方ヨリ御願申上ソロ御許容ノ上八月壇ニ敷物ニテモ設ケ置度ト
　　ノ儀ナリ衆議ノ上許容

これによると、奉勅入寺の際、雑人が法堂内に入り込むのを防ぐため、東面南よりの腰板を取り外し、基壇に敷物を敷いて、内部の見学をさせている。本来腰板部分は、両側の柱に溝を切り、横板張りとし、傍には合釘を入れて固めていた。仮設的に取り外すためには、合釘を切り、柱の板溝の一方を深く彫り、腰板が取り外せるような細工が必要となる。同様のことを翌年にも実施しており、以後大きな法要の際には、腰板をはずすことが常態化していく。この手法は現在でも行われ、限られた空間を拡張する際の最も簡便な方法として、利用

表15　明暦建立以後の法堂修理年表

年　　号	修　理　内　容	出　　典
延宝7年(1679)	金剛垣を作る	記録
延享3年(1746)	南東隅に雷が落ち、須弥壇の欄干東西の角柱2本が破損する	記録
正徳4年(1714)	北流れ屋根の補修	法堂屋根修補之帳
宝暦2年(1752)	奉勅入寺の節、東南の腰板を取り外す	記録
3年(1753)	奉勅入寺の節、東の腰板を取り外す	記録
6年(1756)	北側屋根の葺き替え	記録
8年(1758)	月壇に高低ができ、敷き直しを行う	記録
天明5年(1785)	北側の屋根上下と東角平瓦、屋根修理	記録
文化2年(1805)	須弥壇塗り替え	開山国師四百五十年遠忌前普請別牒、記録
安政元年(1854)	落雷により内外所々破損、修理	記録
2〜6年	内部、全体の漆喰塗り替え	開山国師五百年遠忌前普請別牒

されている。

2　新行事が作られる法堂の利用

　年中行事の中で法堂が用いられる機会は、大方丈や仏殿よりはるかに少ない。しかし、妙心寺にとって最も重要な行事はここ法堂で行われていた。法堂での行事の内容は、大きく2つに分類することができる。ひとつは、初祖忌・開山忌の宗派に関わる重要な僧侶の宿忌・半斎と妙心寺の創建に関わる花園法皇の宿忌・半斎で、須弥壇上にそれぞれの座像や画像を安置するものである。もう一方は、法堂小参や上堂など住持が、須弥壇に上がって、大衆を説法するものに分類できる。(17)

　では、ひとつひとつの行事の内容について考察を加えることとする。

① 初祖忌

　初祖忌とは、禅をインドより中国に伝えた僧侶、菩提達磨の忌日に行われる法要である。(18)他の大きな行事と同じで忌日（10月5日）の前日に行う宿忌と当日に行う半斎とがある。妙心寺の『壁書』によると、元禄6年（1693）2月19日の定に、以下のものがある。(19)

　　　　達磨忌
一　達磨忌向後佛殿祖堂之尊像移
　　于法堂須彌上盛物如御忌二合
　　而上方十八拝五侍者列班可有
　　之事
　　　元禄六癸酉歳二月十九日之定　見于記録

　これにより、初祖忌（達磨忌）が、花園法皇忌（御忌）と同じように法堂で行われるよう

になったのは、17世紀末であったことが、確認できる。それ以前については、天文2年（1533）の『妙心寺祠堂方米銭納下帳』でも確認できるように、中国の百丈禅師・臨済禅師・虚堂智愚や妙心寺の開山関山慧玄に法統を伝えた大應国師や大燈国師の忌日と同様に2合の米を供えて、供養が行われていたと考えられる。近世以後についても他の祖師については、仏殿内の祖師堂での供養が行われている。これについては第5章の中で再度考察をすることとする。

では、実際の行事はどのように行われていたのか、『法山規式須知』より確認することとする。

【10月4日　初祖宿忌】（図6：須弥壇上の設営）

（1）未ノ刻、放参鐘、第1通後、第2通が鳴り始めたら、東版・西版の両序の役の僧は、法堂の後廊架の連床に座る（東側西向き北を主とし、北より都寺・監寺・維那。西側東向き北を主とし、北より前版・後版、蔵司）。鐘が収まれば住持が大方丈西南隅の階段を降りて法堂に向かう。両序は法堂の後門(ごもん)に入り、東西に並ぶ（東西の位置はそのままで、南を主とする）。住持が寝堂の前に来たら、両序はそれぞれ東西に別れ、須弥壇横を通り、中央間両露柱(ろちゅう)（主屋柱）の北側に並ぶ（北を主とする）（図7）。大衆は、前住のみ後門より入り、堂内西側の連牀に北を主としてすわる。前堂は西門より入り、前住の西の連牀に座る。後堂以下は前堂の西に立つ。

（2）住持は法堂の後門より入り、須弥壇の東より南に行き、東序の後を通り、南入側柱東第1柱と第2柱の間を通り、左に折れ、法堂の中央に行く。

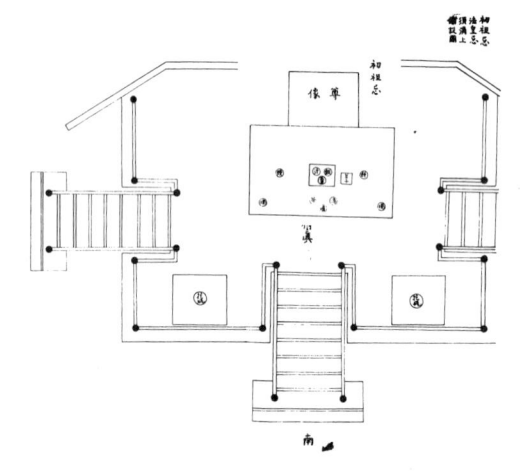

図6　初祖忌法皇忌須彌上鋪設圖（初祖忌の図）
（『法山規式須知』第九「圖繪」より、以下図25まで同じ）

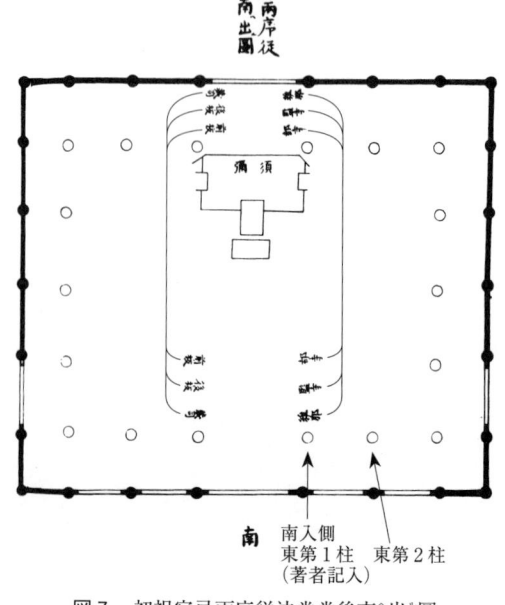

図7　初祖宿忌両序従法堂堂後南ヘ出ル圖

南入側
東第1柱　東第2柱
（著者記入）

第 4 章　法　堂

　　大衆一同起立する（図8）。
（3）住持、両序に問訊して、前卓に進み焼香する。1歩下がり問訊・合掌して、元の位置に戻り、問訊し、三拝を行う。
（4）住持、その後深問訊、履物を履き、また前卓の前に進み、茶器と茶筅をもらい、湯を注がせ、茶を点て、炉上で三薫した後、東側の侍香に渡し、北面を向く。茶器は侍香より侍真が受け取り、須弥壇上の卓に献上させる。住持、その後1歩下がり問訊・合掌して、元の位置に戻り、再度三拝を行う。
（5）住持、その後深問訊、履物を履き、また前卓の前に進み、侍香より湯器をもらい、湯を注がせ、匙にて三攪して、炉上で三薫したのち、西側の侍薬に渡し、北面を向く。湯器は侍薬より侍真が受け取り、須弥壇上の卓に献上させる。その後1歩下がり問訊・合掌して、元の位置に戻り、3度目の三拝を行う。
（6）住持、座具等を片付け、1歩進んで深問訊、前卓に進み焼香する。1歩下がり問訊・合掌して、元の位置に戻り、再度問訊する。
（7）維那、楞厳咒啓請をあげ、次に「南無薩怛佗」をあげる。
（8）五侍者が南に退き、維那が南に向くとき、住持は北に進み、西序の前版と問訊する。さらに斜め北東向きに進む。これより行道を行う（宿忌は露柱の内部のみで行う）。

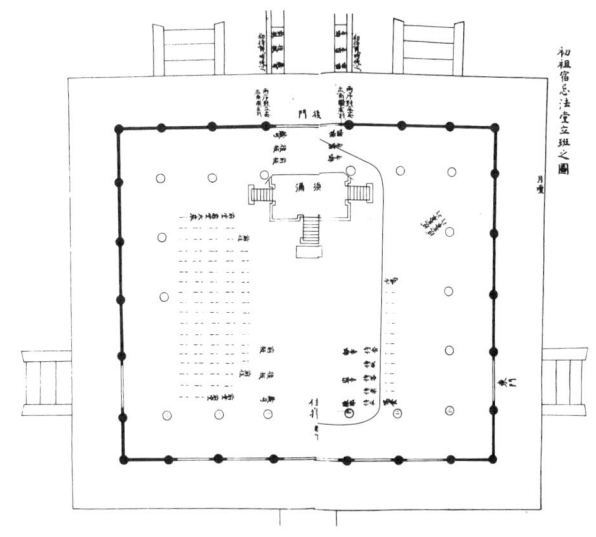

図8　初祖宿忌法堂立班之圖

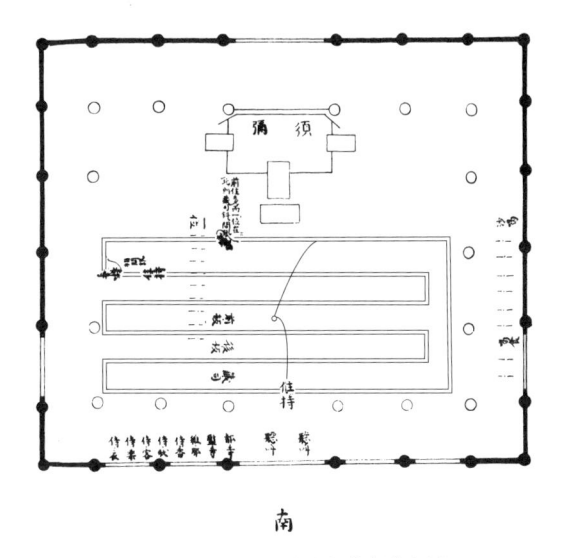

図9　初祖宿忌法堂柱内行道之圖

（9）住持が北より2列目の西端に来たとき、都寺と互いに問訊する。

（10）行道を進め、第5會、散衆の鈴の音を聞いて元の位置に戻る（図9）。

（11）行者の焼香の鈴が鳴ると、住持小問訊して前卓に進み焼香、1歩下がり問訊・合掌して、元の位置に戻り、三拝を行う。

（12）住持、座具等を片付け、1歩進んで深問訊、1歩下がって元の位置に立つ。回向終わりの問訊を行い、全員退出する。

【10月5日　初祖半斎】

（1）巳の刻、東版・西版の両序の役の僧は、第2通が鳴れば、法堂の後廊架の連床に座る。鐘が収まるまでに、法堂内の所定の位置に立っている（図10：宿忌と異なり、南側の露柱に平行に並ぶ）。住持は第2通収まれば法堂に赴く。法堂の後門より入り、須弥壇の東より南に行き、東序の後を通り、南入側柱東第2柱と第3柱の間を通り、雨打（もこしの部分）を左に折れ、法堂の中央に行く。

（2）住持、両序に問訊して、前卓に進み焼香する。1歩下がり問訊・合掌して、元の位置に戻り、問訊し、三拝を行う（図11：立班）。

図10　初祖半齋両序従法堂堂後南出ル圖

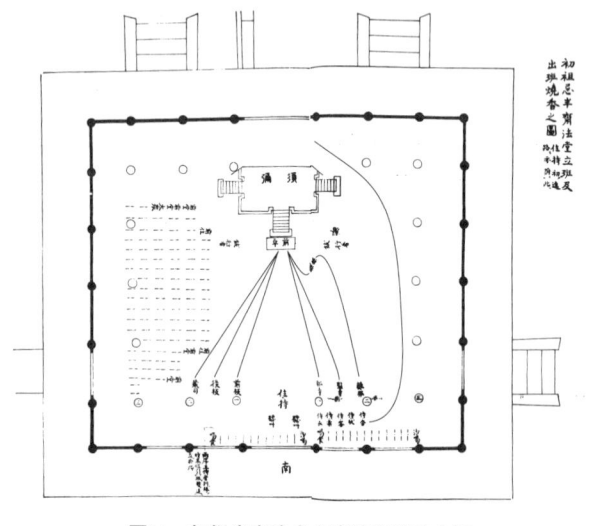

図11　初祖半齋法堂立班及出焼香之圖

（3）住持、その後深問訊、履物を履き1歩さがり、また前卓の前に進み、侍香より湯器をもらい、匙にて三攪して、炉上で三薫した後、東側の侍香に渡し、北面を向く。湯器は侍香より侍真が受け取り、須弥壇上の卓に献上させる。次に住持、侍香より鉢をもらい、

炉上で三薫した後、東側の侍香に渡し、北面を向く。鉢は侍香より侍真が受け取り、須弥壇上の卓に献上させる。その後1歩下がり問訊・合掌して、元の位置に戻り、三拝を行う。

（４）住持、その後深問訊、履物を履き、また前卓の前に進み、侍香より菓器をもらい、炉上で三薫した後、東側の侍香に渡し、北面を向く。菓器は侍香より侍真が受け取り、須弥壇上の卓に献上させる。その後1歩下がり問訊・合掌して、元の位置に戻り、三拝を行う（図12）。

（５）住持、方座具等を片付け、1歩進んで深問訊、前卓に進み焼香する。1歩下がり問訊・合掌して、元の位置に戻り、再度問訊・三拝を行う。

（６）住持、その後深問訊、履物を履き、また前卓の前に進み、茶器と茶筅をもらい、湯を注がせ、茶を点て、炉上で三薫した後、西側の侍薬に渡し、北面を向く。茶器は侍薬より侍真が受け取り、須弥壇上の卓に献上させる（図13）。その後住持、1歩下がり問訊・合掌して、元の位置に戻り、三拝を行う。

（７）住持、その後深問訊、履物を履き、座具の北に進み、深揖・合掌し、元の位置に戻り、問訊し、三拝を行う（図14：揖三拝）。座具等を片付け、1歩進んで深問訊、1歩下がり、立ち位置を定める（十八拝）。

（８）前卓の両側で行者が鈸を鳴らす中、維那が卓の東南に進み、維那と住持で問訊を交わし、住持、侍香を従え焼香し、1歩下がり問訊・合掌して元の位置に戻る。

（９）その後、行者の鈸に従い両序の前版・都寺、後版・監寺、蔵主・維那が2人ずつ、出班焼香を行う。その後再度行者が鈸を鳴らす（出班焼香）。

(10)次に鈴が鳴り、三聲、前住・前版までが座具を広げ三拝を行う。平僧は拝まない。座具等を片付け、1歩進んで深問訊、1歩下がり、立ち位置を定める（列拝）。

(11)両序、住持の前に東西に並ぶ。侍香、住持に辨香を呈し、住持は右手で香を取り、拈起する。

(12)住持、香語を唱え、卓の前に進み、辨香を焚く。1歩下がり問訊・合掌して元の位置に戻り、問訊。維那、宣疏（せんしょ）。行者、席を舗く。

(13)住持、座具を広げ胡跪する。行者柄香炉を胡跪して呈し、一連の所作を行い、香を焚く。維那も「右伏以」を唱えるとき、香を焚き、疏を巻く。行者、爐を徹し、住持、履物をはき、座具等を片付ける（住持跪爐）。

(14)立定行者、疏木を鶴亀の背に立てる（疏献上）。住持小問訊して、侍香を従え焼香する、1歩下がり問訊・合掌して元の位置に戻り、深問訊する。

(15)次に楞厳咒行道に入る（南側の露柱の前まで行道する）。第5会焼香、三拝する（図15：行道）。

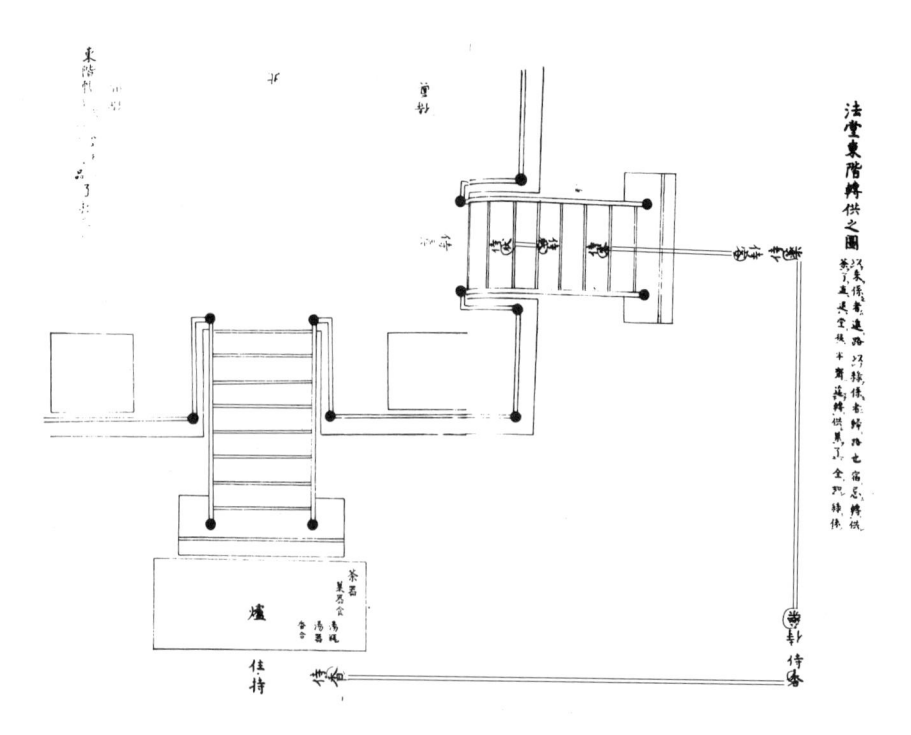

図12　法堂東階轉供之圖

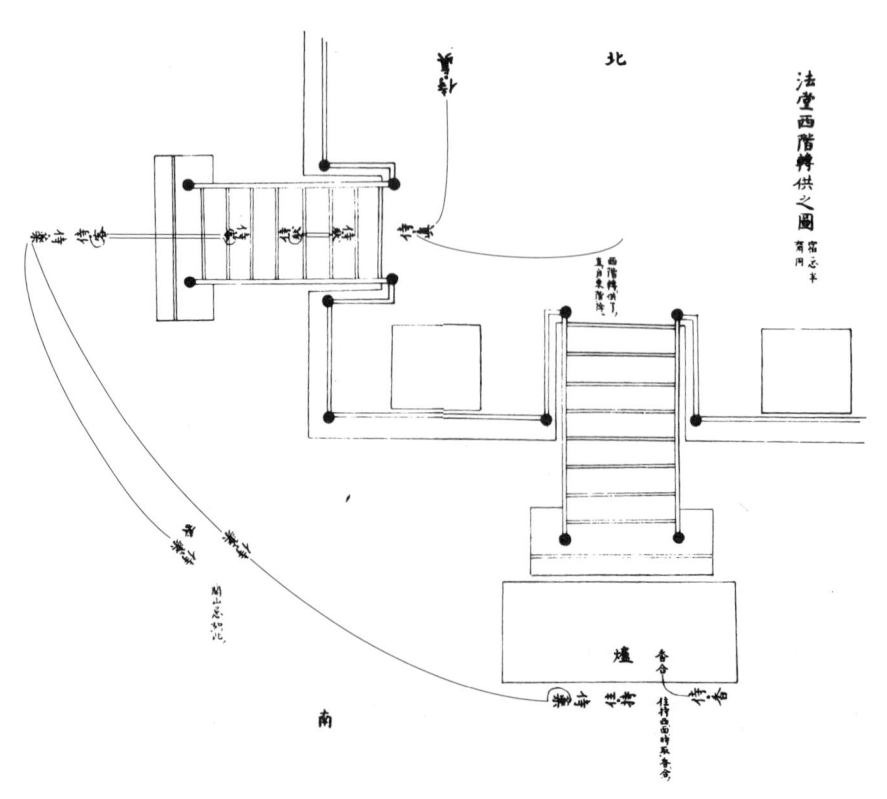

図13　法堂西階轉供之圖

(16) 回向が終われば、問訊し、焼香は拝まず、後門より退出する。

行事の内容としては、宿忌が、香・茶・湯を住持が初祖に献上して九拝（三拝を3度）[20]を行い、その後行道に入るのに対して、当日の半斎では以下の点が異なる。

A 住持が、香・湯と鉢・菓子・香・茶・深揖を献上または所作を行い、十八拝（三拝を6度）を行うこと

B 両序が出班焼香、前住・前版が一斉に三拝する列拝を行うこと

C 住持が香語[21]を誦え、維那が宣疏[22]をあげること

D 住持が跪爐(きろ)[23]を行うこと

E 法堂の空間の中では、宿忌のとき両序の立つ位置が南北方向2列であるのに対して、半斎のときは東西方向1列に並ぶこと

F 行道の際、宿忌は露柱の内部を廻り、半斎は露柱の外、雨打まで用いること

以上のように、半斎は法堂の空間をより広く用いようとしていることが確認できる。さらに『法山規式須知』第九「圖繪」等より五侍者が出頭していることも確認でき（宿忌：図8、半齋：図11など）、元禄6年（1693）2月19日の定めのとおり、行事が行われていることが確認できる。さらに本行事の後には、大方丈裏の間において鉢斎が行われた。これも元禄6年2月19日の定め以降のことと考えられ、この年以降の『米銭納下帳』には、米1石と銀100匁の支出が確認できる。

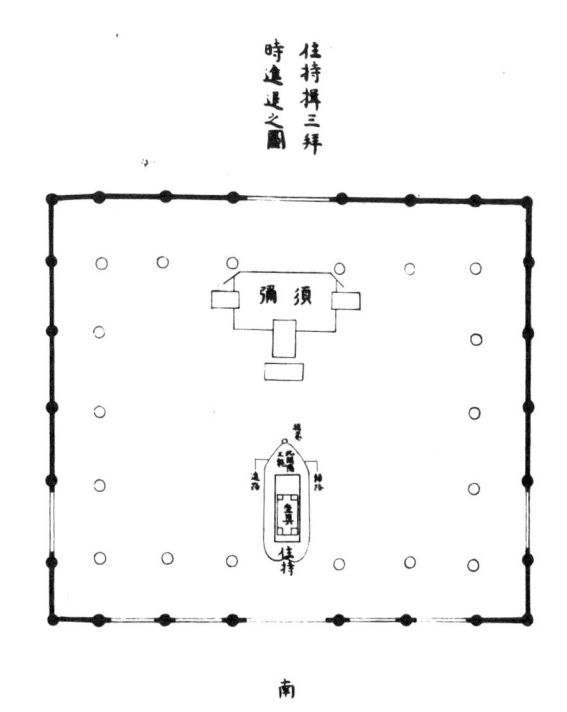

図14 住持揖三拝時進退之圖

図15 初祖忌半齋法堂柱外行道之圖

② 花園法皇忌（御忌）

　花園法皇（1297～1348）は、鎌倉時代の第95代天皇（在位：1308～1318）で、禅宗に深く帰依され、大徳寺を開いた宗峰妙超（大燈国師）に参禅した。宗峰の死後参禅の師となったのが、のちに妙心寺の開山となる関山慧玄で、本寺の創建に尽力したことより、開基として後世まで祀られることとなる。

　だが中世の『米銭納下帳』においては、花園法皇忌に対する米・銭の支出は確認できない。管見の資料では、慶長3年（1598）に米2斗8升4合、慶長5年（1600）以降は米5斗5升、寛永8年（1631）以降は、銀13匁7分5厘の下行が確認できることより、近世の初期において行事が拡大していることが確認できる。[24]

　その後、延宝4年（1676）9月12日に法皇忌に対するはじめの『壁書』が出されている。[25]

　一　法皇忌法事執行如先規可爲本山幷龍安寺籍一堂但住持維那侍香侍眞道具衣大衆者可
　　　著布衣事

　さらに、山内塔頭である雑華院で享保19年（1734）に書き写された本山の『副寺須知(ふうすすち)』の写しによると、花園法皇忌は以下のように書かれている。

　一　十一日　法皇忌 靈餉五種高盛果子 齋會料米壹石 見一年貢帳 銀百目 供具料 晴役四人
　　　宿忌之用見納下帳 燭三拾目掛八挺 宿忌半齋之用自副寺辨之 半齋晴役四人 者於常住喫スル飯故飯料無之
　　　方丈裏一間飾遷住齋會同シ

　これによると法皇忌では、法堂の須弥壇上にお供えをし、斎を開催する経費として米1石と銀100匁が支出されること等が確認できる。江戸時代初期の行事の様子と享保年間のものとでは、相当の開きが確認できる。享保年間の『副寺須知』に書かれているような行事となったのは、やはり本山の制度が整えられる延宝4年のことであったと考えられる。では次に『法山規式須知』により行事の進め方についてみていくこととする。

【11月10日　花園法皇宿忌】
（1）法堂の須弥壇に法皇の尊影を掛ける（図16）。
（2）未の刻、放参鐘、第1通に大鐘、第2通に大鐘・洪鐘共に鳴る。第2通が鳴り始めたら、東版・西版の両序の役の僧は、法堂の後廊架の連床に座る。両序は、住持が玄関を出ると法堂の後門より入り、中央間両露柱の北側に並ぶ。大衆は、第2通が鳴り始めたら、法堂に入り、前住・前堂は堂内西側の連牀に北を主として座る。
（3）住持、鐘が収まれば、方丈玄関より出て、法堂に赴く。後門より入り、須弥壇の東より南に歩み、法堂の中央に行く。
（4）両序と問訊をし、侍香を従え卓の前に進み、焼香する。1歩退き深深問訊（拝の代わり）。
（5）1歩進み、侍香より茶器を受け取り、茶を調す。炉上で三薫したのち、東側の侍香に渡す。

侍香は侍真に渡し、茶を須弥壇上の卓に献上させる。
(6) 住持、茶が献上されたのを確認し、1歩退き深深問訊（拝の代わり）。
(7) 1歩進み焼香する。侍香より湯器をもらい、湯を注がせ、匙にて三攪して、炉上で三薫したのち、西側の侍薬に渡す。侍薬は侍真に渡し、湯を須弥壇上の卓に献上させる。
(8) 住持、湯が献上されたのを確認し、1歩退き深深問訊（拝の代わり）。

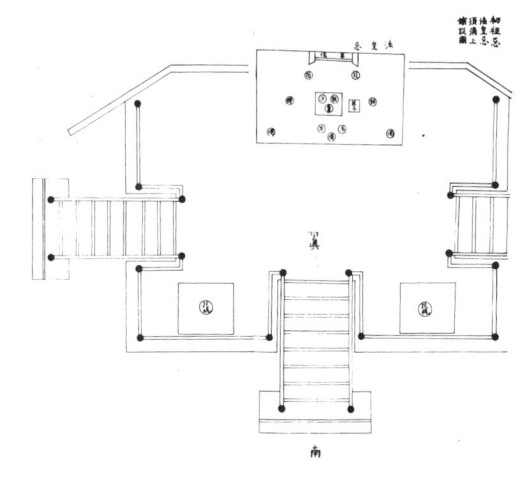

図16　初祖忌法皇忌須彌壇上鋪設圖（貼紙：法皇忌の図）

(9) 1歩進み焼香する（これを諷経初めの焼香とする）。
(10) 住持、また1歩退き、問訊する（行者磬を鳴らす）。
(11) 住持、合掌して、南の元の位置に戻り、深問訊をする。
(12) 維那、楞厳咒の啓請をあげる。次に「南無薩怛陀」をあげる。
(13) これらが終わると、住持北に進み、西序の前板と問訊し、行道に入る（露柱の内側）。
(14) 北より2行目の西端で住持と都寺が出会い、問訊を交わす。
(15) 行道を進め、第五会で鈴の音を聞いて元の位置に戻る。
(16) 行者の焼香の鈴が鳴ると、住持小問訊して前卓に進み焼香、1歩下がり問訊・合掌して、元の位置に戻り、深深問訊（拝の代わり）。
(17) 住持、回向終わりの問訊を行い、退出する。大衆も焼香し、南に下がり、深深問訊をして、退出する。

【11月11日　花園法皇半斎】
(1) 卯の刻より玉鳳院にて法皇に献粥を行う。これが終わると玉鳳院で送鐘を鳴らす。大鐘と洪鐘がこれに応じて鳴らされる。
(2) 両序は、住持より先に法堂内に入り、所定の位置に対峙する。住持は、法堂の東北の階段下で本履をはき、階段を上り、北門より法堂内に入り、須弥壇の東より南に歩み、法堂の中央に行く。前住は東北の石階段より上がり、後門より法堂内に入る。前堂以下は法堂の南側を通過し、西の石階段より上がり、西門より法堂内に入る。
(3) 両序と問訊をし、侍香を従え卓の前に進み、焼香する。1歩退き深深問訊（拝の代わり）。
(4) 1歩進み、侍香より湯器をもらい、湯を注がせ、匙にて三攪して、炉上で三薫したのち、東側の侍香に渡す。侍香は侍真に渡し、湯を須弥壇上の卓に献上させる。
(5) 次に侍香より鉢をもらい、炉上で三薫したのち、東側の侍香に渡す。侍香は侍真に渡し、

鉢を須弥壇上の卓に献上させる。

(6) 住持、鉢が献上されたのを確認し、1歩退き深深問訊（拝の代わり）。

(7) 1歩進み、侍香より菓を受け取り、炉上で三薫したのち、東側の侍香に渡す。
侍香は侍真に渡し、菓を須弥壇上の卓に献上させる。

(8) 住持、菓が献上されたのを確認し、焼香する。

(9) 侍香より茶器を受け取り、茶を調す。炉上で三薫したのち、西側の侍薬に渡す。侍薬は
侍真に渡し、茶を須弥壇上の卓に献上させる。

(10) 住持、茶が献上されたのを確認し、1歩退き深深問訊（拝の代わり）。

(11) 1歩進み焼香する（これを諷経初めの焼香とする）。

(12) 住持、また1歩退き、問訊する（行者磬を鳴らす）。

(13) 住持、合掌して、南の元の位置に戻り、深問訊をする。

(14) 維那、華厳咒の啓請をあげる。次に「南無薩怛陀」をあげる。

(15) これらが終わると、住持北に進み、西序の前板と問訊し、行道に入る（露柱の外側）。

(16) 北より2行目の西端で住持と都寺が出会い、問訊を交わす。

(17) 行道を進め、第5会で鈴の音を聞いて元の位置に戻る。

(18) 行者の焼香の鈴が鳴ると、住持小問訊して前卓に進み焼香、1歩下がり問訊・合掌して、
元の位置に戻り、深深問訊（拝の代わり）。

(19) 住持、回向終わりの問訊を行い、退出する。大衆も焼香し、南に下がり、深深問訊をし
て、方丈北間鉢斎に赴く。

この法皇忌は、初祖忌より早く法堂で行われる大きな行事となっていたが、『法山規式須
知』が書かれた、18世紀の後半には、初祖忌の方が格の高い行事として実施されていたこと
が確認できる。初祖忌に対して、法皇忌の行事の中での変更点は、以下のとおりである。

 A 三拝に代わり深深問訊(しんしんもんじん)[26]が行われていること

 B 両序の出班焼香、前住・前版（前堂）が一斉に三拝する列拝を行わないこと

 C 住持が香語を誦えず、維那が宣疏をあげないこと

 D 跪炉を行わないこと

では、次に妙心寺にとって年間最大の行事であった開山忌についても同様な視点から検討を加えることとする。

③ 開山忌

開山忌は、妙心寺にとって年間最大の行事で、開山である関山慧玄の命日である。天文17年（1548）の『米銭納下帳』の中では、銭1貫685文の支出が確認でき、慶長5年（1600）の同文書の中でも、米13石5斗の記載が確認できる。初祖忌、花園法皇忌で用いられる米が1

石であることと比較し、いかに大きな行事であったかがわかる。

また、開山忌に対する『壁書』には、寛文10年（1670）4月18日（『法山壁書分類二』「年中行事部開山忌」妙心寺蔵）の以下のものがある。

　一　當山派下前住前堂持菴之平僧令居住洛中并洛外三里四方之僧侶者毎年可被出頭開山忌
　　　之宿忌半齋若於違背之輩有之者從某宿坊急度告報常住可速令擯出其仁者也
　　　　寛文十年庚戌四月十八日

これにより、毎年行われる開山忌に対して、洛中と洛外3里四方の僧侶の出頭が義務づけられていたことが確認できる。さらに、同資料の延宝7年（1679）7月にはさらに次の『壁書』が出されている。

　一　開山忌香資銀玉鳳天授退藏養源如是衛梅龍泉東海霊雲聖澤拾錢前住拾錢前堂五錢平僧（自此下令時不用）
　　　貳錢上坐沙彌一錢充極月二日三日之中可拜上常住也然則勘定衆中與副寺相談之上可
　　　被執行之諸佛餉可爲如先規若經營銀不足則可以衆財被相償之但寺中下飯停止之事
　　　　延寶七己未年七月之定三十二箇之内

これにより、開山忌が由緒のある10の塔頭と僧侶の僧階による、香資によって運営されることが、明文化された。『副寺須知』の中でも「……開山忌一切ノ諸費副寺辨スルノ之者香資ノ之分副寺方ニ納ル故也……」と記述されており、本山の日常の経費ではなく、開山忌の前に塔頭と僧侶から集められる香資によって運営されていたことを裏付けられる。

では、法堂で行われる行事について、『法山規式須知』を通して見ていくこととする。

【12月11日　開山宿忌】
（1）須弥壇上に開山尊像を置く。
（2）未の刻に放参鐘、第1通に大鐘、第2通に大鐘・洪鐘共に鳴る。住持鐘が収まれば、法堂に赴く。
（3）献供・九拝（焼香三拝、茶三拝、湯三拝）・諷経・楞厳咒・行道等初祖宿忌に同じ。ただし、行道は露柱の外を廻ること（図17）。行者が両磬を鳴らす点が異なる。

【12月12日　開山忌半斎】
（1）巳の刻、第1通に大鐘、第2通に大鐘・洪鐘共に鳴る。住持、鐘が収まれば、方丈玄関より出て、法堂に赴く。
（2）献供・十八拝（焼香三拝、湯食三拝、菓子三拝→以上東の階より転供。上香三拝、茶三拝、→以上西の階より転供。揖三拝）・出班焼香・列拝を行う。
（3）両序対面して立ち、住持瓣香を拈起し、両手で胸の前にもち、香語を唱える。語尾を一喝し、すぐに一揖する。
（4）住持、侍香をともない、瓣香の炉前に進み、従香を焚く。1歩退き問訊する。行者磬を鳴らす。

（5）住持、合掌して、南の元の位置に戻り、深問訊をする。
（6）諷経・楞厳咒行道（宿忌と同じ）。行者が両磬を鳴らす。
（7）式はおよそ初祖忌半斎に同じ。ただし、宣疏・跪爐がなく、下噺(あしん)がある。
（8）住持、回向終われば、後門から退出する。他のものも拝焼香を行わず、後門より出る。

『法山規式須知』第二「住持章下」の中での記述は少なく、ほとんどが初祖忌と同じであると述べられている。初祖忌との違いをまとめると以下のとおりである。

　A　開山宿忌の行道を露柱の外側を廻ること
　B　開山忌半斎には、宣疏・跪爐がなく、下噺があること(27)

この2点だけとなるが、同じく『法山規式須知』第九「圖繪」では、須弥壇上のお供えの量と質の違い（図18）と、開山忌の宿忌・半斎時には前住が北側もこし西よりに、前堂が西側もこし北よりに座るための長連床が設けられていることも確認できる。

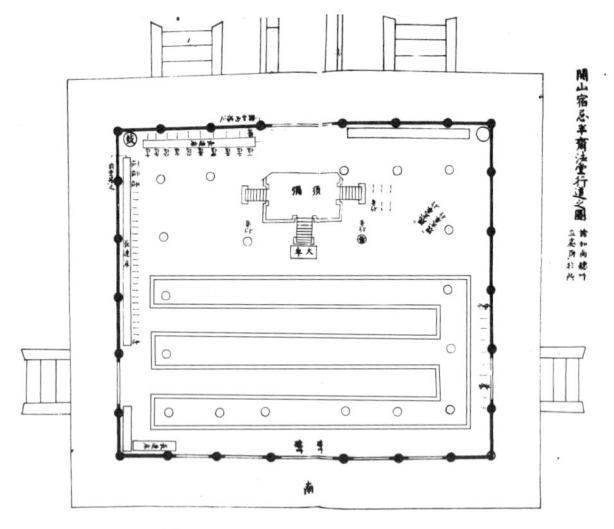

図17　開山宿忌半齋法堂行道之圖

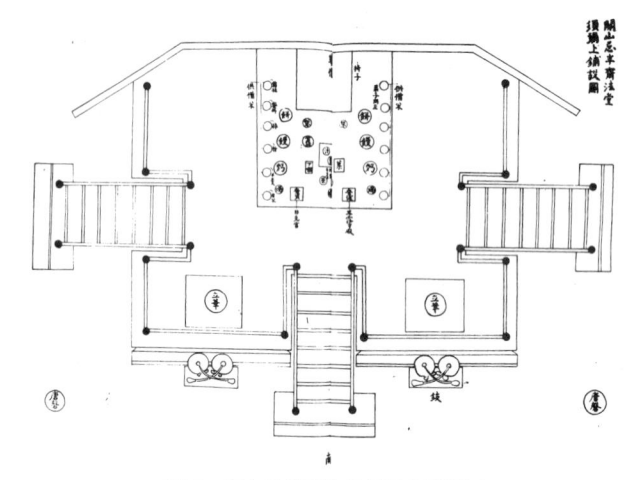

図18　開山忌半齋法堂須彌上鋪設圖

④　冬夜小参

　妙心寺では、冬至の前日、大晦日、結制前晩（4月14日）、解制前晩（7月14日）の年4回、本寺の開創やその後の発展に関わる微笑庵（開山：関山慧玄）、養源院（第7世：日峯宗舜）、衡梅院（第9世：雪江宗深）、玉鳳院（開基：花園法皇）を廻り、楞厳咒や大悲咒をあげ、茶や湯を献上し、焼香を行う、巡塔諷経と呼ばれる行事があった。その後、冬至の前日には法堂で小参を行っていたことが確認できる。小参とは、本来法堂で行う大参に対して、方丈で行う説法を呼んだものであるが、妙心寺では法堂で行うものも小参と呼んでいたようである。

第4章　法堂

では、具体的な利用方法について、『法山規式須知』より見ることとする。

【11月　冬夜小参】

（1）法堂の東面南端の間窓上に釘がある。そこに小参牌を掛ける。この牌の肩に小片紙を張り、「今晩」の2字を書く。法堂須弥壇上に大法被の椅子を置き法被を掛ける。その西に杖を立てかけておく（図19）。壇上東南に卓を置き、袱・爐・香合・拂子を置く（図20）。西南にも卓を置き、花を生ける（松芯）（図21）。巡塔諷経が終われば、行者が法堂の東の鼓を鳴らす。

（2）両序は、法堂北外の連牀に座る。住持が寝堂に入るのを見て、後門より堂内に入り、須弥壇の南に対面して立つ。（初祖宿忌と同じ）前住、前堂は堂内西側の連床に座る。

（3）住持、法堂の後門より入り、須弥壇の東側を通り、南露柱の中央に行く（初祖宿忌と同じ）。

（4）住持、そこで普同問訊(ふどうもんじん)(28)を行う。両序も同じく問訊する。

（5）次に須弥壇の東階に進む。

（6）左足より1段ずつ進み、足をそろえてから、次の段に上がる。

（7）壇上に上がっても、足をそろえながら1歩ずつ進み、椅子のところで南を向く。

（8）椅子に腰掛けると、法禮を請ける。

（9）まず五侍者が須弥壇の前に横一列に並び、深深問訊を行う。住持は合掌をして応える。

（10）次に前住が須弥壇の前に横一列に並び、問訊を行う。住持も問訊する。

（11）さらに前堂が須弥壇の前に横一列に並び、問訊を行う。住持も問訊する（図22：請法禮）。

（12）侍香が東階より須弥壇に上がり、請法の香を焚き、住持の

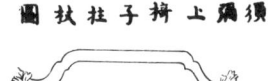

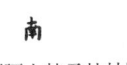

図19　須彌上椅子拄杖圖　　図20　須彌角香爐拂子圖

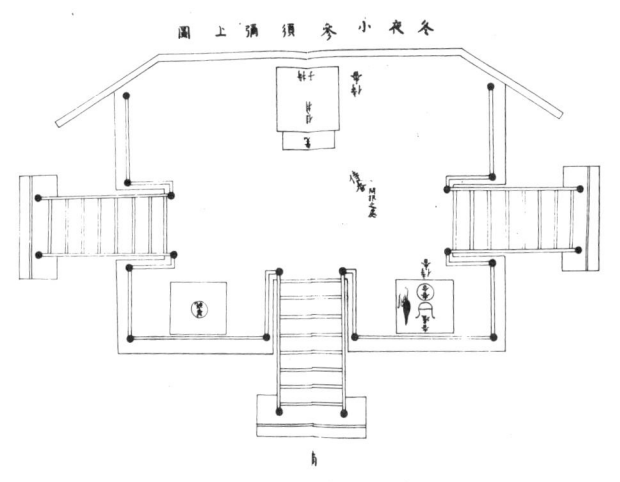

図21　冬夜小参須彌上圖

方を向いて深深問訊を行う。
　　住持は合掌して応える。
(13) 侍香、住持に拂子を渡す。次に行者が上がり住持に帽を呈するがそれを退ける。
(14) 拂子を持ち直し、垂語(29)を唱える。次に提網(30)を唱え、拂子を膝上に置く。
(15) 某上座と呼び、語を唱える（自叙(31)）。前住と前堂一同起立する。

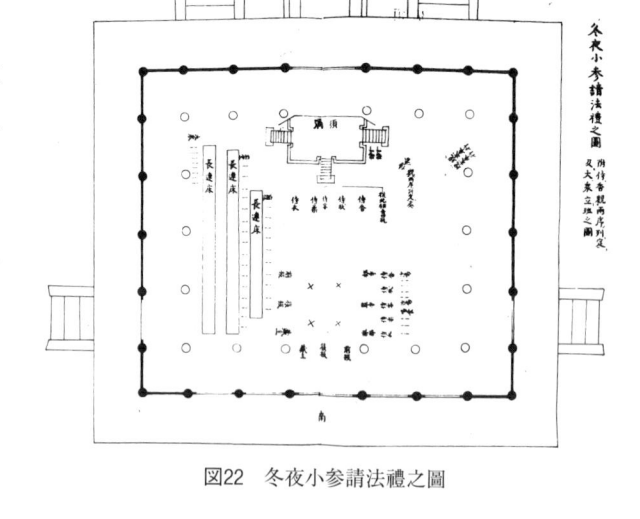

図22　冬夜小参請法禮之圖

(16) 四派の大和尚の名を1名ずつ呼び、語を唱える。それぞれの派の前住は1歩前に出て、一揖深低頭して下がる。次に山門・東西の両序・単寮(たんりょう)・蒙堂(もうどう)に語を唱える（謝語(32)）。その際前堂は1歩前に出て、一揖深低頭して下がる。
(17) 次に柱杖の拈を唱える（拈提(33)）。杖を元の位置に置き、禮話(34)を唱える。
(18) 履物を履き、拂子を持ったまま立つ。拂子を椅子の上に置き、南を向く。
(19) 須弥壇南の階段を1段ずつ、足をそろえて下りる。
(20) 住持、須弥壇を下りて、6、7歩南に進み、両序の北辺りで、問訊する。両序も同じく問訊する。
(21) 住持は、再度両序の間を南に進み、雨打を東に折れ、五侍者の後で北に向き、そのまま後門より退出する。北に向いた時、行者は「就方丈茶禮」と喝をいう。全員後門より退出し、大方丈に向かう。

　以上のように、本来禅宗では方丈で行われる日常的な小参が、妙心寺では法堂で行われる儀式的な側面の強い年中行事として行われていたことがわかる。

⑤　改旦上堂

　正月元日に、展鉢喫粥の後に行われ、現在の午前9時頃から行事が開始されている。『法山規式須知』より詳細についてみることとする。

【1月1日　改旦上堂】
(1) 辰の半刻、第1通大鐘が鳴れば、維那が小方丈に行き、修正の僉疏(35)を授ける。第2通に大鐘・洪鐘共に鳴る。両序は法堂に赴き、後門外の連床に座る。鐘収まれば行者が法堂東の鼓を鳴らす。鼓1通で住持、寝堂に入る。

第 4 章　法　堂

（2）随徒の1人は住持の九条座具を臂に掛け、寝堂外の東南の辺りに立つ。
（3）鼓第2通が鳴れば、侍香法堂に赴き、衆を見る。両序は法堂に入り、対立して、一同合掌する。寝堂では、東西両班問訊をする。さらに五侍者と沙喝等も問訊をする。換班の際住持それぞれと合掌する（すべて冬夜小参に同じ）。
（4）住持、後門から法堂内に入り、東北隅に立つ。法衣を着るのを待ち、行者鼓の礎を憂る（第3通）。
（5）住持法堂の東辺りより、南の中央に移る。普同問訊を行い、進んで壇上に上がる。この際行者は、住持が階段を上がるごとに鼓を鳴らす。住持は1段ずつ足をそろえてから次の段に上がる。
（6）住持、壇上に上がると椅子の2歩手前で南を向く。侍香は大瓣香（だいべんこう）を呈する。住持は右手に香を持ち、左手を添え、祝聖の語を唱える（名→改旦令辰→聖躬→第一万歳→第二万歳→萬萬歳→陛下→恭願→四六の語尾）。
（7）侍香が香合の蓋を持ってくれば、住持は瓣香をその蓋の上に置く。
（8）侍香は瓣香を爐に入れ、従香を焚く。1歩下がって深深問訊をする。
（9）この際住持も深深問訊を行う。回転し北に向き進んで、椅子に座る（図23）。侍香階をおり、代わりに行者が上がり、住持の補佐をする。
（10）住持、法禮を請ける（五侍者→西序→東序→前住→前堂）。その際住持は、合掌または低頭する。
（11）次に執拂、垂語、提網、自序、謝語を述べる。
（12）次に拈提、歳旦頌を唱え終われば、柱杖（又は拂子）を収め、禮話を述べる。
（13）一揖して、拂子を持ち椅子を立ち、拂子を椅子の上に置き、階を下りる。
（14）住持は南に進み、両序と問訊し、向きを替え直に東北隅に向かい、堂後に入る。両序も維那・蔵司より班を引き、南の雨打の位置に東西に分かれて、一列に並ぶ。東の露柱の西第1柱の南に都寺、次に監寺、最も東に維那、皆北面して立つ。西の露柱の東第1柱の南に前板、次に後板、最も西に蔵司、皆北面して立つ。
（15）次に展賀の禮に移る（図24）。
（16）行者、長擎を退け、卓を須弥壇の南階の前に置く。卓上に爐を置き、香合函の上蓋を仰向けに重ね、上に小瓣香を置く。別に小瓣香6片を持ち、前住、前堂の上位、両序の前板、都寺、侍香、沙喝の上位に分けて呈す。
（17）住持は堂後で法衣を脱ぎ、九条を着、座具を掛ける。
（18）住持は須弥壇の東南角の南に立つ。般若の鐘が鳴らされる。
（19）住持の立つ位置は、西は堂の西の北より第3窓の中心を基準とし、南は東の3本の露柱の西より第1柱のところを基準とする。

(20) 前住は、一列に出て、上位者が卓の前に進み、懐中より瓣香を爐に入れ、元の位置に帰る。

(21) 住持は前住が元の位置にもどったら、小問訊をして、斜めに卓の前に進み、香合の蓋の上の瓣香をとり、右手で爐に入れる。1歩退き問訊し、合掌して向きを替え、元の位置に帰り、前住の方を向き、問訊する。

(22) 前住が座具を広げようとするところを、住持右手で右より左へ一画し、これを止める。

(23) 直ちに手を収め前住の方を向き、問訊する。次に1歩退き、一揖し、再度1歩進んで立つ。

(24) 次に前堂一列に西に並び、上位者が卓の前に進み、香を焚き、元の位置に帰る。

(25) 住持、小問訊し、卓の前に進み、右手で瓣香をとり、爐に入れる。問訊し、元の位置に戻る。前住の時と同じ。

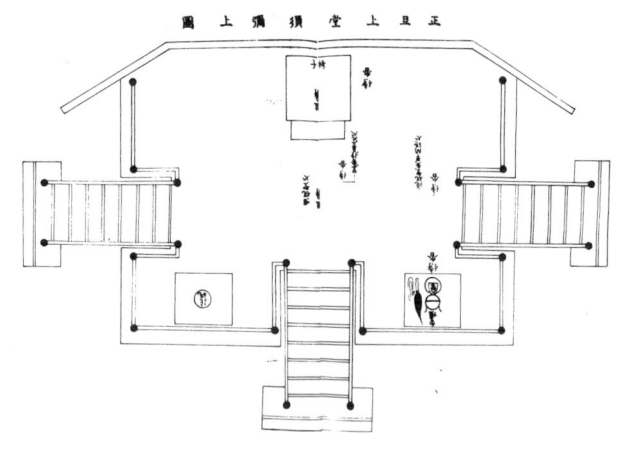

図23 正旦上堂彌須上圖

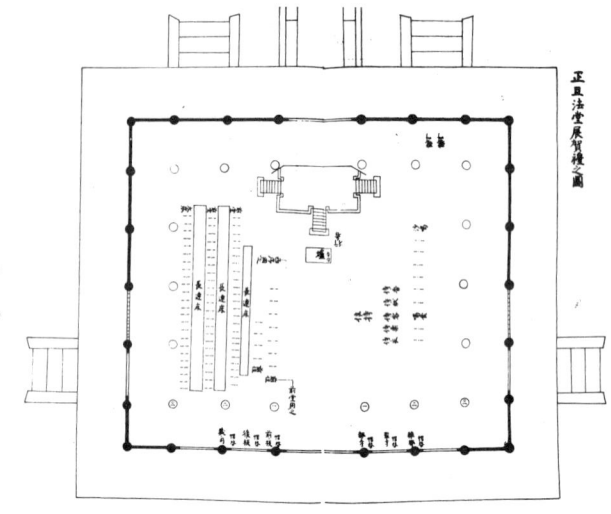

図24 正旦法堂展賀禮之圖

(26) さらに前堂の方を向き、問訊する。
(27) 直ちに座具を取り觸禮(そくれい)(36)、一揖する。
(28) 次に東序の都寺、香を焚き、住持も香を焚き、元の位置に戻る。觸禮、一揖する。前堂の時と同じ。
(29) 次に西序の前板、香を焚き、住持も香を焚き、元の位置に戻る。觸禮、一揖する。前堂の時と同じ。
(30) 住持、1歩進み、直に斜めに進み、卓の北側に入り、中央で南を向き立つ。
(31) 五侍者、進んで卓の南に並んで立つ。侍香が香を焚き、元の位置に戻る。五侍者一同で問訊し、座具を広げて三拝を行う。五侍者の第一拝の合掌時に、住持も合掌する。

(32)五侍者は、三拝が終われば、座具を収める。また1歩進み問訊する。住持は合掌する。
(33)次に沙喝、喝食、卓の南に並んで立つ。上位者が香を焚き、元の位置に戻る。全員で三拝する。住持も合掌する。五侍者の時と同じ。ただし、沙喝等には座具がないので三拝ののち、履をはくとき、住持は叉手(しゃしゅ)する。
(34)沙喝等1歩進み問訊する。住持は合掌する。
(35)沙喝等が元の位置に戻れば、住持、卓の北より直に東に行き、堂の後ろに入り、後門より退出する。

　以上のように改旦上堂では、正月元旦の儀式として、法禮の前に修正の歛疏や祝聖の語が、また禮話の後に展賀の禮が含まれているが、行事の中心となる上堂の部分は、冬夜小参とほぼ同じである。どちらも法堂で行われる重要な行事であるが、単なる儀礼上の所作が多く、実質的に大衆と問答を行い、悟りを開かせることを目的としていないことがわかる。これは、妙心寺が、本山機能の中に僧堂を持たず、僧侶の教育を各塔頭や地方の末寺で行っていたことと深く関係していると考えられる。

⑥　結制上堂

　妙心寺では、4月15日に夏安居(げあんご)の開始を告げる結制上堂が行われていた。夏安居とは、本来4月15日から7月15日の3カ月間、1カ所に集合して禁足し、坐禅修学する制度のことである。しかし改旦上堂のところでも述べたように、本山で直接若い僧侶の教育を行わない妙心寺にとっては、毎日の日課である住持の仏殿での金剛経の読経が、楞厳会に変更される程度で、法堂を用いるのは結制と解制の際の上堂のみであった。『法山規式須知』によると儀式の内容は以下のとおりである。

【4月15日　結制上堂】
（1）巳の刻、第1通大鐘が鳴る。維那は楞厳会の歛疏を請取りに来る。第2通大鐘と洪鐘が共に鳴る（五侍者・沙喝・喝食、小方丈に集まる）。第2通が収まれば、行者法堂東の鼓を鳴らす。
（2）鼓の第1通で、住持寝堂に入る。
（3）寝堂の問訊、法堂の普同問訊・登座・祝聖・據座・請法禮・垂語・提網・自叙まで冬夜小参の改旦上堂に同じ。
（4）諸和尚人別謝語各1首、其の院堂頭大和尚と唱える。次に両序→単寮→蒙堂→五侍者→前資→辨事→一会の海衆は別謝、各1首を唱える。
（5）拈提済み、下座。両序と問訊する。堂後に入り衣換えをする。皆改旦に同じ。
（6）展賀の禮は、すべて改旦に同じ。五侍者・沙喝等拝終われば、住持小方丈に帰る。

⑦ 解制上堂

　次に夏安居の終了を告げる7月15日の解制上堂について、見ていくこととする。儀式の内容は以下のとおりであった。

(1) 時いたれば、法堂の東の鼓を鳴らす（五侍者・沙喝・喝食、方丈に集まる）。住持、第2通で寝堂に入り、第3通で法堂に入る。

(2) 南に出て中立し、普同問訊をし、登座、祝聖・據座・請法禮・垂語・提網・自叙まで冬夜小参、正旦上堂に同じ。

(3) 謝語は、総四派和尚で1首、総両序・大衆等で1首の2首とする。

(4) 住持、拈提の終わりに退院の頌をあげる。「久立珎重」等済んで、拂子を持ったまま起座し、北を向いて、拂子を柱杖の頭部に結ぶ。この杖拂を右肩に担ぎ、進んで階を下りる。

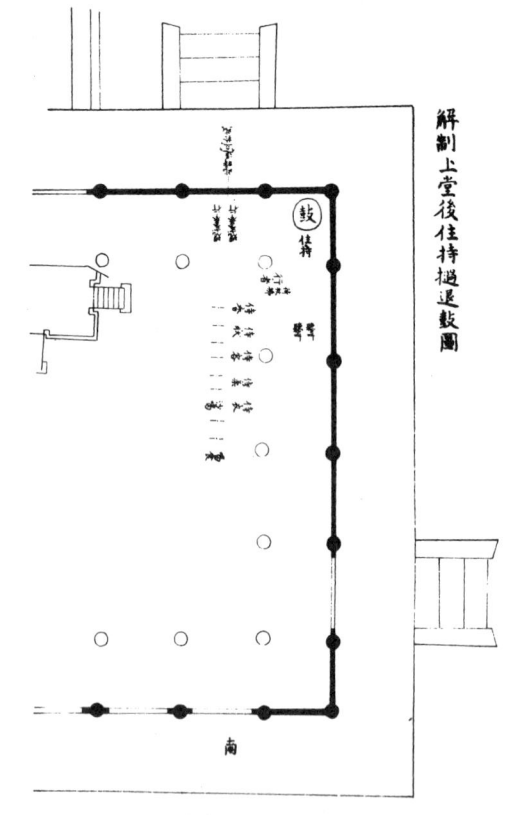

図25　解制上堂後住持擲退鼓圖

(5) 6、7歩進んだところで、杖拂を地につけ、両序と問訊する。また杖拂を担ぎ東鼓のところに赴く。五侍者・沙喝・喝食、これに従う（図25）。

(6) 杖拂を堂司行者に渡し、鼓下の台にのり、桴を取り、暖く退鼓を叩くこと3回、台を下り、また杖拂を右肩に掛け、斜めに歩き正中に行き、正門より出る。

　妙心寺では、本山の行事を行う住持を1年交代で決定している。その最後の日が7月15日である。そのため、行事の中心となる上堂の部分は、冬夜小参・改旦上堂とほぼ同じものであるが、式の最後に退院の頌をあげる点と住持みずから法堂北東隅の鼓のところに行き、退鼓を叩く点が異なる。また退室はそのまま南中央の扉口より出て、以後南に下り仏殿、山門、勅使門で退院のための儀式を行い、本山より去ることとなる。

⑧ 再住入寺式

　再住入寺式については、第7章の大方丈のところで詳細な説明を行う。行事の流れについても同章表12に示した通りである。再住入寺式での法堂は、入寺する僧侶にとって儀式の中心となる場所であり、自身の血縁者等にお披露目をする最高の舞台であった。この行事の中

第4章 法堂

で法堂は、2度にわたり利用されることとなる。初めは、山門・仏殿等を経て法堂にいたった時（再住入寺式1）、2度目はその後大方丈で休憩し、本格的な儀式に臨む時（再住入寺式2）である。行事の流れについて『法山再住入寺須知』を基に見ていくこととする。

【再住入寺式1】

〈A　室　間〉（図26）

（1）新命、法堂の正面より入り、直に進み、両序と問訊せずに、両序の中央を通り、須弥壇下の曲彔に座る。

（2）行者、大卓を昇いてき、横向きに新命の前に置く。卓上に香爐、大香合、竹箆を置く。

（3）新命、帽を脱ぐ。侍香が卓の前に来て、卓上の大香合を執り、請法の香を炷く（図27）。一炷すれば、小問訊、叉手し、斜めに3歩後退し、座具を抽いて、深深問訊する。

（4）新命、侍香が頭をあげるとき、右手に竹箆を取り、左手に持ち、紐にて箆を巻くこと2辺。巻き終われば、紐を持ちながら、直に箆を握る。左手を放して、拈じて、法語をあげる。

（5）法語が終われば、箆首を案上に下ろし、次に手を放す。勅使は東門より出て、大方丈の煎點に赴く。

〈B　視　篆〉（図28）

（6）室間法語が終われば、行者が来て、竹箆、大香合を退け、硯箱、印箱、葛籠、新目子を卓上に置く。

（7）都寺、卓前にいたり、硯箱を開き、小刀を取り、葛籠の封を切り、その封を新命に呈す。

（8）新命、右手にてこれを取り、一覧して、折って左の袖に入れる。

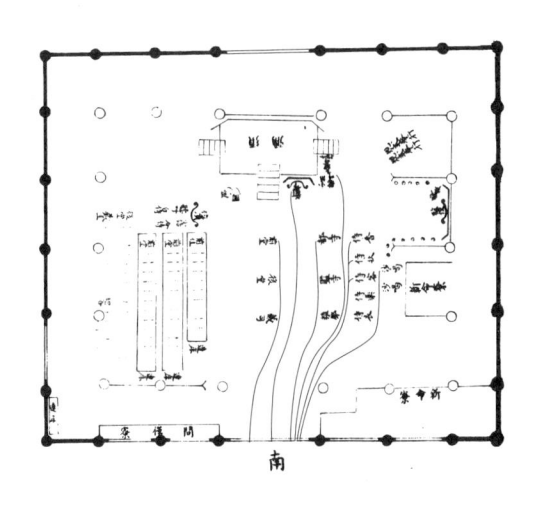

図26　法堂室間進路之圖
（『法山再住入寺須知』第四「圖繪」より、以下図39まで同じ）

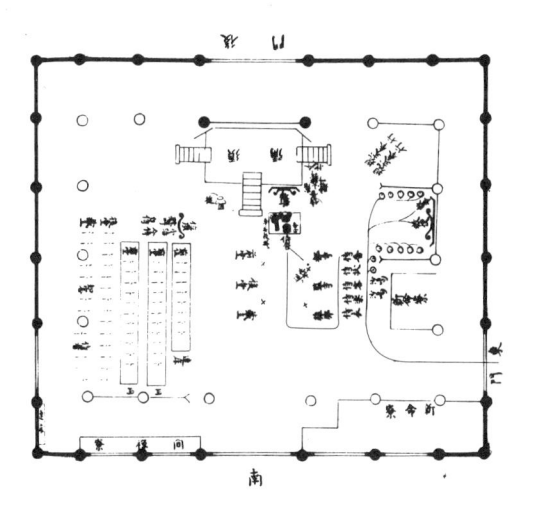

図27　法堂室間侍香請法之香"燒圖

(9) 都寺、葛籠の古目子を出し、香を炷き、三薫して新命に呈す。

(10) 新命、問訊し、右手にてこれを取り、披見する。都寺は退く。

(11) 次に侍衣、卓前にいたる。新命古目子を巻き、右手にて侍衣に渡す。

(12) 侍衣、受取り葛籠へ収め、新目子を取って、新命に呈す。

(13) 新命、右手に取り、披見し、直ちに竪に3つに折り、左手に持つ。

(14) 侍衣、筆に墨を點じて、新命に渡す。

(15) 侍衣、又印を取り、新命に呈す。

(16) 新命、右手の3指にて受取り、印の上下を見て、諱の下に押す。

(17) 押印が終われば、侍衣に渡す。侍衣、印を箱に収める。

(18) 新命、目子を巻いて渡す。侍衣、受取って葛籠に収め、又封紙を取り、筆を持添え、新命に呈す。

(19) 新命、右手にてひとつに取り、紙は左手に持って、3ツ折になっているものを展べて、中央に判を書く。

(20) 書き終われば、前のように、封紙を折り、筆とひとつにして渡す。

(21) 侍衣、請取、葛籠に封を結い、硯箱に蓋をし、元の場所に戻る。

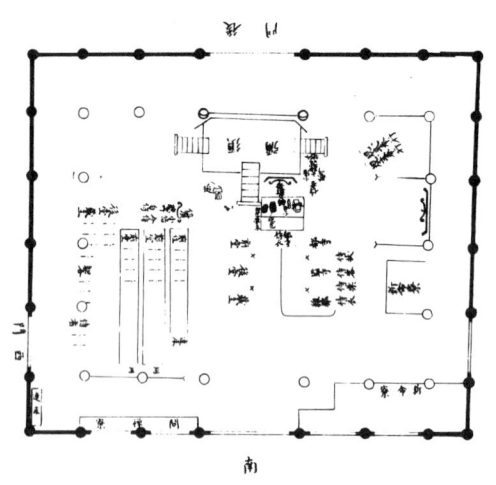

図28　法堂視篆之式都寺侍衣進退之圖

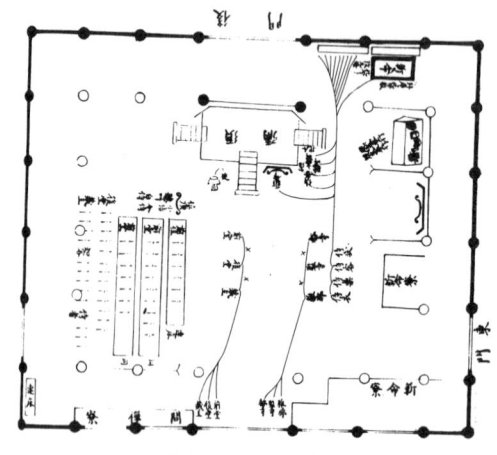

図29　視篆式了新命堂後入被九條場所

(22) 行者、前卓を退ける。新命、曲彔を下り、直ちに堂の後ろに入る（図29）。

〈C　草賀禮〉（図30）

(23) 法堂須弥壇正面の階下に大卓を設け、上に香爐を置く。爐の少し東南の大香合に小辨香を設ける。

(24) 新命、堂後より出て、五侍者沙喝等を従え、堂の中央東側に西向きに立つ。

(25) 東序、堂の中央西側に東向きに一列に立つ。都寺、小問訊して卓前に進み、辨香を出して、爐前に置き、1歩退き、問訊し、元の位置に戻る。

(26) 次に住持、小問訊、叉手して卓前に進み、大香合の辨香を取って、答香し、1歩退き、合掌し、元の位置に戻る。叉手し、直に東序と問訊、觸禮する。

(27) これが終われば、東序は退き、次に前住が出て並ぶ。

(28) 前住の上位1人が挿香し、新命が答香する。元の位置に戻れば、互いに問訊し、前住は退く。

(29) 次に前堂が出て、並び、上位1人が挿香し、新命が答香する。互いに問訊し、觸禮して1歩退き、揖す。

(30) 前堂が退くと、次に西序が出る。東序を同様に行う。觸禮が終われば、新命堂後に入り、草賀禮は終了する。

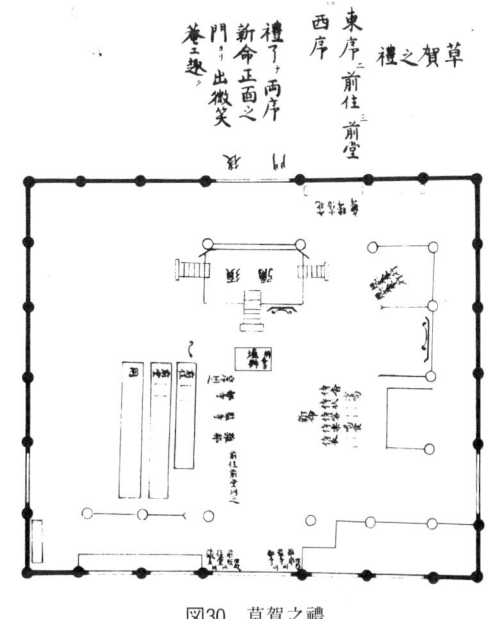

図30　草賀之禮

(31) 大衆、兩序、次に新命の順に、法堂南の正門より出て、微笑庵に赴く。

　法堂での1度目の儀式では、「室間」「視篆」「草賀禮」が行われる。「室間」とは、法堂に入り新命が法語を唱えること、「視篆」とは妙心寺の印を見ることであるが、その際自身の署名・押印を行う式であり、「草賀禮」とは略式の入寺を祝う挨拶であり、東序、前住、前堂、西序の順に挨拶を行い、新命が觸禮（略式の挨拶）を返している。

　法堂内の空間利用で注目できるのは、主屋東側北端に2名の規式奉行の空間が、北から2間目には西向きに座る勅使の空間が設けられ、いずれも奥行き柱間1間分で、西面を開放し、他の3方は幕で仕切られていた点である。さらに、主屋東側北から3間目と南もこし東寄り2間半分は新命寮とあり、新命の血縁者等が式を見学できる空間が設けられていたと考えられる。式に参加する僧侶は主屋西側に身分ごとに南北列で並び、東から前住列、次に前堂列、後堂列、蔵主・知客・侍者列で整列している。また、「室間」「視篆」で新命の席は、須弥壇上ではなく、その前方東よりに南向きに設けられ、ここで儀式を行っていること、「草賀禮」では、式に参加する僧侶に対面する形で主屋東側に西向きに立っているなど、法堂内の空間を縦横に利用していることが確認できる。

【再住入寺式2】
〈D　敕黄（天皇の詔勅をもって法語を唱える）〉（図31）
（1）新命、後門より入る。須弥壇東脇の曲彔に座り、帽を脱ぎ、聴叫に渡す。
（2）都寺、卓前にいたれば、新命起立する。都寺香を一炷き、綸旨を三薫して新命に呈す。

（3）新命、小問訊して綸旨を右手でとり、左手に持ち替え、右手にて香合の香を一炷きし、両手に持って三薫して、法語を唱える。

（4）法語を唱え終われば、都寺卓の前に進む。新命は右手で、綸旨をそのまま差し出す。

〈E　拈衣（傳衣［師の袈裟］をもって法語を唱える）〉（図32）

（5）侍真、出て卓前に進み、傳衣を呈す。新命、小問訊し、両手にて取り、左手に載せ、右手にて香合の香を一炷きし、両手に持って三薫・頂戴して、法語を唱える。椅子より立ち、堂後に入る。

〈F　登座（須弥壇上に登る）〉

（6）新命、堂後にて傳衣を著け、進みて、須弥壇の中央にいたって立つ。

（7）帽を脱ぎ、聽叫に渡す。問訊し、次に直ちに普同問訊、叉手し、法語を唱える。

（8）唱え終われば、拝席の上を通り、須弥壇に向かって勢いよく進む。

（9）住持、階下にいたって、両足をそろえ、衣の裾を持ち上げて、階を登る。

（10）1階ごとに両足をそろえ、上の3階にいたり、足をそろえずに登り、須弥壇の上にて、両足をそろえ、椅子の前に進み、南を向いて立つ（図33）。

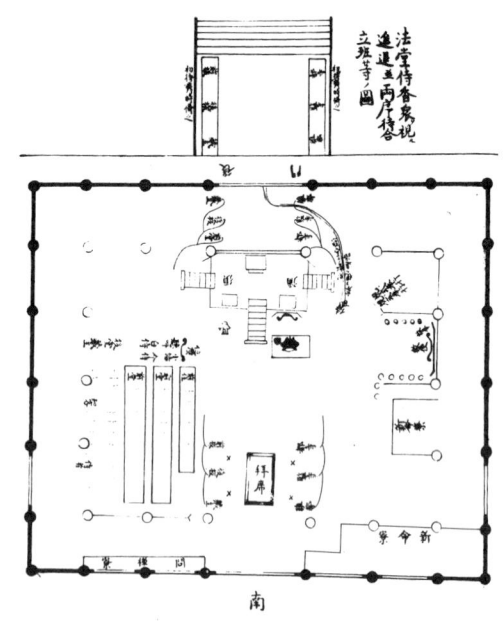

図31　法堂侍香衆ヲ視ル進退並両序待合立班等ノ圖

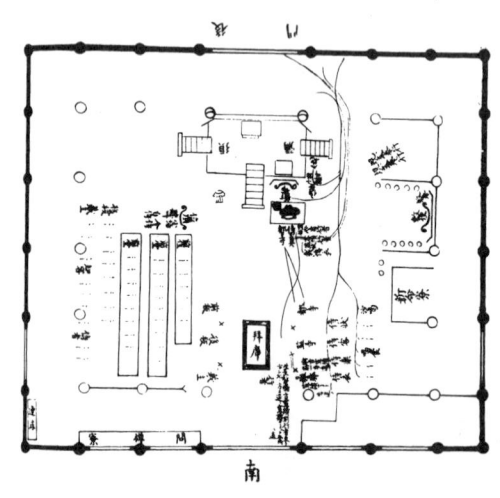

図32　法堂敕黄綸旨宣讀拈衣進退之圖

〈G　祝聖（世の中や聖寿の無窮を祝禱すること）〉

（11）侍香、大辨香を呈す。新命、右手にて取り、両手で持ち、祝聖を唱える。

（12）「大日本国云云」その諱にいたって、小低頭して、辨香を少し上げ、低音で諱を唱える。

（13）唱え終われば、頭をあげて、「開堂令辰云云、万歳云云」にいたって、漸々低頭して、「陛下」の2字を低音に唱える。

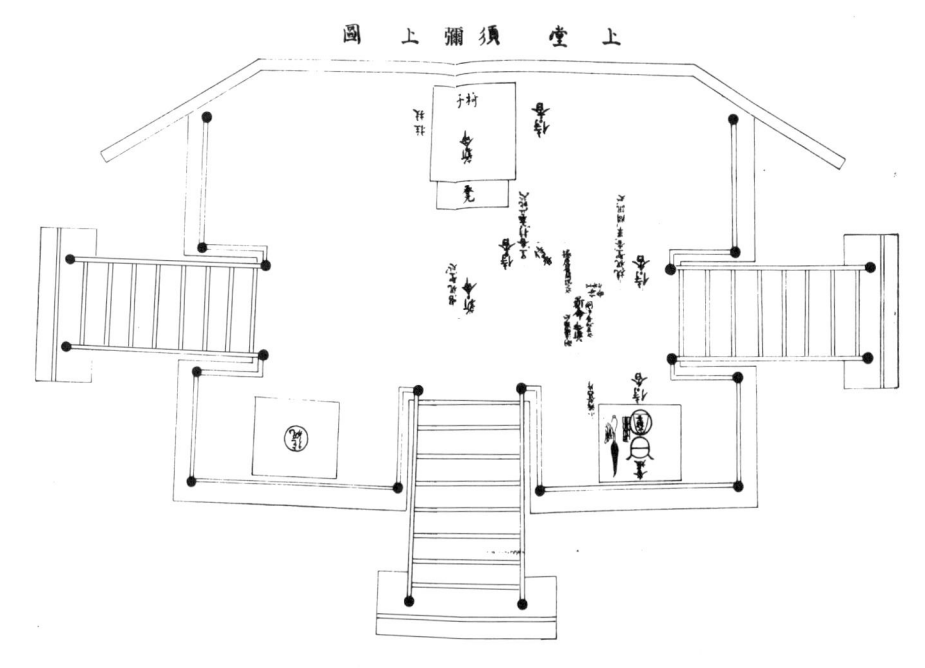

図33　上堂須彌上圖

(14) 唱え終われば、頭をあげて、祝語を唱える。語尾にいたって深く低頭する。

(15) 侍香進みて、香合の蓋を捧げる。

(16) 新命、右手にて辨香を取り、侍香に渡す。

(17) 侍香、爐中に辨香を入れる。香を一炷し、3歩後退して、深深問訊する。

(18) 新命も深深問訊し、叉手して立つ。

〈H　将軍香（幕府や将軍の無窮を祝禱すること）〉

(19) 侍香、小辨香を呈し、来る。新命、右手にて取り、左手を添え、両手を合わせ、當胸して、右手に辨香をもって、當面に差し出し、此の香と唱へ、直に引き、左手を添え、前と同じに収めて、祝語を唱える。

(20) 語尾にいたって低頭する。侍香進み、新命、辨香を右手にて渡す。

(21) 新命、叉手して立つ。

〈I　敕使香（敕使の無窮を祝禱すること）〉

　(19)～(21)に同じ。

〈J　檀越香（檀越の無窮を祝禱すること）〉

　(19)～(21)に同じ。

〈K　嗣法香（法統を嗣続する香を焚き、法語を述べる）〉

(22) 侍香、小辨香を呈する時、新命椅子の東の方へ寄り、北面して辨香を取り、懷中する。正面を避けて、右に移動し、南を向いて、懷中の辨香を右手で取り出し、語を唱える。

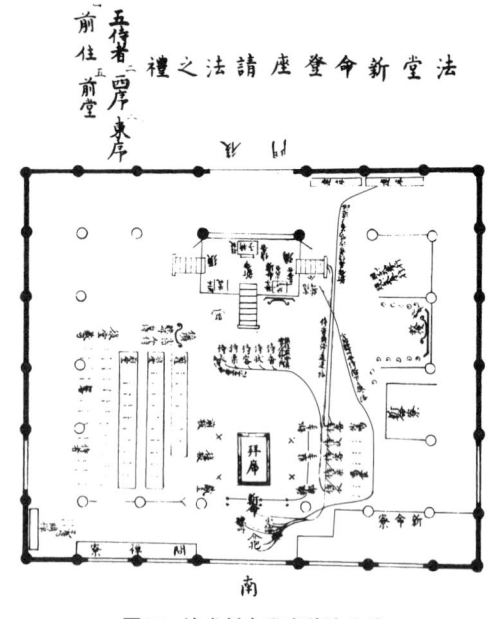

図34 須彌上椅子拄杖香爐拂子等之圖　　図35 法堂新命登座請法之禮

唱え終われば、新命みずから爐前に進み、辨香を懷中に戻す。1歩退き、小低頭、問訊し、向きを替え、合掌して元の位置に戻って立ち、叉手する。

(23)侍香、從香を焼き、3歩後退して、深深問訊する。

(24)新命も同時に深深問訊、叉手し、向きを替え、椅子に近づき、衣を改め、履を脱ぎ、座す（図34）。

〈L　登座禮（行事に参加した僧侶［五侍者、西班、東班、前住、前堂の順］に挨拶をする）〉（図35）

(25)五侍者、階下に進み、深深問訊する。

(26)次に西班、南露柱の間に立って、問訊する。

(27)次に東班、同上。

(28)次に前住、階下に進み、問訊する。新命も問訊、低頭する。

(29)次に前堂、階下に進み、問訊する。

〈M　請法香（儀式としての禅問答）〉

(30)侍香、請法の香を一炷(いっしゅ)し、新命に対して座具をひき深深問訊する。

(31)侍香、拂子を呈する。新命、右手で拂子を取る。

(32)侍香、白槌出て「法筵云云」と唱え終われば、元の位置に戻る。

(33)侍客、階下を通過するとき、新命一拂して、索語を唱える。問禅出衆の句を唱えて、正面に進み、臨席の句を唱えて、觸禮大展する。問訊するとき、新命は拂子持ちながら、同調する（図36：侍客の行動）。

(34)問答の作略は師学の臨機応変に一任す。問答おえて、問禅入衆の句を唱え終われば、2、

3歩戻るとき、新命送句を唱える（図37）。

〈N　提綱（仏法の大意を説法すること）〉

(35) 新命、一拂あるいは一卓して、法語を唱える。

〈O　自叙（新命が説法の際、みずから謙遜して述べる言葉のこと）〉

(36) 拂子を膝の上に横向きに置き、叉手して、「某上座」と微音で唱える。そのまま一揖して、語尾にいたって、一揖す。

〈P　謝語（白槌、四派等が新命に述べる謝辞のこと）〉

(37) 白槌、四派は別々に謝する。両序、単寮、問禅、一會海衆は総謝とする。新命は謝語の毎尾に一揖す。

〈Q　拈提（古則公案を提起し、学人に示すこと）〉

(38) 新命、一拂あるいは一卓して、法語を唱える。唱え終われば杖・拂を収めて、叉手する。

(39) 白槌が進みて、「諦観乃至法如是」と唱えるのを聞くと、新命、直に「久立珍重」と唱え、一揖し、拂子を右手に持って、履をはき、椅子を立つ。

(40) 新命、北に向き、拂子を椅子の坐處に置き、威儀を整え、向きを替えて、階を降りる。下の2階にいたり、片足ずつ下り、瓦の上で両足を揃える。

(41) 新命、直に進んで、両班の中央（都寺と前堂より3歩ほど北）に立ち、問訊する。両班も問訊する。

(42) 新命、叉手して向きを替え、白槌の前に進み、深問訊する。白槌は問訊する。

(43) 新命、叉手して向きを替え、直に東へ行き、勅使の前に到り、深深一揖する。勅使は答

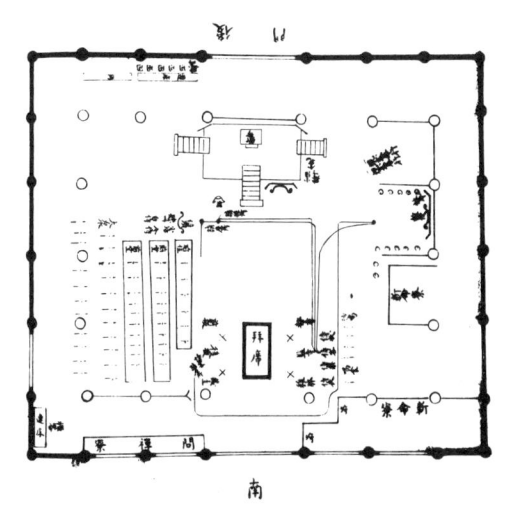

図36　法堂侍客白槌"請"證明"并請"據坐"等進退之圖

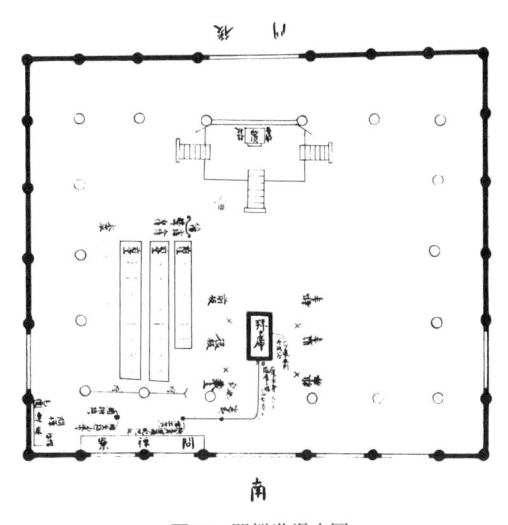

図37　問禅進退之圖

禮をする。
(44)終われば、向きを替え、堂後に入る（図38）。

〈R　展賀禮（本日の儀式に対して、前住・前堂・両班等がお礼を述べること）〉

(45)新命、堂後にて金襴衣を脱し、九条を披し、出て、堂の中央東よりに西面して立つ。
(46)前住・前堂・両班等觸禮をする（草賀の如く）（図39）。
(47)終われば、新命、卓の北にいたり、南面して立つ。五侍者一同、卓前に並んで立つ。侍香進んで、辨香をいれ、元の位置に戻り、一同深深問訊する。
(48)新命はこれに和南・叉手する。
(49)五侍者、坐具を展開して、三拝する。新命はこれに和南する。
(50)新命、三拝が終われば叉手する。
(51)五侍者、進んで深深問訊のとき、新命また和南・叉手する。
(52)次に沙喝・喝食、卓の前に出て三拝する。新命は和南する。
(53)沙喝等が元の位置に戻るのを確認し、新命、退きて後門より出る。

　大方丈での休憩後、法堂で行われる行事は以上のとおりである。新命が須弥壇に登壇し、法語等を唱える本格的な儀式であり、行事は他の行事同様に南北方向を軸として展開されている。その上でさらなる利用上の注目点が存在する。初めに法堂に入った際に、主屋東側北端に規式奉行の、北から2間目に勅使の空間が設けられていたことは、先ほど述べた。西側には行事に参加する僧侶が並んでいるが、その北、勅使と対面する位置（主屋西から2間目、北から2間目）に東向きに白(びゃく)槌(つい)と呼ばれる僧侶が曲彔に座っている。その僧侶の役割は、この入寺式が正式な妙心寺の行

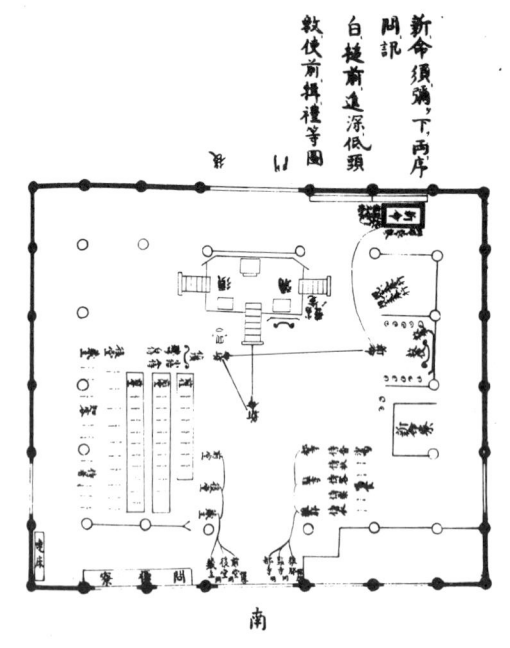

図38　新-命須-彌ヲ下リ両-序問-訊
　　　白-槌前-進深-低頭敕-使前-揖-禮等圖

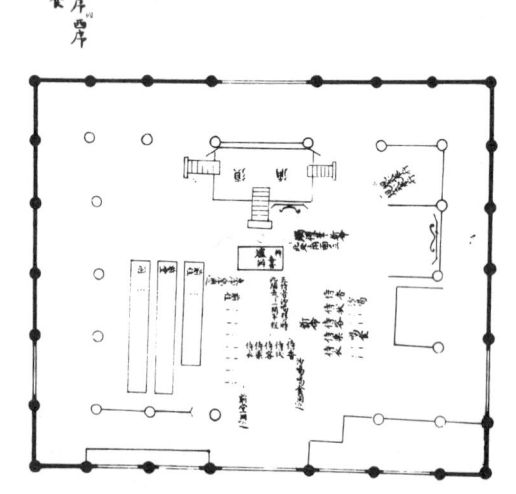

図39　法堂展賀之禮及五侍者沙喝喝食三拝出所

98

事であることを証明する重要な役である。M「請法香」の（32）やP「謝語」の（37）、Q「拈提」の（39）などに登場していることが確認できる。

　以上のように、再住入寺式では、新命が須弥壇に登る前後には、行事に参加する僧侶と東西軸で対面し、壇上に登ると南北軸で行事が進行していることが確認できた。ただ、本行事が他のものと異なる点は、妙心寺の世代を継ぐ重要な儀式であるため、公式なものであることを証明する白槌等の役が定められていること、また天皇からの綸旨を頂戴して、勅使が直接派遣される重要な行事だったことである。そのため東に勅使、西に白槌の席が設けられ、その両者の監視の下で行事が遂行する。その他、新命の壇越である血縁者等、行事を見学するため法堂の主屋東側北から3間目と南側の雨打東寄り2間半程度の場所が設けられ新命寮と呼ばれていることも禅宗の儀式の中では異例である。

3　まとめ

　法堂の建立については、2つの時期の文書が保存されていたことから、これらの文書から詳細な検討を行った。1点は天正11年（1583）閏1月から天正12年（1584）3月までの記述がある『法堂修造米納下帳』、もう1点は承応2年（1653）から明暦3年（1657）7月までの記述がある『法堂普請銀之拂帳』である。

　『法堂修造米納下帳』からは、修造の内容・金額・人工数について詳細に検討を行った結果、天正度の工事は法堂の新築を示すものではなく、むしろ主屋柱上の組物から上部の普請であったと解釈できた。このことは、法堂の建立を亀年和尚住山の時（天文20年（1551）頃）とし、天正12年（1584）に完成した工事を「蓋造営」と記述した『正法山誌』第八巻の内容を裏付けるものであった。

　それらすべての状況より、天正11年から12年の修造とは、亀年禅愉が永禄元年（1558）の開山200年忌に向けて天文20年頃建立した法堂が本格的な建造物として完成までいたらなかったため、約30年後の月航玄津が住山した天正年間に本格的な禅宗様式の重層建築として完成させたことを示している可能性が高いことを指摘した。

　一方、承応から明暦年間の法堂の造営は、開山関山慧玄の300年遠忌（1659）の事業として、これまで法堂を仏殿と兼用していた状況からそれぞれを独立したものとすることを最大の目的としていた。『法堂普請銀之拂帳』からは、木材の調達等の準備期間を入れて約4年、本格的な工事が開始されてから約2年で完成したことがわかる。さらに総事業費銀437貫285匁9分7厘5毛を要し、大工19,100人工、日傭約38,200人が作業に従事したと推定できる。さらに全体工事費の割合より、日本国中から集めた木材調達経費が高額になっていたこと、大工の請負い形態から主要部材については、別の大工に孫請けされていた可能性があることなど、当時の禅宗様の仏堂建設の実態をつぶさに把握することができたと考える。

また、明暦建立以後の改造については、法堂が妙心寺の主要な行事が行われる施設であったことから、維持管理の範囲内に納まり、まったく改造が行われていないこともわかった。

　法堂の利用実態では、年中行事の中で用いられる機会は、大方丈や仏殿よりはるかに少ない。しかし、妙心寺にとって最も重要な行事はここで行われていたことがわかる。行事の内容は、大きく2つに分類でき、ひとつは初祖忌・開山忌の宗派に関わる重要な僧侶の宿忌・半斎と妙心寺の創建に関わる花園法皇の宿忌・半斎で、須弥壇上にそれぞれの座像や画像を安置するものである。もう一方は、法堂小参や上堂など住持が、須弥壇上に上がって、大衆を説法するものに分類できる。いずれの行事も須弥壇を中心とする南北方向を機軸として展開される。

　さらに再住入寺式では、新命が須弥壇に登る前後には、行事に参加する僧侶と東西軸で対面し、壇上に登ると南北軸で行事が進行していることが確認できた。ただ、本行事が他のものと異なる点は、公式な儀式であることを証明する白槌等の役が定められていること、また天皇からの綸旨を頂戴し、勅使が直接派遣される行事であることである。そのため東に勅使、西に白槌の席が設けられ、行事が遂行していることが確認できた。その他、新命の壇越である血縁者等、行事を見学するための場所が設けられていることも禅宗の儀式の中では異例である。

　行事の開始年代については、初祖忌は建立後40年ほどが経過した元禄6年（1693）から法堂で実施されるようになっており、利用される行事の拡充が図られていることも確認できた。

註
（1）「天正期の妙心寺法堂修造帳」（『建築史学』第9号　昭和62年9月）。
（2）『法堂修造米納下帳』の天正11年3月初めの飯米料。
（3）『法堂修造米納下帳』の天正11年閏1月の斎・中食・非時に下行された米の量と推定の人工数は、1日1人7合で計算すると付表のとおりとなり、合計で約625人工となる。

付表　下行米量と推定人工数（天正11年閏1月）

	斎	中食	非時	小計（石）	人工数（人工）
18日	0.01	0.45	0.45	0.91	130.00
19日	0.25	0.45		0.70	100.00
22日	0.30	0.42	0.45	1.17	167.14
23日	0.27	0.40	0.30	0.97	138.57
24日	0.08	0.15	0.13	0.36	51.42
25日	0.07	0.10	0.10	0.27	38.57
小計	0.98	1.97	1.43	4.38	625.70

（4）本節第2項で扱う承応年間の法堂の組物の製作工数は『妙心寺法堂請取切之注文』で確認できる。これによると大斗1.5人工、舛形0.25人工、肘木約1人工であり、禅宗様外部三手先、内部二手先の詰組で大斗1、舛形36、肘木12と仮定すると1組当たり22.5人工と推定できる。
（5）大河直躬『番匠』第6章（法政大学出版局　昭和46年）。
（6）『国宝建造物定光寺本堂維持修理報告書』（国宝定光寺本堂修理事務所　昭和15年6月）。
（7）『重要文化財　妙心寺庫裏ほか五棟修理工事報告書』（京都府教育委員会　平成11年3月）。解説は本文第7章資料の第5節文書四、原文は資料編文書126～127頁に全文掲載。

第 4 章 法 堂

（8） 永井規男「承応二年以前の妙心寺伽藍地の形状について」（『関西大学　考古学等資料室紀要』第 9 号　平成 4 年）。

（9） 『妙心寺普請屋敷并引料代帳』は、本山が土地買収と屋敷移転に関わったもののみをまとめたものである。しかし、承応～萬治年間にかけては、開山300年遠忌（1659）と関係して塔頭相互の山内と門前との入れ替え、改寺号等が多く行われており、その実態の多くは不明の部分が多い。今後の新資料の発見が待たれる。

（10） 『重要文化財　妙心寺法堂・経蔵修理工事報告書』（京都府教育委員会、昭和51年 6 月）第 4 章資料および文献二参考文献。

（11） 『重要文化財　妙心寺庫裏ほか五棟修理工事報告書』（京都府教育委員会、平成11年 3 月）。解説は本文第 7 章資料の第 5 節文書三、原文は資料編文書108～125頁に全文掲載。

（12） 『正法山誌』第八巻

　　法堂大梁　妙心新造_法堂_。先索_大梁_。乃衆議云。若得_長七間半末口三尺者_足矣。日向國伊藤氏ノ領内。自レ古出_松材_。世稱_日向松_最好材 今之伊藤殿。妙心派ノ檀家。又大心院ノ單嶺座元。日向州ノ産也。令レ告_其國吏_。索_其材_。則可レ事一遂_價亦廉ナリ_也。終如_其議_矣。出_大松二本_。長サ九間半木レ口徑リ五尺五寸。本末齊等ナリ。二本之價拾七貫目餘。毎_一本_用_樫板_ケヤキ 釘_木左右_。浮_海中_。舟子數人在_木上_。搖_櫓_。又別_設_船牽_之_。著_大阪_。自_大阪_牽_淀川_到_淀城_。自_此駕_車牽_之_。毎_一本_牛七十頭_。向_大宮通_。言_上所司板倉周防守殿_。蒙_其許可_。而出_二條城_馬場_。自_此少東向_堀川_西邊_。此時路有レ伏_樋トイ_。而人不レ識レ之。忽車輪陷而不レ動。行者能澤。奔_走前後_。直詣_所司_。申_其狀_且云。今日不レ能レ擧レ輪。願一夕逗留。明日必起牽而不レ移レ時矣。所司素歸レ嚮于妙心_。許_其所レ訴_到_明日_。自_堀河ノ西邊_牽進欲レ入_于下立賣_。木轉レ西時可レ壞_南側ノ宅_。故預告_角宅_曰。宅壞則後可レ速改補。請暫退_家内ノ人_。遂逓牽達_于妙心_矣。其揚_木遣ノ謠_者名_三三郎_。少年美麗音聲瀏亮。悦_役夫_。即日市人造_圖繪_。賣_于肆中_。

　　法堂柱　有_花井紹隆者_、啓_衆日。富士山麓出_ケヤキノ樫木_、法堂之柱可レ用レ之。然則此一件請一レ任某甲_。索_得好一材價賤者_。爲_貴山ノ一助_焉。遂如_其言_。

（13） 『重要文化財　妙心寺法堂・経蔵修理工事報告書』（京都府教育委員会　昭和51年 6 月）第四章資料および文献第二項。

（14） 註（6）の文献の本文第 7 章資料の第 5 節文書一の「大庫裏萬拂銀之帳」によると、承応 2 年に建設された庫裏については、5,000.5人工と書かれており、法堂はその約 4 倍の大工数が必要であったことがわかる。

（15） 『重要文化財　妙心寺法堂・経蔵修理工事報告書』（京都府教育委員会　昭和51年 6 月）第四章資料および文献第二項参考文献に『妙心寺法堂御作事手傳之入札』と書かれた文書が14冊保管され、うち12冊に請負を希望する請人の請負金額が確認できる。入札額は銀 9 貫500匁から銀21貫まで相当のばらつきが見られるが、この中に越前屋次兵衛（次左衛門）の名前は確認できない。おそらく、見積とは別に契約が行われたものと考えられ、越前屋が法堂の作事手伝で一括に請負った額は『法堂普請銀之拂帳』明暦 2 年 8 月から11月までの支払いの項目に「法堂日傭手間皆済都合十六貫目」と記述されている。

（16） 『正法山誌』第八巻「法堂大梁」に記述されている。

　　……其揚_木遣ノ謠_者名_三三郎_。少年美麗音聲瀏亮。悦_役夫_。即日市人造_圖繪_。賣_于肆中_。

　　当時の木遣の役割の大きさを知ることができる記述である。

（17） 本書第 7 章表10「妙心寺年中行事一覧」参照。

（18） 禅宗の伝灯における西天の第28祖であり、禅をインドから中国に伝えたことにより、中国

禅宗の初祖と呼ばれる。
(19) 『法山壁書分類二』「年中行事部　達磨忌」（妙心寺蔵）。
(20) 三拝とは、坐具を広げ、三度礼拝すること。身・口・意の三業に敬意を示す所作。
(21) 拈香法語の略。法会・読経などのとき、導師が香を拈じて唱える言葉。『新版　禅学大辞典』（大修館書店　昭和60年）より。
(22) 疏（吉凶慶弔の儀式につかう、特殊な字体の表白文）を宣読すること。
(23) 跪は胡跪・長跪（両膝を地につけ、上体を直立して佛祖または上長に敬意を表す坐相）。胡跪して手炉に香をたくこと。『新版　禅学大辞典』より。
(24) 同種の文書に記載された浴室の風呂薪代よりその当時の米5斗5升は銀9匁1分6厘に相当する。寛永8年以降の額は、慶長5年から寛永7年までの額の1.5倍となる。
(25) 『法山壁書分類二』「年中行事部　法皇忌」（妙心寺蔵）。
(26) 問訊とは、掌を合せ、体を曲げて頭を低く垂れる敬礼の仕方のひとつ。妙心寺では体の曲げ方により、丁寧な方から深々問訊、深問訊、問訊と区別して用いた。
(27) 下は安下、置くこと。嚫は布施の財物。布施物を佛祖の前にそなえ置くこと。『新版　禅学大辞典』より。
(28) 普同問訊の普同とは、「みな一緒に」「同時に」「一斉に」の意。普同問訊とは「あまねく大衆にむかって問訊する」意。
(29) 師家が学人に教えを示すこと。『新版　禅学大辞典』より。
(30) 提は提起、提唱。綱は大綱、綱要。宗旨の綱要を提起すること。仏法の大意を説法する意。『新版　禅学大辞典』より。
(31) みずから述べ記す意であるが、禅門では、師家が普説・小参・演法の際に、その任でないのに法を説くなどと、みずから謙遜して述べる語。『新版　禅学大辞典』より。
(32) 感謝の語。住持が各階層の僧侶に述べる語。
(33) 古則公案を提起し学人に示すこと。『新版　禅学大辞典』より。
(34) 時候の寒暑を述べる時の語。『新版　禅学大辞典』より。
(35) 署名のこと。僉は簽。疏に署名すること。住持が維那の書いた疏を見て是認の署名をすること。『新版　禅学大辞典』より。
(36) 坐具を展べずに、4ツ折にたたんだまま下に置き、額ずいて頭を坐具の上につけて拝する礼拝法で、略式の拝（略拝）のこと。『新版　禅学大辞典』より。

第5章　仏　殿
――文化・文政期における再建の目的とその結果――

1　文化・文政期における再建

① 文化・文政期の仏殿について

　妙心寺の現在の仏殿は、棟札から文政10年（1827）の建立であることが確認できる。本山の建造物の中で最も新しく再建された建物である。建立の経緯については、表1のようにまとめられ、仏殿造替願を公儀に提出した享和3年（1803）から上棟まで24年、最終的にすべての工事が完了した文政13年（1830）まで実に27年の歳月が費やされている。仏殿造替の手斧始式を行った文化10年（1813）から数えても、すべての工事が完了するまで17年が経過している。

　造替の経緯は、仏殿の小屋裏に保管された『棟札』や『仏殿造替略記』、寺蔵文書の『記録』などにより詳細に把握できるが[1]、承応・明暦年間に建立された庫裏・大方丈や法堂のように出納をまとめた普請関係の文書の存在は確認されていない。さらに仏殿という儀式空間であるため、その後の維持管理上の修理以外、大きな改造が加えられた事実も確認できない。むしろこの仏殿について考察する際、重要な問題となるのは、前身建物との比較であると考えられ[2]、今の仏殿がどれだけ形式を踏襲したものであるか検討を要する。

　前身建物の記述等がある資料のうち、承応・明暦以降のものには、万治元年（1658）に狩野理左衛門によって開山300年遠忌前の伽藍の様子が描かれた『妙心寺伽藍並塔頭総絵図』、妙心寺第314世無著道忠（1653～1744）が記した『正法山誌』および『殿堂略記』、天明8年妙心寺が公儀に提出した『諸伽藍建物繪図添書』の写し、寛政3年（1791）7月に寺社奉行所に提出した絵図の写し、18世紀末に作成された『法山規式須知』第九「圖繪」が確認されている。

　外観については、絵図に現状と同じ禅宗様の桁行3間、梁行3間、一重もこし付の建物に描かれている（図1・2）。

　さらに、文書には以下のように記述されている。

　　『殿堂略記』
　　　佛殿　四方八間五尺。
　　　　　　山門至此十八間五尺。

表 1　妙心寺仏殿造替年表

年号	西暦	月	日	事　項	出　典
享和3年	1803	4	26	仏殿再建に付き内縁掛り披露	記録
		5	17	仏殿再建に付き総評を行う	記録
		5	22	仏殿造替願を公儀へ提出	仏殿造替略記、記録
		6	12	両奉行所の前検分あり、梁間を3尺縮め、桁行を2間広げたいとの願書提出	記録
		9	5	西役所より立広めの儀は聞き届け難くと回答あり	記録
		10	10	仏殿再建追願を公儀へ提出	記録
文化元年	1804	1	15	仏殿梁間延作事が許可される	記録
		11	17	仏殿再建に付き、諸国末派に知らせる書付完成	記録
2年	1805	5	10	仏殿再建に付き、綸旨を頂戴すべきか協議	記録
3年	1806	4	3	綸旨が容易に頂戴できそうなので、再度協議	記録
			16	綸旨申降の諸書付完成	記録
		5	8	綸旨申降の奏聞状并目子を伝奏家へ持参	記録
		6	14	綸旨を頂戴できたので、お礼に行く	仏殿造替略記、記録
		11	3	綸旨を末派に触れる廻状につき総評	記録
7年	1810	9	26	大年忌のため延引していたが、再開したいので各派と算策について協議	記録
8年	1811	閏2	19	仏殿造替のため、10カ年、年銀30貫目の節約を決める	記録
9年	1812	4		作事小屋取建、公儀へ届書を出す	仏殿造替略記
10年	1813	8	3	文化8年の節約を年数は定めず年銀15貫目に改める	記録
			11	仏殿造替手斧始式を山門にて行う	記録
		閏11	26	江戸御用材木屋天満屋の2000両分の欅木買い付けにつき総評	記録
11年	1814	3	10	仏殿枡形その外仕上げの木材を浴室に入れ置く	記録
		6	26	常住闕乏につき節約を銀5貫目とし、造営を長期間とする	記録
13年	1816	9	17	仏殿造替を当分の間、中止協議、決定する	記録
文政2年	1819	11	17	来春より工事再開を決定する	記録
5年	1822	12	3	木材加工も進んでいるので、職人は本年限りとする	記録
6年	1823	11	9	等持院より古仏殿を拝請したいとの演舌書あり	記録
7年	1824			木材・石材を買い付ける	仏殿造替略記、記録、銘札
8年	1825	1	16	仏殿造替場所、総行馬を構える	仏殿造替略記
		2	6	等持院から古仏殿拝請中止を申し出る	記録
			20	本尊および諸像を法堂へ遷座	仏殿造替略記
		8	17	古仏殿を寺町大雲院へ譲ることについて協議	記録
		9	19	大雲院から仏殿移築につき二重屋根のため公儀不許可、破談	記録
		10	11	古仏殿解体を始める	仏殿造替略記
		11	28	古仏殿解体完了。素屋根、足代掛け始め	仏殿造替略記
9年	1826	3	7	地築を始める（7日間）	仏殿造替略記
		4	3	本柱の石築を始める	仏殿造替略記
		6	10	本柱の石築完了	仏殿造替略記
		8	22	建前足代桟橋等掛始める	仏殿造替略記
		9	29	立柱	仏殿造替略記、記録
10年	1827	3	12	仏殿造替瓦造を始める	瓦銘
		6	10	屋根土居葺を始める	仏殿造替略記
		閏6	21	瓦葺を始める	仏殿造替略記
		9	5	素屋根、足代等取り払いを始める	記録
		9	18	瓦葺き完了	仏殿造替略記
		9	25	素屋根、足代等取り払いを完了	記録
		11	16	総行馬取り払い開始	仏殿造替略記
		11	18	総行馬取り払い完了	仏殿造替略記
		11	23	仏殿上棟	仏殿造替略記、記録、棟札
12年	1829	9	10	仏殿内部造作、須彌壇、唐戸、敷瓦等完成	記録
13年	1830	4	2	仏殿本尊安座	記録
		11	17	仏殿月壇石垣等まですべて完成	記録

第 5 章 仏　殿

図 1　妙心寺伽藍並塔頭総絵図
（万治元年：山門・仏殿・法堂部分／妙心寺所蔵）

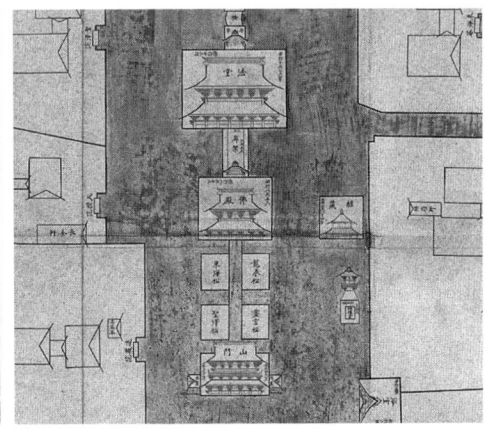

図 2　奉行所に提出した絵図の写し
（寛政 3 年：山門・仏殿・法堂部分／妙心寺所蔵）

天正十一年癸未建棟銘。月航津和尚。

『諸伽藍建物繪図添書』

一佛殿　八間五尺四面　丸柱　礎盤
　　　　瓦葺二重屋根　上ノ重　枡形　三手先　扇垂木　弐軒
　　　　　　　　　　　下ノ重　枡形　三ッ斗　　弐軒
　　　　両妻入母屋　二重虹梁　泰平束　覆形　破風　懸魚
　　　　唐戸　正面三ヶ所　東西弐ヶ所　裏壱ヶ所
　　　　　　　三方裏頭窓有之

　これらにより、桁行 3 間、梁間 3 間、一重もこし付であるだけでなく、垂木配りや唐戸の配置等多くの部分が現在の仏殿と一致していることが確認できる。規模についてもすべての資料が「八間五尺」と記述していることから、1 間の寸法を 6 尺 5 寸とすれば57尺程度あったものと考えられる[3]。

　この規模については、修理工事報告書の中で検討が加えられ[4]、発見された前身仏殿のもこし地垂木から主屋柱—もこし柱間の寸法を 8 尺 9 寸と推定し、桁行・梁行の全長を8.9尺×4 間分（両もこし間、両主屋脇間）＋ 8.9尺 × 1.5倍（主屋中央間）の48.95尺とし、現在の仏殿より 1 割ないし 2 割小さかったと推定している。

　しかしこの規模は、上述各資料に明記された「八間五尺」（57尺程度）と開きがあることから再考の必要があると考える。そこで重要な点は前身仏殿の建立年代である。第 4 章で考察したように前身建物の建立年代は、天文20年頃の可能性がある。この年代の禅宗様仏堂では、もこし間寸法／主屋脇間寸法の比が旧東慶寺仏殿（神奈川県：1518年建立）0.8、定光寺仏殿（愛知県：1539年）0.78、となり、時代は下がるが京都の相国寺法堂（1605年）0.815、大徳寺法堂（1636年）0.81であり、約0.8で近似していることが確認できる[5]。さらに、18世紀末に作成された『法山規式須知』第九「圖繪」中の仏殿の図においても、略図ではあるが、も

105

こし間寸法／主屋脇間寸法の比が約0.815と推定でき、明らかにもこしの間の寸法が小さく描かれている。

そこで、修理工事報告書で発見された、もこし地垂木から主屋柱—もこし柱間の寸法を8尺9寸とし、もこし間寸法／主屋脇間寸法の比を0.8にとると、主屋脇間11尺1寸2分、主屋中央間16尺8寸7分となり、桁行・梁行の全長は56尺9寸1分となり、資料上の57尺とほぼ一致することが確認できる。

さらに、現状の規模は桁行・梁行の全長が56.26尺（17.047m）であり、現状ともほぼ一致していることが確認できる。これらのことは、前身仏殿建て替えの際の公儀との交渉の様子からも裏づけることができる。『記録』の文化3年（1806）4月16日条に「佛殿再建願武邊御聞濟之旨趣書」として記されている。(6)

　　佛殿再建願武邊御聞濟之旨趣書
　　一却後四年己巳歳當寺開山國師四百五十年遠忌御座候處佛殿及大破候ニ付繪圖面を以享和三年癸亥五月武邊江御願申上候其趣者　花園法皇離宮を改御草創之道場　勅願所ニ而於佛殿　寶祚長久天下泰平之御祈禱申上一山之僧侶者勿論大法會等執行仕候節者諸國之末寺迄茂參集仕候儀ニ而一体堂内狹不辨理ニ有之候ニ付梁間延作事之儀御願申上候處梁間延之儀者前以被仰出候御趣意も御座候故勘辨仕桁行延し建直し奉願候處関東へ御窺有之梁間桁行共延し候儀者難相濟旨被傅渡依ニ當又同年十月有形之通建直し御願申上候處享和四年甲子正月十五日西奉行所曲渕和泉守殿直達ニ而願之通御許容之旨被仰渡候此段申上候以上

これにより、桁行・梁行とも延ばすことができなかった様子が把握できるが、これは単に柱間の間数の増加ができなかったことをいっているのではなく、全長寸法を延ばすことを許可されなかったと考えるべきである。(7)

また、妙心寺仏殿の修理工事報告書の中では、塔頭に保存されていた前身仏殿の大斗と方斗が現存の仏殿より1割ないし2割小さく造られていたことも、前身仏殿の規模が小さかったことの根拠の一つとしているが、この点についても関口欣也の一連の研究の中で室町時代後半に斗栱がやや小型化し、近世初期には大型化することが指摘されていることから、単に時代的な特色であることが確認できる。(8)

以上のことから、現仏殿は外観だけでなく、桁行・梁行の全長で決まる規模まで前身仏殿と同じに造られたと考える方が、より蓋然性が高いことを指摘した。ただここで現仏殿において、もこし間寸法／主屋脇間寸法の比が1となる点について若干の推測を加えると、この仏殿が長期間かかって建設されたことと関係があるかも知れない。すなわち、もこし間寸法と主屋脇間寸法を同じにすれば、枝割寸法が同じになることから同寸法の実肘木等を製作すればよく、加工上のミスを減らすことが可能であったと考えられる点を指摘しておきたい。

第5章　仏　殿

　次に内部空間についての比較を行う。これについては、やはり『法山規式須知』第九「圖繪」中の仏殿の図に内部の様子が描かれているほか、『殿堂略記』にも安置像等の記述が確認できる。仏龕背後の来迎壁の位置は、主屋柱筋と揃わずさらに南側に寄せられており、来迎柱北面には普庵印粛(ふあんいんしゅく)の位牌を祀る小祠が設けられている。(9)

　さらに北側もこし部分に脇壇が設けられ、東から1間目を祠堂とし、中央に利貞尼の位牌、その周りに祠堂忌を行う檀超の位牌が並べられていた。東2間目は土地堂とし、東に大権修理菩薩、西に祠山張大帝と中国伝来の諸神を祀った。さらに西から2間目は祖師堂とし、中央に初祖（菩提達磨）、西に百丈、東に臨済の像を安置している。西から1間目については脇壇の存在は確認できるが安置されているものの記述はない。また前3カ所の前面には卓が置かれ礼拝空間と認識されているが、後者（西1間目）部分には前卓は置かれていないことから、礼拝のための空間としては考えられていないことがわかる。

　一方、現在の仏殿においても、内部の配置は一切変更されていない。西から1間目の脇壇には引き開けの扉が設けられ、普段は開山の像が保管されており、開山忌の際の法堂で行われる行事に利用されている。

　以上のように確認すると、前身仏殿と現在の仏殿とは、内部配置についてもまったく変更が加えられていないことがわかる。

　また、仏殿兼用の法堂の例としては、慶長10年（1605）に再建された相国寺法堂がある。規模こそ桁行5間、梁行4間、一重もこし付と大きいが、北側もこし部分に東に土地堂が西に祖師堂の脇壇が付属していることが確認できる（図3・4）。(10)さらに、須弥壇には、住持の上堂の際に必要となるため、三方に階段が設けられているが、仏龕部分は来迎柱から北側に張り出すように造られ、行事によっては仏龕部分に覆いをすることが可能な構造となっている。このような構造は、仏殿と法堂の両機能をひとつの仏堂で持たせるための合理的な構成であると考えられる。

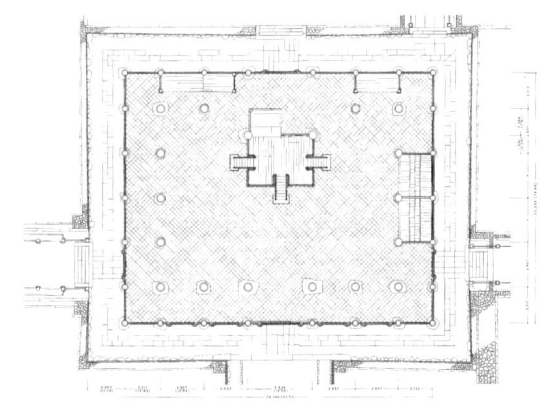

図3　相国寺法堂平面図
（『重要文化財相国寺本堂（法堂）・附玄関廊修理工事報告書』から転載、図4も同じ）

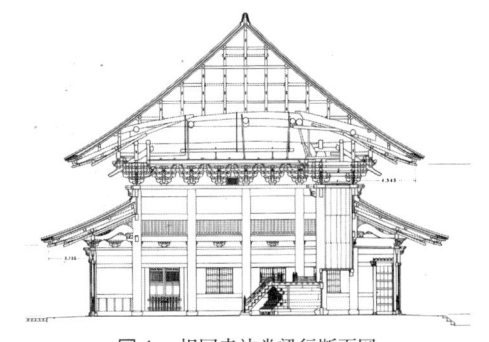

図4　相国寺法堂梁行断面図

現在の妙心寺の仏殿は、機能的に専用の建物でありながら、仏龕部分が来迎柱から北側に張り出すように造られている（図5・6）。このことは、天文20年頃建立された可能性があり、建立時法堂と呼ばれ、仏殿と兼用であった前身建物の構成をそのまま踏襲している可能性が高いことを示している。[11]

　以上、外観・規模同様に、仏殿の内部についても、諸施設の配置や仏龕の構成もすべて前身仏殿の形式を継承している可能性が高い点を指摘した。

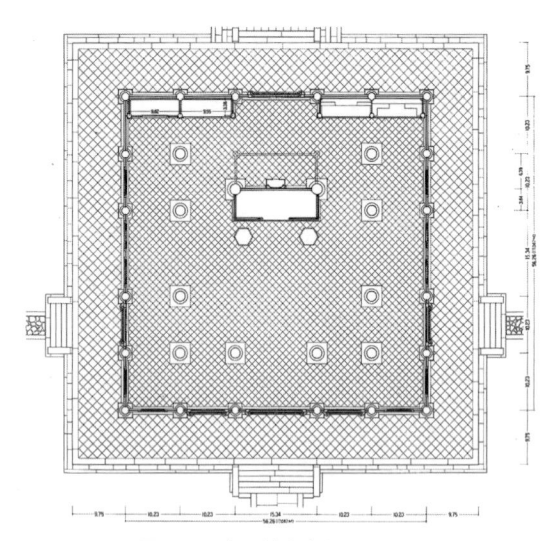

図5　現在の妙心寺仏殿平面図
（『重要文化財妙心寺仏殿修理工事報告書』から転載、図6も同じ）

② 文政建立以後の経緯

　仏殿についても、法堂と同様に本山の儀式を行う空間であり、さらに江戸時代後期に建て替えられた建物であることから、建立後の改変をともなう修理は行われていない。『記録』によると安政元年

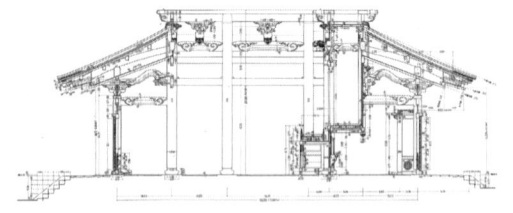

図6　現在の妙心寺仏殿断面図
（主屋屋根を欠く）

6月13日に落雷があり、仏殿・法堂の内外所々が破損したので、修造方が修復をしたいと四派聚会に願い出、許可されている程度である。

　ちなみに『記録』に残る延宝6年（1678）以降の前身仏堂についても、まったく同様の傾向であり、享保18年（1733）に仏殿左右の花頭窓に障子を入れている他、屋根瓦・木部・漆喰の補修等の維持管理上の修理が単発的に行われているのみであった。

2　利用頻度の高い仏殿

　妙心寺の伽藍のうち、最も利用される建物が仏殿である。その利用の実態は「日分」と呼ばれる毎日のお勤めから、年中行事まで多彩な仏事が営まれている。この利用実態について、『法山規式須知』特に第一の「住持章　上」、第二の「住持章　下」を中心として見ていくこととする。

① 日常の利用

　妙心寺では、毎日住持が出頭し、仏殿でお勤めを行っている。そのお勤めの内容は、1カ

月をサイクルとして日々異なる順でお参りが行われている。この実態について日ごとに見ていく。

1．朔日　仏殿祝聖（祝聖旦望）

（1）卯の半刻（午前7時頃）、第1通大鐘が鳴る。侍香、小方丈へ行く。第2通大鐘・洪鐘共に鳴る。住持衣を整える。鐘が収まれば、大方丈の西南の階段を下り、仏殿に赴く。

（2）巡堂焼香、後門より入り、普庵の前で、侍香を従え焼香、問訊する。

（3）祖師堂に赴き、焼香、問訊する。

（4）土地堂に赴き、焼香、問訊する。

（5）土地堂の正面を南に進み、東序の後ろを通り、雨打で西転し、佛龕の正面、両序の間に中立する（図7）。両序と問訊し、叉手、侍香を従え焼香する。行者磬を鳴らす。元の位置に戻る。

（6）維那、大悲咒（だいひしゅ）をあげる。その後住持、深問訊をする。焼香の鈴を聞き、侍香を従え焼香する。元の位置に戻り、問訊する。

（7）行者、拝席を敷き、住持三拝を行う。

（8）消災咒を唱える。第3遍の末に、行者が維那のところにいき、回向を呈す。

（9）住持、回向の途中で1歩進み、諱をあげ、深揖する。回向が終われば問訊する。

（10）両序は先に祖師堂に赴き、住持も祖師堂に赴く（図8）。

（11）祖師堂、大悲咒3遍。1遍は大徳開山、1遍は大濟禅師、真照禅師、1遍は直日の入牌の祖のためにあげる。

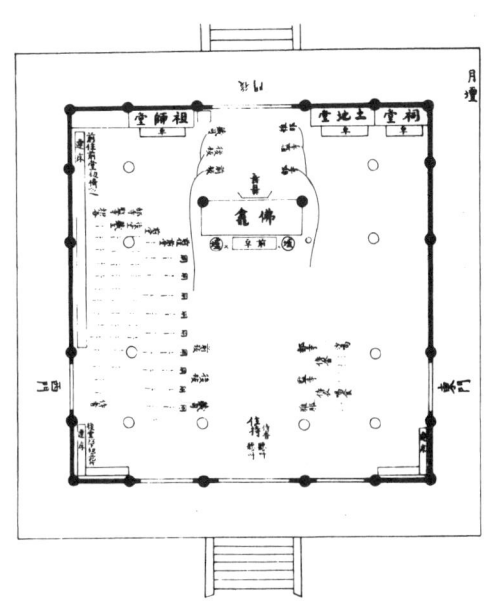

図7　佛殿祝聖旦望立班之圖
（『法山規式須知』第九「圖繪」より、以下、図32まで同）

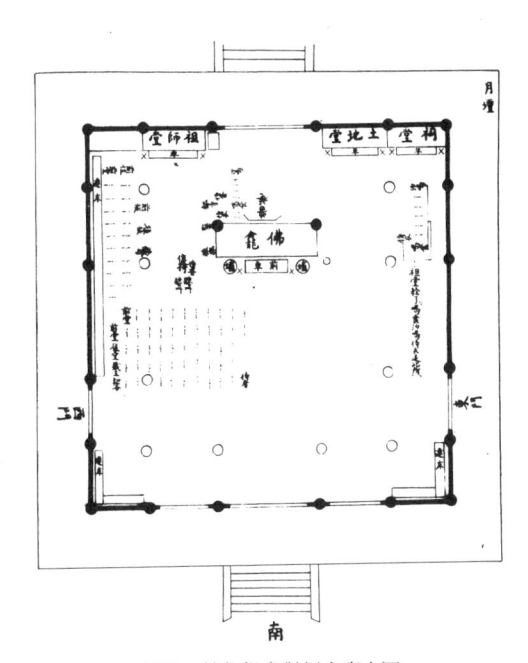

図8　旦望祖堂諷經立班之圖

(12)祖師堂の中央の前に住持、中立。両序と問訊する。

(13)行者、鈴を鳴らし。維那、咒をあげる。

(14)住持、侍香を従え焼香する。

(15)行者、拝席を敷き、住持三拝する。履をはく。

(16)維那、次の咒をあげる。和鈴が鳴るとき、住持、席の西を進み、焼香する。拝席の東を通り、元の位置に戻る。

(17)履を脱ぎ、三拝する。

(18)住持、終わりの焼香し、元の位置に戻り、三拝する。

(19)行者席を徹する。住持、履をはき、回向終わりの問訊をする。

(20)両序は先に土地堂に赴き、住持も東に転じ、佛龕の前より土地堂に赴く（図9）。

(21)土地堂、大悲咒1遍、花園法皇諷経。

(22)土地堂の中央の前に住持、中立。両序と問訊する。

(23)行者、鈴を鳴らし。維那、咒をあげる。

(24)住持、侍香を従え焼香する。元の位置に戻り、深深問訊する。

(25)住持、回向終わりの問訊をする。

(26)両序は先に祠堂に赴き、住持も東に転じ、露柱の、祠堂に赴く（北より2番目の柱の南よりに立つ）。

(27)祠堂、大悲咒2遍、1遍は利貞尼のため、1遍はすべての祠堂のため。

(28)祠堂の中央の前に住持、中立。両序と問訊する。

(29)行者、鈴を鳴らし。維那、咒をあげる。

(30)住持、侍香を従え焼香する。元の位置に戻り、問訊、叉手する。

(31)維那、次の咒をあげる。住持焼香する。元の位置に戻り、問訊、叉手する。

(32)住持、回向終わりの問訊、叉手をする。諷経が終われば、直ちに殿裏の送り鐘を鳴らす。玉鳳の鐘、これに応じて鳴らす。

(33)両序が先に後門を出る。住持、左にある露柱（北より2番目）の北より、後門を出る。

　13世紀後半以降、中国や日本の禅林では、1日と15日に仏殿祝聖と称して、聖寿（国王

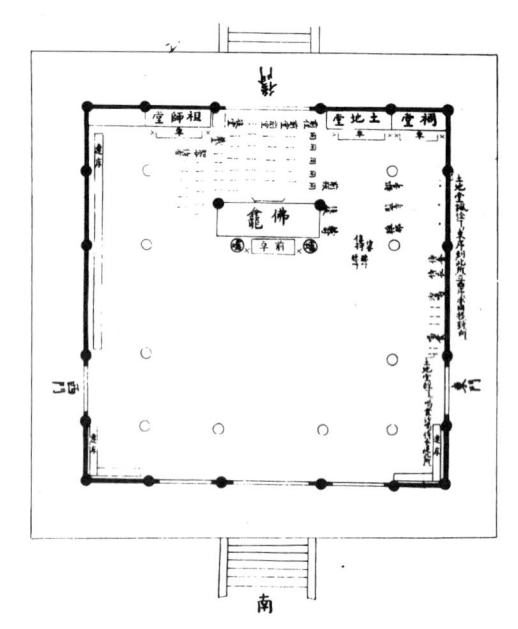

の寿命）無窮を祝禱する日と定められ法要が営まれるようになったと伝えられている。『法山規式須知』第九「圖繪」所収の図や『法山規式須知』第七「大衆章　上」の記述から山内の僧侶の多くが参加した行事であることがわかる。

　行事の内容は、住持や東班・西班僧侶など少数の僧侶が仏殿の後門から入り、来迎壁の背面に祀られている普庵印粛の位牌に焼香をしたのち、仏殿の西脇壇の祖師堂に、次に東に2つ並ぶ脇壇のうち、西側の土地堂にそれぞれ焼香を行う。これまでの行為を「巡堂焼香」と呼んでいる。

　次に住持は山内の僧侶が待機している正面に回り、佛龕と対峙し、全員で大悲咒1遍と消災咒3遍が真誦で唱えられる。この際、東班僧侶役の都寺・監寺・維那と住持に従う侍者・沙喝・喝食が仏殿の東に並び、西班僧侶役の前板・後板・蔵司と山内の前住・前堂や後堂以下平僧はすべて仏殿の西に並ぶこととなる。この中、住持は焼香・三拝等を行う。

　次に、全僧侶で再度祖師堂に赴き大悲咒を3遍唱える。この時も東班僧侶役と西班僧侶役の位置は同じであるが、祖師堂は仏殿の西脇壇に位置するため、山内の僧侶の空間が十分確保できない。そのため、祖師堂の西に並べない前堂以下の僧侶は住持の後（南側）に西を主として整列している。多数の礼拝空間が存在する仏殿ならではの使用方法と見ることができる。大悲咒3遍は、1遍は大徳寺開山（宗峰妙超）、1遍は大濟禅師、真照禅師、最後の1遍は妙心寺派の僧侶のうち、近々に亡くなった者のために行われ、住持は毎回、焼香と三拝とを繰り返す。

　その次には全員で土地堂に移り、大悲咒1遍を唱え、開基である花園法皇の諷経(ふぎん)としている。ここは、仏殿の東脇壇であるため、西側に空間はあるが、南には佛龕があるため、佛龕と後門との間に住持・役僧以外の前住以下すべての僧侶が整列することとなる。住持はその間、焼香と深問訊を行っている。

　最後に北面の東側2間ある脇壇のうち、東側にある祠堂の前に集まり、大悲咒を2遍唱えている。1遍は妙心寺に今の伽藍境内を寄進した利貞尼のため、もう1遍はすべての祠堂（壇越の霊）のためとされ、住持は1遍ごとに焼香と問訊を行っている。

　この1日と15日は、仏殿での焼香・諷経ののち、開山堂で微笑塔諷経（楞嚴咒を唱え、行道あり）が行われるため、午課が省略されている。

2．2日　土地堂諷経

（1）土地堂諷経、大悲咒1遍、消災咒3遍。
（2）卯の半刻（午前7時頃）、第1通殿鐘が鳴る。第2通の殿鐘が収まれば、住持、仏殿に赴く。
（3）住持、普庵、次に祖堂に巡香する。（侍香は住持の随徒が勤める）
（4）住持、佛龕の前より、東の土地堂にいたる（図10：土地堂前の部分）。

（５）住持、侍香を従え焼香する。行者は磬を鳴らし、維那は大悲咒をあげる。住持、元の位置に戻り、問訊する。

（６）住持、侍香を従え焼香する。元の位置に戻り、深問訊する。

（７）住持、維那の回向が読み終われば、直ちに次の消災咒をあげる。

（８）和鈴が鳴るとき、侍香を従え花園法皇に焼香する。元の位置に戻り、深深問訊する。

（９）住持、回向が終われば、次の祠堂に赴く。

（10）祠堂諷経、大悲咒２遍。

（11）住持、焼香２回。（朔旦と同じ）第２遍の回向が終われば、佛龕の前より、西の祖師堂に赴く（図10：祖師堂前の部分）。

（12）祖師堂、大悲咒四遍。１遍は大徳開山、１遍は開山国師、１遍は大濟禅師、真照禅師、１遍は直日の入牌の祖のためにあげる。

（13）行者、鈴を鳴らし。維那、大悲咒をあげる。

（14）住持、侍香を従え焼香する。元の位置に戻り、問訊する。

（15）行者、拝席を卓の前に敷く。住持、三拝する。

（16）次の咒にいたれば、和鈴が鳴るとき、住持、席の西端より進み、焼香する。席の東端を進み、元の位置に戻り、問訊・三拝する。（毎遍、此如し）

（17）終わりの１遍にいたり、住持、侍香を従え焼香する。元の位置に戻り、問訊・三拝が終わると、拝をした元の位置に戻る。行者は席を徹する。

（18）回向が終わり、斜めに歩み、佛龕の前より椅子の前にいたり、北を向いて立つ。

（19）仏殿午課（図10：佛龕正面の部分）。金剛経半経、大悲咒１遍、消災咒３遍。

（20）住持、侍香を従え焼香する。行者は磬を鳴らし、維那は経をあげる。住持、元の位置に戻り、深問訊・叉手する。

（21）住持、椅子に登り、趺座する。行者、経臺を持ち、住持椅子の前に立てる。

（22）住持、経を看読し、終わりの２、３行のみ諧誦する。経巻を左手のひらに預け、右手に巻首の表紙をもって、左手を上げ、右手のひらを上に向け下げ、

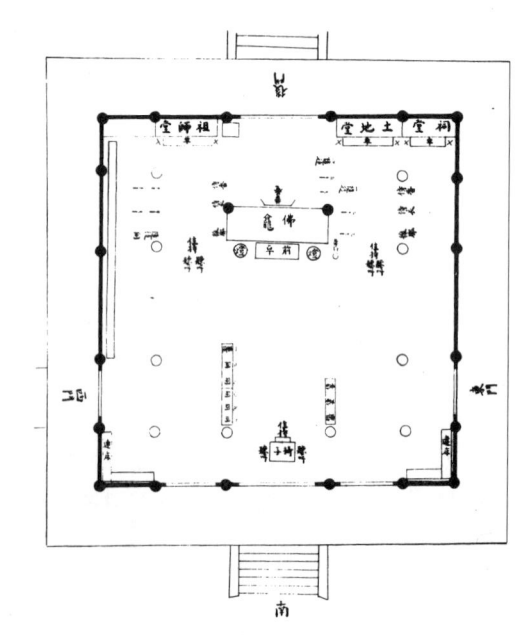

図10　佛殿毎朝勤行立位之圖

上より斜めに右へ転ずること2回行う。終われば、経巻を経臺に置く。行者経臺を徹する。

(23) 次に大悲咒、和鈴の終わり1聲を聞いて、椅子を下り、侍香を従え進んで焼香する。元の位置に戻り、問訊・三拝する。行者、三拝の前に席を敷き、終われば徹する。

(24) 回向終わりの問訊を行う。東北に斜めに歩み、後門より退出する。

行事は以上のように行われる。2日、16日を土地堂諷経とすることは、寛永20年（1643）に刊行された『幻住庵清規　月進』に「毎月初二、十六、是衆聖衛曾之辰、常住営=備香花燈燭茶果珍羞=、就=土地堂=鋪=設供養=、大衆諷=楞嚴咒=」とあり、江戸時代の初めには禅林では定着していたことと考えられる。

1日との違いは、行事の参加者が住持と侍者、随徒等小方丈に居住しているものと、すべての行事を取り仕切る維那、行者のみであること。土地堂での焼香・礼拝がより丁寧なものであること。祠堂での大悲咒が妙心寺の開山を加え4遍であること。佛龕への礼拝が午課となり、最後に行われていること等である。

3．3日　祖師堂諷経

（1）祖師堂諷経、大悲咒1遍。
（2）鐘が収まれば、住持、仏殿に赴く。
（3）普庵、次に土地堂と巡香する。
（4）佛龕の前より西の祖堂に赴く。
（5）住持、侍香を従え焼香する。行者磬を鳴らす。維那、大悲咒をあげる。住持、元の位置に戻り、問訊、叉手する。
（6）住持、また焼香の鈴を聞いて、侍香を従え焼香する。元の位置に戻り、問訊する。行者、席を敷き、住持、三拝を行う。
（7）三拝が終われば、行者席を徹する。
（8）回向の終われば、佛龕の前より東の土地堂に赴く。
（9）土地堂、大悲咒1遍、式は朔旦の如し。
（10）祠堂、大悲咒2遍、式は朔旦の如し。
（11）2回目焼香・帰位・問訊が済めば、回向終わりの問訊を行い、斜め南に歩き、雨打に出る。中央の露柱南の椅子前に北を向いて立つ。
（12）佛前午課　金剛経半経、大悲咒1遍、消災咒3遍。式は2日の如く。

3日、17日の行事の流れは、以上のとおりである。祖師堂諷経と呼ばれるが、祖師堂前では、大悲咒が1遍唱えられるだけで、他の日より簡略化された行事の流れとなっている。

4．4日　火徳諷経

（1）火徳諷経　大悲咒1遍、消災咒3遍。

（２）鐘が収まれば、住持、仏殿に赴く。
（３）普庵、祖堂、土地堂に巡香する。朔旦の如し。
（４）巡香が済めば、土地堂の前を南に歩み、雨打より西に転じ、佛前椅子の前にいたって、北を向き、立定する。
（５）住持、侍香を従え焼香する。行者磬を鳴らす。維那、大悲咒をあげる。住持、元の位置に戻り、問訊、叉手する。
（６）住持、また焼香の鈴を聞いて、侍香を従え焼香する。元の位置に戻り、深問訊・叉手する。
（７）回向の終わりに問訊・叉手し、斜めに西北に歩み、祖堂に赴く。
（８）祖師堂、大悲咒５遍。１遍は松源・運庵両和尚、１遍は大徳開山、１遍は開山国師、１遍は圓忍禅師、大濟禅師、真照禅師、１遍は直日の入牌の祖のためにあげる。
住持、焼香の式、前の如く。
（９）土地堂・祠堂の式、前の如く。
(10) 午課式、前の如く。

　４日、18日の火徳諷経の流れは、１日、15日の祝聖に近い流れとなるが、祖師堂での大悲咒が５遍となること。午課が行われる点に違いが見られ、佛龕への礼拝が２回行われていることがわかる。

５．５日　韋駄天諷経
（１）韋駄天諷経、大悲咒１遍、消災咒３遍。
（２）韋駄天諷経が済めば、仏殿に赴く。普庵、祖堂、土地堂に巡香する。
（３）佛龕の前より西の祖堂に赴く。
（４）祖師堂、大悲咒５遍。１遍は初祖、１遍は大徳開山、１遍は開山国師、１遍は大濟禅師、真照禅師、１遍は直日の入牌の祖のためにあげる。住持、焼香式前の如く。
（５）土地堂・祠堂の式、前の如く。
（６）午課式、前の如く。

　５日、19日は韋駄天諷経と呼ばれ、庫裏内の韋駄天堂で大悲咒１遍、消災咒３遍が唱えられる。その後、仏殿に赴き、巡堂焼香、祖師堂・土地堂・祠堂での式を行い、午課で佛龕への礼拝が行われている。

６．６日　普庵諷経
（１）普庵諷経、大悲咒１遍、消災咒３遍。
（２）鐘が収まれば、住持、仏殿に赴く。後門の内普庵の中央に立つ。
（３）住持、侍香を従え、西に転じ、まず祖堂、次に土地堂に巡香する。
（４）また、普庵の前にいたり、中立する。侍香を従え焼香する。行者鈴を鳴らす。維那、咒

をあげる。住持、元の位置に戻り、問訊、叉手する。
（5）住持、また焼香の鈴を聞いて、焼香する。元の位置に戻り、深問訊・叉手する。
（6）回向の終わりに問訊・叉手し、斜めに佛龕の東より廻り、祖堂に赴く。
（7）祖師堂、大悲咒四遍。1遍は大徳開山、1遍は開山国師、1遍は雲山和尚、大濟禅師、真照禅師余、1遍は直日の入牌の祖のためにあげる。住持、焼香の式、前の如く。
（8）土地堂・祠堂の式、前の如く。
（9）午課式、前の如く。

　6日と20日の普庵諷経では、普段巡堂焼香のみ行われている普庵の前で、大悲咒1遍、消災咒3遍が唱えられ、礼拝が行われていることが確認できる。

7．7日　朝課

（1）鐘が収まれば、住持、仏殿に赴く。普庵、祖堂、土地堂に巡香する。
（2）巡香が済めば、土地堂の前を南に歩み、雨打に出、佛前椅子の前で北向きに立つ。
（3）朝課。大悲咒5遍、消災咒3遍。
（4）住持、侍香を従え焼香する。行者磬を鳴らす。維那、咒をあげる。住持、元の位置に戻り、深問訊、叉手する。
（5）住持、椅子に座る。第5遍の起座の鈴を聞いて、椅子を下り、凳（とう）（椅子の前の踏み段）の前、2歩のところで中立する。
（6）また、鈴の1聲を聞いて、侍香を従え焼香する。元の位置に戻り、問訊する。行者、席を敷き、住持、三拝を行う。
（7）三拝が終われば、行者席を徹する。住持、深問訊、叉手して、1歩退き、立定。
（8）回向の終わりに問訊・叉手し、斜めに西北に歩み、祖堂に赴く。
（9）祖師堂、大悲咒5遍。1遍は虚堂和尚、1遍は大徳開山、1遍は開山国師、1遍は圓忍禅師、大濟禅師、真照禅師、1遍は直日の入牌の祖のためにあげる。住持、焼香の式、前の如く。
（10）土地堂・祠堂の式、前の如く。
（11）午課式、前の如く。回向が終われば、直に佛前より斜めに東北に歩み、土地堂に赴く。
（12）後柏原院半斎。大悲咒、献供あり。
（13）住持、侍香を従え西爐に焼香する。行者磬を鳴らす。維那、咒をあげる。住持、元の位置に戻り、深問訊、叉手する。
（14）住持、また鈴を聞いて、侍香を従え焼香する。元の位置に戻り、深問訊・叉手する。
（15）回向の終わりに問訊・叉手する。
（16）鎮守諷経。大悲咒1遍、消災咒3遍。
（17）住持、侍香を従え東爐に焼香する。行者磬を鳴らす。維那、咒をあげる。住持、元の位

置に戻り、深問訊、叉手する。

(18) 住持、また鈴を聞いて、侍香を従え焼香する。住持、元の位置に戻り、深問訊・叉手する。

(19) 回向の終わりに問訊し、退出する。

　7日の行事の流れは、4日の火徳諷経と同じであるが、午課ののち、土地堂前で後柏原院半斎と鎮守諷経が行われていることが異なる。『副寺須知』によると後柏原院半斎では一汁三菜が、鎮守諷経では茶湯と洗米が備えられていることが確認できる[12]。

　21日の行事は、祖師堂での大悲咒が1遍少ないこと、後柏原院半斎がないことの2点が異なるのみで、他はすべて同じである。

8．8日以降の仏殿焼香諷経

8日　仏殿焼香諷経、仏殿巡香、朝課、祖堂（大悲咒4遍。3遍は常の如く、1遍は直日の入牌の祖のためにあげる）、土地堂、祠堂、午課式、皆前の如し。

9日　仏殿焼香諷経の次第、前の如し。祖堂（大悲咒4遍。3遍は常の如く、1遍は直日の入牌の祖のためにあげる）。

10日　仏殿焼香諷経の次第、前の如し。祖堂（大悲咒5遍。1遍は臨済禅師、3遍は常の如く、一遍は直日の入牌の祖のためにあげる）。

11日　仏殿焼香諷経の次第、前の如し。祖堂諷経（大悲咒4遍。3遍は常の如く、1遍は直日の入牌の祖のためにあげる）。ただし、午課を唱えず。祠堂諷経が終われば、殿裏の送鐘を鳴らす。玉鳳鐘応じて鳴らす。住持、直に後門より出て、玉鳳に赴く。

12日　仏殿焼香諷経の次第、常の如し。祖堂（大悲咒4遍。3遍は常の如く、1遍は直日の入牌の祖のためにあげる）。

13日　仏殿焼香諷経の次第、常の如し。祖堂（大悲咒4遍。3遍は常の如く、1遍は直日の入牌の祖のためにあげる）。

14日　仏殿焼香諷経の次第、常の如し。祖堂（大悲咒4遍。3遍は常の如く、1遍は直日の入牌の祖のためにあげる）。

15日　佛殿祝聖諸諷経すべて朔旦の如く。祖堂（大悲咒3遍。2遍は常の如く、1遍は直日の入牌の祖のためにあげる）。

16日　土地堂諷経諸式2日の如く。祖堂（大悲咒4遍。2遍は常の如く、1遍は拙堂和尚、大濟禅師、真照禅師、1遍は直日の入牌の祖のためにあげる）。

17日　祖師堂諷経諸式3日の如く。

18日　火徳諷経諸式4日の如く。祖堂（大悲咒4遍。2遍は常の如く、1遍は大濟禅師、慧光禅師、真照禅師、1遍は直日の入牌の祖のためにあげる）。

19日　韋駄天諷経諸式5日の如く。祖堂（大悲咒4遍。3遍は常の如く、1遍は直日の入牌の

第 5 章 仏 殿

祖のためにあげる）。
- 20日　普庵諷経諸式 6 日の如く。祖堂（大悲咒 4 遍。3 遍は常の如く、1 遍は直日の入牌の祖のためにあげる）。
- 21日　鎮守諷経諸式 7 日の如く。異なるところは後柏原院の半斎がないこと。祖堂（大悲咒 4 遍。3 遍は常の如く、1 遍は直日の入牌の祖のためにあげる）。
- 22日　仏殿焼香諷経式、常の如し。祖堂（大悲咒 4 遍。3 遍は常の如く、1 遍は直日の入牌の祖のためにあげる）。
- 23日　仏殿焼香諷経式、常の如し。祖堂（大悲咒 4 遍。3 遍は常の如く、1 遍は直日の入牌の祖のためにあげる）。
- 24日　仏殿焼香諷経式、常の如し。祖堂（大悲咒 4 遍。3 遍は常の如く、1 遍は直日の入牌の祖のためにあげる）。
- 25日　仏殿焼香諷経式、常の如し。祖堂（大悲咒 4 遍。3 遍は常の如く、1 遍は直日の入牌の祖のためにあげる）。
- 26日　仏殿焼香諷経式、常の如し。祖堂（大悲咒 4 遍。3 遍は常の如く、1 遍は直日の入牌の祖のためにあげる）。
- 27日　仏殿焼香諷経式、常の如し。祖堂（大悲咒 4 遍。3 遍は常の如く、1 遍は直日の入牌の祖のためにあげる）。
- 28日　仏殿焼香諷経式、常の如し。祖堂（大悲咒 4 遍。2 遍は常の如く、1 遍は寂照禅師、大濟禅師、真照禅師、1 遍は直日の入牌の祖のためにあげる）。
- 29日　仏殿焼香諷経式、常の如し。祖堂（大悲咒 5 遍。小の月は 6 遍（晦日の祖師分を合わせて読むため）。1 遍は大應国師、3 遍は常の如く、1 遍は直日の入牌の祖のためにあげる）。
- 晦日　仏殿焼香諷経式、常の如し。祖堂（大悲咒 4 遍。3 遍は常の如く、1 遍は直日の入牌の祖のためにあげる）。

　　　右、祖師堂の大悲咒遍数は、もし直日入牌が数多くに及べば、その員数に応じて異同あり。概ね旦望直日は、4 員を 1 遍となし、その他の直日は、6 員、7 員まで 1 編となす。13、14 員まで 2 遍、20、21 員まで 3 遍、27、28 員まで 4 遍、それ以上は同じ基準と知るべし。

　以上のように 8 日から 14 日と 22 日から晦日の行事は、仏殿焼香諷経と呼ばれ、祖師堂で供養を行う僧侶やその人数の違いにより、大悲咒をあげる回数が異なるだけでほとんど同じ行事を繰り返している。ただ 11 日のみは、午課が行われずその代わりに玉鳳院で花園法皇の半斎が行われている。

　また、15 日は 1 日と同様に仏殿祝聖が、16 日は 2 日と同様に土地堂諷経が、17 日は 3 日と同様に祖師堂諷経が、18 日は 4 日と同様に火徳諷経が、19 日は 5 日と同様に韋駄天諷経が、

20日は6日と同様に普庵諷経が、21日は7日とほぼ同じ流れで毎日の勤行が行われていたことは、前文で述べたとおりである。

9. 日常利用のまとめ

これまで、述べてきた毎日の勤行をまとめたものが図11・表2である。これらにより仏殿の中には、中央須弥壇上の釈迦如来像を祀る佛龕のほか、西脇壇には祖師を祀る祖師堂が、東脇壇西側には土地堂、東側には祠堂、さらには来迎壁の背面には普庵を祀る位牌壇が取りつくなど、5カ所の礼拝場所が設けられ、毎日供養が行われていることが確認できた。中でも妙心寺山内の僧侶が出頭する行事は1日と15日に行われる祝聖旦望で、他の日は住持と侍

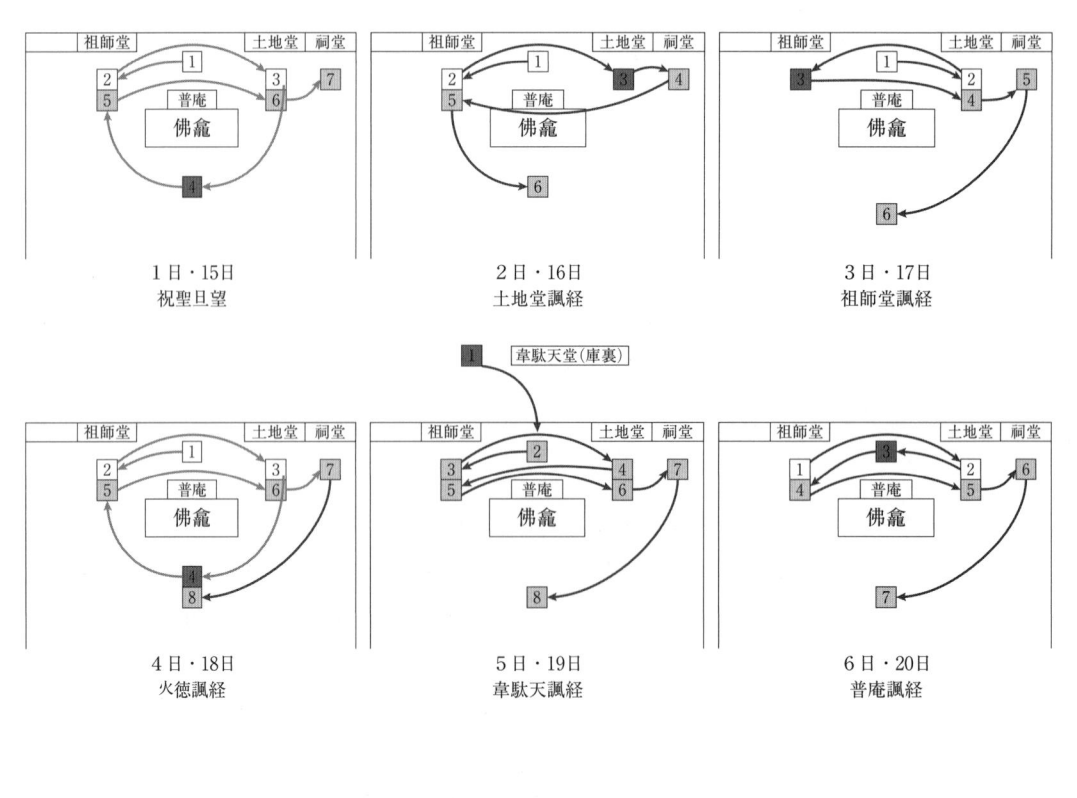

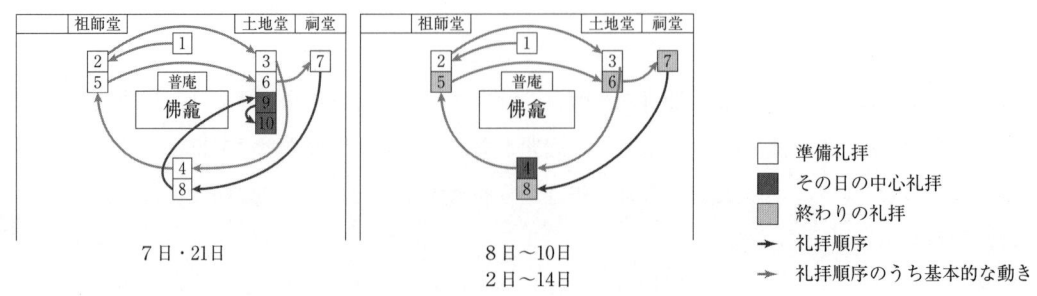

図11 仏殿の日常の利用

				祠堂			
住持焼香	問訊	大悲咒	住持焼香	問訊			

					仏殿午課					
大悲咒	住持焼香	住持三拝	住持焼香	深問訊	金剛経半経	住持看読	大悲咒	住持焼香	住持三拝	消災咒三遍

土地堂				祠堂				仏殿午課						
大悲咒	住持焼香	深問訊	大悲咒	住持焼香	問訊	大悲咒	住持焼香	問訊	住持焼香	深問訊	金剛経半経	住持看読	大悲咒	住持焼香	住持三拝	消災咒三遍

	祠堂					仏殿午課							
住持焼香	問訊	大悲咒	住持焼香	問訊	住持焼香	深問訊	金剛経半経	住持看読	大悲咒	住持焼香	住持三拝	消災咒三遍

祠堂					仏殿午課							
問訊	大悲咒	住持焼香	問訊	住持焼香	深問訊	金剛経半経	住持看読	大悲咒	住持焼香	住持三拝	消災咒三遍

土地堂				祠堂				仏殿午課							後柏原院半齋(土地堂)					鎮守諷経(土地堂)					
大悲咒	住持焼香	深深問訊	大悲咒	住持焼香	問訊	大悲咒	住持焼香	問訊	住持焼香	深問訊	金剛経半経	住持看読	大悲咒	住持焼香	住持三拝	消災咒三遍	住持西爐焼香	深問訊	大悲咒	住持焼香	住持東爐焼香	深問訊	大悲咒	住持焼香	深問訊	消災咒三遍

祠堂					仏殿午課							
大悲咒	住持焼香	問訊	大悲咒	住持焼香	問訊	住持焼香	深問訊	金剛経半経	住持看読	大悲咒	住持焼香	住持三拝	消災咒三遍

祠堂					仏殿午課							
大悲咒	住持焼香	問訊	大悲咒	住持焼香	問訊	住持焼香	深問訊	金剛経半経	住持看読	大悲咒	住持焼香	住持三拝	消災咒三遍

土地堂				祠堂				仏殿午課						
大悲咒	住持焼香	深深問訊	大悲咒	住持焼香	問訊	大悲咒	住持焼香	問訊	住持焼香	深問訊	金剛経半経	住持看読	大悲咒	住持焼香	住持三拝	消災咒三遍

祠堂					仏殿午課							
大悲咒	住持焼香	問訊	大悲咒	住持焼香	問訊	住持焼香	深問訊	金剛経半経	住持看読	大悲咒	住持焼香	住持三拝	消災咒三遍

祠堂					仏殿午課							
大悲咒	住持焼香	問訊	大悲咒	住持焼香	問訊	住持焼香	深問訊	金剛経半経	住持看読	大悲咒	住持焼香	住持三拝	消災咒三遍

祠堂					仏殿午課							
大悲咒	住持焼香	問訊	大悲咒	住持焼香	問訊	住持焼香	深問訊	金剛経半経	住持看読	大悲咒	住持焼香	住持三拝	消災咒三遍

祠堂			
住持焼香	問訊	大悲咒	住持焼香	問訊

				仏殿午課						
大悲咒	住持焼香	住持三拝	住持焼香	深問訊	金剛経半経	住持看読	大悲咒	住持焼香	住持三拝	消災咒三遍

祠堂					仏殿午課							
大悲咒	住持焼香	問訊	大悲咒	住持焼香	問訊	住持焼香	深問訊	金剛経半経	住持看読	大悲咒	住持焼香	住持三拝	消災咒三遍

祠堂					仏殿午課							
住持焼香	問訊	大悲咒	住持焼香	問訊	住持焼香	深問訊	金剛経半経	住持看読	大悲咒	住持焼香	住持三拝	消災咒三遍

祠堂				仏殿午課							
問訊	大悲咒	住持焼香	問訊	住持焼香	深問訊	金剛経半経	住持看読	大悲咒	住持焼香	住持三拝	消災咒三遍

祠堂					仏殿午課								鎮守諷経(土地堂)					
大悲咒	住持焼香	問訊	大悲咒	住持焼香	問訊	住持焼香	深問訊	金剛経半経	住持看読	大悲咒	住持焼香	住持三拝	消災咒三遍	住持東爐焼香	深問訊	大悲咒	住持焼香	深問訊	消災咒三遍

祠堂					仏殿午課							
大悲咒	住持焼香	問訊	大悲咒	住持焼香	問訊	住持焼香	深問訊	金剛経半経	住持看読	大悲咒	住持焼香	住持三拝	消災咒三遍

祠堂					仏殿午課							
大悲咒	住持焼香	問訊	大悲咒	住持焼香	問訊	住持焼香	深問訊	金剛経半経	住持看読	大悲咒	住持焼香	住持三拝	消災咒三遍

祠堂					仏殿午課							
大悲咒	住持焼香	問訊	大悲咒	住持焼香	問訊	住持焼香	深問訊	金剛経半経	住持看読	大悲咒	住持焼香	住持三拝	消災咒三遍

祠堂					仏殿午課							
大悲咒	住持焼香	問訊	大悲咒	住持焼香	問訊	住持焼香	深問訊	金剛経半経	住持看読	大悲咒	住持焼香	住持三拝	消災咒三遍

祠堂					仏殿午課							
大悲咒	住持焼香	問訊	大悲咒	住持焼香	問訊	住持焼香	深問訊	金剛経半経	住持看読	大悲咒	住持焼香	住持三拝	消災咒三遍

祠堂				仏殿午課							
大悲咒	住持焼香	問訊	大悲咒	住持焼香	問訊	住持焼香	深問訊	金剛経半経	住持看読	大悲咒	住持焼香	住持三拝	消災咒三遍

土地堂				祠堂				仏殿午課						
大悲咒	住持焼香	深深問訊	大悲咒	住持焼香	問訊	大悲咒	住持焼香	問訊	住持焼香	深問訊	金剛経半経	住持看読	大悲咒	住持焼香	住持三拝	消災咒三遍

祠堂					仏殿午課							
大悲咒	住持焼香	問訊	大悲咒	住持焼香	問訊	住持焼香	深問訊	金剛経半経	住持看読	大悲咒	住持焼香	住持三拝	消災咒三遍

表2　仏殿の日常の利用

日	種別	列1	列2	列3	列4	列5	列6	列7	列8	列9	列10	列11	列12	列13	列14	列15	列16	列17	列18	列19	列20	列21	列22	列23	列24	列25	列26	列27
1日	祝聖	巡堂焼香						朝課							祖師堂						土地堂						
		普庵焼香	問訊	祖師堂焼香	問訊	土地堂焼香	問訊	住持焼香	深問訊	大悲咒	住持焼香	住持三拝	消災咒三遍	住持諱を挙げ	深掲・問訊	大悲咒	住持焼香	住持三拝	大悲咒	住持焼香	住持三拝	大悲咒	住持焼香	住持三拝	大悲咒	住持焼香	深深問訊	大悲咒
2日	土地堂諷経	巡堂焼香					土地堂諷経							祠堂									祖師堂					
		普庵焼香	問訊	祖師堂焼香	問訊	土地堂焼香	問訊	大悲咒	住持焼香	深問訊	消災咒三遍	住持焼香	深深問訊	大悲咒	住持焼香	問訊	大悲咒	住持焼香	問訊	大悲咒	住持焼香	住持三拝	大悲咒	住持焼香	住持三拝	大悲咒	住持焼香	住持三拝
3日	祖師堂諷経	巡堂焼香					祖師堂					土地堂					祠堂							仏殿午課				
		普庵焼香	問訊	土地堂焼香	問訊	祖師堂焼香	住持三拝	大悲咒	住持焼香	住持三拝	大悲咒	住持焼香	深問訊	大悲咒	住持焼香	問訊	大悲咒	住持焼香	問訊	大悲咒	住持焼香	深問訊	金剛経半経	住持看読	大悲咒	住持焼香	住持三拝	消災咒三遍
4日	火徳諷経	巡堂焼香						朝課							祖師堂													
		普庵焼香	問訊	祖師堂焼香	問訊	土地堂焼香	問訊	住持焼香	問訊	大悲咒	住持焼香	深問訊	消災咒三遍	大悲咒	住持焼香	住持三拝	住持焼香	住持焼香	住持三拝	大悲咒	住持焼香	住持三拝	大悲咒	住持焼香	住持三拝			
5日	韋駄天諷経	韋駄天諷経		巡堂焼香							祖師堂										土地堂						
		大悲咒	消災咒三遍	普庵焼香	問訊	祖師堂焼香	問訊	土地堂焼香	問訊	大悲咒	住持焼香	住持三拝	大悲咒	住持焼香	住持三拝	大悲咒	住持焼香	住持三拝	大悲咒	住持焼香	住持三拝	大悲咒	住持焼香	住持三拝	大悲咒	住持焼香	深深問訊	大悲咒
6日	普庵諷経	巡堂焼香				普庵諷経								祖師堂							土地堂							
		祖師堂焼香	問訊	土地堂焼香	問訊	住持焼香	問訊	大悲咒	住持焼香	深問訊	消災咒三遍	大悲咒	住持焼香	住持三拝	大悲咒	住持焼香	住持三拝	大悲咒	住持焼香	住持三拝	大悲咒	住持焼香	住持三拝	大悲咒	住持焼香	深深問訊	大悲咒	住持焼香
7日	鎮守諷経	巡堂焼香						朝課								祖師堂												
		普庵焼香	問訊	祖師堂焼香	問訊	土地堂焼香	問訊	住持焼香	深問訊	大悲咒	住持焼香	住持三拝	消災咒三遍	大悲咒	住持焼香	住持三拝	大悲咒	住持焼香	住持三拝	大悲咒	住持焼香	住持三拝	大悲咒	住持焼香	住持三拝			
8日	仏殿焼香諷経	巡堂焼香						朝課							祖師堂								土地堂					
		普庵焼香	問訊	祖師堂焼香	問訊	土地堂焼香	問訊	住持焼香	深問訊	大悲咒五遍	住持焼香	住持三拝	消災咒三遍	大悲咒	住持焼香	住持三拝	大悲咒	住持焼香	住持三拝	大悲咒	住持焼香	住持三拝	大悲咒	住持焼香	住持三拝	大悲咒	住持焼香	深問訊
9日	仏殿焼香諷経	巡堂焼香						朝課							祖師堂								土地堂					
		普庵焼香	問訊	祖師堂焼香	問訊	土地堂焼香	問訊	住持焼香	深問訊	大悲咒五遍	住持焼香	住持三拝	消災咒三遍	大悲咒	住持焼香	住持三拝	大悲咒	住持焼香	住持三拝	大悲咒	住持焼香	住持三拝	大悲咒	住持焼香	住持三拝	大悲咒	住持焼香	深深問訊
10日	仏殿焼香諷経	巡堂焼香						朝課							祖師堂													
		普庵焼香	問訊	祖師堂焼香	問訊	土地堂焼香	問訊	住持焼香	深問訊	大悲咒五遍	住持焼香	住持三拝	消災咒三遍	大悲咒	住持焼香	住持三拝	大悲咒	住持焼香	住持三拝	大悲咒	住持焼香	住持三拝	大悲咒	住持焼香	住持三拝			
11日	仏殿焼香諷経	巡堂焼香						朝課							祖師堂								土地堂					
		普庵焼香	問訊	祖師堂焼香	問訊	土地堂焼香	問訊	住持焼香	深問訊	大悲咒五遍	住持焼香	住持三拝	消災咒三遍	大悲咒	住持焼香	住持三拝	大悲咒	住持焼香	住持三拝	大悲咒	住持焼香	住持三拝	大悲咒	住持焼香	住持三拝	大悲咒	住持焼香	深問訊
12日	仏殿焼香諷経	巡堂焼香						朝課							祖師堂								土地堂					
		普庵焼香	問訊	祖師堂焼香	問訊	土地堂焼香	問訊	住持焼香	深問訊	大悲咒五遍	住持焼香	住持三拝	消災咒三遍	大悲咒	住持焼香	住持三拝	大悲咒	住持焼香	住持三拝	大悲咒	住持焼香	住持三拝	大悲咒	住持焼香	住持三拝	大悲咒	住持焼香	深問訊
13日	仏殿焼香諷経	巡堂焼香						朝課							祖師堂								土地堂					
		普庵焼香	問訊	祖師堂焼香	問訊	土地堂焼香	問訊	住持焼香	深問訊	大悲咒五遍	住持焼香	住持三拝	消災咒三遍	大悲咒	住持焼香	住持三拝	大悲咒	住持焼香	住持三拝	大悲咒	住持焼香	住持三拝	大悲咒	住持焼香	住持三拝	大悲咒	住持焼香	深深問訊
14日	仏殿焼香諷経	巡堂焼香						朝課							祖師堂													
		普庵焼香	問訊	祖師堂焼香	問訊	土地堂焼香	問訊	住持焼香	深問訊	大悲咒五遍	住持焼香	住持三拝	消災咒三遍	大悲咒	住持焼香	住持三拝	大悲咒	住持焼香	住持三拝	大悲咒	住持焼香	住持三拝	大悲咒	住持焼香	住持三拝	大悲咒	住持焼香	深深問訊
15日	祝聖	巡堂焼香						朝課							祖師堂							土地堂						
		普庵焼香	問訊	祖師堂焼香	問訊	土地堂焼香	住持焼香	深問訊	大悲咒	住持焼香	住持三拝	消災咒三遍	住持諱を挙げ	深掲・問訊	大悲咒	住持焼香	住持三拝	大悲咒	住持焼香	住持三拝	大悲咒	住持焼香	住持三拝	大悲咒	住持焼香	深深問訊	大悲咒	
16日	土地堂諷経	巡堂焼香					土地堂諷経							祠堂										祖師堂				
		普庵焼香	問訊	祖師堂焼香	問訊	土地堂焼香	問訊	大悲咒	住持焼香	深問訊	消災咒三遍	住持焼香	深深問訊	大悲咒	住持焼香	問訊	大悲咒	住持焼香	問訊	大悲咒	住持焼香	住持三拝	大悲咒	住持焼香	住持三拝	大悲咒	住持焼香	住持三拝
17日	祖師堂諷経	巡堂焼香					祖師堂					土地堂					祠堂							仏殿午課				
		普庵焼香	問訊	土地堂焼香	問訊	祖師堂焼香	住持三拝	大悲咒	住持焼香	住持三拝	大悲咒	住持焼香	深問訊	大悲咒	住持焼香	問訊	大悲咒	住持焼香	問訊	大悲咒	住持焼香	深問訊	金剛経半経	住持看読	大悲咒	住持焼香	住持三拝	消災咒三遍
18日	火徳諷経	巡堂焼香						朝課							祖師堂								土地堂					
		普庵焼香	問訊	祖師堂焼香	問訊	土地堂焼香	問訊	住持焼香	問訊	大悲咒	住持焼香	深問訊	消災咒三遍	大悲咒	住持焼香	住持三拝	大悲咒	住持焼香	住持三拝	大悲咒	住持焼香	住持三拝	大悲咒	住持焼香	住持三拝	大悲咒	住持焼香	深深問訊
19日	韋駄天諷経	韋駄天諷経		巡堂焼香							祖師堂										土地堂						
		大悲咒	消災咒三遍	普庵焼香	問訊	祖師堂焼香	問訊	土地堂焼香	問訊	大悲咒	住持焼香	住持三拝	大悲咒	住持焼香	住持三拝	大悲咒	住持焼香	住持三拝	大悲咒	住持焼香	住持三拝	大悲咒	住持焼香	住持三拝	大悲咒	住持焼香	深深問訊	大悲咒
20日	普庵諷経	巡堂焼香				普庵諷経								祖師堂							土地堂							
		祖師堂焼香	問訊	土地堂焼香	問訊	住持焼香	問訊	大悲咒	住持焼香	深問訊	消災咒三遍	大悲咒	住持焼香	住持三拝	大悲咒	住持焼香	住持三拝	大悲咒	住持焼香	住持三拝	大悲咒	住持焼香	住持三拝	大悲咒	住持焼香	深深問訊	大悲咒	住持焼香
21日	鎮守諷経	巡堂焼香						朝課							祖師堂								土地堂					
		普庵焼香	問訊	祖師堂焼香	問訊	土地堂焼香	問訊	住持焼香	深問訊	大悲咒五遍	住持焼香	住持三拝	消災咒三遍	大悲咒	住持焼香	住持三拝	大悲咒	住持焼香	住持三拝	大悲咒	住持焼香	住持三拝	大悲咒	住持焼香	住持三拝	大悲咒	住持焼香	深深問訊
22日	仏殿焼香諷経	巡堂焼香						朝課							祖師堂								土地堂					
		普庵焼香	問訊	祖師堂焼香	問訊	土地堂焼香	問訊	住持焼香	深問訊	大悲咒五遍	住持焼香	住持三拝	消災咒三遍	大悲咒	住持焼香	住持三拝	大悲咒	住持焼香	住持三拝	大悲咒	住持焼香	住持三拝	大悲咒	住持焼香	住持三拝	大悲咒	住持焼香	深問訊
23日	仏殿焼香諷経	巡堂焼香						朝課							祖師堂								土地堂					
		普庵焼香	問訊	祖師堂焼香	問訊	土地堂焼香	問訊	住持焼香	深問訊	大悲咒五遍	住持焼香	住持三拝	消災咒三遍	大悲咒	住持焼香	住持三拝	大悲咒	住持焼香	住持三拝	大悲咒	住持焼香	住持三拝	大悲咒	住持焼香	住持三拝	大悲咒	住持焼香	深深問訊
24日	仏殿焼香諷経	巡堂焼香						朝課							祖師堂													
		普庵焼香	問訊	祖師堂焼香	問訊	土地堂焼香	問訊	住持焼香	深問訊	大悲咒五遍	住持焼香	住持三拝	消災咒三遍	大悲咒	住持焼香	住持三拝	大悲咒	住持焼香	住持三拝	大悲咒	住持焼香	住持三拝	大悲咒	住持焼香	住持三拝			
25日	仏殿焼香諷経	巡堂焼香						朝課							祖師堂								土地堂					
		普庵焼香	問訊	祖師堂焼香	問訊	土地堂焼香	問訊	住持焼香	深問訊	大悲咒五遍	住持焼香	住持三拝	消災咒三遍	大悲咒	住持焼香	住持三拝	大悲咒	住持焼香	住持三拝	大悲咒	住持焼香	住持三拝	大悲咒	住持焼香	住持三拝	大悲咒	住持焼香	深深問訊
26日	仏殿焼香諷経	巡堂焼香						朝課							祖師堂								土地堂					
		普庵焼香	問訊	祖師堂焼香	問訊	土地堂焼香	問訊	住持焼香	深問訊	大悲咒五遍	住持焼香	住持三拝	消災咒三遍	大悲咒	住持焼香	住持三拝	大悲咒	住持焼香	住持三拝	大悲咒	住持焼香	住持三拝	大悲咒	住持焼香	住持三拝	大悲咒	住持焼香	深深問訊
27日	仏殿焼香諷経	巡堂焼香						朝課							祖師堂								土地堂					
		普庵焼香	問訊	祖師堂焼香	問訊	土地堂焼香	問訊	住持焼香	深問訊	大悲咒五遍	住持焼香	住持三拝	消災咒三遍	大悲咒	住持焼香	住持三拝	大悲咒	住持焼香	住持三拝	大悲咒	住持焼香	住持三拝	大悲咒	住持焼香	住持三拝	大悲咒	住持焼香	深問訊
28日	仏殿焼香諷経	巡堂焼香						朝課							祖師堂								土地堂					
		普庵焼香	問訊	祖師堂焼香	問訊	土地堂焼香	問訊	住持焼香	深問訊	大悲咒五遍	住持焼香	住持三拝	消災咒三遍	大悲咒	住持焼香	住持三拝	大悲咒	住持焼香	住持三拝	大悲咒	住持焼香	住持三拝	大悲咒	住持焼香	住持三拝	大悲咒	住持焼香	深問訊
29日	仏殿焼香諷経	巡堂焼香						朝課							祖師堂													
		普庵焼香	問訊	祖師堂焼香	問訊	土地堂焼香	問訊	住持焼香	深問訊	大悲咒五遍	住持焼香	住持三拝	消災咒三遍	大悲咒	住持焼香	住持三拝	大悲咒	住持焼香	住持三拝	大悲咒	住持焼香	住持三拝	大悲咒	住持焼香	住持三拝			
晦日	仏殿焼香諷経	巡堂焼香						朝課							祖師堂								土地堂					
		普庵焼香	問訊	祖師堂焼香	問訊	土地堂焼香	問訊	住持焼香	深問訊	大悲咒五遍	住持焼香	住持三拝	消災咒三遍	大悲咒	住持焼香	住持三拝	大悲咒	住持焼香	住持三拝	大悲咒	住持焼香	住持三拝	大悲咒	住持焼香	住持三拝	大悲咒	住持焼香	深深問訊

者、随徒等小方丈に居住しているものと、すべての行事を取り仕切る維那、行者のみが出席して行われていた。

　礼拝の方法では、佛龕と祖師堂の前のみ住持が一番丁寧な三拝を行い、土地堂では花園法皇の礼拝のみ深深問訊を行い、他の後柏原院や鎮守諷経では深問訊、同様に普庵諷経でも深問訊を行っている。さらに祠堂においてはより簡素な問訊のみとなり、礼拝方法にもそれぞれ差をつけていることが確認できる。

② 月行事での利用

　前項では、仏殿の日常の利用方法について確認をした。その中で仏殿は、毎日住持以下山内の僧侶により、佛龕の釈迦如来像、両脇壇の祖師、土地神、祠堂さらには仏後壁背面の普庵の位牌の前等複数の場所で礼拝が行われている実態がわかった。

　本項では、年中行事の中での仏殿の利用実態を把握したい。仏殿で行われた年中行事は表3のようになり、1年を通して多くの法要が行われていることがわかる。そこで個々の行事について確認することとする。

１．新住持入寺

　妙心寺では、8月1日に新住持の入寺に始まり、7月15日の法堂解制上堂後、住持が本山を退院する1年交代の住番がある。住番は儀式として妙心寺の住職となる初住や再住・歴住とは異なり、実質1年間本山の行事に関わり、対外的に妙心寺を代表する職務である。再住入寺を果たした僧侶のうち、年長者から1年間の重責を担える人物が選ばれる。この僧侶が本山の住持として始めて仏殿で行う行事が、新住持入寺である。

　行事は、8月1日午前7時頃、第1通の大鐘を、続いて第2通の大鐘と洪鐘を交互に鳴らし、山内の僧侶が集合したところで始まる。1日は祝聖旦望の日に当たることから、前項で確認した朔日の仏殿祝聖の行事がそのまま行われたようである。

２．祠堂亾者忌（しどうもうじゃき）

　祠堂とは、妙心寺の檀越の命日に本山の仏殿内の祠堂で供養を行うことで、中世からつづく行事である。近世になると大名クラスの武士やその親族から永代供養のため、祠堂料銀5貫目が納められるようになる。本山では仏殿の祠堂に位牌を置いて、毎日供養をすると同時に、祥月命日の日に祠堂忌を行っていた（表4）。仏殿で行われる祠堂忌は『法山規式須知』によると以下のとおりである。

〈祠堂　華厳咒行道〉（日常の朝課・午課と祠堂亾者忌がある日の違い）

　　○仏殿諷経常の如く。午課大悲咒・消災咒誦し、金剛経を略す。

　　○概ねの祠堂亾者忌、六諷経の日にあたれば、諸諷経を誦し、午課大悲咒・消災咒誦し、金剛経を略す。

表3　妙心寺仏殿で行われる年中行事表

行事内容		月	日	行事名（　）は行事を行う場所
季節	冬至	11	冬至	祠堂諷経⇒普庵諷経等（仏殿）
	正月	1	1	禮問（小方丈）⇒佛殿改旦祝聖⇒微笑塔諷経⇒展鉢喫粥（方丈北の間）⇒改旦上堂（法堂）⇒般若（仏殿）⇒実性禅師半斎（龍泉菴）⇒鉢斎式（方丈北の間）
	正月	1	2	土地堂諷経⇒祠堂諷経⇒祖師堂諷経⇒仏前午課⇒般若（仏殿）⇒衝梅院真照禅師半斎
	正月	1	3	祖師堂諷経⇒土地堂・花園法皇諷経⇒仏禅午課⇒般若（仏殿）⇒満散（仏殿）
	安居	4	15	法堂結制上堂（法堂）⇒楞厳会（仏殿）
	安居	4	16	楞厳会（仏殿）
	安居	5	1	微笑塔諷経⇒楞厳会（仏殿）
	安居	7	7	楞厳会（仏殿）⇒後柏原院半斎⇒方丈祠堂施餓鬼
	安居	7	15	仏殿解制⇒楞厳会満散⇒小方丈交代⇒山門施餓鬼⇒満散⇒法堂解制上堂
祠堂	1	8	3	祠堂利貞首座尼忌（仏殿）
	2	8	6	祠堂臨松院忌（仏殿）
	3	11	2	祠堂高源院忌（仏殿）
	4	11	3	祠堂八雲院忌（仏殿）
	5	11	4	祠堂見性院忌（仏殿）
	6	1	5	祠堂楊岐院忌（仏殿）
	7	1	23	祠堂一桃常見忌（仏殿）
	8	2	2	祠堂平田氏各霊忌（仏殿）
	9	2	4	祠堂慧光院忌（仏殿）
	10	2	28	祠堂了心院忌（仏殿）
	11	3	17	祠堂長松院忌（仏殿）
	12	5	5	祠堂法泉院忌（仏殿）
	13	5	14	祠堂明叟玄智忌（仏殿）
	14	5	16	祠堂了然宗廓忌（仏殿）
	15	7	1	祠堂慶光院忌（仏殿）
祖師	虚堂	10	6	虚堂和尚宿忌（仏殿内祖堂）
		10	7	虚堂和尚半斎（仏殿内祖堂）
	大燈	12	21	大燈国師宿忌（仏殿内祖堂）
		12	22	大燈国師半斎（仏殿内祖堂）
	大應	12	28	大應国師宿忌（仏殿内祖堂）
		12	29	大應国師半斎（仏殿内祖堂）
	臨済	1	9	臨済禅師宿忌（仏殿祖師堂）
		1	10	臨済禅師半斎（仏殿祖師堂）
仏教行事・祖師	般若3	1	16	仏殿般若（仏殿）⇒百丈禅師宿忌（祖師堂）
祖師・祠堂	百丈16	1	17	百丈禅師半斎（祖師堂）⇒祠堂常総院忌（仏殿）
寺行事		8	1	新住持入寺（仏殿・微笑塔）
仏教行事	般若1	9	16	仏殿般若（仏殿）
	成道	12	8	成道会（仏殿）
	般若2	12	25	歳末祈禱般若（仏殿）
	涅槃	2	15	仏涅槃会（仏殿）
	誕生	4	8	仏誕生会（仏殿）
	般若4	5	16	仏殿般若（仏殿）

120

第 5 章　仏　殿

表4　祠堂囗者忌一覧

祠堂開始順	祠堂忌月日	行事名	俗名	没年月日	祠堂確認年月
1	8.3	祠堂利貞首座尼忌	一条関白兼良の娘、斉藤豊後守利国の室	天文5年8月3日	天文？
2	6.14	祠堂明叟玄智忌	明智日向守	天正10年6月14日	天正11年
3	11.4	祠堂見性院忌	不明	元和3年12月4日	慶長20年4月
4	3.17	祠堂長松院忌	徳善院息女	寛永4年3月17日	寛永8年3月
5	6.5	祠堂法泉院忌	生駒讃岐守正俊	元和7年6月5日	寛永13年6月
6	8.6	祠堂臨松院忌	脇坂中務小輔	寛永3年8月6日	寛永15年8月
7	2.4	祠堂慧光院忌	脇坂左兵衛佐	寛永12年2月4日	寛永16年1月？
8	1.5	祠堂楊岐院忌	柴田源左衛門尉	元和6年1月5日	正保4年
9	1.17	祠堂常総院忌	柴田佐渡守	文禄4年1月17日	正保4年
10	6.16	祠堂了然宗廓忌	有安庄三郎	慶安2年7月16日	慶安2年
11	1.23	祠堂一桃常見忌	有安左右馬	明暦4年1月23日	慶安5年
12	11.3	祠堂八雲院忌	脇坂淡路守	承応2年12月3日	明暦元年
13	11.2	祠堂高源院忌	三澤氏息女俗名吉村	寛文8年12月2日	延宝6年12月
14	2.28	祠堂了心院忌	佐藤駿河守	延宝3年3月28日	天和元年
15	7.1	祠堂慶光院忌	脇坂淡路守室	明暦3年8月1日	貞享3年2月
16	2.2	祠堂平田氏各霊忌	平田氏	安永5年2月	安永5年10月

○鎮守諷経の日にあたれば、朝課および午課の金剛経を略して、大悲咒・消災咒誦す。

○その他、朝課を誦する日にあたれば、朝課諸諷経を誦して、午課をすべて略す。朝課・午課共にすべて略すべからず。

○夏中、華厳會は、祠堂囗者忌等のときも、略すことなし。もし六諷経の外にあたれば、朝課を略して、諸諷経はすべて略すことなし。

〈祠堂囗者忌の行事のうごき〉

（1）勤行の後、住持、椅子に座る。侍衣は東南隅の連床に倚り、聴叫は椅子の左右に立つ。

（2）両序、齊集すれば、鐘を収める。両序、祠堂前に立班する。

（3）住持、椅子を下り、東露柱の南より1本目と2本目の柱の間を斜めに進み、東の雨打に出る。北に進み、中立する。

（4）住持、両序と問訊・叉手し、侍香を随えて進み、焼香する。1歩後退し、問訊する。

（5）行者、磬を鳴らす。住持、合掌して、元の位置に戻り、問訊・叉手する。

（6）維那、啓請（けいしょう）をあげる。次に「南無薩怛佗」をあげる。

（7）終われば、侍衣・侍香、西に退き、維那、南に向かえば、住持、叉手して進む。聴叫は南に去り、仏前の中央に雙立する。

（8）住持、西序の前版と問訊・叉手し、直に身を東に転じ、殿の東辺りを南に進み、行道（図12）。南の雨打に出る。もし、衆が多ければ、直に西に転じ、南辺の露柱を廻る。図の如し。衆が少ないときは、殿の東辺の露柱を廻る。行者これを導く。

（9）住持、西より北に転じて、祠堂の西辺り、露柱の西で北を向き、立住する。

（10）大衆、次第に進みて、侍衣・侍香・東序、東に過ぎ去れば、住持、進みて、祠堂の前西側に東向きに立つ。

（11）住持、都寺と問訊・叉手して進む。都寺は、祠堂の前東側に西向きに立つ。

（12）第五會、散衆の鈴を聞けば、元の位置に戻る。聴叫南より来て、後ろに立つ。

（13）焼香の鈴、「宅袪華茶」を聞けば、小問訊・叉手し、侍香を随え、進み、焼香する。一歩後退して、問訊・合掌して、元の位置に戻り、問訊・叉手する。

（14）回向の終わりに、問訊・叉手して、退出する。

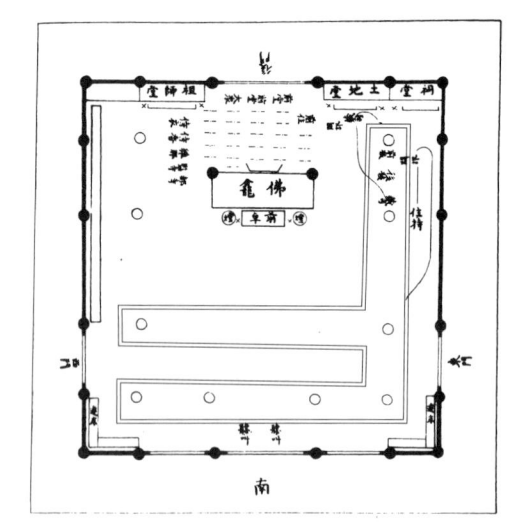

図12　祠堂亾者忌行道圖

　日常、仏殿で行われる住持の朝課、午課の終了後、山内の僧侶1院1人が仏殿に招集され、概ね70名程度で行われていたようである。その際、日常の朝課または午課の全体か一部が省略されている。

　行事は1日・15日に山内僧侶が仏殿に集まって行われる祝聖旦望と同じように整列し、住持が祠堂の前でその日に供養をする人物の位牌に対して、焼香・問訊を行っている。山内前住以下の僧侶は仏後壁の北側に北を主として南北に並ぶ。日常の礼拝と異なる点は、華厳咒を唱え、仏堂内で行道を行う点である。その際行道の範囲は、東側と南側のもこし部分とそこに接する主屋部分の逆L字型の空間であり、仏堂全体が利用されていない点が注目できる。

　行道後、住持は再度供養をする人物の位牌に対して、焼香・問訊を行い、両序を従えて退出している。通常の祠堂亾者忌では、その後大衆一同も退出し、大方丈北の間ないしは庫裏食堂で行われる鉢斎に向かうが、8月3日に行われる惟精利貞首座尼忌のみ、一条家の代参が行われるため、再度仏後壁の北側に整列し、祠堂の前に蓆を敷いて行われる一条家の代香拝礼が終わるまでその場に残る。その後は方丈北の間で行われる鉢斎に赴くこととなる。

3．仏殿般若

　仏殿般若とは、『大般若経』六百巻を転読することによって、般若経の教えを体得し、すべての苦厄を消しさって、内外の怨敵を退散させ、五穀豊穣や国家安寧を祈念し人びとを幸福な生活にみちびいてゆくことを目的とした法要である。妙心寺では、5月16日、9月16日、1月16日と4カ月ごとに行われるほか、正月3が日、12月25日には歳末祈禱般若が修されて

いた。

　仏殿で行われる行事の様子は以下の通りである。

（1）佛龕の正面に十六善神の真影を掛ける。卓上に香・華・燭・洗米・茶湯を備える。疏は木鶴亀の背上に置く。畳席を配し、几案60脚を設け、経帙各1帙を配す（図13）。
（2）住持仏殿に赴き、後門より入る。東の雨打を過ぎ、南にいたり西に転じ、中央の仏前にいたる。
（3）住持、侍香を従え、焼香を行う。行者は磬を鳴らし、維那大悲咒をあげる。
（4）住持、元の位置に戻り、深問訊、叉手する。
（5）履を脱ぎ、机の南に進み、席上に跌坐する。
（6）大悲咒を誦えることに随い、経帙を繙く。
（7）咒が終われば、合掌し、経を持って、巻を開く。
（8）大般若経を、1人10巻転読する。すべての巻を転じ終われば、帙の蓋の紐を結ぶ。
（9）大衆も皆読み終われば、行者鈴を鳴らすこと3聲、維那、普門品をあげる。
（10）普門品の途中で住持、起坐。侍香を随え焼香する。元の位置に戻り、三拝する。
（11）次に机の南に進み、胡跪する。
（12）ここで、大悲咒1遍、消災咒3遍を唱える。
（13）次に満散。維那、佛前にいたり、湯・茶を改め、献じる。
（14）住持、起坐し、侍香を従え焼香を行う。行者は磬を鳴らし、維那華厳咒の啓請をあげる。
（15）住持、元の位置に戻り、深問訊・叉手する。
（16）住持、席に上がり、机の南に進み、跌坐する。
（17）第五會の和鈴が終わりに、起坐する。
（18）その後、侍香を従え、焼香を行い、元の位置に戻り、問訊・三拝を行う。
（19）三拝が終われば、次に机の南に進み、胡跪する。
（20）維那の宣疏終われば、住持、起座殿を出て、小方丈に帰る（退路は、初めの入来時の如く）。

　まず、設営として佛龕の正面に大般若経を守護する十六善神の真影が掛けられ、卓上に香・華・燭・洗米・茶湯を備えられている。畳席を東西に5列配置し、そこに几案60脚を設け、経帙各1帙を配している。経帙1帙には大般若経が10巻ずつ入っており、60人の僧侶

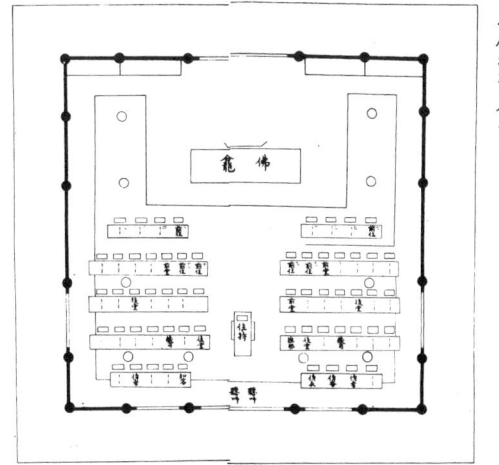

図13　佛殿般若坐位之圖

が1人10巻の経を転読することにより、合計600巻となり、本来の目的を達成することができる。瓦四半敷きの仏殿の中に畳席・几案を設け、座って行事を行う点、入側柱をまったく意識せず全体をひとつの空間として扱っている点などに特色がある。

　行事は午前10時頃始まり、住持：焼香・深問訊→維那：大悲咒→全員：600巻の大般若経転読→維那：普門品→住持：焼香・三拝→全員：大悲咒1遍・消災咒3遍→維那：仏前に湯・茶を献じる→住持：焼香・深問訊・胡跪→維那：華厳咒の啓請→住持：焼香・三拝→維那：宣疏の順で行われる。住持・侍香と維那以外の僧侶は畳席に座ったまま行事を進めている点でも大変特色がある。

4．祖師堂虚堂和尚宿忌・半斎

　虚堂智愚（1185〜1269）は、中国・南宋時代の禅僧である。南浦紹明（1235〜1308）が入宋した際、杭州浄慈寺の師の元を訪ね、6年後径山興聖萬寿禅寺に移っていた虚堂から印可を受けている。このため、虚堂は妙心寺の祖師の1人として祀られることとなった。

　行事は10月6日の宿忌と7日の半斎が行われた。内容は以下の通りである。

〈10月6日　大悲咒一遍　迅誦〉

（1）放参鐘後、殿鐘を鳴らす。維那・侍香は直接佛殿に行く。

（2）鐘が収まれば、住持、佛殿に赴く。侍衣・侍者・聴叫が随う。

（3）住持、後門から入り、佛龕の東より西に転じ、祖堂の前に中立する。

（4）住持、侍香を随え、焼香する。焼香後、侍香は、卓前の東に立つ。

（5）住持、茶を献じる。爐上で三薫し、みずから爐の東に置く。

（6）住持、湯器を献じる。爐上で三薫し、みずから左手で爐の西に置く。

（7）住持、元の位置に戻り、問訊・三拝を行う。行者、席を敷く。

（8）三拝後、行者席を撤する。住持、侍香を随え焼香する。（行者、磬を鳴らす）元の位置に戻る。

（9）維那、咒をあげる。住持は途中、侍香を随え焼香する。元の位置に戻り、問訊・三拝を行う。行者、席を敷く。

（10）三拝後、行者席を撤する。

（11）回向の終わりの問訊を行い、叉手し、直に後門を出て帰る。

　宿忌では、住持が祖師堂に赴き、初めに焼香し、茶・湯を献じて、三拝を行う。ここまでが準備である。その後、住持が焼香を行い、維那が大悲咒を唱え、再度住持が焼香・三拝して、回向が終われば、問訊し、解散となる。出頭者は、行事を行う住持・維那・侍香のほか、侍衣・侍者・聴叫のみの日課を行う僧侶であり、その他の山内の僧侶は参加していない。6日の日課後に行われ、仏殿内の一部を用い、少人数で執行されていたことが確認できる。

　翌日の半斎は以下の通りである。

〈10月7日　大悲咒1遍　迅誦〉
（1）佛前朝課を略す。諸諷経常の如く。午課は金剛経を略し、大悲咒以下を誦える。
（2）午課後、殿鐘を鳴らす。住持、椅子に座る。侍香出頭。鐘後、住持、祖堂に赴き、中立する。
（3）住持、侍香を随え焼香する。
（4）住持、湯器を献じる（法、宿忌と同じ）。爐上で三薫し、みずから爐の東に置く。
（5）住持、鉢を献じる。爐上で三薫し、侍香に渡す。侍香は鉢を案上に置く。
（6）住持、菓器を献じる。爐上で三薫し、みずから爐の東に置き、香を一炷する。
（7）住持、茶器を献じる。爐上で三薫し、みずから左手で爐の西に置く。
（8）住持、元の位置に戻り、問訊・三拝を行う。行者、席を敷く。
（9）三拝後、行者席を撤する。住持、侍香を随え焼香する（行者、磬を鳴らす）。元の位置に戻り、深問訊する。
（10）維那、咒をあげる。和鈴終わりに、住持、侍香を随え焼香する。元の位置に戻り、問訊・三拝を行う。行者、席を敷く。
（11）三拝が終われば、行者席を撤する。
（12）回向の終わりの問訊を行い、叉手し、土地堂に赴く。
（13）次に後柏原院の献供半斎、次に鎮守諷経、日分の如く。

　10月7日の行事は、仏殿で行われる日課の一部が省略され、午課後に虚堂半斎が組み込まれた形で執行されている。午課後、住持が祖師堂に赴き、初めに焼香し、湯・鉢・菓子・茶を献じて、三拝を行う。ここまでが準備である。宿忌より献じる物の数が増えていることが確認できる。その後、住持が焼香を行い、維那が大悲咒を唱え、再度住持が焼香・三拝して、回向が終われば、問訊し、半斎は終了する。その後7日の日課に戻り、土地堂で後柏原院の半斎と鎮守諷経が行われている。出頭者は、6日同様で、山内の僧侶は参加していない。

　『副寺須知』の月分にも虚堂忌祖餉として銀2匁が支出され、宿忌・半斎とも湯・茶等を祖師堂の虚堂の位牌に住持が献じる等、日常の行事にはない行為が行われていることがわかった。

　ただし、行事としては仏殿内の一部を用い、少人数で執行されていた小規模の行事であることが確認できた。

5．冬　至

　11月には、暦の上で冬至が来る。ただし、その日は固定された日とならない。妙心寺では、冬至の日に1日・15日と同じく佛殿祝聖を行っていた。しかし、他の日分の行事と重なることがあるため、日にちごとに冬至の祝聖と日分の行事をどのように行うか定めている。行事の進行は以下のB～Kの10通り（Aは総則）であった。

A 佛殿祝聖諸諷経、すべて日分の旦望と同じ。(三侍者立班することだけが異なる)

B 冬至が朔日・15日にあれば、旦望祝聖を冬至の祝聖として、別に分けない。

C （1）冬至が2日にあれば、先に佛前祝聖を行い、その後、両序先に土地堂に赴き立班する。

（2）住持、土地堂に赴く。両序と問訊・叉手する（図14）。

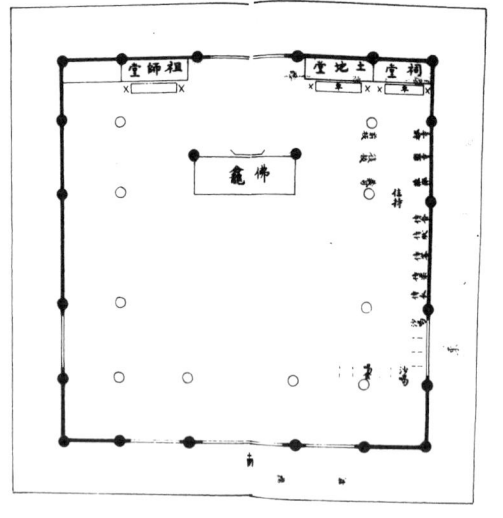

図14　冬至佛殿祠堂諷經五侍者沙喝等班位之圖

（3）行者磬を鳴らせば、住持進んで焼香し、元の位置に戻る。

（4）維那、大悲咒をあげる。途中、住持焼香し、元の位置に戻り、深問訊・叉手する。次に消災咒を3遍あげる。

（5）回向が終われば、又直に進み焼香する。花園法皇諷経、次に祠堂諷経常の如く。

（6）次に仏前より祖師堂に赴く。祖師堂諷経が終われば、殿裏送鐘を鳴らす。

（7）先に両序、次に住持後門より出て、微笑庵に赴く。

（8）この日の祠堂高源院忌は10月に修す。

D （1）冬至が3日にあれば、先に佛前祝聖を行い、その後、両序先に祖師堂に赴き立班する。

（2）住持、祖師堂に赴く。両序と問訊・叉手し、焼香する。住持元の位置に戻る。

（3）維那、大悲咒（迅誦）をあげる。途中、住持焼香し、元の位置に戻って、三拝・回向する（みな日分の3日に同じ。ただしこの日は諸祖および入牌祖師の諷経はない）。

（4）回向が終われば、次に土地堂花園法皇諷経、祠堂諷経、日分旦望の如く。

（5）この日の祠堂八雲院忌は10月に修す。

E （1）冬至が4日にあれば、先に佛前祝聖を行い、その後、住持、侍香を随え、火徳焼香を行う。

（2）維那、大悲咒（迅誦）をあげる。途中、住持焼香し、元の位置に戻り、深問訊・叉手。

（3）次に消災咒3遍（みな日分の4日に同じ）。

（4）回向が終われば、次に祖師堂、次に土地堂、次に祠堂諷経、日分旦望の如く。

（5）この日の祠堂見性院忌は10月に修す。

第5章　仏殿

F （1）冬至が5日にあれば、鐘が収まると祝聖以前に、住持、韋駄天堂に赴く（両序は赴かない）。諷経を行う。侍衣・聴叫等は随い、四侍者・沙喝等は赴かない。侍香は住持の随徒がこれを勤める。常の如く。

　（2）すべて日分5日に同じ。回向が終われば、方丈玄関より出る。五侍者・沙喝等随う。

　（2）仏殿に赴き、祝聖諸諷経等、日分旦望の如く。

G （1）冬至が6日にあれば、先に佛前祝聖を行い、その後、両序先に普庵に赴き立班する。東序が西、西序が東（図15）。

　（2）住持、進んで、佛龕の東を過ぎ、西序の北より、両序の北、普庵の正面に立つ（図16）。

　（3）両序と問訊・叉手し、進んで焼香する。行者鈴を鳴らす。住持元の位置に戻る。

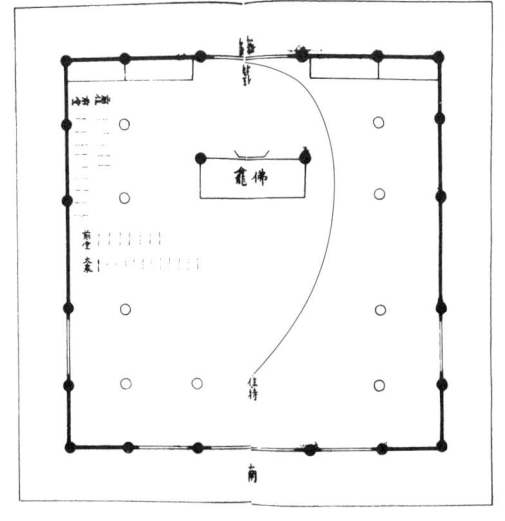

図15　冬至若在二普菴諷經一時　住持進路及大衆列班之圖

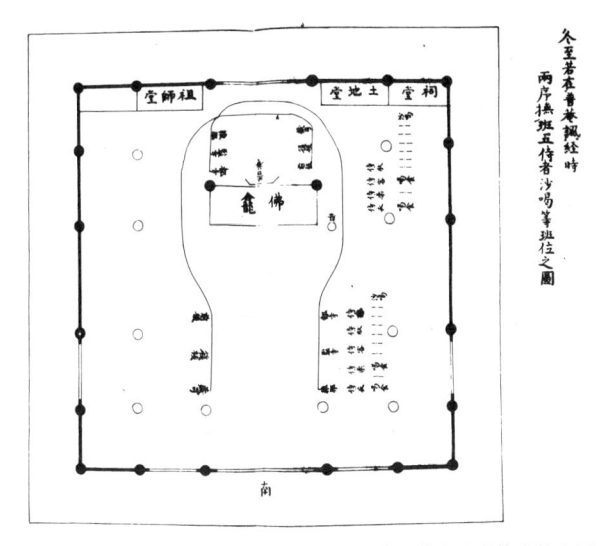

図16　冬至若在二普菴諷経一時　両序撫し班五侍者沙喝等班位之圖

　（4）維那、大悲咒（迅誦）をあげる。途中、住持焼香し、元の位置に戻り、深問訊・叉手。

　（5）次に消災咒3遍（みな日分の6日に同じ）。

　（6）回向後、両序、直に西の祖師堂に立班する。住持、佛龕の東より西の祖師堂に赴く。次に土地堂、次に祠堂諷経、日分旦望の如く。

H （1）冬至が7日にあれば、先に佛前祝聖を行い、その後、祖師堂、土地堂、祠堂諷経、日分旦望と同じ。

127

(2) 祠堂諷経第2遍が終われば、両序先に土地堂に赴き立班する。

(3) 住持、土地堂にいたる。卓の西爐（後柏原院牌前）に焼香し、元の位置に戻る。

(4) 維那、大悲咒（迅誦）をあげる。途中、住持焼香し、元の位置に戻り、深深問訊・叉手する。回向が終われば、問訊・叉手する。

(5) 住持、東爐（鎮守牌前）に焼香し、元の位置に戻る。

(6) 維那、大悲咒（迅誦）をあげる。途中、住持焼香し、元の位置に戻り、深問訊・叉手。

(7) 次に消災咒3遍（みな日分の7日に同じ）。回向が終われば、問訊・叉手する。経常の如く。

I 冬至が11日にあれば、花園法皇の正當忌の式にあたる（玉鳳献粥・法堂半斎・方丈鉢斎）。そのため、法皇忌は10月11日に行う。仏殿祝聖・諸諷経・微笑塔諷経は、日分旦望に同じ。

J 冬至が16日にあれば、2日に同じ。17日にあれば、3日に同じ。18日にあれば、4日に同じ。19日にあれば、5日に同じ。20日にあれば、6日に同じ。21日にあれば、7日に同じ。ただし、後柏原院半斎なし。祠堂諷経後、土地堂にいたる。直に鎮守諷経を行う。次に微笑塔諷経。

K 冬至が旦望・3日・17日を除き、その他の日にあるときは、祖師堂入牌・祖師諷経の遍数、両序の章下巻11日の維那のところに詳しい。

　5日、20日に行われる韋駄天諷経の日のみ、仏殿祝聖の前に住持・侍衣・聴叫が、庫裏の韋駄天堂に赴くこととなる。他の日は仏殿でまず仏前祝聖を行い、その後本来その日に行われるべき、供養が行われていたようである。ただし、日常の日と異なる点は、本来本山の僧侶が出頭するのは、1日、15日の仏殿祝聖の日のみであったが、冬至の日のみ、仏殿祝聖以後のすべての行事に本山の僧侶が立ち会う点にある。そのため、『法山規式須知』第九「圖繪」の中にも3点の図が載せられていた（図14～16）。ただし、図14の「冬至佛殿祠堂諷経五侍者沙喝等班位之圖」には、前住・前堂・後堂等の立つ位置が省略されている。これは図12と同じ仏後壁の北であるためと考えられる。図15と図16は、同時に進行している僧侶の動きを図が煩雑となるのを避けるため2枚に書き分けている。

　冬至が何日になっても、住持以下本山の多くの僧侶で祝聖の行事を行い、それ以後の本来その日に行われるべき供養が遂行され、仏殿の諸施設全体が用いられていることがわかった。

６．佛殿成道會

　12月8日の成道會とは、釈迦が悟りを開いた日とされ、日本の多くの仏教系寺院で法要が営まれている。近世の妙心寺での行事の様子は『法山規式須知』第二「住持章　下」に以下の通り記述されている。

（1）仏前に出山佛の尊影を掛ける。
（2）巳の刻（午前10時頃）、第1通の大鐘後、維那が僉疏を請う。第2通大鐘・洪鐘共に鳴らす。
（3）両序は、仏殿に赴き、後門の外の連床に座る。
（4）住持、鐘後、仏殿に赴く。侍衣・侍香・沙喝・喝食・聴叫、随う。
（5）両序は、普庵の前に南を主として対立。合掌後前板・都寺より佛前に出て、北向きに立班。
（6）住持、後門より入り、北より2間目の露柱の間を通り、東の雨打に出て進み、東序の後を過ぎ、正面露柱の間に中立する。

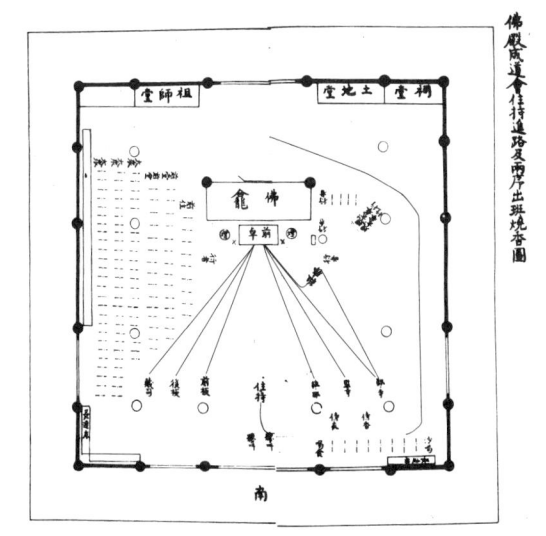

図17　佛殿成道會住持進路及兩序出班燒香圖

（7）住持、両序と問訊、侍香を随え焼香を行う。元の位置に戻り、問訊。侍香は卓の側に止まる。
（8）行者、席を敷く。住持、坐具を展収し、三拝を行う。
（9）住持、三拝後、席の西側を通り、卓の前に進む。
（10）住持、湯器を献じる。三薫して、みずから、爐の東辺に置く。
（11）住持、食器を献じる。住持、三薫して侍香に渡す。侍香は、匙を挿起する。
（12）住持、元の位置に戻り、問訊する。三拝を行い、深問訊・叉手する。
（13）住持、菓器を献じる。三薫して、みずから飯案の東辺りに置く。
（14）住持、茶器を献じる。茶を点て、三薫して、みずから爐の西辺りに置く。
（15）住持、元の位置に戻り、問訊する。侍香もこれに随う。
（16）住持、三拝を行う。行者は席を徹する。
（17）次に出班焼香を行う。行者、卓の東西に対立して、鈸を鳴らす。
（18）維那、大卓の東南に立てば、東鈸3聲を鳴らす。第1聲で坐具を抽き、問訊する。
（19）住持、侍香を従え焼香する。
（20）両序の出班焼香（図17）。式はすべて初祖忌半斎に同じ。出班焼香後、行者、合殺の鈸を鳴らす。
（21）次に行者、鈴を鳴らすこと2聲。列拝を行う。
（22）行者、席を敷き、住持、三拝を行う。
（23）両序は、露柱の際より雨打に出る（東序は東露柱の1本目と2本目の間、西序は西露柱の1

本目と2本目の間を通る)。一同、北向きに坐具を展べ、三拝を行う。その後、前住と前堂が三拝を行う。後堂以下の大衆は、場所がないので三拝を行わない（図18）。

(24) 住持、三拝後、坐具を納める。行者は席を徹する。

(25) 両序は対立して立ち、住持、辨香を受け取り、拈起し、香語を唱える。侍香を従え、卓前に進み、辨香を爐前に靠れさせ、従香を1炷する。

(26) 住持、元の位置に戻り、問訊する。維那は宣疏を行い、行者は席を敷く。

(27) 住持、坐具を広げ、胡跪する。

(28) 行者、柄香爐を呈す。侍香、香を呈す。

(29) 住持、香の1片を焚き、又1片を爐の柄の蓮葉のところに置く。跪爐。

(30) 維那が疏を唱える時、住持は蓮葉の上の香1片を焚く。

(31) 維那、疏を巻き、行者が来て爐を持っていく。

(32) 住持、起立する。行者は席を撤する。

(33) 行者、疏を卓上の木鶴亀背上に置く。

(34) 住持、侍香を随え焼香する。元の位置に戻り、深問訊・叉手する。

(35) 維那、楞厳咒の啓請をあげる。次に「南無薩怛佗」をあげる。

(36) その後、聴叫が南に退き、住持は前に進み、西序の前板と問訊する。叉手し、東北に向きを替え、行道を行う（図19）。

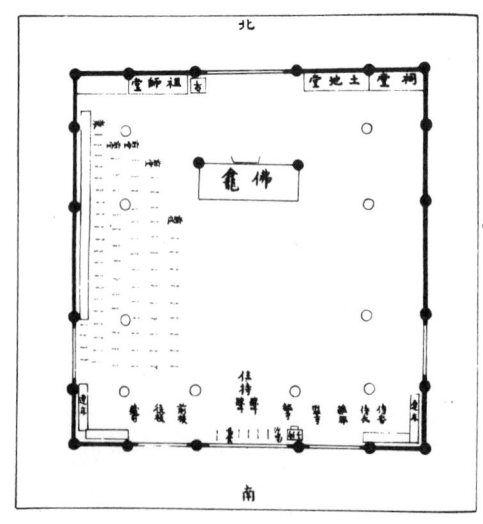

図18　佛成道會佛殿列拜圖　　　　図19　佛成道會佛殿行道圖

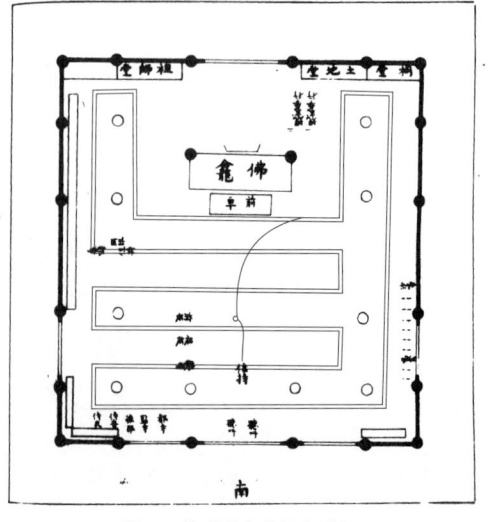

(37)住持、北より第2行の西端にいたって立ち、都寺がいたれば、互いに問訊する。

(38)歩みを進め、第5會、散衆の鈴を聞いて元の位置に戻って立つ。

(39)住持、焼香の鈴を聞いて侍香を随え、焼香する。元の位置に戻り、深問訊。行者席を敷き、住持、三拝を行う。

(40)小回向が終われば、問訊・叉手し、退出する。

　行事の内容は、香、湯・食、菓子・茶を献じて三拝を3度繰り返し、その後両序の出班焼香、前堂以上で列拝を行い、さらに住持の香語、維那の宣疏、住持の跪爐、疏献上と続き、最後に行道を行うものである。内容の上では10月5日に行われる初祖半斎に非常に近いものになっている。その違いは、成道會は初めに九拝であるのに対して、初祖半斎はより丁寧な十八拝が行われていること、行道の際の経典が成道會は華厳咒であるのに対して、初祖半斎は楞厳咒であること、さらに最大の違いは成道會が仏殿で行われるのに対して、初祖半斎は法堂で行われていることにある。

　妙心寺における諸行事の中では法堂で行われる法要が最重要なものであることは、前章で述べた。しかし、成道會に関しては、行事の内容は法堂で行われる法要と遜色はないが、仏殿に祀られている釈迦の法要であるため、あえて仏殿を用いて行事を遂行していたものと考えられる。空間の使い方も同じであるが、面積の違いにより、成道會では列拝の際、入側柱より外側のもこし部分に整列するなど、狭い空間を最大限に活用していることが確認できた。

　さらに行道の範囲は本節第2項で触れた祠堂亡者忌が祠堂のある東側の脇壇を中心とし、東側と南側のもこし部分とそこに接する主屋部分を4行する逆L字型の空間であったのに対して、佛殿成道會はより多くの僧侶が参加することと仏殿の中心にある釈迦如来に対する供養であるため、仏堂全体が利用され6行となり、なおかつ脇壇側へも張り出す凹型の範囲となり、仏殿全体が利用されていることが確認できた。

７．大燈国師宿忌・半斎

　大燈国師とは、大徳寺開山の宗峰妙超（1282～1337）のことである。播磨に生まれ、鎌倉万寿寺の高峰顕日に参禅し、その後上洛して京都万寿寺の南浦紹明に付いて修行を積む。26歳の時に印可を受け、その後20年間頭陀乞食行を行い五条の橋の下で暮らす。その後、花園法皇や後醍醐天皇の帰依を得て大徳寺の開山に招かれる。この大燈国師に妙心寺の開山関山慧玄が師事することとなるのは、51歳の時で、嘉暦4年（1329）印可を受けている。このような関係から祖師堂に祀られ、法要が営まれることとなる。行事の内容は『法山規式須知』第二「住持章　下」に以下のように記されている。

〈12月21日　大燈国師宿忌〉

（１）佛殿朝課後、鎮守諷経誦えず。今晩大燈国師の宿忌がある故、晩に鎮守諷経を誦える。

（２）同晩、祖師堂にて大燈国師宿忌を行う。すべて虚堂宿忌に同じ。宿忌後鎮守諷経を誦え

る。

〈12月22日　大燈国師半斎〉

（1）祖師堂にて大燈国師半斎を行う。すべて虚堂半斎に同じ。

　実に簡単に記されているが、法要の内容は虚堂宿忌および半斎に同じである。ただ21日が日分の中で鎮守諷経の日に当たるため、宿忌の後に実施されている。湯・茶等を祖師堂の大燈国師の位牌に住持が献じる等、日常の行事にはない行為が行われているが、仏殿内の一部を用いた、少人数で執行される小規模の行事であったことが確認できる。

8．佛殿歳末祈禱般若

　12月25日に法要が営まれる。行事の内容は、9月の仏殿般若とまったく同じであることが、以下の文書から確認できる。

（1）巳の刻（午前10時頃）、第1通の大鐘が鳴れば、維那は小方丈に行き、僉疏を請ける。9月の般若に詳しい。第2通大鐘、洪鐘共に鳴らす。鐘が収まれば、住持、佛殿に赴く。式まったく9月の般若と同じ。

9．大應国師宿忌・半斎

　大應国師とは、大徳寺・妙心寺両派の直系の祖である南浦紹明（1235～1308）のことである。大徳寺開山の宗峰妙超（1282～1337）は南浦から26歳の時に印可を受けており、妙心寺の開山関山慧玄も南浦の晩年、彼の元で修行をしていたことがある。

　行事の内容は、虚堂や大燈国師の宿忌・半斎とまったく同じであることが、下の文から確認できる。

〈12月28日〉

（1）祖師堂にて大應国師宿忌。虚堂忌に同じ。

〈12月29日　大應国師半斎〉

（1）祖師堂にて大應国師半斎。虚堂忌に同じ。

10．正月元日

　正月になると修正と称して、数々の行事が行われている。特に元旦は小方丈で住持と両序・五侍者との禮問と称する問答を行う。その後、山内僧侶全員が出頭する仏殿で改旦祝聖、大方丈での展鉢喫粥、法堂での改旦上堂、また仏殿に戻り般若、さらに龍泉庵に赴き實性禅師半斎を行う。最後に大方丈に戻り、鉢斎式を行う。これら一連の行事の中で仏殿は2回使用される。

　仏殿が利用される祝聖と佛殿般若は以下の通り実施されていた。

〈佛殿改旦祝聖〉

（1）小方丈禮問（住持と両序・五侍者の年頭の問答）あり。その後第2通大鐘・洪鐘共に鳴らす。禮問が終われば、両序は、直ちに佛殿に赴く。

第 5 章 仏 殿

（2）鐘が収まれば、住持佛殿に赴く。五侍者、沙喝等随う。
（3）佛殿改旦祝聖、諸諷経、すべて日分旦望に同じ。但し三侍者が随うところが異なる。

〈佛殿般若〉
（1）佛殿の前面に修正の牌を掲げ、殿内の南の雙露柱に紙錢経馬[13]を掛ける。十六善神像はない。
（2）殿鐘を鳴らす。鐘後、住持佛殿に赴く。侍衣、侍香、聰叫は随い、三侍者、沙喝は随わない。
（3）焼香および般若転読等、9月に同じ。満散がないので、住持普門品中の焼香、三拝後、坐す。
（4）次に大悲咒、消災咒3通を修す。
（5）修正の回向後、問訊、叉手、起坐す。殿裏の送鐘を鳴らす。龍泉の鐘もこれに応じて鳴らす。
（6）住持、南の雨打を過ぎ、東の門を出て、月壇を下り、圓履をはき、龍泉菴の半斎に赴く。

　正月元旦に仏殿が利用される行事のうち、1回目は、毎月1日と15日に行う祝聖である。日常の行事と異なる点は、三侍者が随行するところのみである。
　2回目は、佛殿般若であり、5月16日、9月16日、1月16日と12月25日の歳末祈禱般若との違いは、以下の通りである。

　A　設営では、佛龕の正面に掛ける十六善神像がない。
　B　改旦祝聖が、3が日続く行事であるため、本節第2項で述べた仏殿般若の行事工程(13)～(19)（満散のための所作）が省かれる。
　C　佛殿般若終了後、龍泉菴の半斎に赴く。このため、仏殿の東に龍泉庵があるため、東面の扉口から退室する。

　仏殿の利用方法としては、日常の祝聖と佛殿般若とが同日に行われているだけのことであり、一つ一つの行事に大きな違いがある訳ではない。

11．正月2日

　日常の利用で、2日は土地堂諷経の日である。そのため、正月2日は山内僧侶で土地堂諷経の朝課を行い、その後午課も修したのち、方丈北の間で展鉢喫粥となる。さらに仏殿で般若を修し、衡梅院の真照禅師の半斎に赴き、その後方丈北の間に戻って鉢斎式に臨むこととなる。行事の詳細は以下の通りである。

（1）卯の刻（午前6時頃）。鐘後、住持、仏殿に赴く。侍衣、侍香、沙喝等随い、三侍者なし。
（2）後門より入り、まず普庵、祖師堂に巡香する。
（3）巡香後、住持、佛龕の前より、東の土地堂に赴く（図20）。
（4）住持、侍香を従え焼香する。元の位置に戻り、問訊、叉手する。

(5) 維那は華厳咒の啓請をあげる。次に「南無薩怛佗」をあげ終われば、二侍者、東序南に退く。聴叫も南に去って、佛前正中の南に立つ。

(6) 住持、進んで前板と問訊、叉手し、向きを替え、露柱の北を廻り、行道する。

(7) 第5回散衆の鈴を聞いて、元の位置に戻って立つ。聴叫は南より来て、住持の後ろに立つ。

(8) 住持、焼香の鈴を聞いて、侍香を従え焼香する。元の位置に戻り、深問訊、叉手する。

(9) 次に消災咒3遍。回向が終われば、維那、直に大悲咒をあげる。

(10) 住持、和鈴を聞けば、花園法皇に焼香。元の位置に戻り、深深問訊する。日分の2日の如く。

(11) 次に祠堂諷経。

(12) 次に祖師堂諷経。住持、佛龕の前を通り、祖師堂に赴く。諷経日分旦望に同じ。大悲咒4遍。

(13) 祖師堂諷経の間に、行者磬台の東に卓を設け、金剛経尊勝陀羅尼の本数10巻を置く。

(14) 次に仏殿午課。祖師堂諷経後、両序佛前に立つ。住持、北に進み、普庵の前を東に過ぎ、佛龕の東より南に出る。（経卓の東を過ぎる）

(15) 住持、中立。合掌して、元の位置に戻り、深問訊、叉手する。

(16) 維那、金剛経をあげる。聴叫は少し南に下がる。

(17) 二侍者と東序が南に退けば、住持、前板と問訊し、行道。成道會と同じ。行者これを導く。

(18) 住持、一巡して都寺と問訊してのち、磬台の東にいたって上の経巻をとって、これを読む。

(19) 半巻が終わる頃、卓前にいたれば経巻を置き、行道する。終わりの鈴を聞いて、歩みを止める。

(20) 維那、尊勝陀羅尼をあげる。和鈴を聞いて歩みを始める。

(21) 陀羅尼の3遍目の始めの鈴、一聲の後、別に散衆の鈴一聲を鳴らす。

(22) 住持、元の位置に戻る。

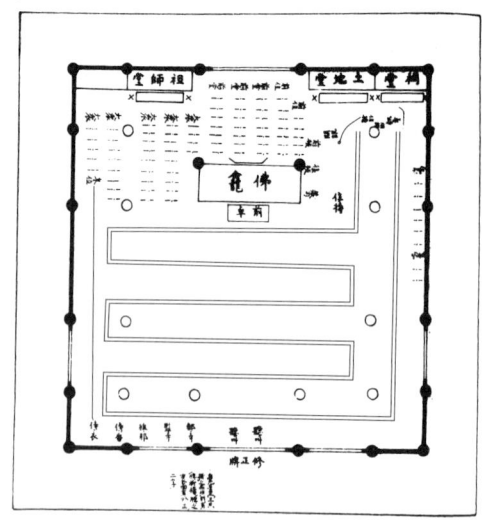

図20　正月二日土地堂諷經圖

(23) 住持、焼香の鈴を聞いて、侍香を従え進んで焼香する。元の位置に戻り、問訊、三拝する。
(24) 次に消災咒3遍。回向後、問訊、叉手し、退出する。
(25) 方丈の喫粥に赴く。

〈佛殿般若〉
（1）巳の刻（午前10時頃）、大鐘・洪鐘共に鳴れば（一通のみ）、般若の式、朔日に同じ。回向が終われば、殿裏の送鐘を鳴らし、衡梅の鐘、これに応じて鳴らす。両序、まず衡梅院に赴く。
（2）住持、後門を出て、衡梅院の半斎に赴く。侍衣、侍香、聴叫は随い、三侍者はなし。

　正月2日の土地堂諷経では、日常の利用とは異なり、華厳咒が唱えられ行道が行われている。その範囲は、祠堂亾者忌同様に土地堂が東脇壇にあることから、東側と南側のもこし部分とそこに主屋部分を6行する逆L字型の空間が用いられている。

　さらに、午課においても成道會と同じく、堂内全体を用いて行道を行い、磬台の東に卓を設け、金剛経尊勝佗羅尼経を置き、住持が読経する点も日常の利用とは異なっている点である。

　佛殿般若については、元旦と同じ内容で修されるが、住持の退室が仏殿の北東にある衡梅院に赴くため、後門から出られる点が異なる。

12. 正月3日

　日常の利用で、3日は祖師堂諷経の日である。そのため、正月3日は山内僧侶で祖師堂諷経の朝課を行い、その後午課も修したのち、方丈北の間で展鉢喫粥となる。さらに仏殿で般若を修し、正月3が日の締めくくりとしての満散を行い、その後方丈北の間に戻って鉢斎式に臨むこととなる。行事の詳細は以下の通りである。

（1）卯の刻（午前6時頃）、第1通大鐘、第2通大鐘、洪鐘共鳴らす。鐘後、住持、仏殿に赴く。
（2）普庵、次に土地堂と巡香する。
（3）佛龕の前より祖師堂にいたり、中立する（図21）。
（4）住持、侍香を従え焼香する。行者磬を鳴らす。元の位置に戻り、深問訊、叉手する。
（5）維那は華厳咒の啓請をあげる。次に「南無薩怛佗」をあげ終われば、二侍者、東序南に退く。
　　聴叫も南に去って、佛前正中の南に立つ。
（6）住持、進んで前板と問訊し、南に出て、行道する。行者これを導く。
（7）第5回散衆の鈴を聞いて、元の位置に立つ。聴叫は南より来て住持の後ろに立つ。
（8）住持、焼香の鈴を聞いて、侍香を従え焼香する。元の位置に戻り、問訊、三拝する。

（9）回向後、佛龕の前より 東の土地堂に赴く。

（10）土地堂花園法皇諷経。次に祠堂諷経。

（11）佛殿午課。祠堂諷経後、両序先ず佛前に立つ。住持、両尼3篇。行道、陀羅尼の第3遍に焼香、三拝等、すべて2日に同じ。回向後、方丈の喫粥に赴く。

〈佛殿般若〉

（1）巳の刻（午前10時頃）、2日に同じ。ただし普門品中の焼香、三拝が終われば、住持、坐して、大悲咒、消災咒3遍。回向がなく、咒が終われば、起座する。大衆も起座する。住持、小方丈に帰り、衣を着替える。

〈佛殿満散〉

（1）般若後、大鐘、洪鐘共鳴らす。行者・司鐘、般若の経案・畳席を徹する。

（2）鐘後、両序、北面に立班。住持、仏殿に赴き、中立。進路および立つ位置は成道會に同じ。

（3）行者、鈸を鳴らす。出班焼香。住持焼香を行い、元の位置に戻る。式はすべて成道會に同じ。

（4）行者、合殺の鈸を鳴らす。列拝は行わない。

（5）両序対立し、住持、侍香を従え焼香。行者磬を鳴らす。元の位置に戻り、深問訊、叉手。

（6）華厳咒行道を行う。行者これを導く。

（7）第五會焼香、三拝等、すべて成道會に同じ。

（8）次に消災咒3遍。次に摩訶梵が終われば、維那、宣疏をあげる。跪爐なし。

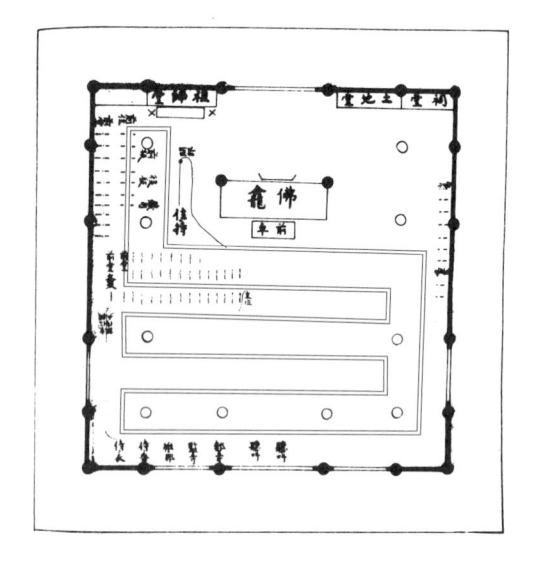

図21　正月三日祖師堂諷經圖

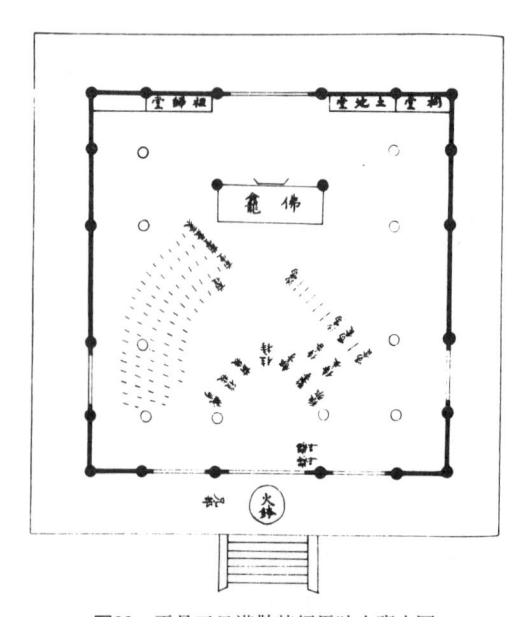

図22　正月三日満散焚經馬時立班之圖

(9) 疏後、住持、少し北に進む。華厳会中の卓の図の南。

(10) 住持、南面して立つ。聴叫は東に退き、西面。香合を持っているものが北。

(11) 両序、大衆もまた、図のように南面する（図22）。

(12) 佛殿の南月壇に火鉢を設ける。火・灰なし。

(13) 力者、火鉢の西に跪く。

(14) 行者、維那が宣疏をあげている間に、長竿を持ち、佛殿の露柱に掛ける。

(15) 経馬を取り、竿に巻き、疏の畢るのを待って、疏と共に、火鉢に入れる。燭を取ってきて、火を点す。

(17) 行者、鈴を鳴らし、維那、消災咒を3遍あげる。

(18) 咒が終われば、回向なく。住持、問訊、叉手して、後門から退出する。

　正月3日の祖師堂諷経では、2日と同様に日常の利用とは異なり、華厳咒が唱えられ行道が行われている。その範囲は、祖師堂が西脇壇にあることから、西側と南側のもこし部分とそこに主屋部分を6行するL字型の空間が用いられている。2日の土地堂諷経と東西が逆転する形となる。

　さらに、午課においても2日と同じく、堂内全体を用いて行道を行っていることを確認できる。さらに佛殿般若を行い、その後佛殿満散と呼ばれる正月3が日の行事の終了の式が行われる。式は、12月8日の佛殿成道會の縮小版となっており、住持、両序、山内の僧侶が揃うと、出班焼香、その後に本日仏殿での3回目の行道が行われ、消災咒3遍を唱え、維那が宣疏をあげる。最後が経馬と疏を仏殿の南基壇上で焼き、維那が消災咒を3遍あげ行事が終了する。

　この経馬と疏を焼く時の配列は、他に例を見ない形であり、仏殿内すべての僧侶が基壇上の火鉢の方向を向いている点に特色を見出すことができる。

13. 祖師堂臨済禅師宿忌・半斎

　臨済義玄（りんざいぎげん）（？～867）は、中国臨済宗の開祖。黄檗希運（おうばくきうん）の印可を得たのちも修業を続け、854年に河北省の地に臨済院を建て、禅を広めたと伝えられている人物である。

　1月9日に行われる祖師堂臨済禅師宿忌、1月10日の半斎の行事の内容は、10月6・7日の祖師堂虚堂和尚宿忌・半斎と同じものであったことが確認できる。

　宿忌では、住持が祖師堂に赴き、初めに焼香し、茶・湯を献じて、三拝を行う。ここまでが準備である。その後、住持が焼香し、維那が大悲咒を唱え、再度住持が焼香・三拝して、回向が終われば、問訊を行い、解散となる。出頭者は、住持・維那・侍香のほか、侍衣・侍者・聴叫のみの日課に出頭する僧侶であり、その他の山内の僧侶は参加していない。

　翌日の半斎は、仏殿で行われる日課の一部が省略され、午課後に半斎が組み込まれた形で執行されている。午課後、住持が祖師堂に赴き、初めに焼香し、湯・鉢・菓子・茶を献じて、

三拝を行う。ここまでが準備である。宿忌より献じる物の数が増えていることが確認できる。その後、住持が焼香を行い、維那が大悲咒を唱え、再度住持が焼香・三拝して、回向が終われば、問訊し、半斎は終了する。出頭者は、宿忌と同様で、山内の僧侶は参加していない。

14. 大工手斧始式

　妙心寺で仏殿が利用される行事のうち、特異な利用方法がこの1月11日に行われる大工手斧始式である。利用実態は以下の通りである。

（1）大工棟梁山門において、手斧始式を行う。

（2）巳の刻（午前10時頃）、殿鐘鳴らす。鐘が収まれば、住持、小方丈を出る。侍衣・侍者、在籍の僧は皆出る。聴叫2人随う。

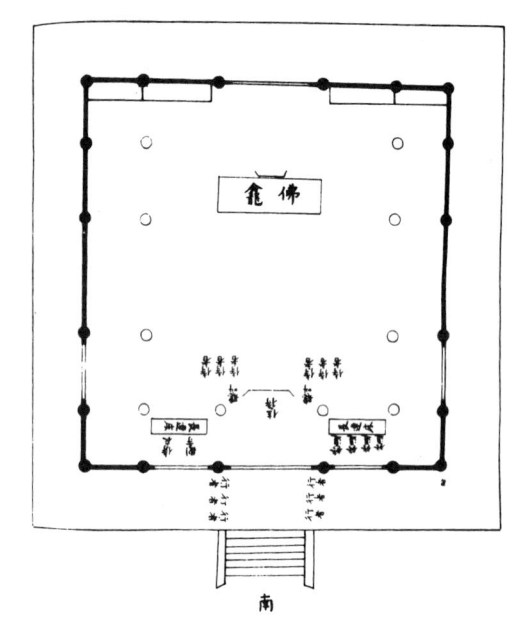

図23　正月手斧始住持出佛殿之圖

（3）住持、方丈玄関より出て、佛殿の後門より入り、東へ出て、正中の椅子に座り、南を向く。聴叫、椅子の左右に分かれて立つ。侍衣は西の連床に座る。副寺もまた佛殿に出て、西の連床に侍衣と並んで座る。上位東にあり。

（4）侍者は、住持の椅子の後に横に並ぶ。四派の修造奉行は東の連床に座る。上位西にあり。

（5）行者、正面戸外の東西に分かれて座る。瓦上に圓座を敷く。日傭頭、行者の後ろに座す（図23）。

（6）手斧始式が終われば、棟梁、月壇に登り、正面に跪き、住持に向かい深低頭して禮す。行者、祝儀を渡す。修造寮よりこれを弁ず。棟梁戴いて退く。番匠もまたいたり禮す。祝儀を賜ること、棟梁の如く。

（7）住持、小方丈に帰る。

　仏殿を住持以下、副寺・侍衣・修造役の僧侶・侍者等が、山門で大工棟梁が行う手斧始の儀式の見学場所として利用している実態が把握できる。

　妙心寺の大工棟梁は代々若狭を名乗り、世襲されており、手斧始の儀式も中世まで遡る可能性がある。2次資料ではあるが、妙心寺本山に保存されている『記録』の天明3年（1783）8月17日の記述に、大工頭中井役所に提出された妙心寺大工の由緒書と伽藍造営にともなう

手斧始を１月11日に行うように記述された天文５年（1536）12月11日付蔵人頭左中辨藤原光康署名の綸旨写しが載せられている。妙心寺所蔵文書で確認できる最初は、天文17年の『正法山妙心禅寺米銭納下帳』の天文18年１月の記述であり、そこには以下のようにある。

（前略）

貳百文　　　　　　　　大工事始被下

百文　　　　　　　　　棟梁同前

百文　　　　　　　　　同酒肴

（後略）

さらに、寛永16年（1639）１月の『正法山妙心禅寺米銭納下帳』には、手斧始に利用された木材「松五寸角一本、松三寸角一本」が記述されている。中世から行われている大工の儀式を住持以下の僧侶が仏殿から見学している実態が把握できた。

15．１月16日

この日は、複数の行事が重複している日である。

まず、この日はすべての行事の進行役を勤める維那の交代日であるため、仏殿の諸諷経は通常通り実施し、午課では大悲咒・消災咒のみ唱え、金剛経を省略している。その後、仏殿般若が行われるが、僉疏（維那が書いた疏に住持が署名をすること）はなく、９月の疏がそのまま用いられている。般若の行事自体は９月とまったく同じで、60名の僧侶により実施されている。

同日の晩には、祖師堂で百丈禅師宿忌が行われている。百丈懐海（749〜814）は、中国福建省の生まれで、20歳の時に出家し、馬祖道一の印可を得た。臨済禅師の師黄檗希運は百丈の弟子の一人である。『百丈古清規』を著し（現在は「序」のみ残っている）、禅林清規の開創者として広く認められていたことから、妙心寺でも祖師堂で供養が行われていたと考えられる。式の次第は祖師堂で行われる虚堂・大燈・大應・臨済の宿忌とまったく同じものである。

16．１月17日

前日に引き続き、祖師堂で百丈禅師半斎が行われるほか、祠堂常総院忌が行われる。このため、日課である住持以下少人数で行われる諸諷経・午課（ただし金剛経は省略）が終了後、両序が招集され、祖師堂で百丈禅師半斎が行われる。式の次第は祖師堂で行われる虚堂・大燈・大應・臨済の半斎とまったく同じものである。さらにその後、祠堂常総院忌が行われるため、１院１名ずつの僧侶が招集され、他の祠堂亡者忌と同じ、法要が行われている。

17．佛殿佛涅槃會

２月15日は、釈迦の入滅の日であり、この日に釈尊涅槃像を掛け、経を読誦して、報恩の供養法会が行われていた。法要の次第は以下の通りである。

（1）佛前に涅槃佛の尊影を掛ける。巳の刻（午前10時頃）、第1通、大鐘が鳴れば、維那、小方丈に来て、僉疏を請ける。式9月の般若と同じ。第2通、大鐘・洪鐘共に鳴らす。
（2）住持、鐘後、佛殿に赴き、佛前に中立する。両序北を向きに立つ。このとき、住持の立ち位置は少し北にあり。成道會の如く。
（3）住持、両序と問訊、叉手し、卓の前に進み、獻供・九拝を行う。
（4）住持、次に香語。次に跪爐を行う。維那、僉疏をあげる。
（5）住持、次に諷経、楞厳咒、行道を行う。行者これを導く。
（6）これまでみな、成道會に同じ。回向が終われば、小方丈に帰る。

　行事は、住持が行う獻供・九拝に始まり、さらに住持の香語・跪爐、維那による宣疏、楞厳咒諷経、行道、回向まで成道會と同じに進められていたことが確認できる。ただし、記述がないことから両序の出班焼香、前住・前堂までが行う列拝は省略されていたと考えられる。

18. 佛殿誕生會

　4月8日は、釈迦の誕生日とされ古くから仏教系の各宗派で行事が営まれていた。妙心寺での行事の様子は以下の通りである。

（1）佛前の大卓に花堂を設け、内に香湯盆を、盆中に誕生佛を置く。香湯を湛え、中に2つの小杓を置く。大卓より2尺ほど隔てて別に小卓を設ける。大卓と小卓の間は行道1行が通る。
（2）木鶴亀に疏を挿し立て、前に飯案を設け、燭・爐・華を配し、東辺に供具を置く。東西の露柱（北より第3）に、浴佛の偈の牌を掛ける。
（3）巳の刻（午前10時頃）、第1通大鐘鳴れば、維那、小方丈に行き、僉疏を請ける。式9月の般若の処に同じ。第2通大鐘・洪鐘共に鳴らす。鐘が収まれば、両序北向きに立班する。佛殿に赴く。侍衣・侍香・沙喝・喝食随う。
（4）住持、中立（立つ位置は成道會に同じ）両序と問訊、叉手し、侍香を従え小卓の前にいたって獻供、九拝を行う。
（5）次に出班焼香・列拝・香語・宣疏・跪爐まで、皆成道會に同じ。
（6）宣疏が終われば、行者、疏を木鶴亀に挿し立てる。
（7）住持、侍香を従え小卓の爐に焼香。行者磬を鳴らす。元の位置に戻り、深問訊、叉手。
（8）維那、浴佛の偈をあげる。衆、唱和、二侍者・東序、西南の隅に退く。聴叫も少し南に退く。
（9）住持、合掌して、偈を唱和しながら、北に進み、前板と問訊・合掌し、小卓の西より大卓の前にいたる。その際は、大衆が偈を唱えている間だけ歩みを進める。
（10）住持、香湯盆の正面に立って、右手で小杓を取り、香湯を酌み、誕生佛の頂に3遍灌ぐ。
（11）住持、東を向き、行道する。行者これを導く（図24）。

(12) 偈三唱後、維那、「南無本師」をあげる。

(13) 以下第5會、みな成道會(38)～(40)の所作に同じ。

(14) 住持、小方丈に帰る。

　行事の内容は、住持が行う献供・九拝に始まり、両序の出班焼香、前住・前堂までが行う列拝、さらに住持の香語、維那による宣疏・住持の跪爐まで、釈迦に関する成道會や涅槃會と同様に進められていたことが確認できる。その後、維那が浴佛の偈をあげ、住持が仏前に設けられた花堂（内側に香湯盆を置き、盆中に誕生佛を安置し、香湯を満たす。中には小勺を2つ入れる）で香湯を酌み、誕生佛の頂に3遍注ぐ。その後行道に入り、各僧侶も花堂の前に行った際は、香湯を酌み、誕生佛の頂に3遍注いでいる。行道が終われば、住持の焼香・三拝し、最後の回向が終われば、問訊・叉手して退室となる。

　全体的な流れは、釈迦に関する成道會や涅槃會と同じであるが、誕生佛の像に香湯をかける点のみ違いが見られる。これは、釈迦の誕生時、産湯を使わせるために9つの竜が天から清浄の水を注いだとの伝説に由来する行為である。

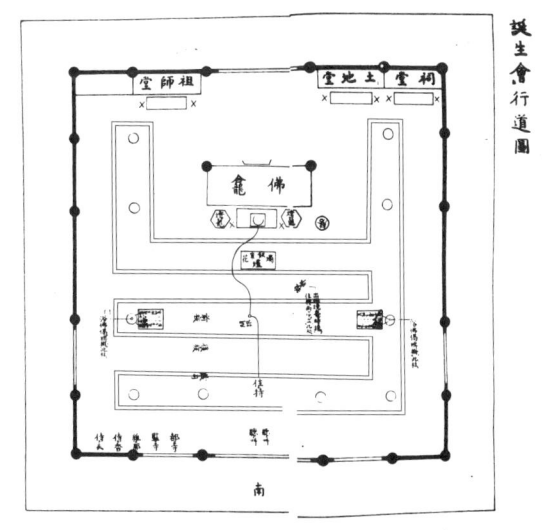

図24　誕生會行道圖

19. 結　制

　4月15日から7月15日までの3カ月間は、夏安居（げあんご）と呼ばれ、寺にとどまり修行に励む期間とされている。その初日が結制と呼ばれ、朝からさまざまな行事が行われる。15日であることから、仏殿で結制の日の祝聖が行われ、その後、微笑塔諷経、法堂での結制上堂が行われ、仏殿に戻り、楞厳會が修される。詳細は以下の通りである。

〈仏殿結制祝聖〉

（1）佛殿結制祝聖・諸諷経・微笑塔諷経、みな日分旦望に同じ。三侍者が随うことが異なる。

〈佛殿楞嚴會〉

　佛前の正中に中卓を設け、爐を置く。北より3番目の東西の柱に普回向の牌を掛け、普庵の前の甎上（せんじょう）に楞厳會の昭牌の図を設ける。大衆が佛殿に入り終わればこれを徹す。

（1）殿鐘が収まれば、両序、北面立班。次に大衆満堂・立班。住持、佛殿に赴く。五侍者。沙喝等随う。住持は鐘が収まってから入る。

（2）住持、土地堂の前より大衆立班の北を過ぎ、東の雨打（大衆立班の東）を南に出て、中立する。この立位置は行道の北より5番目の行に当たり、平日よりも少し北となる。夏

課旦望および楞厳会の立位置もこれに同じ。祝聖および朝課はみな常の如く（図25）。

（３）行者、鈸を鳴らす。出班焼香を行う。維那、大卓の東南に出て、坐具を広げ、住持を請す。

（４）住持、問訊・叉手し、侍香を従え、中卓の西より進む。侍香は中卓の東より進む。

（５）大卓の前にいたり、焼香する。中卓の東より元の位置に戻り、叉手する。

（６）両序の出班焼香が終われば、維那宣疏をあげる。跪爐なし。

（７）疏が終われば、行者が疏を佛前の木鶴亀に挿し立てる。

（８）住持、侍香を従え、大卓の爐に焼香する。行者磬を鳴らす。住持、中卓の東より南に回りこみ、中卓の爐に焼香する。始めの位置に戻り、深問訊・叉手する。

（９）維那、楞厳咒の啓請をあげる。次に「南無薩怛佗」をあげる。

(10)住持、「南無因陀羅耶」の鈴を聞けば、西面を向き前板と問訊し、次に東面を向き都寺と問訊・叉手し、直に東を向いて行道に入る（図26）。

(11)第１會、「刺怛那」の鈴を聞いて、歩みを止める（図27、図28）。維那と侍香が巡堂焼香を行う。

(12)巡堂焼香が終われば、歩みを進める。

(13)第３會、「帝鈝薩鞞鈝」の鈴を聞いて、また歩みを止める。維那と侍香が巡堂焼香を行う。

(14)第５會、「突瑟吨質多」の和鈴にいたって、行者、住持の東より歩み行き、中央にいたって歩みを止める。鈴を鳴らすこと１聲、住持から大衆まで一斉に北面を向く。

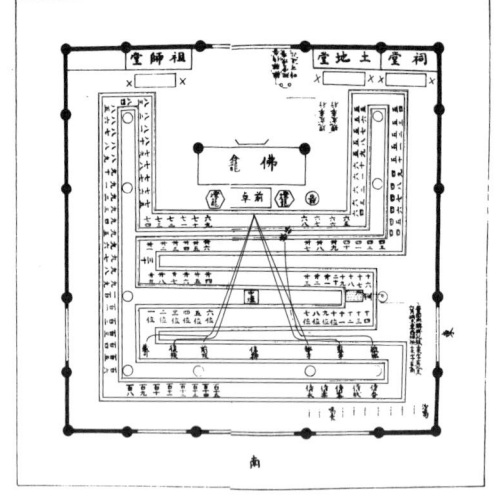

図25　結制楞嚴會住持兩序大衆班位及出班燒香之圖

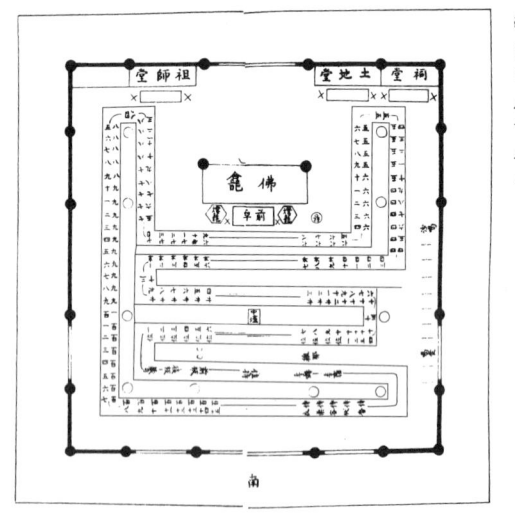

図26　結制楞嚴會行道之圖

第5章 仏殿

(15)「宅祛革荼」にいたって焼香の鈴を鳴らすこと1聲。

(16)住持、侍香を従え、中卓の西より進み、大卓の爐に焼香する。次に中卓の爐に焼香し、平日の元の位置に戻り、問訊・三拝を行う。その後住持、行道に戻る。

(17)楞嚴咒が終われば、消災咒3遍。次に維那が摩訶梵の小回向を誦える。

(18)回向が終われば、住持、正面に問訊し、次に左の前板、右の都寺と問訊・叉手し、始めの如く、南の雨打に出て、東に廻り、後門より出て帰る。

　結制の楞嚴會が他の行事と大きく異なる点は、参加する僧侶全員が仏殿内全域に凹型に配置される点にある。進行は出班焼香（東班：都寺・監寺・維那、西班：前板・後板・蔵司）、維那宣疏、楞嚴咒読経、行道と行われる。ここでも行道の途中で2回維那と侍香が巡堂焼香（土地堂、普庵、祖師堂）を行う点、他の行事との違いが見られる。楞嚴咒が終われば、消災咒を3遍唱え、行道が終われば、住持の焼香・三拝し、最後の回向が終われば、問訊・叉手して退室となる。楞嚴會は、叢林での衆僧の安居の無事円成を祈念する法会として、この期間中毎日行われることとなる。

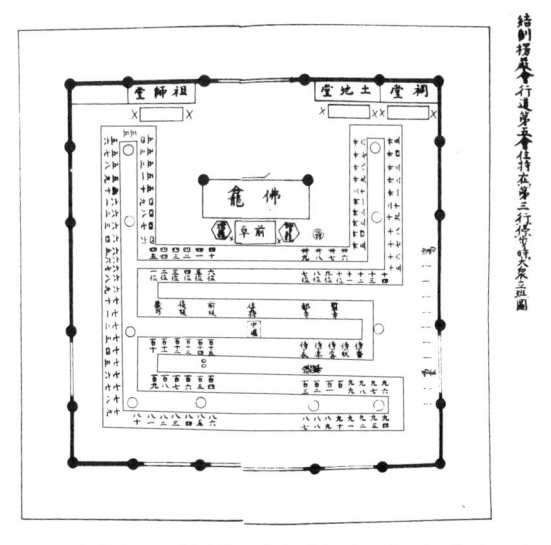

図27　結制楞嚴會行道第五會住持在第二第三行ニ停リ歩時ノ大衆立班ノ圖

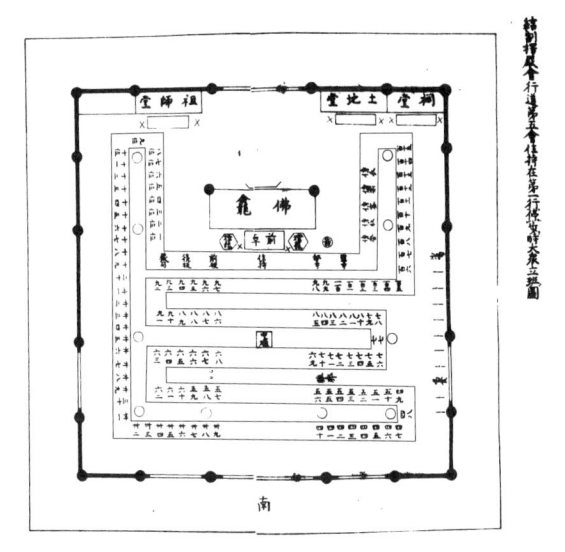

図28　結制楞嚴會行道第五會住持在第一行ニ停リ歩(二)時大衆立班ノ圖

20. 4月16日

　4月16日以降、これまで毎日行ってきた朝課、午課に加えて楞嚴會が実施されることとなる。16日は土地堂諷経の日に当たるため、以下のように行事が進行する。

（1）土地堂諷経および諸諷経日分2日の如く（図29）。

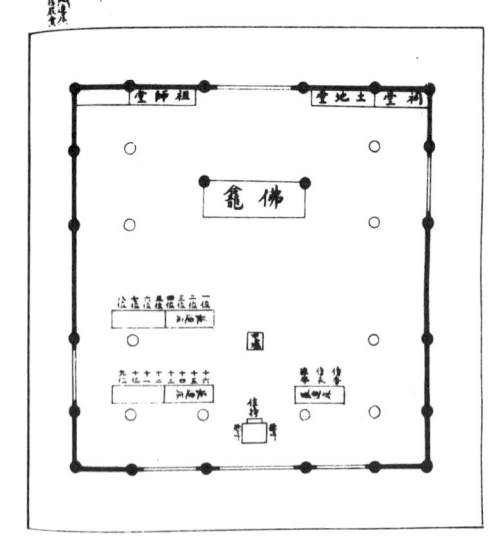

図29　夏中朝課役位大衆椅連床圖 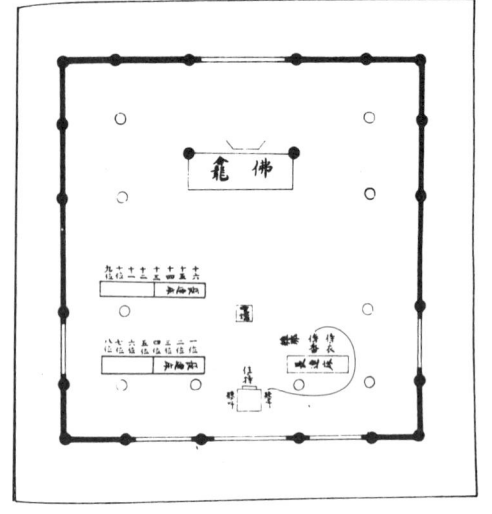　　　　　図30　夏中毎朝楞嚴會立班之圖

（2）次に佛前楞厳會を行う。夏中は金剛経を誦えず、楞嚴會をもってこれに代える。
（3）祖師堂諷経が終われば、維那、南に出る。住持は佛前を斜めに進み、椅子の前にいたって立つ。佛前の西に2行または3行の連床を設ける（図30、図31：楞嚴會の時だけ、大衆が座る長連床の位置が替わる）。住持の立つ位置は、15日の行道時の立つ位置と同じ。聴叫は住持の左右に分かれて立つ。常の如く。
（4）住持、侍香を随え、中卓の西より佛前に進み、焼香する。行者磬を鳴らす。さらに、中卓の東より南に廻り、中卓の爐に焼香する。もとの位置に戻り、深問訊・叉手する。
（5）維那、楞嚴咒の啓請をあげる。次に「南無薩怛佗」をあげる（迅誦）。住持、「南無因陀羅耶」の鈴を聞けば、左右の大衆上位と、維那に問訊し、椅子に座る。
（6）住持、第五會起座の鈴（和鈴1聲）を聞いて、椅子を下り、中立する。また、焼香の鈴（「宅袪革茶」）を聞いて、侍香を随え進んで、両所に焼香する。
（7）住持、元の位置に戻って、問訊・三拝が終われば、坐具を収め、1歩進んで、深問訊・叉手し、1歩退き立つ位置を定める。
（8）楞嚴咒が終わり、消災咒3遍。次に維那が「摩訶梵　普回向」を誦える（図32）。
（9）住持以下皆合掌する。回向が終わると正面に問訊し、次に左右に問訊・叉手して退出する。
　　注1：おおよそ諸帝王忌・諸祖忌・山中籍一堂斎會・改衣等の時は、その他の諷経は省略できるが、楞嚴會だけは必ず修する。ただし再住入寺の前日はこれを略す。

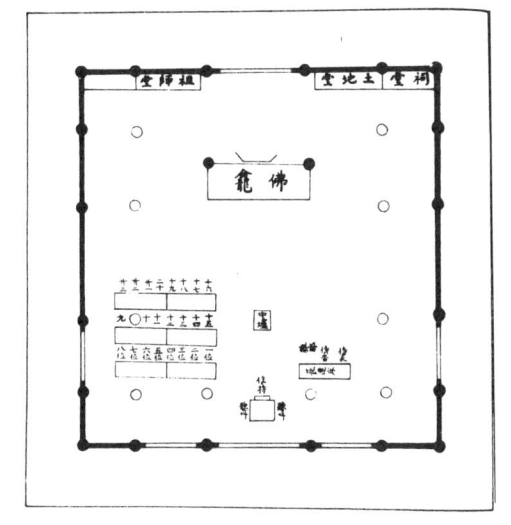

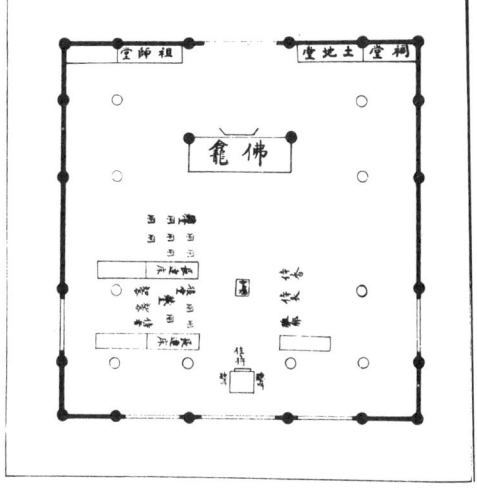

図31　夏中毎朝楞嚴會立班連床三行之圖　　　図32　夏中朝課佛前立班之圖

注2：夏中4日・18日は火徳諷経および六諷経の日以外の、7日より14日にいたる・21日より晦日（小の月は29日）いたる日は、毎朝の朝課の時（大悲咒5遍・消災咒3遍）の焼香は、初め中卓の西より進み、帰りは東を進む。両度とも中卓の爐に焼香しない。中卓に焼香するのは、楞嚴會の時ばかりである。

　安居2日目の行事である。結制の日は、山内僧侶の多くが出頭していたが、この日からは、諸和尚（前堂以上）、龍安衆を除く首座（後堂）以下の僧侶を6班に分け1班5日ずつ交替で20名程度の僧侶が参加し、長連床が準備されるなど違いが確認できる。行事の内容も、住持焼香、楞嚴咒読経、維那・侍香の巡堂焼香、住持焼香・三拝、消災咒3遍、回向となり、結制の日より行道等が省略された形となっている。この日以後は、日課との組み合わせで多少の違いはあるが、概ね4月16日と同様に行事が行われていたようである。

21．5月1日

　安居に入ってからはじめての1日の行事となる。佛殿祝聖・諸諷経は日分旦望とまったく同じに挙行され、その後開山堂での微笑塔諷経ののち、再度仏殿に戻り楞嚴會が行われていた。式の次第は以下の通りである。

（1）佛殿祝聖、諸諷経は日分旦望に同じ。微笑塔諷経。

〈佛殿楞嚴會〉

（1）微笑塔諷経が終われば、玉鳳より送り鐘を鳴らせば、殿鐘これに応じて鳴らす。

（2）両序、先に殿に入り、住持殿にいたれば、鐘を収める。

（3）住持、椅子に座る。両序先に立班する。次に大衆列立が完了すれば、住持、椅子を離れ中立する。侍香これに随う。

（4）住持、侍香を随え大卓に進み、焼香する。1歩退き、問訊する。行者磬を鳴らす。

（5）住持、中卓の爐に焼香する。1歩退き、問訊・合掌してもとの位置に戻る。

（6）維那、楞厳咒の啓請をあげる。以下行道する。僧侶が少ないときは行道を4行とする。

（7）結制の式と同じ。楞厳咒が終われば、消災咒。次に維那が「摩訶梵　普回向」の2字を誦える。

（8）これが終われば、正面に問訊し、次に左（前板）、右（都寺）に問訊して退出する。この日より7月朔日の旦望の式、まったくこれに同じ。

　行事の内容は、住持焼香、楞厳咒読経、行道、維那・侍香の巡堂焼香、住持焼香・三拝、消災咒3遍、回向となり、4月16日以降の楞厳會に行道を加えた形とっている。

22. 解　制

　7月15日は、3カ月続いた安居の最終日となり、楞厳會満散の式が行われる。さらにこの日は1年間続いた住持職の最後の日でもあり、佛殿で解制の祝聖諸諷経、開山堂で微笑塔諷経を行い、小方丈から方丈西北の間に移動する。その後、仏殿で楞厳會満散の式を行い、小方丈交代、山門施餓鬼、法堂解制上堂の式を挙行し、退院することとなる。仏殿での楞厳會満散の式は以下の通り行われる。

（1）佛殿解制、祝聖諸諷経、微笑塔諷経（大悲咒迅請、夏中旦望の式の如く。三侍者が立班することが異なる）。

（2）終われば、住持、小方丈に入り、南板縁を過ぎ、方丈西北の間に赴く。

（3）次に楞厳會満散。僉疏なく、結制の疏を用いる。佛殿、普回向の牌を退ける。微笑塔諷経が終われば、大鐘・洪鐘共に共に鳴る。住持、佛殿に赴く。両序・大衆立班。五侍者・沙喝・喝食は住持に随う。

（4）住持、南に出て中立、直に出班焼香。結制に同じ。行者合殺の鈸を鳴らし、両所に焼香。行者磬を鳴らす。

（5）楞厳咒、行道第5會、両所焼香、三拝、咒が終われば、消災咒3遍。「摩訶梵」等にいたるまで結制楞厳會の式に同じ。この日の宣疏は諷経ののちにあり。普回向誦えず。

（6）住持、宣疏が終われば、左右と問訊・叉手し、少し北に進み、向きを替え南面する。修正満散の時の如く。もし第1行・第3行にいるとき行道を停止すれば、そのまま南面する。中卓の南に出る必要はない。

（7）消災咒3遍。疏・経馬を焼く。式はすべて修正満散の時に同じ。咒が終われば、住持退出する。

　式は、結制の時とほぼ同じ内容で行われる。ただし宣疏のみ、楞厳咒、消災咒3遍ののち

にあげられ、その後修正満散の時と同じように疏と経馬が仏殿南基壇上で焼かれ、住持が退出して式が終了する。

③　再住入寺式での利用

再住入寺式の式全体の流れについては、第7章の大方丈のところで詳細に説明する。『法山再住入寺須知』第一「新命章」によると、その中で仏殿が用いられるのは、入寺した僧侶（新命）が仏殿の釈迦如来、土地堂、祖師堂に礼拝を行う場面である。以下のように利用される。
（1）新命、仏殿の正門より入り、進んで露柱の中間にいたって立つ（図33）。
（2）両序と問訊が済めば、法語をあげる。
（3）揖を行い、さらに小問訊、叉手する。
（4）前に進み焼香し、元の場所に戻る。
（5）履を脱ぎ蓆に上がり、大展三拝。拝毎に行者、磬を鳴らす。
（6）拝が終われば、深々問訊を行う。さらに叉手して履をはく。
（7）両序と土地堂に赴く。
（8）両序、佛座の東辺りに対立するを見て、新命進んで中立する（図34）。
（9）両序と問訊し、法語をあげる。
(10)前に進み、焼香・合掌して、元の場所に戻る。
(11)両序、佛龕のうしろより祖師堂に赴く。
(12)新命、仏前を過ぎて祖師堂に赴く（図35）。
(13)法語をあげる。
(14)前に進み、焼香・合掌して、元の場所に戻り、行者席を敷き、三拝する。

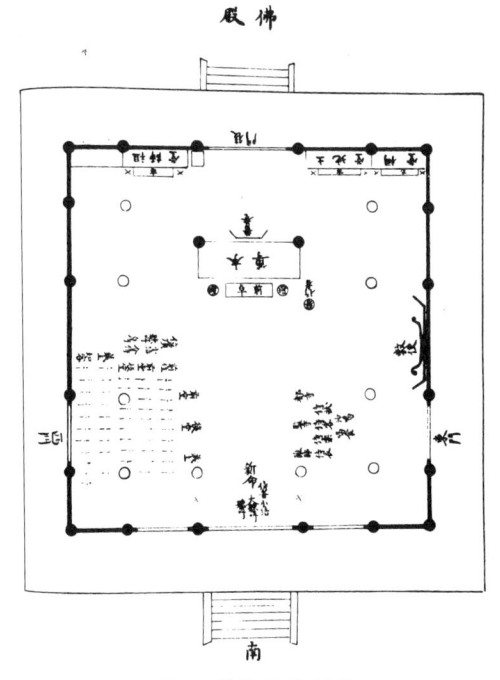

図33　佛殿（立班之図）
（『法山再住入寺須知』第四「圖繪」より、以下図35まで同じ）

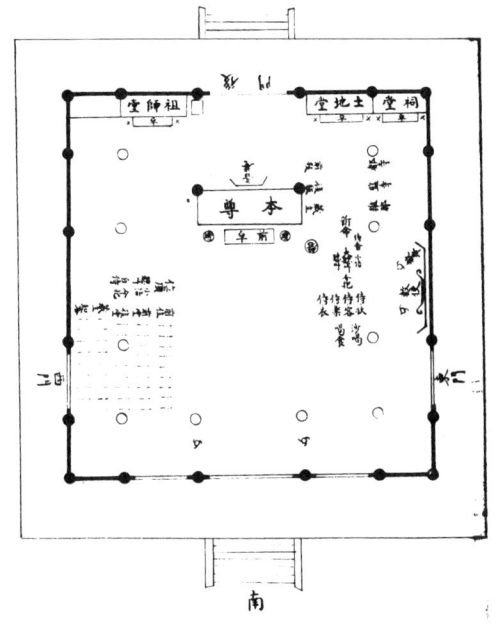

図34　佛殿土地堂立班之圖

(15) 大衆、次に勅使、法堂に赴く。

(16) 新命は待って、金襴衣を脱ぎ、九条を著し、帽をかぶって法堂に赴く。

　これら、一連の行事の中で、日常の利用方法と異なる点を箇条書きすると以下の通りとなる。

　A　勅使の席が東側もこしの中央間に東向きに設けられていること。

　B　日常の土地堂諷経の際、大衆は佛龕の背面の普庵正面に整列するが、再住入寺の際は、新命が釈迦如来に礼拝している時と同じ場所で、移動していない。

　Aの点については、基本的に東班僧侶が存在しない妙心寺にとって、比較的余裕のある東側の空間に勅使の席が設けられた可能性が考えられる。ただし、法堂とは異なり、礼拝場所が5カ所存在すること、主屋桁行柱間が3間と狭いことから、もこし部分に設けられたと考えられる。さらにBについては、入寺式の際、新命に従う衆が多いため、それらの人と山内僧侶とが混乱しないように取られた措置ではないかと考えられ、比較的動線が交差することのない祖師堂立班の時のみ、日常と同じ配置をとったと考えられる。

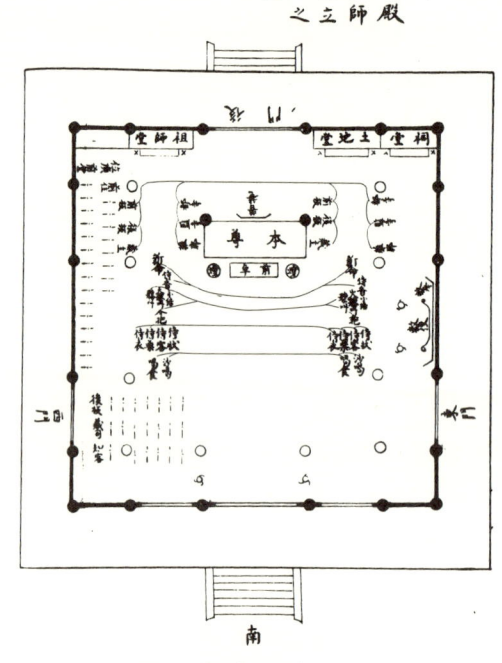

図35　佛殿祖師堂立班之圖

3　まとめ

　本章では、妙心寺仏殿の文化・文政期の再建と利用実態について考察を加えてきた。現在の仏殿は、妙心寺の伽藍建造物のうち最も新しく再建された建物であったが、計画から完成まで27年を要した。ただし、具体的な建設費用を記す普請文書は確認されていない。その前身建物は仏殿と法堂を兼用したもので、これについては天文20年（1551）頃建てられた可能性を指摘した。建て替えに当たっては、京都町奉行を通して江戸の寺社奉行と交渉を行っていることを明らかにした。また前身建物の大きさは、その奉行所とのやりとりや中世の他の禅宗様仏堂の主屋およびもこしの柱間から、これまで修理工事報告書で述べられていた現仏殿より1割ないし2割程度小規模なものであったとする推定は誤りであり、元の大きさ・元の禅宗様の重層の形式のままで再建されたことを明らかにした。同様に、内部諸施設の配置や仏龕の構成もすべて前身仏殿の形式を継承している可能性が高い点を指摘した。

第 5 章　仏　殿

　仏殿の利用実態については、毎日の朝課・午課が住持以下の僧侶で行われ、毎日利用されていた実態が把握できた。さらに妙心寺では、仏龕・祖師堂・土地堂のほか祠堂や普庵の位牌までもが、仏殿内に取り込まれ、混在しており、礼拝方法も日々異なった順番で行われていたことがわかった。中でも仏後壁の背面の空間は、普庵の位牌が安置され南に向かって礼拝を行ったほか、その東側にある土地堂・祠堂の礼拝の際、西班僧侶が経を唱える場所としても利用されていることが確認できた。そのため、一定の広さが要求されたことから、仏後壁を主屋柱筋より前面にずらす必要があったものと考えられる。

　さらに、年中行事においても盛んに利用され、季節の行事では正月3が日の修正会、4月15日から7月15日までの夏安居、冬至などに利用されていた。また祠堂関係の行事としては、妙心寺の壇越の祠堂亡者忌は年に16度を数える。さらに祖師堂関連行事として、百丈・臨済・虚堂・大應・大燈の各祖師について、祥月命日の前日に行われる宿忌と当日行う半斎が行われていた。仏教行事としては釈迦の誕生会・成道会・涅槃会等が行われるほか、仏殿に畳席と60脚の几案を並べて実施される般若が正月3が日と1月・5月・9月の各16日、年末の12月25日に実施されていた。

　臨時の行事としては、再住入寺式で利用され、東面もこしの中央間に勅使の席が設けられるなど、日常の利用とは異なる使い方がされている点も確認できた。

　以上のように、仏殿は日常において、宗教的な利用が最も多い施設であり、建て替えにおいても基本的な構成はまったく変更を受けなかった可能性が高いことが確認できた。

註
（1）『重要文化財妙心寺仏殿修理工事報告書』（京都府教育委員会　昭和60年3月）。
（2）　本書第4章第1節第1項「天正期の妙心寺法堂について」参照。
（3）『殿堂略記』内の主な建物の間数と実際の寸法を比較すると1間寸法は6尺5寸内外となるものが多く存在することから、仏殿についても1間6尺5寸と仮定した。
（4）　前掲註（1）書第3章「調査事項」第2節「形式並びに技法調査」第12項「古仏殿について」。
（5）　関口欣也「中世禅宗様仏殿の柱間（1）」（『日本建築学会論文報告集』第115号　昭和40年9月）。ただし、私見により定光寺仏殿の建立年代を訂正した。また同論文では、瑞龍寺仏殿（1659年建立）・大徳寺仏殿（1665）・泉涌寺仏殿（1669）は、もこし間寸法／主屋脇間寸法の比が0.75となっていることが指摘されている。
（6）　前掲註（1）書第4章「史料文献」第2節「文献」第1項「文献」。
（7）「佛殿再建願武邊御開濟之旨趣書」の中の日付「享和三年癸亥五月武邊江御願申上候」、「同年十月有形之通建直し御願……」、「享和四年甲子正月十五日……願之通御許容之旨被仰渡候」は、表1の妙心寺仏殿造替年表とまったく齟齬はない。
　　　ただし、『記録』の享和4年（1804）1月15日条には以下のように記述されている。
　　　　十五日　右ニ付龍-泉文-叔座-元　天授清-元拙座-元　両執事西役-所ヘ参-向伴元亮　日-附方上-田喜次-郎　同-心大-田勇三-郎　奉-行直ニ御對-面妙-心-寺佛-殿梁-間延作-事ノ願願ノ通り差シ免スト被レ仰-渡則別-席ニ於テ請-書等致シ帰-来　委ハ別記

これによると、「妙心寺佛殿梁間延作事ノ願願ノ通リ差シ免スト」とあり、梁間拡張を許可されたように見えるが、これは既存の3間梁規制（19尺5寸程）より広い梁間（妙心寺仏殿の現状主屋梁間35尺8寸）を容認すると解釈するべきである。

（8）　関口欣也「中世禅宗様仏殿の斗栱――斗栱寸法計画と部材比例――」（『日本建築学会論文報告集』第129号　昭和41年11月）。

（9）　普庵印粛（1115～1169）中国の南宋の僧侶。種々の神通変化をもって、人天を利済したため、善徳を慕われるようになった。のちに、その加護を願うようになり、禅林の仏殿の背後に印粛の像や位牌を祀るようになった。

（10）　相国寺法堂については、東もこし部分に位牌壇が設けられているが、これは明治以降の改造にかかる部分であり、創建時のものではない。
　　　『重要文化財　相国寺本堂（法堂）・附玄関廊　修理工事報告書』（京都府教育委員会　平成9年3月）。

（11）　妙心寺より先に、新たな法堂（寛永13年：1636）を建立し、仏殿との兼用を回避できた大徳寺では、やはり文明11年に建立された法堂兼用の仏殿を寛文5年（1665）に再建している。この仏殿（重要文化財）では、両来迎柱間に来迎壁が設けられ、北側もこし部分の東西に脇壇が設けられるなど、簡素ながら、仏殿としての機能をすべて満たした構成となっている。

（12）　『副寺須知』の「月分」に記述されている。

（13）　紙ぜに。ぜにがた。祈禱または盂蘭盆会のとき、紙を銭の形に切り、絵馬・般若心経とともに堂中の柱にかけ、法会が終わると銅鉢の中で焼く。鬼神に饗するためといわれ、中国の唐代以前から存する習慣（『新版　禅学大辞典』大修館書店　より）。

（14）　本書第3章第5節参照。

第6章　山　門

── 「山門閣」の意味と山門の活用 ──

1　「山門閣」の意味

① 天文頃（前身建物または現存建物下層部分）

　妙心寺の山門は、慶長4年（1599）の棟札や寺蔵文書『山門閣造営納下帳』が存在することより、この年に建立されたと伝えられていた。

　一方、『正法山誌』には以下のように記述されている。

　『正法山誌』第八巻

　　山門　鐵山和尚住山時。山門ノ造營始テ成ル。歳旦ニ作ニ偈曰。烏藤拍レ手叫ニ令辰ト。五百ノ僧房萬物新ナリ。東序ハ歌ヒ花西序ハ月。山門起テ舞ヲ洛陽ノ春。于レ時慶長四年己亥歳三月造營。功畢。大龍院蔵鐵山録ニ　蓋預ノ歳旦ニ祝レ之也。

　　太原和尚在ニ駿州ニ。一時將ニ牧溪畫三幅幀ト 観音左右猿鶴 與ニ永樂錢五拾貫文ニ致ニ于妙心ニ。曰二物欲一ハ寄ニ捨於大德ニ。一ハ寄ニ捨於妙心ニ。請揀ニ其所レ可レ留者ヲ。于時妙心未レ有ニ山門ニ。興ニ議納ニ鳥目ニ。以爲ニ造營之本ト矣。太原便以ニ三幅畫ヲ寄ニ于大德ニ矣。妙心子ニ陪ニ其財本ニ。建ニ山門ノ閣下ヲ。如ニ上閣ニ。時ノ天子後陽成院。賜ニ初イナリ住十人ノ職錢ヲ。充ニ營造之費ニ。依ニ此得ニ全備ニ矣。（後略）

　前半部は、慶長4年3月の鐵山宗鈍住山の時に、始めて山門が完成したと述べている。しかし後半部では、太原崇孚（たいげんそうふ）（1496～1555）から牧溪（もっけい）の観音左右猿鶴の絵もしくは永楽銭50貫文の寄捨のどちらかを選ぶよう問われ、妙心寺は永楽銭50貫文を受け、大德寺には観音左右猿鶴の絵が収められることとなった。妙心寺では太原和尚寄付の永楽銭50貫文を元にして山門の閣下（かくか）を建立した。さらに後陽成天皇（在位1586～1611）の時に初住（しょじゅう）の10人分の職銭（しきせん）を賜り、造営の費用に充て、全体を完成させたとあり、下層部分（閣下）が先行して造られたと述べている。

　この資料内容について確認可能な事柄は、第1点として大德寺所蔵の牧溪の観音図と猿鶴図計3幅（国宝）は、この太原崇孚の寄贈に由来すること。2点目として『山門閣造営納下帳』（慶長4年3月）に「勅許御職銭納」として1人当たり金子4枚、合計17人分で金子68枚（うち10枚は銀子3貫551文目）が納められたという記録が上の職銭に当たることである。

151

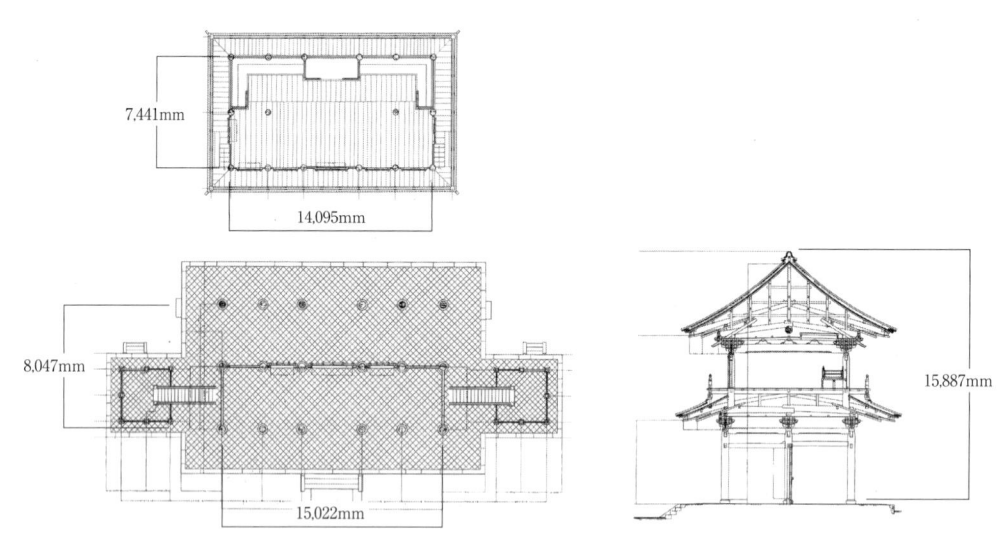

妙心寺山門(左下：1階平面図、左上：2階平面図、右：梁行断面図)
(『重要文化財妙心寺庫裏ほか五棟修理工事報告書(資料編)』から転載、寸法等加筆)

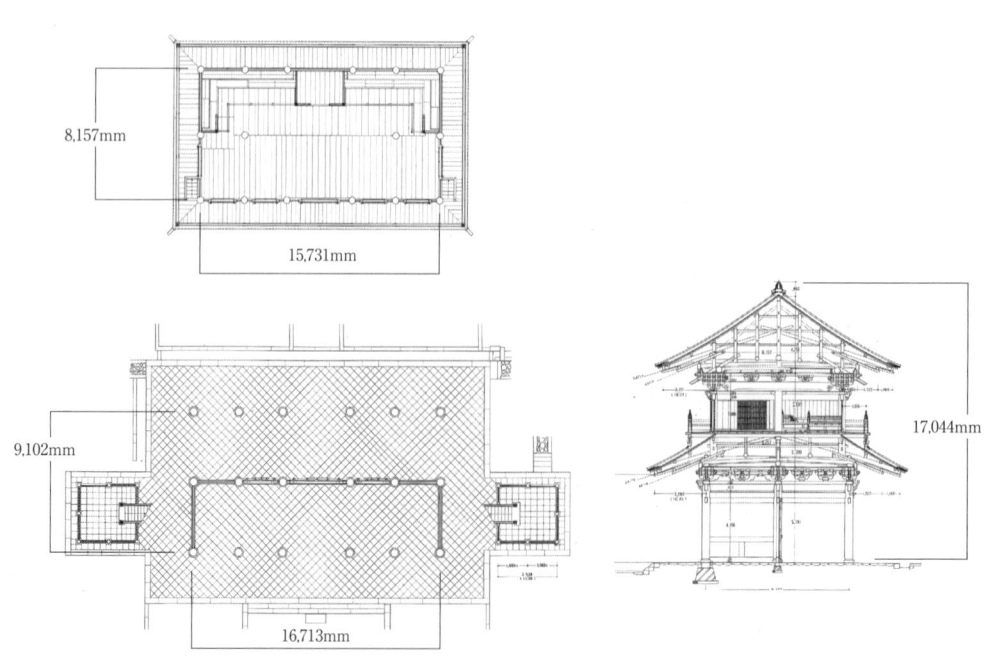

大徳寺山門(左下：1階平面図、左上：2階平面図、右：梁行断面図)
(『重要文化財大徳寺山門(三門)修理工事報告書』から転載、寸法等加筆)

図1　妙心寺、大徳寺山門の図

　これらの点より『正法山誌』の記述はおおむね信頼性があるものと考えられ、前半部の山門の完成とは禅宗本山クラスの重層の門が初めて完成したことを指すとの解釈が可能となる（図1）。

　では、山門完成以前の16世紀の大徳寺と妙心寺はどのような状況にあったのであろうか。

第 3 章で述べたとおり、妙心寺は永正 6 年（1509）初めて住持が紫衣を着て直接妙心寺に入院する儀式を行う。これは、当時の後柏原天皇の綸旨によって成し得たもので、それまでは五山の南禅寺と大徳寺のみに許されていた。そして直接紫衣を着て妙心寺に入院することは、本寺が大徳寺の末寺から脱却して、対等の立場となったことを意味していた。

さらに同年有力な外護者の 1 人であった利貞尼により現在の伽藍西域一帯の敷地が寄進され、五山や大徳寺と同等の施設の整備が急務となったものと考えられる。享禄元年（1528）には庫院を建立したことが『殿堂略記』（無著道忠著）に書かれている。

一方、大徳寺では山門の工事を大永 4 年（1524）1 月からはじめ、立柱を大永 6 年 1 月 26 日に行っている。最終的には単層の門として享禄 2 年（1529）に完成している。

以上により、前掲資料で妙心寺が名画より銭を選択し、山門の建立を急務と考えた背景には、当時の大徳寺と妙心寺の立場が反映していると考えられる。

妙心寺山門下層については建立年代を直接示す史料は存在しないが、弘治 2 年（1556）2 月の『正法山妙心禅寺米銭納下帳』の米下行分に、「六合　山門袮請合来ル　大工棟梁童一人」とあり、その存在が確認できる。

現存する建物の柱の長さは、下層の隅柱 4 本は平均（礎盤上端より台輪下端まで）4.312m、その他の側柱 14 本の平均は 4.283m でその差 29mm の隅延びが確認されている。一方、上層では隅柱 4 本の平均（縁板上端より台輪下端まで）は 2.126m、その他の側柱 10 本の平均は 2.121m でその差は 5mm と誤差範囲にとどまり、隅延びはないと判断できる。この様な状況は上下層の建立年代を異にしている大徳寺山門と同様である[2]。

また、拳鼻・台輪や木鼻の形状においても、拳鼻や木鼻の渦巻は下層の方が円形に近く、よく巻き込んでおり、下端曲線に張りがある。また、台輪の輪郭も下層の方が、肩が張っており、縞が垂直に近いものであった。いずれも同年代のものとは考えられず下層の方が古風であることが確認されている（図 2）[3]。

上記の建物調査・文書調査や時代背景から考えて、下層部分の建立年代は概ね天文年間（1532～55）であった可能性がある。今後さらなる資料の発見が望まれる。

② 慶長 4 年の山門閣建設工事

慶長 4 年（1599）の工事は、『山門閣造営納下帳』により概要がわかる[4]。そこでこの資料について詳細に検討を行うこととする。

収支の全体は表 1（章末に別掲）のようにまとめることができる。収入の額についてはすべて判明するが、支出については、虫食い等により一部判読できない部分がある。そのため下行の一部の項目については、最小値・最大値とその中間の値を推定し、合計金額を計算することとした。

(マス目　30.3mm = 1寸)

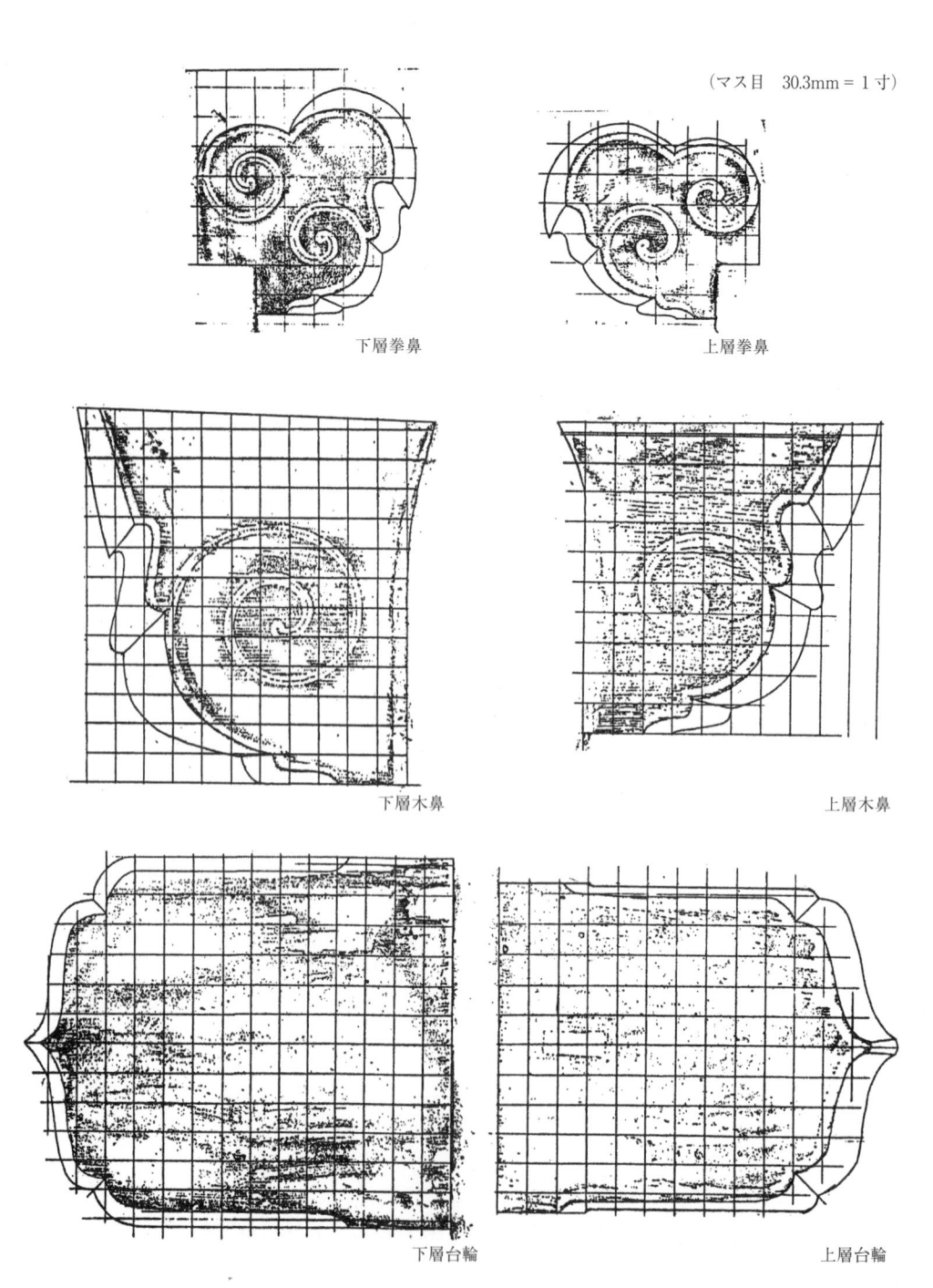

下層拳鼻　　　　　　　　　　　　上層拳鼻

下層木鼻　　　　　　　　　　　　上層木鼻

下層台輪　　　　　　　　　　　　上層台輪

図2　妙心寺山門の上層と下層の拳鼻、木鼻、台輪の形状
（『重要文化財妙心寺庫裏ほか五棟修理工事報告書』から転載）

第6章 山 門

　寄進の額には、「勅許御職銭之納」と「奉加之納」の2種類あり、総額金子66枚・銀子4貫208匁目1分に及ぶ。このうち「勅許御職銭之納」とは、本節第1項で述べた、後陽成天皇（在位1586～1611）の時に初住の職銭を賜り、造営の費用に充てたとされる部分にあたり、17人分の職銭、1人当たり金子4枚分（合計は、金子58枚と銀子3貫551匁）が納められている。この初住の職銭とは、僧侶が妙心寺の住持となり紫衣を着ることを許される、朝廷からの綸旨を賜るために、妙心寺が朝廷に納めた経費のことである。山門閣の建立を計画していた妙心寺に対して、後陽成天皇がそれを寄付したことがわかる。さらに「奉加之納」とは、天皇以外の寄進であり、政所様（北政所おねのことか）、伊州後室（石川伊賀守光重の妻）、徳善院（前田玄以）、石田隠岐守（石田三成の父、石田正継）などのほか、心首座取次（寄進者不明、複数か）など、合わせて金子8枚と銀子657匁1分の寄進があった。後陽成天皇の寄進額は全体の87.7％を占め、ほぼ、天皇家からの寄付により、山門閣が造営されたことがわかる。

　一方、支出の額は、43項目が記述され、そのうち9項目に欠落部分があり、合計支出額は記述されていない。欠落部分の数字を復元し、最小値・中間値・最大値を推定し、合計銀子額を算定してみたが、寄進額に対して最小値は87.1％、中間値は90.6％、最大値は94.2％で、最大値を入れても、寄進額に及ばないことがわかった。

　ちなみに最大値を用いて、支出を工種別に分類すると表2・グラフ1となる。材木代が全体の37％と3分の1を占め、次いで大工手間16％、屋根下地工事10％と続く。

　工事内容に大規模な基礎工事、基壇工事やそれらにともなう日傭人工数の増加等が見られないことから、やはり『正法山誌』で述べられているように、この年の工事は閣（上層）の建築工事であった可能性が高いと考えられる。また、大工作料は、銀に換算すると4貫200匁となり、同年代の『米銭納下帳』から当時の作料は銀1匁であったことが知られることから、4,200人分の経費であったこともわかる。さらに全体工事額から現在の工事額を推定するため、先ほどの大工作料1日銀1匁を平成21年度公共工事設計労務単価16,400円とすると、支出最大値銀25貫634匁6分9厘は、約4億2000万円の工事額と推定できる。

　ここで、参考のため規模が近い大徳寺の山門の下層部分を新築した際の納下帳についても、同様に検討することとする。本節第1項でもとりあげたように大徳寺では、山門の工事を大永4年（1524）1月に初め、立柱を大永6年1月26日に行っている。最終的には単層の門として享禄2年（1529）に完成している。資料は、真珠庵に残っている『山門方納下帳』である[5]。大永3年11月から大永5年8月まで（以下、前半の文書と略）と大永5年10月から翌6年2月まで（以下、後半の文書と略）の2点の文書が残り、事業が開始される前から立柱・上棟が行われるまでの、この工事のほぼ全体が含まれているものと考えられる。この『山門方納下帳』はすべて銭で決裁されている。

　収入については、「前半の文書」が7項目、「後半の文書」が繰り越し項目を含め4項目記

表2 『山門閣造営納下帳』の工種別支出割合

工種	支出	銀子換算(貫)	工種別計	工種	支出	銀子換算(貫)	工種別計
材木代	大阪材木之代	8.65580		瓦	瓦師作料	0.06200	
	嵯峨木之代	0.82800	9.48380		瓦之代	0.73990	0.80190
大工手間	大工作料	4.20000	4.20000	仮設	木屋葺板之代	*0.05790*	
屋根下地	同唐門中門	0.20000			竹之代	0.08315	
	葺師作料	*0.99460*			縄之代	0.05830	
	樽之代	1.43500			登橋之代	0.00100	
	竹釘之代	0.04060	2.67020		筵之代	*0.11900*	
雑	厚紙六□之代	*0.01980*			藁之代	0.09970	0.41905
	油之代	0.00600		石	切石作料	0.02800	
	御綸旨銭	2.09530			切石之代	0.33500	
	鍛冶□塩之代	0.00100			山門東西壇筑手間	0.05500	0.41800
	公辺御礼物	0.30925		日傭	□者下物	0.12800	
	刷子漿粉布苔共	0.00200			河原下物	0.02100	
	道徳	0.01000			力者下物	0.12800	0.27700
	能秀	0.03000		祝儀	大工諸職人祝儀	*0.24490*	
	奉加方	0.12755	2.60090		日単方并公儀方之礼物	0.00000	0.24490
運賃鍛冶	同運賃	0.67270		木引	小引作料	0.24080	0.24080
	鳥羽より車力	0.88440	1.55710	漆塗り	漆之代	*0.09600*	
	鍛冶作料	0.62100			群青緑青之代	0.02720	
	鍛冶炭之代	0.33194			塗師作料	*0.10600*	0.22920
	鉄之代	0.40820	1.36114	路銀	大阪材木見分	0.14070	0.14070
左官	壁塗師作料	*0.99000*	0.99000		支出合計	22.86314	22.86314

註：斜体部分は表1の金額不明項目の推定最大値

述され、総額で銭731貫500文である。一方、支出は「前半の文書」が39項目、「後半の文書」が50項目記述されており、総額は多少計算の違いが見られるが、銭731貫439文となり、収入額とほぼ同じ額となっている（章末表3）。

支出項目を工種別にまとめたものが、表4・グラフ2である。工事費全体の56％が材木代であり、次いで大工手間18％、仮設代が8％と続いている。仮設代の大半は木屋の建設であり、材料の保管や木材等の加工を現地の木屋で行ったものと考えられる。

特徴的な項目としては、圓座石代として銭18貫文が支出されており、礎石のことと推定できる(6)。さらに、「地引」「ドウツキノ輪」等の記述があり、下層の建設工事であることが裏づけられる(7)。工事全体での大工工

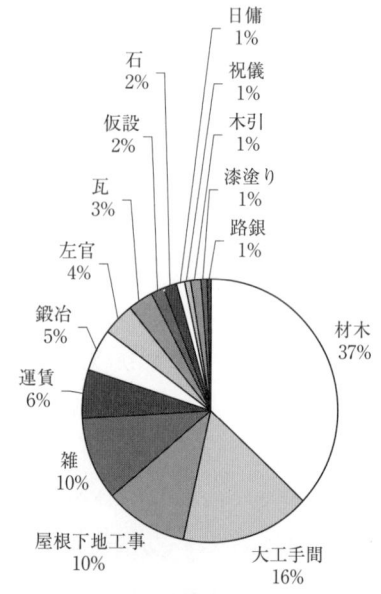

グラフ1 『山門閣造営納下帳』の工種別支出割合

（材木37％、大工手間16％、屋根下地工事10％、雑10％、運賃6％、鍛冶5％、左官4％、瓦3％、仮設2％、石2％、日傭1％、祝儀1％、木引1％、漆塗り1％、路銀1％）

表4 大徳寺『山門方納下帳』の工種別支出割合

工種	「前半」支出額	銭(貫)	小 計	「後半」支出額	銭(貫)	小 計	合 計
材 木	材木色々代 大同升形木代且渡之	328.050 30.306	358.356	材木色々度々分	44.425	44.425	402.781
大工手間	堺エ材木見ニ下大工(12人分) 薪エ材木見ニ下大工2人3カ日 大工326人手間	1.200 0.600 37.640	39.440	大工784人手間賃 餅　大工肴度々	90.008 0.520	90.528	129.968
仮 設	木屋之入目 大鋸板17間半(木屋之裡造作之用) 番匠10人手間賃(115文充) 釘色々	53.920 2.783 1.153 0.830	58.686	竹50本襲之用 樅木板11間篇之用	0.500 1.095	1.595	60.281
雑	寺木四郎左衛門請待入目 同寺木方へ送参之代 城所就火事遣之 五郎夏恩半分 算用酒肴	1.544 1.000 1.000 0.250 0.053	3.847	酒度々普請中 塩噌度々買之 買米10石2斗1升3合 三郎恩　自10月至正月5ヶ月分　月別百文充 善徳恩ニ出之 伊藤入道□ニ遣之 算用之時酒肴	9.737 1.577 8.624 0.500 0.100 0.300 0.133	20.971	24.818
祝 儀	山門事始大工棟梁祝 酒肴祝言評定衆并大工共 酒山門地引大衆并普請 酒木引木屋取置祝水	1.500 0.703 1.800 1.113	5.116	日取祝 石据祝物　昆布搗栗土器 立柱祝言之物大工ェ渡之 大工江祝ニ出之 棟梁　同 与次　同 鍛冶　同　但依樽持参如此 檜皮師同 大鋸引　同 瓦師　同 壁塗　同 樽引　同 石截　同 河原安同	0.100 0.031 2.250 10.000 2.000 1.000 0.500 0.200 0.200 0.200 0.200 0.200 0.300 0.300	17.481	22.597
屋根下地				樽　6千支 竹釘之代	20.300 0.487	20.787	20.787
石	石截ェ且渡	6.000	6.000	圓座石代18貫之内皆済 石2丁買代同車力共 石截22人分日賃	12.000 0.350 2.405	14.755	20.755
小買物	大工手間賃銭箱帳箱作付 斧　1挺 小釜　1口 団截　1ヶ 鉄堀子 鍬　2挺 曲和卓　30片 大工鉄堀子造賃 麻之代綱之用 諸下行色々	0.110 0.200 0.400 0.400 0.600 0.260 0.400 0.200 0.600 5.974	9.144	雑事雑用色々 縄綱色々分 庭筵　228枚 銭箱之鎖子買代 杉原1帖 雑紙3帖 熊野墨ウスノ用 虫火2丁箔共 疏紙 土器同台共	1.540 0.505 0.935 0.050 0.025 0.033 0.010 0.064 0.030 0.008	3.200	12.344
日 傭	米4石4斗代寺升定 松木切杣　2人 日役11人分	4.174 0.101 0.791	5.066	日役72人地引度々ニ使之 杣6人	5.412 0.303	5.715	10.781
鍛 冶	釘カスカイカナカリヌキハク用	0.350	0.350	釘鎹色々ドウツキノ輪共	10.263	10.263	10.613
運 賃	多田檜之木取車力 同杣手間賃堅木載共 同木取雑用 土車作杣賃出之	3.900 0.950 1.512 0.800	7.162	同車力6両分 材木之車力借寄同返時共	0.360 0.901	1.261	8.423
木 引	大鋸引38人分	4.189	4.189	同引賃 大鋸4人賃	0.780 0.440	1.220	5.409
路 銀	堺ニ在住間上下路銭共	1.152	1.152				1.152
瓦				棟瓦8間1木舞之分	0.700	0.700	0.700
漆塗り				漆　柱続用	0.030	0.030	0.030
	「前半」支出額計		498.508	「後半」支出額計		232.931	731.439

数は1,128人工であり、ここでも大工の作料から現代の総事業費を算定することができる。当時の大工の作料は銭100文と約銭115文の者が確認できるので、仮に銭100文とすれば先ほどと同じく平成21年度公共工事設計労務単価16,400円から、1億2000万円程度となる。

さらに前半と後半の文書に分かれていることから、双方の事業の進捗状況を確認することができる。「前半の文書」では、材木代を除くと月に約銭6.5貫文の支出にとどまるが、「後半の文書」の期間は、月に銭31.4貫文程度となり、約5倍の差が認められる。同様に大工工数については、前半は月に16.3人工であったのに対して、後半は月に130人工となり、8倍もの差が認められる。

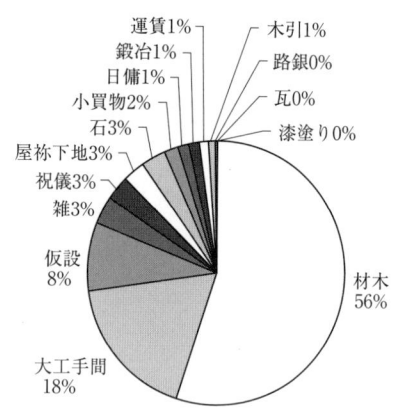

グラフ2　大徳寺『山門方納下帳』の工種別支出割合

以上のことから、山門の工事は起工当初は仮設小屋の建設や木材の購入、地引が中心で緩やかに始まり、後半の半年ほどに職人や石材・金物や雑材などの資材を集中的に投入し、基礎工事から立柱・上棟まで一気に作業を進めていることが推定できる。

ここで利用した妙心寺と大徳寺の文書は、それぞれ山門の上層と下層部分の建設費を表していると考えられ、単純に比較できるものではない。しかし、大徳寺の山門の下層建設時は、五山クラスの重層の門に仕上げることを最終の完成形と考えていたため、屋根を瓦葺きとしていないと考えられること、下層の軒組は出組で平行垂木であることなど、技術的に簡便な点が多く存在したと思われる。そのため材木の経費に対して大工手間等の割合が低くなったと考えられ、大工工数は山門閣の上層を建てた妙心寺の場合には4,200人工を要したのに対し、大徳寺は1,128人工にとどまり、約3.7倍の差が生じている。同様に工事費についても、妙心寺上層の建設費の方が、3.5倍の経費を要していた。

③　寛永14年（1637）の羅漢像安置にともなう工事

妙心寺の寛永13年の『金銀納下帳』の翌年2月5日の下行分に以下のようにある。

（前略）
（銀）
同貳貫五百文目　　　　　　羅漢造立之入目
同貳貫参百五拾文目　　　　山門彩色入目
同壹貫四百九拾壹文目八分五厘　山門閣上修造佛師大工
　　　　　　　　　　　　　塗師手傳萬入目小日記有
（後略）

これにより、寛永14年に山門上層に安置する十六羅漢像を造立したことがわかる。さらにそれに続く2項は、十六羅漢像安置にともなう山門上層内部の彩色と須弥壇の造作等を示し

ていると考えられる。その後の寛永14年8月以降の『金銀納下帳』に羅漢寄進の記述を散見できることより、寺では羅漢造立以降に寄進者を募っていることがわかる[8]。

また現在は題名・年紀のない山門の仏像の寄進者名簿が現存する。これによると本尊と脇士2躰は石川伊賀守重光（光重）公家室が判金5枚を寄進し、十六羅漢像は282人の僧侶や在家の人たちにより寄進されたことがわかる（章末表5[9]）。

以上により慶長4年の山門閣建立時には、十六羅漢像が安置された状況ではなかったことがわかり、室内の彩色を含め寛永14年に施工されたことが判明した。

④　その後の山門の修理

その後、開山の遠忌前や屋根等の破損にともなう修理を定期的に繰り返している（表6）。修理工事の中で特に注目できるものは、享保11年（1726）の建起こし工事である。棟札・寺蔵文書『山門御修復仕様帳』[10]と『記録』により内容を詳細に確認することができる。

この年の工事は、山門の下層が南方向に180mm（6寸）傾斜したため、急遽計画された建起こしのためのもので、正中柱貫（下層の頭貫か）1本と下層屋根の桔木6本の取替え、比貫（下層の飛貫）6本と下層屋根に新たに桔木8本を挿入し、合子壁（下層の妻壁か）に筋違を取り付けている。

『記録』によると享保11年4月20日の衆議に、仕様書が修造方より提出され、26日の惣評では修理にただちに取り掛かるよう指示を受けている。実際の工事は5月上旬より始まり、建起こしは5月17日頃より10日余りで完了する。しかし建起こし時に解体した下層屋根瓦や土間四半敷き等の残工事は7月まで行われている。

この工事を含め、寛永15年以降行われる修理は、日常の維持管理の範囲内であり、山門を大きく改変するものでなかった。

表6　山門修理年表（寛永15年～慶応3年）

年　　号	修 理 内 容	出　　典
明暦元年（1655）	屋根瓦の修理	米銭納下帳
延宝5年（1677）	屋根瓦葺き替え、床四半敷きの敷き替え	小屋内部板墨書
元禄16年（1703）	屋根瓦総葺き替え	棟札
享保11年（1726）	下層柱建て起し、下層屋根桔木挿入等	山門御修復仕様帳
宝暦3年（1753）	下層小屋組改修、上層屋根瓦の修理	山門修補費用牒
文化2年（1805）	小屋組改修と屋根葺き替え	開山国師四百五十年遠忌前普請別牒
文化13年（1816）	上層仏壇下に通風孔を設ける	記録
安政2年～6年（1855～59）	下層土壁漆喰塗り、上・下層共組物部分左官繕いと胡粉塗り	開山国師五百年遠忌前普請別牒
文久2年（1862）	屋根瓦部分葺き替え	記録

⑤　小　結

　山門の建立とその後の経緯について、考察を行ってきた。山門の建立は、天文年間（1532～54）太原和尚（1496～1555）より永楽銭50貫文の寄捨を受け、単層の門として建設された可能性が高いことを指摘した。さらに山門の建立年代と考えられていた慶長4年（1599）については、後陽成天皇から初住の職銭の寄付を受け、他の壇越からの寄進も加え、上層（閣）の建設を行い、五山寺院や大徳寺と同形式の五間三戸の二重門として完成させた年代である可能性が高いことを指摘した。

　まず下層、次いで上層を建築する方法は、まさに妙心寺開山関山慧玄の師匠にあたる宗峰妙超が開いた大徳寺の山門の建立の歴史と一致する。また、その後の経緯については、慶長4年当時には十六羅漢像が安置されておらず、上層（閣）の内部の完成までさらに約40年を要したことがわかった。

2　山門の活用

　妙心寺の山門の利用は、年中行事の中では6月18日の山門懺法と7月15日に行われる山門施餓鬼、同日の住持退院の際の觸禮（そくれい）のみで、極めて利用頻度は低い。さらに再住入寺の際も唱語を唱え、焼香をしたうえで山内に入る儀礼的な場所として利用されている。

　これらのうち、上層を用いる行事は、山門懺法のみである。それぞれの行事について『法山規式須知』第二「住持章　下」を中心としてより詳細に見ていくこととする。

①　山門懺法（6月18日）

　山門懺法は、大方丈で1月18日、5月18日、9月18日に行われる方丈懺法と同じく、滅罪生善・後生菩提のために修された観音懺法である。懺法の際、大方丈では観音菩薩と十六羅漢の真影を壁に掛けたことと異なり、山門には観音大士像と十六羅漢像が常時安置されている。

　まず行事の内容について見ていくこととする。
（1）室中に観音大士像、前に爐・華・燭・洗米等を設ける。舖設すべて方丈懺法時に同じ。
（2）入堂鐘後、頃合いを見て、大鐘・洪鐘共に鳴らす。1通。住持、小方丈の玄関より出て、山門に赴く。侍者1人・聽叫両人随う。1人は中啓を持つばかりで、大香合を用いず。住持もし出席しないのならば代僧を出す。山門の東の石階の下にいたって本履をはく。
（3）住持・諸和尚、東階より登る。侍者・聽叫も同じ。室の東戸より入り、東辺の畳席の上に坐す。西を向き、北をもって首となす。諸和尚その南に列坐。侍者は、北の板縁を西に行き、南の板縁にいたって、西辺の花席上に坐す。聽叫は、南板縁の東辺に北を向いて坐す。導師・香華・自帰・維那および大衆の前堂、西階より登る。室の西戸より入り、

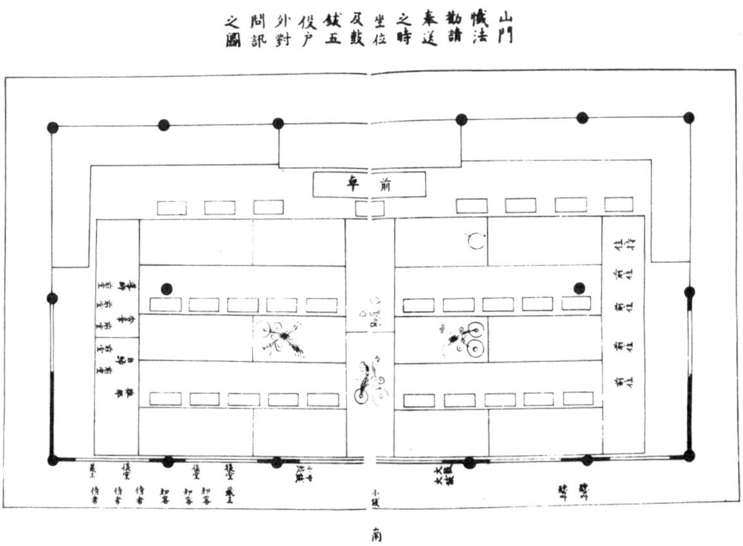

図3　山門懺法勸請奉送之時坐位及鼓鈸五役戶外對問訊之圖
（『法山規式須知』第九「圖繪」より、図4・図6～8も同じ）

　　西辺の畳席の上に坐す。東を向き、北をもって首となす、役位は前堂の前に座る。後堂以下西階より登り、南板縁の西辺の花蓆の上に座す。北を向き、東をもって首となす（図3）。

（4）衆、齋集すれば、鐘を收める。維那五役を請し、五役位（鈸3人・鼓2人）、室に入り、座を定める。

（5）勸請の鼓鈸を奏し終われば、五役、室を出る。住持・諸和尚、室の前面の東戸より縁に出て、正面の唐戸の東に北を向いて立つ。諸和尚次に随い、東に列立する。導師・香華・自帰・維那および大衆の前堂、室の前面の西戸より縁に出て、導師・香華・自帰・維那は中央の唐戸の左右に、前堂は正面の唐戸の西に北を向いて立つ。

（6）導師・香華・自帰、おのおの室に入り、次に維那、住持に向かって問訊する。住持、合掌してこれに応じる。

（7）住持、すぐ東の次位と問訊・合掌して、維那に続いて正面の唐戸から室に入る。

（8）住持、南より第2行の畳席の上を東に進み、また北に転じて（最も東の畳席の上で北に向く）、北より第1行の上位（東をもって首となす）に位置を定める（図4）。

（9）叉手し、以下諸式すべて9月18日の方丈懺法の時に同じ。

(10)普門品が畢り、散場の磬2聲を聞いて、住持、起立する。次位に問訊する。

(11)導師・香華・自帰・維那と前堂以下は次第に室を出る。住持並びに諸和尚は、外に出ず、初めの如く、東の畳席の上に西面して坐す（北をもって首となす）。導師・香華・自帰・維那と前堂は、正面西の偏戸から入り、西の畳席の上に東面して坐す（北をもって首と

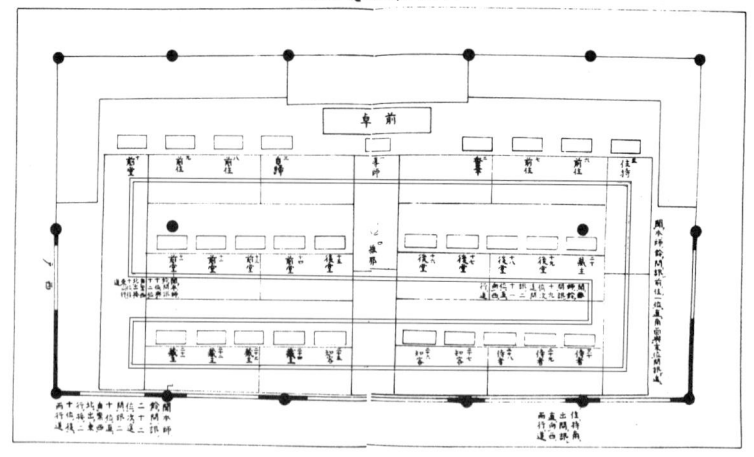

図4　山門懺法大衆坐位及念佛行道圖

なす)。

(12) 五役また室に入り、奉送の鼓・鈸を奏す。奏し終わり室を出れば、住持・諸和尚退きて、東戸より出て、東階を降りる。石階の下で圓履をはき、住持は小方丈に帰る。侍者・聽叫等も随って帰る。前堂以下は西階から下りて退散。

　法要の内容は、大方丈で行われる方丈懺法とまったく同じものであることが確認できる。ただし、山門は1部屋構成で、正面幅46尺5寸2分（14,095mm）、奥行き24尺5寸6分（7,441mm）とあまり広い空間ではない。大方丈が室中正面幅39尺（11,817mm）、奥行き32尺5寸（9,847mm）と奥行きがあり、しかも左右に部屋があることと異なり、空間が狭い山門では設営や勧請・奉送の際の住持・諸和尚や前堂の位置等に工夫がされていたことがわかる（図5）。具体的な相違点は表7のとおりとなる。

　妙心寺の山門は、第1節で、閣下（初重）が1550年頃に建立され、これまで全体の建立年代と考えられていた慶長4年（1599）が、閣いわゆる上層を建立した年代である可能性を述べた。さらに寛永14年（1637）2月の『金銀納下帳』の記述や山門仏像等の寄進者名簿からこの年に十六羅漢像が作成され、山門閣の羅漢用の仏壇作成や内部彩色が施されたことが判明した。

　そこでこの閣を用いた唯一の行事である山門懺法の開始年代について推定する。前述のように、山門仏像等の寄進者名簿から本尊の観音大士像と両脇士は妙心寺と関係の深い石川伊賀守重光（光重）公家室が判金5枚を寄進したことにより造られたものであることがわかる。また造立の時期は、慶長6年（1601）6月の『米銭納下帳』に「六升五合　山門本尊之儀ニ　人足十三人」との記述があることから、閣の建設から約2年後には搬入されと考えられる。当時金1枚は銀350匁程で交換されていたことから、判金5枚は約銀1貫750匁程とな

第6章 山門

り、当時の大工作料米8升（飯米は1升5合）が銀1匁であることから、相応の金額であることがわかる。

その後の状況については不明であるが、山門閣の最終の形として、観音大士と両脇侍、その両側に十六羅漢を安置し、観音懺法を修する場として位置づけられたと考えられる。

十六羅漢像が完成する以前の寛永9年（1632）6月には、銀13匁を下行し、総員50人の行事が行われていたことが確認できる。これらのことから、江戸時代前期から山門閣では、山門懺法が行われていたと考えられる。

さらに寛永14年に十六羅漢像が作成されたのちの最初の懺法には、銀71匁、総員123名が参加し、盛大な法要が営まれている。同年の式には酒が銀35.5匁支出されていることから、山門の最終的な形が整ったことを祝して酒が振舞われたとも考えられる。その後は年3回1月、5月と9月に行われる方丈懺法と同じく、銀15匁前後の支出をし、50名前後で法要を営んでいたと考えられる。

図5　現在妙心寺で行われている山門懺法の様子（妙心寺法務部撮影）

表7　山門懺法と方丈懺法との相違点

相違点のある項目	山門懺法	方丈懺法
設営1	観音大士像・十六羅漢像は常設	観音真影・十六羅漢真影は行事の時設営
設営2	机の配置、前から9名、11名、10名の3列	机の配置、前から5名、9名、8名、8名の4列
員数	30名、住持を含む	30名、住持は東間におり、員数に含まない
勧請の鼓鈸	5人（鈸3人・鼓2人）	4人（鈸2人・鼓2人）
勧請時、五役、住持、前堂	山門上層の東西端の畳（北を上席）	五役、前堂→西間、住持→東間
勧請時、後堂以下	南の縁西側（東を上席）	南広縁西側（東を上席）
懺法終了時	五役一旦退室、住持、前堂勧請時の位置	全員退室
奉送時、五役、住持、前堂	勧請時と同じ位置	勧請時と同じ位置

その後、本山の機構に変化が起きるのは延宝年間で、支出される金額と法要を営む人数に変化が見られる。山門懺法に関しても、延宝6年（1678）6月には銀62匁が支出され、30名で法要が営まれており、翌延宝7年7月26日にはこれまでの改革について明文化した『壁書』が出されている。

この『壁書』は、本山機能の細部まで改革を加えたもので全32項目が含まれ、この中で山門懺法については、以下のとおり記述されている。[12]

一　閣之懺法之僧員可爲三十人出頭也可配展待料前住貳錢前堂壹錢半平僧壹錢其外與祈禱懺法可爲同斷之事

163

これにより、法要に参加する僧侶の人数が30名と決められ、僧侶に支払われる展待料が身分により前住銀2匁、前堂銀1匁5分、後堂以下の平僧が銀1匁、副寺寮在籍の僧・行者も銀1匁、力者3人・司鐘・掃除人が各3分と定められた。

② 山門施餓鬼（7月15日）
　山門施餓鬼は、7月7日に大方丈で行われる方丈祠堂施餓鬼と同じく、餓鬼道におちて飢餓に苦しむ亡者（餓鬼）に対して飲食物を施し、無縁の亡者を供養するために催す行事である。行事の内容を『法山規式須知』第二「住持章　下」を中心として確認することとする。
（1）巳の刻、第一通大鐘が鳴れば、五侍者・沙喝等、方丈西の間に集まる。維那、方丈に来て、住持に盂蘭盆会の僉疏（せんしょ）を請す。式は9月に同じ（方丈懺法）。ただし方丈西の間においてこれを行う。案・袱・香爐・花瓶・燭台等、みな小方丈にあるところのものを用いる。
（2）住持、大方丈の西の間出て、南向きに坐す。維那は東にあって、西向き。行者は西に坐す。
（3）僉疏の終わりに第2通、大鐘・洪鐘共に鳴らす。住持、鐘が収まれば、玄関より出る。圓履をはき、五侍者・沙喝等随う。大衆は第2通までに山門に赴く。
（4）住持は、毎朝佛殿に赴く時の如く、法堂の東の月壇を経て、佛殿後ろの廊架にいたり、本履をはく。殿中佛龕の東を過ぎ、正面の門を出て、階を下り、山門に赴く。
（5）住持、曲彔の東を通り、正面を南に出る。曲彔の前に来て、南を向き、中立する。聽叫は曲彔の両傍らにあり、香合を持つものが西にあり（図6）。
（6）住持、両序と問訊・叉手し、侍香を随え、中卓に進み、焼香する。1歩退き、問訊する。行者、磬を鳴らす。住持、合掌をしてもとの位置に戻り、問訊・叉手する。
（7）維那、大悲咒を真誦であげる。咒が終われば、次に施食文をあげる。真誦で、和唱の間、合掌等の式、7日に同じ（方丈祠堂施餓鬼のこと）。「南無三満多」にいたって、住持、進み、焼香する。さらに進み大卓にいたり（山門の南辺、石階の上に大卓を設ける。米・水の器を置く。外庭に棚を設け、三界萬霊の牌を置き、供具を陳列する）、水・米を漉撒（ろくさん）し、もとの位置に戻る。
（8）「汝等鬼神衆」にいたって、住持、進んで大卓にいたり、右手の中指豎（た）て、残りの三指は屈する。棚上を指す（祭筵遠く外庭にあり。故に指豎て鬼神衆の喫すべき勢いと為ることを表す。この部分のみ7日の方丈施餓鬼と異なる。その他の部分は7日に同じ）。
（9）次に米・水を撒漉し、中卓に帰って焼香して、もとの位置に戻る。
（10）施食文が終われば、行者、磬台のところに帰る。
（11）次に満散、住持、中卓に進み、焼香して、もとの位置に戻る。

第6章 山門

山門施餓鬼立班及住持灑水撒米進退之圖

南

図6　山門施餓鬼立班及住持灑水撒米進退之圖

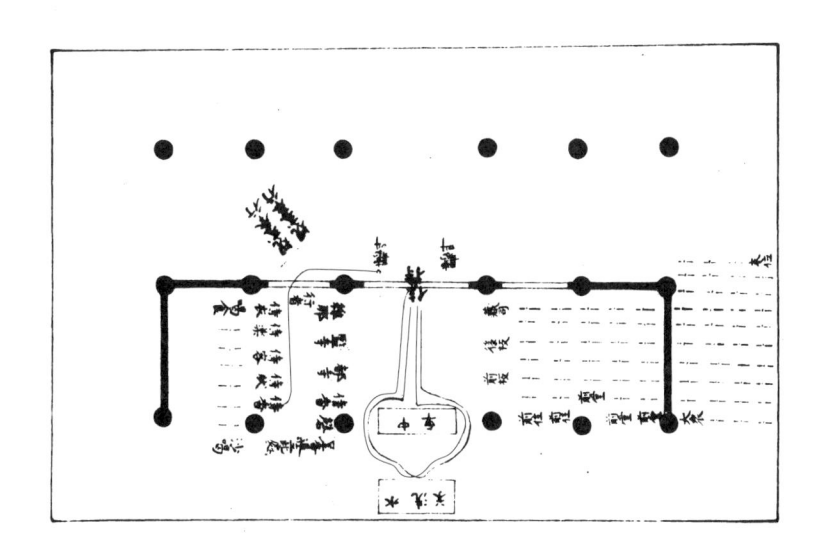

(12) 維那、楞厳咒をあげる。五侍者・東序は山門の東北隅に退く。
(13) 楞厳咒を唱え行道。図の如く（図7）。行者これを導く。聴叫も退き、北の柱の外の甎上に立つ。
(14) 第5會、住持焼香等、みな7日の方丈施餓鬼の式に同じ。
(15) 咒が終われば、維那宣疏の後、住持、問訊・叉手して方丈に帰る。帰路もとの如し。

　懺法の時と同じく、大方丈での施餓鬼の際は、前住は東間、前堂は西間、平僧は西北間が集合場所となるが、山門での行事の際は、控えの部屋がないため、そのまま行事が開始される。

　行事の内容は、概ね方丈祠堂施餓鬼と同じ内容であり、北から南の祭莚に向かう軸線を持ち、東班僧侶が西側に、西班僧侶が東側に対面する形で並ぶ。注目される点は2点あり、1点は、行事は山門南半分の扉の外で行われるが、住持の曲彔のみ扉内に配置されること、もう1点は、西班僧侶の数が多いため、前住、前堂のみが5間の柱内におり、後堂以下の僧侶は壁で隔てられた柱の外に並ぶことである。このため、行事のほとんどすべてを目で確認す

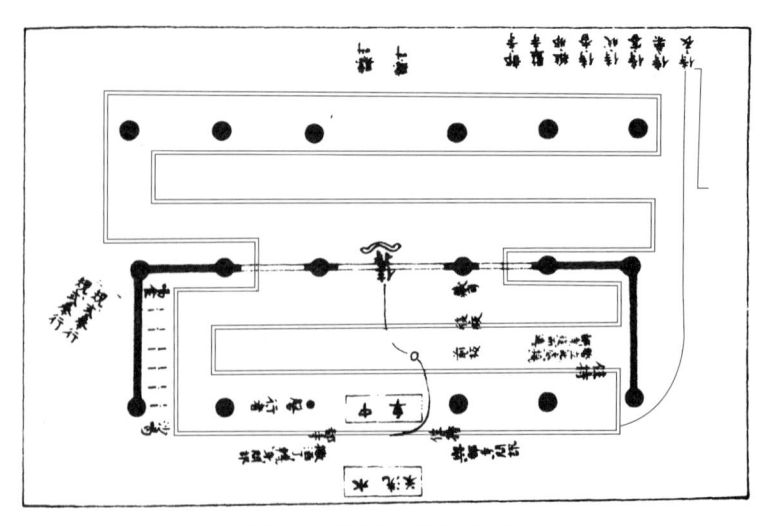

図7　山門施餓鬼滿散行道圖

ることができない位置となっているのである。さらに行道の際は、両脇の壁付きの柱6本を除く、すべての柱を囲むように歩く点も他の行事と異なっている。これらの相違点は、山門の下層部分が狭い空間であること、また吹き放ちの建造物であったことに由来するものと考えられる。

③　山門觸禮（7月15日）

　7月15日は、1年間勤めた住持の最後の日である。この日は朝から仏殿解制→楞厳会満散→小方丈交代→山門施餓鬼→満散→法堂解制上堂と行事が続き、法堂解制上堂で退院の偈をあげれば、住持としての勤めをすべて果たしたことになり、後は本山を去ることとなる。法堂を退出し、仏殿を通過し、妙心寺と公式に別れるところが山門であり、そこで行われる行事が、山門觸禮である。内容は以下のとおりである。

（1）住持、山門にいたり、正面の門限の北にて、杖・拂を堂司行者に渡し、正門を南に出て東に立つ。西を向いて、両序と対して觸禮をする。両序は西辺に一列。北をもって首となす（図8）。

第6章　山　門

住持退院時山門觸禮立班圖

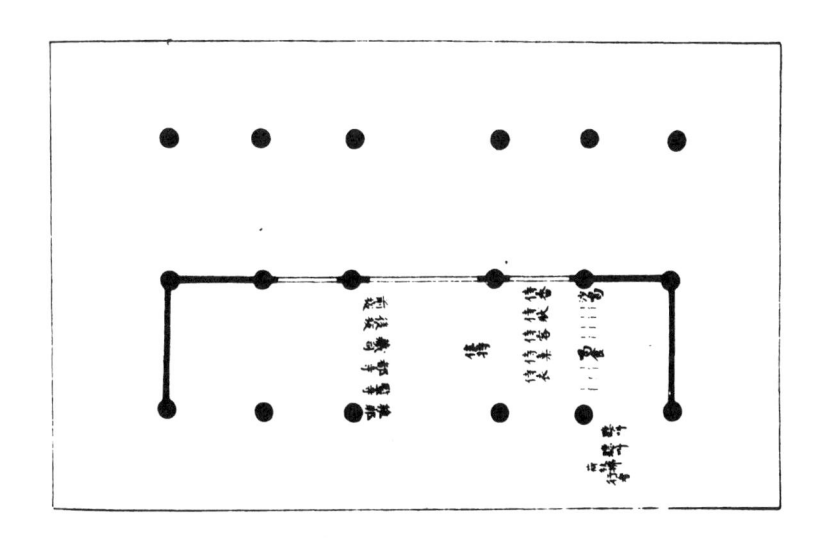

南

図8　住持退院時山門觸禮立班圖

（2）觸禮が畢れば、住持、また杖・拂を取り、右肩に擔い、正面の石階を下りて、唐門にいたる。

　觸禮とは、坐具を展べずに、四つ折にたたんだまま下に置き、額ずいて頭を坐具の上につけて拝する礼拝法で略式の拝（略拝）のことである。

　山門を出たことにより、公式に妙心寺を去ったこととなり、門外で東に住持方、西に妙心寺を代表する両序（東班役と西班役の僧侶）が対面し、觸禮を行う。

　その後、境内の南端の唐門のところで、侍者等に見送られるが、これは住持の身近にいた僧侶たちの最後の別れの儀式であるので、妙心寺として公式なものは山門で終わっているものと考えられる。

④　再住入寺の際の山門の使い方

　再住入寺式とは、第7章の大方丈の中で詳細にとりあげるが、妙心寺の開山関山慧玄が朝廷より2度にわたって入寺を促されたことを受けて、歴代住持入寺の際に取り入れられた儀

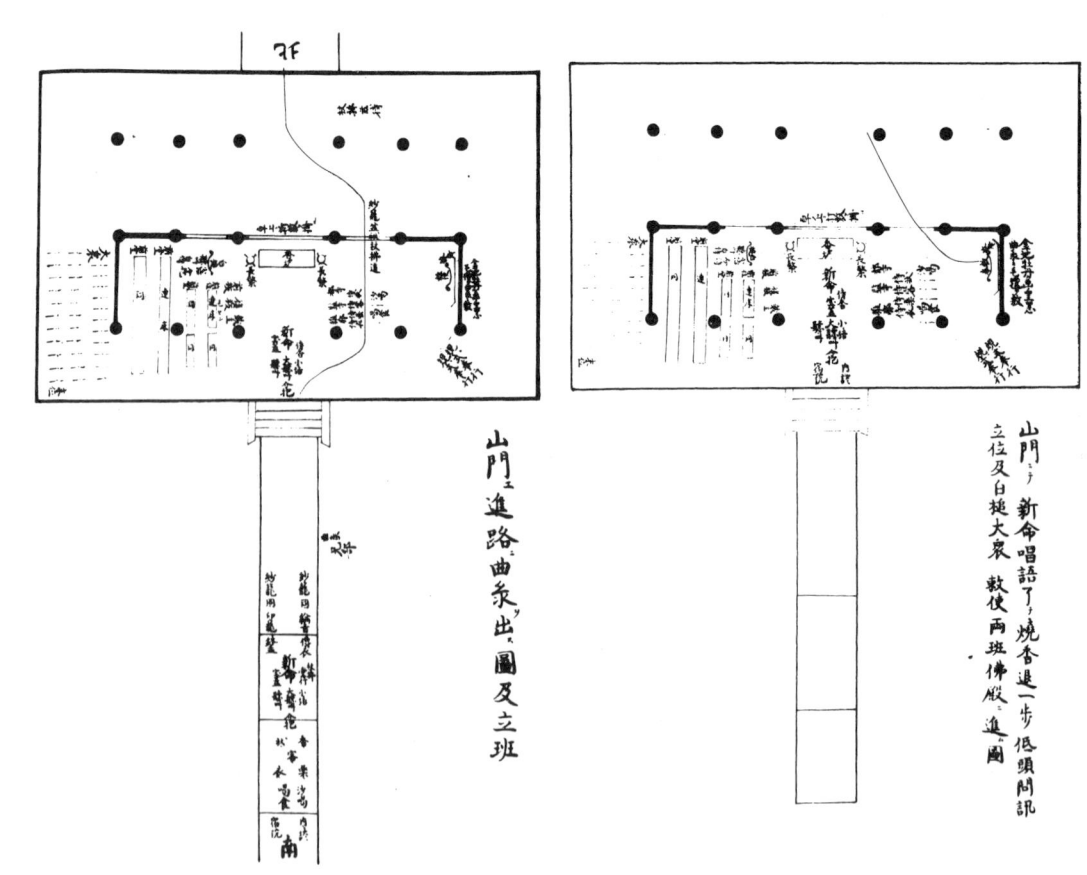

図9　山門ニ進路ニ曲彔ヲ出ス圖及立班
(『法山再住入寺須知』第四冊「圖繪」より、図10も同じ)

図10　山門ニテ新命唱語了テ焼香退一歩低頭問訊
立位及白槌大衆　勅使両班佛殿ニ進ム圖

式である。

　行事の全体の流れは第7章表3のようになるが、このうち山門が用いられるのは、入寺当日の儀式の中で山内に入るための最初の儀式である。行事の中での山門の使い方を見ていくこととする。

(1) 大衆は大鐘第1通で準備を行い、第2通で山門に集まる。前住と前堂は西側の長床に、後堂以下はその西に立つ。勅使が山門に到着したときは全員起立し、曲彔に腰掛ければ、着席する。新命が山門に到着したら、大衆は起立する（図9）。

(2) 新命、山門にいたり、石階を上り、露柱の中央に立って、帽を脱ぎ、聴叫に渡す。

(3) 侍香、香合を取って、新命の後に随い、立つ。

(4) 新命、両序と問訊し、すぐに普同問訊を行う。

(5) 叉手し、さらに右手の2指（ひとさし指と中指）をあげ、正面にて少し拈起し、山門を指し、2指を収めて法語を唱える。

(6) 法語が終われば、頭を正し、侍香を随えて前に進み（侍香は香合を捧げ持ち、審蓋ほうがい(13)・聴叫

等も同じく進む)、焼香する。1歩退き軽く低頭・問訊する。終われば、叉手して立っている。
(7) 前住は中央の門の西から、前堂以下は西側の門から仏殿にはいる。次に勅使は東側の門から、次に両序は中央の門の左右から仏殿に入る。このとき山門奉行は晴役(はれやく)に命じて大卓を屏(しりぞ)ける(図10)。
(8) 全員が仏殿に入るのを見て、新命、仏殿に赴く。五侍者・沙喝・聴叫等随う。繖蓋は仏殿の月壇にいたって退く。

　新命は、この山門での行事に先立ち、勅使門の前で、沙喝・喝食・五侍者から深々問訊を受け、勅使門を入ったところで、両序(東班:都寺・監寺・維那/西班:前板・後板・蔵主)と問訊を交わしているが、これはこれから妙心寺に入るための案内をしていると考えられる。そして山門の前で入寺に対する最初の法語を唱え、自身の見識を述べることにより、公式に山内に入ることになると考えられる。

　山門の前では、両序が東に東班、西に西班が並び、中央奥には香炉を置いた卓が設営される。前住・前堂は西班の西に控えるが、長床が準備され、勅使の到着と新命の儀式のとき以外は着席が認められていた。後堂以下の大衆は西端の柱のさらに西外に立っており、壁があることから、行事を見ることはできなかった。さらに東端に西向きの勅使の曲彔(椅子)が、前住の北に西向きに白槌(びゃくつい)の曲彔が置かれている点がこれまでの行事との大きな違いとなっている。

3　まとめ

　妙心寺の山門の建立年代は、天文年間(1532〜54)の太原和尚(1496〜1555)より永楽銭50貫文の寄捨を受け、単層の門として建設された可能性が高いことを指摘した。さらに、これまで山門の建立年代と考えられていた慶長4年(1599)については、後陽成天皇から初住の職銭の寄付を受け、他の壇越からの寄進も加え、上層(閣)の建設を行い、五山寺院や大徳寺と同形式の五間三戸の二重門として完成させた年代である可能性が極めて高い点についても言及した。さらに十六羅漢像が安置されたのは寛永14年(1637)のことであり、二重門の形式になって以降、約40年後のことであった。天文年間から考えると1世紀近い時間を要して、五山クラスの禅宗寺院と同等の形式の門を完成させたこととなる。

　また、山門の利用については、懺法が唯一上層空間を用い、他の施餓鬼、入院・退院の際の通過儀礼が下層空間で行われていた。非常に利用頻度の低い建物であり、羅漢像安置が完了して以降は、建築的な改変が加えられることなく今日にいたっている。

註
（１） 本節第２項で考察するが、大永４年（1525）に建設を始めた大徳寺山門下層部分の工事費は、銭731貫439文の支出が確認できる。永楽銭が関西で流通していた鐚銭に対して４倍で取引されていた時代もあることから、仮に永楽銭１文を鐚銭４文で換算すると、太原和尚が寄付した永楽銭50貫文は、鐚銭200貫文に相当することとなる。
　　　一方、妙心寺の山門は、桁行・梁間・高さとも大徳寺山門の0.9倍程度であり、体積では$0.9^3＝0.729$倍となる。体積がそのまま建設費に比例するとは思わないが仮に妙心寺山門下層部分の建設費を推定すると銭約533貫文となる。
　　　以上のことから、太原和尚が寄付した永楽銭50貫文は、妙心寺山門建設費の４割にも満たない額であったと推定できる。太原和尚の寄付行為の記述は、工事費の多くを負担したことを示すものではなく、妙心寺派内で山門を建設する機運を高める効果があったことを示すものであると推定できる。
（２）『重要文化財大徳寺山門（三門）修理工事報告書』（京都府教育委員会　昭和46年12月）第４章調査事項　Ｃ技法調査　平面によると、１階柱は長さ隅４本の平均が15.224尺、その他14本の柱は平均が15.084尺で、0.14尺隅柱が他の柱より長いとある。一方２階柱の長さは、足固上端より柱天端まで隅柱の平均7.83尺、その他の側柱は7.817尺であり、長さにおいて変わりはない。
（３）『重要文化財妙心寺庫裏ほか五棟修理工事報告書』（京都府教育委員会　平成11年３月）第５章　第５節山門　第３項沿革調査。
（４）　註（３）文献の「資料編」。
（５）　註（２）文献、第５章文献　史料「真珠庵古文書」その１、その２、その３。
（６）　註（２）文献、第４章調査事項　Ｃ技法調査　基礎によると、礎盤については元大徳寺の仏殿兼法堂のものが利用された可能性について言及している。
（７）　註（２）文献、第４章調査事項　Ｃ技法調査　基礎によると、基壇については開山国師300年忌にあたる寛永13年に竜光院の江月宗玩より本山に寄進されたと考えられている。
（８）　寛永14年の『金銀納下帳』（寛永14年８月～寛永15年７月）には以下のように記述されている。
　　　　　（前略）
　　　　　（銀）
　　　　　同　貳百目　　　　羅漢壱躰分　石川素閑慈母
　　　　　同八文目六分　　　羅漢ノ奉加　後園和尚
　　　　　（後略）
　　　同様の記述が、寛永16年、17年にも確認できる。
（９）　十六羅漢像の造立は、282人の僧侶や在家の人々の寄進により行われた。寄進者名簿から金、銀、銭等で支払われ、合計で銀に換算して３貫963匁４分７厘であったことが確認できる。
（10）　註（３）文献の「資料編」。
（11）　石川（石河）家は、豊臣秀吉の家来であり、天正12年石川伊賀守光重が父親の供養のため、妙心寺山内に塔頭養徳院を開いた。また、鶴松（棄君）の養育の任にあった事からその葬儀を妙心寺で行うことを進言したのも光重であったと伝えられている。さらに光重は前身の法堂兼仏殿の後方の廊下を寄進するなど妙心寺との関係が特に深い人物である。その子孫も妙心寺との関係は深く、塔頭桂春院や同大雄院などの創建にも関わった。
　　　寛永14年（1637）の山門仏像等の寄進者名簿に石川伊賀守重光家室とあるが、重光は光重の誤記であると考えられる。

(12) 延宝7年7月26日の32条におよぶ壁書の概要は、以下のとおりである。
　　①居成瑞世の代僧の事　②無役の僧の幣禮配分停止の事
　　③居成前住世蝶記載停止の事
　　④前版転位、当山に定住するものと田舎のものと儀式は同じ事
　　⑤転位の衆の道号、傑出した先達と同じ字を避ける事
　　⑥吹嘘状一山巡覧一日一通の事　⑦禁酒の事　⑧放参の鐘の事　⑨施浴者の事
　　⑩住持登山持参の禮儀の事　⑪用捨人の扶持の事　⑫副寺の飯費、役料の事
　　⑬副寺の外出の事　⑭行者、力者両名、副寺の下知の事
　　⑮執事中勘定と修造の職の事　⑯諸物の買得の事　⑰修造衆、決裁の事
　　⑱毎月26日の合評日の告報内容の事　⑲評議の際の齋、非時の事
　　⑳大工等の午腸の事　㉑開山忌香資銀の事　㉒開山忌出頭の僕の粥齋の事
　　㉓年中祠堂齋の事　㉔祈禱懺法の事
　　㉕閣之懺法の事　㉖般若転読の事　㉗7月13日の祠堂施餓鬼を同月7日に執行の事
　　㉘山門施餓鬼盛物、齋の経営停止の事
　　㉙諸扶持方の給分、半分は黒米、半分は銀子の事
　　㉚門前の歩役の事　㉛鰻履停止の事　㉜寺中諸院の齋会の際の僕の齋停止の事

(13) 審蓋とは、法要に用いる大傘を新命に差しかける役のこと。

表1 『山門閣造営納下帳』による収支

記載順番号	収入(職銭負担者、寄進者)	金子(枚)	銀子(貫)	備考	銀子換算(貫) 金子分	銀子換算(貫) 銀子分
1	文華和尚	3	0.3520		1.05000	0.35200
2	軒室和尚	4			1.40000	
3	旧山和尚	4			1.40000	
4	禹門和尚	1	1.0500		0.35000	1.05000
5	周南和尚	4			1.40000	
6	蘭叟和尚	3	0.3520		1.05000	0.35200
7	天秀和尚	4			1.40000	
8	庸山和尚	4			1.40000	
9	心傳和尚	4			1.40000	
10	蒲䃹和尚	2	0.7160		0.70000	0.71600
11	文明和尚	4			1.40000	
12	大室和尚	2	0.7180		0.70000	0.71800
13	扶宗和尚	4			1.40000	
14	覚堂和尚	4			1.40000	
15	雲屋和尚	3	0.3630		1.05000	0.36300
16	仁渓和尚	4			1.40000	
17	乾瑞和尚	4			1.40000	
	勅許御職銭之納	58	3.5510		20.30000	3.55100
1	政所様	2	0.2950		0.70000	0.29500
2	伊州後室	1		本ヒシ	0.30000	
3	心首座取次	5		本ヒシ	1.35000	
4	徳善院	1			0.35000	
5	石田隠岐守		0.2750	銀子5枚		0.27500
6	断之代		0.0871			0.08710
	奉加之納	8	0.6571	本ヒシの交換レートが低いため、金子合計を1枚減	2.70000	0.65710
	勅許、奉加の合計	66	4.2081		23.00000	4.20810
						27.20810

記載順番号	支出	金子(枚)	銀子(貫)	備考	銀子換算(貫) 最小値	銀子換算(貫) 中間値	銀子換算(貫) 最大値
1	御綸旨銭		2.09530	17人分	2.09530	2.09530	2.09530
2	公辺御礼物		0.30925		0.30925	0.30925	0.30925
3	大阪材木之代		8.65580		8.65580	8.65580	8.65580
4	同運賃		0.67270		0.67270	0.67270	0.67270
5	鳥羽より車力		0.88440		0.88440	0.88440	0.88440
6	大阪材木見分		0.14070		0.14070	0.14070	0.14070
7	嵯峨木之代		0.82800		0.82800	0.82800	0.82800
8	榑之代		1.43500		1.43500	1.43500	1.43500
9	瓦之代		0.73990		0.73990	0.73990	0.73990
10	鉄之代		0.40820		0.40820	0.40820	0.40820
11	切石之代		0.33500		0.33500	0.33500	0.33500
12	漆之代		*0.0?600*		*0.04600*	*0.07100*	*0.09600*
13	群青緑青之代		0.02720		0.02720	0.02720	0.02720
14	鍛冶炭之代		0.33194		0.33194	0.33194	0.33194
15	大工作料	12			4.2000	4.2000	4.2000
16	同唐門中門		0.20000		0.20000	0.20000	0.20000

17	小引作料		0.24080		0.24080	0.24080	0.24080
18	鍛冶作料		0.62100		0.62100	0.62100	0.62100
19	壁塗師作料		*0.??000*	丹塗白壁手間共	*0.24000*	*0.61500*	*0.99000*
20	塗師作料		*0.??600*		*0.01600*	*0.06100*	*0.10600*
21	瓦師作料		0.06200		0.06200	0.06200	0.06200
22	切石作料		0.02800		0.02800	0.02800	0.02800
23	葺師作料		*0.??460*	庫司唐門中門	*0.14460*	*0.56960*	*0.99460*
24	大工諸職人祝儀		*0.244?0*	力者河原共	*0.24410*	*0.24450*	*0.24490*
25	日単方并公儀方之礼物				0.00000	0.00000	0.00000
26	縄之代		0.05830		0.05830	0.05830	0.05830
27	藁之代		*0.0??70*		*0.00170*	*0.05070*	*0.09970*
28	筵之代		*0.???00*		*0.04000*	*0.07950*	*0.11900*
29	竹之代		0.08315		0.08315	0.08315	0.08315
30	竹釘之代		0.04060		0.04060	0.04060	0.04060
31	奉加方		0.12755		0.12755	0.12755	0.12755
32	木屋葺板之代		*0.057?0*		*0.05710*	*0.05750*	*0.05790*
33	登橋之代		0.00100		0.00100	0.00100	0.00100
34	厚紙六□之代		*0.01?80*	組物并縁木ニ用之	*0.01180*	*0.01580*	*0.01980*
35	刷子礬粉布苔共		0.00200		0.00200	0.00200	0.00200
36	油之代		0.00600		0.00600	0.00600	0.00600
37	鍛冶□塩之代		0.00100		0.00100	0.00100	0.00100
38	山門東西壇筑手間		0.05500		0.05500	0.05500	0.05500
39	□者下物		0.12800		0.12800	0.12800	0.12800
40	能秀		0.03000		0.03000	0.03000	0.03000
41	力者下物		0.12800		0.12800	0.12800	0.12800
42	道徳		0.01000		0.01000	0.01000	0.01000
43	河原下物		0.02100		0.02100	0.02100	0.02100
	下行合計	12			23.70809	24.67139	25.63469

註1：ただし、金子1枚は、銀子0.35貫として換算した
　2：支出の斜体部分は金額不明または推定値
　3：？は数字が判読できない部分を表す

表3 大徳寺『山門方納下帳』の記載順による収支

記載順番号	前半(大永3年11月～5年8月23日) 収入	銭(貫)
1	宗長　此内100貫文寺木之分	151.000
2	寺木方	200.000
3	同香典	1.000
4	城山能勢方	10.000
5	金3枚代　宗長分	96.200
6	同5両代　同分	16.000
7	自常住借分	30.000
	前半収入額計	504.200

記載順番号	後半(大永5年10月～6年2月) 収入	銭(貫)
8	先勘残	5.661
9	黄金1枚売代	30.800
10	真珠庵宗長奉加之内　自椿首座請取之	5.000
11	自常住借分	191.500
	後半収入額計	232.961
	前半・後半収入額合計	731.500

記載順番号	前半(大永3年11月～5年8月23日) 支出	銭(貫)
1	木屋之入目	53.920
2	大鋸板17間半(木屋之裡造作之用)	2.783
3	番匠10人手間賃(115文充)	1.153
4	釘色々	0.830
5	堺エ材木見ニ下大工(12人分)	1.200
6	堺ニ在住間上下路銭共	1.152
7	薪エ材木見ニ下大工2人3ヶ日	0.600
8	山門事始大工棟梁祝	1.500
9	酒肴祝言評定衆并大工共	0.703
10	大工手間賃銭帳箱作付	0.110
11	多田楢之木取車力	3.900
12	同杣手間賃堅木載共	0.950
13	同木取雑用	1.512
14	土車作杣賃出之	0.800
15	寺木四郎左衛門請待入目	1.544
16	同寺木方へ送参之代	1.000
17	城所就火事遣之	1.000
18	斧　1挺	0.200
19	小釜　1口	0.400
20	団截　1ヶ	0.400
21	鉄堀子	0.600
22	鍬　2挺	0.260
23	曲和卓　30片	0.400
24	米4石4斗代寺升定	4.174
25	酒山門地引大衆并普請	1.800
26	松木切杣　2人	0.101
27	日役11人分	0.791
28	大工鉄堀子造賃	0.200
29	大工326人手間	37.640
30	大鋸引38人分	4.189
31	釘カスカイカナカリヌキハク用	0.350
32	酒木引木屋取置祝水	1.113
33	五郎夏恩半分	0.250
34	材木色々代	328.050
35	大同升形木代且渡之	30.306
36	石載エ且渡	6.000
37	麻之代網之用	0.600
38	諸下行色々	5.974
39	算用酒肴	0.053
	前半支出額計(計算値)	498.508
	前半支出額計(文書値)	498.539

前半残	後半収入No.8	5.661
	前半・後半収入額合計(計算値)	731.439
	全体の収支	0.061

記載順番号	後半(大永5年10月～6年2月) 支出	銭(貫)
40	材木色々度々分	44.425
41	樽　6千支	20.300
42	同引賃	0.780
43	大工784人手間賃	90.008
44	大鋸4人賃	0.440
45	日役72人地引度々ニ使之	5.412
46	杣6人	0.303
47	日取祝	0.100
48	石据祝物　昆布搗栗土器	0.031
49	酒度々普請中	9.737
50	塩噌度々買之	1.577
51	雑事雑用色々	1.540
52	買米10石2斗1升3合	8.624
53	餅　大工肴度々	0.520
54	漆　柱続用	0.030
55	縄綱色々分	0.505
56	庭莚　228枚	0.935
57	銭箱之鎖子買代	0.050
58	杉原1帖	0.025
59	雑紙3帖	0.033
60	熊野墨ウスノ用	0.010
61	圓座石代18貫之内皆済	12.000
62	同車力6両分	0.360
63	石2丁買代同車力共	0.350
64	石載22人分日賃	2.405
65	棟瓦8間1木舞之分	0.700
66	三郎恩　自10月至正月5ヶ月分　月別百文充	0.500
67	善徳恩ニ出之	0.100
68	伊藤入道□ニ遣之	0.300
69	材木之車力借同返時共	0.901
70	竹50本襲之用	0.500
71	樅木板11間篇之用	1.095
72	釘鎹色々ドウツキノ輪共	10.263
73	竹釘之代	0.487
74	立柱祝言之物大工エ渡之	2.250
75	虫火2丁箔共	0.064
76	疏紙	0.030
77	土器同台共	0.008
78	大工江祝ニ出之	10.000
79	棟梁　同	2.000
80	与次　同	1.000
81	鍛治　同　似伝樽持参加此	0.500
82	檜皮師同	0.200
83	大鋸引同	0.200
84	瓦師　同	0.200
85	壁塗　同	0.200
86	樽引　同	0.200
87	石截　同	0.300
88	河原安同	0.300
89	算用之時酒肴	0.133
	後半支出額計	232.931

表5　山門本尊・脇士並びに十六羅漢奉加帳（仮称）

本尊・脇士弐軀造立

記載順番号	寄進者	供養者	判金
1	石川伊賀守重光公家室		5枚

十六羅漢造立

記載順番号	寄進者	供養者	銀 1体分	銀 枚	銀 両	銀 文目	銀 分	銀 ツ	金 分	銭 文	銀銭 文	青銅 文
1	大文字屋宗味内儀施主慈母	芳岩恵春禅定尼	200									
2	津国　冨田		200									
3	壽本、景劉、宗心	二世安楽	200									
4	大愚宗築					5						
5	宗二監寺					5						
6	照山宗恵				1							
7	林叡壽叢				1							
8	閔宗道全				1							
9	林室全瑶				2							
10	周佐				1							
11	能仙				1							
12	虎助	慈父良斎				2						
13	千山玄松					10						
14	紹芸					2						
15	玄丈					1						
16	大渕玄弘					5						
17	祖傳					1						
18	玄周					1						
19	智春					1						
20	玄朔					3						
21	紹乙					2						
22	祖文					1						
23	東初					3						
24	隣華玄済								1			
25	愚丘宗愚					10						
26	喝食元祥					5						
27	良猷					5						
28	権三郎					2						
29	矢野又左衛門					2						
30	吉蔵						5					
31	宗甫						5					
32	源十郎	蒼天姉院禅定尼				3						

記載順番号	寄進者	供養者	銀 1体分	銀 枚	銀 両	銀 文目	銀 分	銀 ツ	金 分	錢 文	銀錢 文	青銅 文
33	施主子	父母				2						
34	洛□全邑	夏雲道永上坐 節山壽貞大姉	200									
35	怒安					2						
36	久蔵					2						
37	越道宗格				2							
38	宗易					2						
39	周玖					1						
40	駿州三枚橋蓮光寺宗宇								1			
41	香林宗堅					10						
42	東得					2						
43	祖耽					2						
44	祖信					1						
45	祖敬					2						
46	禅知					3						
47	周歷					1						
48	宗詮					1						
49	西河院宗積					1						
50	大工清三郎					3						
51	玄保					5						
52	周室紹盛				3							
53	桂南守仙				2							
54	龍天宗登				2							
55	秦嶺祖強				1							
56	祖呈					2						
57	祖訓					2						
58	禅授					2						
59	恵堅					2						
60	守伶					2						
61	祖藤					1						
62	石川素閑	蓮室宗香禅定尼	200									
63	黒助						5					
64	生駒永福院	二世安楽	200									
65	おちく					2						
66	おきい					2						
67	實道宗積								1			
68	玉竜紹伊					10						
69	福監寺					3						

第6章 山門

記載順番号	寄進者	供養者	銀 1体分	枚	両	文目	分	ツ	金 分	銭 文	銀銭 文	青銅 文
70	西池八十郎					1						
71	玄壽					2						
72	祝監寺					3						
73	壽慶					2						
74	南林宗茂				1							
75	西木辻祖安					1						
76	同新兵衛					1						
77	同藤左衛門					1						
78	西門前市左衛門					1						
79	同茂左衛門					1						
80	同忠兵衛					2						
81	同市左衛門妻					1						
82	同同父母						5					
83	同九郎左衛門					2						
84	疊屋五郎衛門					1						
85	同吉兵衛					1						
86	能範					3						
87	八百屋弥蔵					3						
88	貴賤奉加									82		
89	壽貞	二親							1			
90	新町与市					1						
91	孫三						6					
92	おち					1						
93	ちほ					2						
94	ふくむら					3						
95	亀峰永元				1							
96	海福院智丈	二親							2			
97	海福檀方嗣子二人施主	曷照院殿初岳涼圓大禅尼	200									
98	同 施主	二親		1								
99	同 同	同				20						
100	同 同	同				2						
101	同 同	同				1						
102	同 同	同				10						
103	同 同	同				1						
104	半井壽庵	陽春院殿蘭圃宗秀大禅定尼	200									
105	西河院内吉助					1						
106	大工若狭					5						
107	檜物屋与作					3						

177

記載順番号	寄進者	供養者	銀 1体分	銀 枚	銀 両	銀 文目	銀 分	銀 ツ	金 分	錢 文	銀錢 文	青銅 文
108	安田庄吉	松庭壽閑禅定門				4						
109	法宿					5						
110	祖全					1						
111	景参					1						
112	宗普					1						
113	宗敦					1						
114	納所寮内長助						5					
115	西河院宗仁				3							
116	永樂屋吉兵衛				1							
117	鎌屋彦左衛門				1							
118	桔梗屋太兵衛					5						
119	紹筠				1							
120	恵仙				1							
121	窪久左衛門					5						
122	道悟、宗清	菩提				10						
123	壽本					5						
124	冨春院法旧				2							
125	壽清信女				10							
126	玄礎								1			
127	宗練					1						
128	宗養					3						
129	禅補					2						
130	長次郎					5						
131	茂右衛門					1	5					
132	大女					1	2					
133	助女					1	2					
134	小知河女					3	1					
135	おつち					2						
136	宗久尼大師					5						
137	上京安居院錢屋九兵衛					10						
138	宗繁					3						
139	喜佐					1						
140	さご									5		
141	宗干					1						
142	實相院道昌					10						
143	京出水砥屋太兵衛					3						
144	南門前新衛門					1						
145	同力者与十郎					1						

第6章　山門

記載順番号	寄進者	供養者	銀 1体分	枚	両	文目	分	ツ	金 分	銭 文	銀銭 文	青銅 文
146	同長兵衛									16		
147	同作左衛門									20		
148	同助三郎									20		
149	同加右衛門									10		
150	同源右衛門									50		
151	同与三									5		
152	同市十郎									10		
153	同四郎右衛門									5		
154	同与市									3		
155	同弥右衛門									3		
156	同長助									10		
157	同弥介									2		
158	同宗五郎									10		
159	同九兵衛									5		
160	同次郎兵衛									5		
161	同婆子									3		
162	同津右衛門									20		
163	同婆子									5		
164	同弥左衛門									30		
165	同与市郎									10		
166	同惣兵衛									16		
167	同喜十郎									20		
168	同徳右衛門									100		
169	同九右衛門									20		
170	同長右衛門									5		
171	同四郎左衛門									5		
172	同久兵衛									30		
173	同与兵衛									10		
174	同与三左衛門									10		
175	同孫右衛門									10		
176	同与兵衛									40		
177	同孫作									30		
178	同久五郎									20		
179	同勝左衛門									10		
180	同女子									20		
181	同小兵衛									10		
182	同甚左衛門							1	2				
183	同喜左衛門							1					

179

記載順番号	寄進者	供養者	銀 1体分	枚	両	文目	分	ツ	金 分	銭 文	銀銭 文	青銅 文
184	同助左衛門					1						
185	同助十郎						5					
186	同葺師惣三郎					1						
187	同藤十郎					1						
188	力者与十郎母									20		
189	西門前与三右衛門									20		
190	同妙春									20		
191	同いし									10		
192	同妙慶									10		
193	同庄九郎									10		
194	同妙俊									10		
195	同長三郎									10		
196	同太郎左衛門									10		
197	同婆子									5		
198	同善七									10		
199	同婆子									5		
200	同吉蔵									10		
201	同甚兵衛									10		
202	同萬									10		
203	同妙貞									20		
204	同妙善									10		
205	同きた									10		
206	同与衛門									10		
207	同三右衛門									10		
208	同庄右衛門									10		
209	同助左衛門									10		
210	おち					1						
211	作助						5					
212	長兵衛					2						
213	生駒永福院内全休					3						
214	大雄以清					5						
215	同惟信					3						
216	同栄倫					1						
217	同祖舟					1						
218	盛徳院永屹								1			
219	鳳臺院宗畩								1			
220	おなつ					5						
221	勘左右衛門					1	5					

第6章 山門

記載順番号	寄進者	供養者	銀 1体分	銀 枚	銀 両	銀 文目	銀 分	銀 ツ	金 分	銭 文	銀銭 文	青銅 文
222	おすまおち					1	4					
223	具足屋甚右衛門					1	5					
224	みや					1						
225	壽清	無礙能諫				1						
226	弥々	無礙能諫				1						
227	松	無礙能諫				1						
228	生駒永福院内まあ					2	6					
229	玄信				2							
230	大工忠兵衛					1						
231	元的					5						
232	英陳				1							
233	黄梅院玄覚	修業成就			1							
234	長慶内宋巨	修業成就				2						
235	光國院禪棟										1	
236	大文字屋権兵衛	心月守皎禅定尼	200									
237	施主	從海福檀方為二親				20						
238	黙道祖仁				3							
239	宗岷					2						
240	善徳					2						
241	崇周					2						
242	天球院景巴			1								
243	宗鉄					2						
244	宗伮					1						
245	秀安					1						
246	宗立					1						
247	鳳䪽之内玄澄				1							
248	同宗温					2						
249	同紹堅					1						
250	同元政					1						
251	出口屋長左衛門					3						
252	同七兵衛					1						
253	隣華之内金五郎兵衛					1	9					
254	宝林之内全顗				1							
255	亀仙之内祖東					3						
256	施主	亀仙檀方為妙仲									1	12
257	烏丸之永椿	從玉龍檀方				5						
258	同彦右衛門	同				5						
259	同盛長	同				5						

記載順番号	寄進者	供養者	銀 1体分	枚	両	文目	分	ツ	金 分	銭 文	銀銭 文	青銅 文
260	同五左衛門	同					1	3				
261	同満	同				2						
262	同市	同				1						
263	同香莫	同				1						
264	同客人	同								5		
265	同宥圓	同								10		
266	同九郎助	同								5		
267	同久七	同								5		
268	同はる	同								5		
269	同きさ	同								5		
270	同ふし	同								5		
271	天球之内玄右					1						
272	了堂宗歇					10						
273	桂春庵之檀方	實岫永相信女二世安楽	200									
274	後園庵宗茂				2							
275	融峰士圓					10						
276	玄呂					5						
277	大文字屋権兵衛尉	雪岩宗味居士	200									
278	同人	二世安楽	200									
279	息女	心甫宗因禅定尼	215									
280	摂州有馬郡妙欣					2	3					
281	皆川山城守息女花岳院		200									
282	心桂院		200									
	合　　計		3,015	2	57	429	87	3	10	975	1	12

第7章　大方丈

——独立した本山施設と新行事の創造——

1　本山の方丈建築

① 大方丈の建立

そもそも寺院が建立される際、僧侶の住居となる方丈と食事の準備を行う庫裏とは必要不可欠な施設として、はじめに造られるものであろう。このように考えると妙心寺の方丈は、創建時の暦応5年（1342）と第6世拙堂宗朴が室町幕府により寺産を没収され、33年後の永享4年（1432）に元の寺地が返還された時点の最低2回は建立されたことになる。

しかし、現存する妙心寺方丈の棟札は、いずれもそれ以降のものである。棟札は、文明9年（1477）、天正20年（1592）と承応3年（1654）のものが存在する[1]。文明9年は、応仁の乱ののち、妙心寺第9世の雪江宗深が復興した時のもので、天正20年は妙心寺教団が拡大をしているその絶頂期に当たると考えられる。ただ、この2回の方丈の建立位置については、永正6年（1509）に利貞尼より、仁和寺真乗院の敷地が寄進される前と後のことであり、異なる場所であった可能性がある。さらに、本山伽藍が利貞尼寄進の土地に建立されるのは、享禄年間頃と考えられることから、文明の方丈もその頃1度移築され、その後天正の再建を迎えた可能性も考えられるが、そのことを積極的に示す資料は発見されていない。

文明・天正とも建立に関する文書等も確認できないことから、建築に関して具体的な考察を加えることは、現段階ではできない。ただし、大方丈と小方丈の2棟が建設されるのは承応年間以降のことで、文明・天正期には、方丈は1棟のみであり、儀式を行う表の空間と住持が生活する裏の空間とが、1つの建物の中で営まれていたと考えられる。

しかし、承応以降は、大方丈・小方丈の2つの方丈が成立したことにより、大方丈は住持が私的に利用する空間から開放され、本山行事の場として、特化していき、小方丈は住持の専有の空間へと変化していったと考えられる。

この承応に建立された方丈が現在の大方丈である。承応・明暦年間の伽藍の改造は、開山300年遠忌（1659年）に向け、それまで1棟で兼用していた仏殿と法堂を、新たに法堂を建立することにより、2棟とすることを最大の目的として実施された。この新たな法堂建立に先立ち、これまでの庫裏・方丈等を北に移転し、法堂用地の確保を図る必要があった。その

ため庫裏を承応2年、大方丈を承応3年に新たに建立している。開山300年遠忌に向けた伽藍整備に関する普請関係文書は、多数確認されている。しかし、大方丈に関しては、庫裏や法堂のように単独の建物の経費をまとめた文書は確認されていない。そこで、大方丈建設の経費等を知るためには承応2年以降のすべての普請工事の支払帳から承応3年を中心とした大方丈の工事部分のみを抜き出し、推定する作業が必要となる。

この作業に用いる文書は『普請金銀拂方帳』で、承応2年（1653）5月13日から明暦元年（1655）9月8日までのすべての工事内容を含むものである。379項目の支払いが記述されている。その中から、庫裏については『庫裏普請銀之帳』、法堂については『法堂普請銀之拂帳』に記述のある項目を削除し、大方丈に関係すると考えられる部分のみを抜き出した。その結果、承応2年の支払いのほぼすべてが庫裏に関する支払いと法堂の木材等の手付け金、敷地の移転保証経費等であり、大方丈の工事費をまったく含まないことが確認できた。一方、承応4年3月1日の支払い以降は、法堂の建設に関わる経費が月を追って増加していることが確認でき、大方丈の建設が、棟札に記載された承応3年8月8日を中心とした約1年間に集中していることも確認できた（章末表1）。さらに、承応3年の項目には、大方丈のほかに庫裏や法堂に関するものを含み一括で支払いが行われているものも確認できることから、それらについては、できる限り大方丈以外の工事費を除いた。ただし、『庫裏普請銀之帳』に記載されながら、庫裏と大方丈の工事費を含むものについては、経費を分離することができないため、そのまま大方丈の工事費に残した。

これらの作業により、大方丈の建築工事に関係すると考えられる134項目が抽出でき、事業費は銀65貫691匁5分3厘6毛であることが確認できた（章末表2・グラフ1）。月別の支払い額は、6月分払いが銀20貫684匁1厘1毛で、全体工事費割合の31％を超え、突出しているように見えるが、「方丈柱の代」や「小梶木1万丁の代」が含まれ、主要構造部の木材や屋根葺き材の支出が重なったことによるものと確認できる。さらにこれを職種別に整理をしたものが、章末表3である。グラフ2に示すように、大工・材木・屋根（こけら葺き）がそれぞれ20％前後を占め、この3項目だけで総事業費の60％を超える割合であったと考えられる。職種別では、大工と日傭についてそれぞれ月別の支払い金額と人工が推定できる。

大工については、総額銀15貫364匁3分の支払いが確認できる（表4）。承応3年6月に孫左衛門に銀1貫目の支出が確認される以外、他はすべて鈴木権兵衛への支払いであった。孫左衛門の役割について示す資料は残っていないが、上棟の行われる8月8日以前の木材加工の手伝いであった可能性が指摘できる。大工1人当たりの日当については、承応3年5月と7月分の支払いから確認でき、作料・食料・取分を含めて、それぞれ銀1匁9分4厘8毛、銀1匁9分2厘5毛であった。前年の庫裏建設工事の際の日当が、作料約銀1.3匁、食料0.5匁、取分約銀0.093匁で計約銀1匁8分9厘3毛であったものと比較すると多少取分が増加

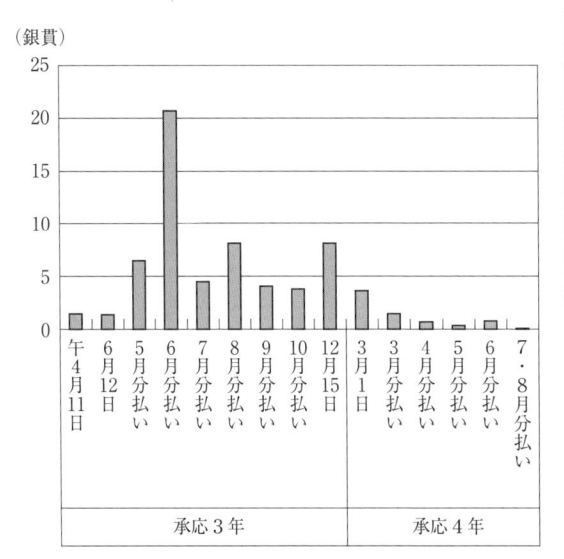

第7章　大方丈

グラフ1　『普請金銀拂方帳』の中の推定大方丈工事費（月別）グラフおよび付表

	支払い日	月別支払い銀高（貫）
承応3年	午4月11日	1.500000
	6月12日	1.425830
	5月分払い	6.503633
	6月分払い	20.684011
	7月分払い	4.539781
	8月分払い	8.157999
	9月分払い	4.062720
	10月分払い	3.764927
	12月15日	8.141622
承応4年	3月1日	3.661194
	3月分払い	1.428815
	4月分払い	0.655600
	5月分払い	0.349200
	6月分払い	0.767004
	7・8月分払い	0.049200
	合　計	65.691536

註：承応3年6月12日の支出部分には「方丈普請萬掃銀之覚」と書かれている

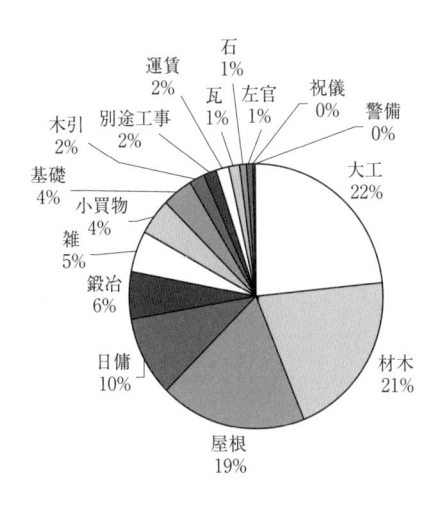

グラフ2　承応2年『普請金銀拂方帳』の大方丈工種別推定割合グラフおよび付表

工　種	支払い銀高（貫）
大工	15.364300
材木	13.493983
屋根	12.238012
日傭	6.422210
鍛冶	3.735450
雑	3.297697
小買物	2.926360
基礎	2.512650
木引	1.340429
別途工事	1.092675
運賃	1.041470
瓦	0.903700
石	0.638800
左官	0.421200
祝儀	0.198150
警備	0.064450
合　計	65.691536

している。大方丈分の日当の平均約銀1匁9分3厘6毛で各月の推定支払い金額を割り、月別推定人工数を割り出したものが表5・グラフ3である。承応3年6月から8月にかけての人工数が延1,000人前後と突出していることが確認でき、8月8日の上棟前後に集中していることがわかる。

　同様に日傭の月別の支払い金額と推定人工数を確認すると表6のようになる。日傭の内容は、平日傭（現在の普通作業員）・手木者（現在のとび工）・木遣の3工種に分類され、それぞ

185

表4　大方丈の大工支払い

職　　種	受け取り人	年	支払い月	月別支払い銀高(貫)
大工	大工権兵衛		6月12日方丈普請萬払銀之覚	0.225100
大工427人食料作料取分共	大工権兵衛		5月分払い	0.831700
大工	大工権兵衛		6月分払い	2.290800
大工	大工孫左衛門		6月分払い	
大工963.5人午膓作料取分	大工権兵衛	承応3	7月分払い	1.854300
大工	大工権兵衛		8月分払い	2.295600
大工	大工権兵衛		9月分払い	1.501750
大工	大工権兵衛		10月分払い	1.168300
大工	大工権兵衛		12月15日	2.367250
大工	大工権兵衛		3月1日	1.808400
大工	大工権兵衛	承応4	3月分払い	0.831200
大工	大工権兵衛		5月分払い	0.155700
大工	大工権兵衛		7・8月分払い	0.034200
			合　　計	15.364300

れ日当も異なっていた。平日傭は銀6分4厘、手木者は銀1匁5厘〜銀1匁1分、木遣は銀3匁〜銀3匁5分となり、工種やその能力により日当に差が付けられていたようである。支払いが必ずしも毎月行われていないため、毎月の月別推定支払い金額を算定し、これに基づき、各工種別の人工数が把握できる承応3年5月と7月の割合を勘案して（表7）、月別の推定人工を算定した（表8・グラフ4）。これによると、上棟が行われる承応3年8月8日以前の7月の工数が最大となり、次いで8月の順となる。相対的には先に見た大工の人工数（表5）と対応する状況であったことが確認できる。

　ただ、大方丈の工事の中では、承応3年11月前後に再度大工・日傭の増加が見られる。これについては、大方丈北側の桁が半間北に移動されていることとの関係が考えられる。この改造については、既存の修理工事報告書の中で指摘されているが[6]、後世このような大規模な工事の記録がないことから、建設途中の設計変更による可能性が高いと考えられ、明暦2年(1656)頃建設される庫裏と大方丈とを繋ぐ廊下の工事の前に改修が行われたことを示す有力な資料のひとつとなる可能性を指摘できる。

　全体として大方丈の工事は、本建物のみの文書が作成されていない点、『普請金銀拂方帳』の中の大方丈該当分134項目中に上棟式等の祝い事が含まれていない点などから、最初に普請にかかった庫裏や本事業の中心工事である法堂にはさまれ、淡々と事業が行われ承応3年4月から翌年承応4年4月までの1年あまりでほぼ完成したと考えられる。

表5　大方丈の月別大工推定支払い銀高と推定人工数

年	実際の支払い月	月別支払い銀高(貫)	支払い月	月別推定銀高(貫)	大工工数	日当	推定人工数
承応3年	4月分	0.2251	4月分	0.2251			116.2人
	5月分	0.8317	5月分	0.8317	427.0人	0.001947775	427人
	6月分	2.2908	6月分	2.2908			1,183.10人
	7月分	1.8543	7月分	1.8543	963.5人	0.001924546	963.5人
	8月分	2.2956	8月分	2.2956			1,185.60人
	9月分	1.50175	9月分	1.50175			775.6人
	10月分	1.1683	10月分	1.1683			603.4人
	11月分～12月15日まで	2.36725	11月分	1.36725			706.1人
			12月分	1			516.4人
承応4年	1月～2月分	1.8084	1月分	0.8084			417.5人
			2月分	1			516.4人
	3月分	0.8312	3月分	0.8312			429.3人
			4月分	0			0.0人
	5月分	0.1557	5月分	0.1557			80.4人
			6月分	0			0.0人
	7月分～8月分	0.0342	7月分	0.0171			8.8人
			8月分	0.0171			8.8人
合　　計		15.3643	合計	15.3643			7,938.10人

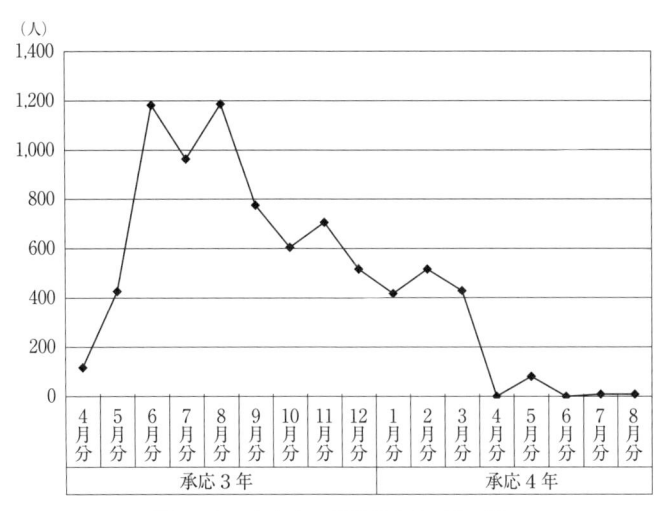

グラフ3　大方丈の月別推定大工人工数

表6　大方丈の日傭支払い

職　種	受け取り人	年	支払い月	月別支払い銀高(貫)
日傭	北門前　仁左衛門　喜右衛門	承応3	6月12日方丈普請萬払銀之覚	0.260350
手木者198人　平日傭405.5人	日傭　仁左衛門　喜右衛門	承応3	5月分払い	0.472120
日傭	日傭　仁左衛門	承応3	6月分払い	0.644360
手木者318.5人	日傭　仁左衛門　喜右衛門	承応3	7月分払い	0.350350
木遣53人	日傭　仁左衛門　喜右衛門	承応3	7月分払い	0.172500
平日傭1401.5人	日傭　仁左衛門　喜右衛門	承応3	7月分払い	0.896960
日傭	日傭　仁左衛門　喜右衛門	承応3	8月分払い	0.955600
日傭	日傭　仁左衛門　喜右衛門	承応3	9月分払い	0.596510
日傭	喜右衛門	承応3	10月分払い	0.356710
手木者351人、平日傭1274.5人	仁左衛門　喜右衛門	承応3	12月15日	0.977940
日傭	日傭　仁左衛門　喜右衛門	承応4	3月1日	0.490230
日傭	喜左衛門　仁左衛門	承応4	3月分払い	0.248580
				6.422210

表7-1 承応3年5月の工種別日当

工　種	日当	工数	賃金
5月手木	0.00105	103	0.10815
5月手木	0.0011	95	0.10450
5月手木　計			0.21265
5月平日傭	0.00064	405.5	0.25952
5月分払い　計			0.47217

表7-2 承応3年7月の工種別日当

工　種	日当	工数	賃金
7月手木	0.0011	318.5	0.35035
7月木遣	0.0035	27	0.09450
7月木遣	0.003	26	0.07800
7月分木遣　計			0.17250
7月平日傭	0.00064	1401.5	0.89696
7月分払い　計			1.41981

表8 大方丈の月別日傭推定支払い銀高と推定人工数

年	実際の支払い銀高(貫)		月別推定支払い銀高(貫)		月別推定人工(人)				
	支払い月	月別支払い銀高	支払い月	月別推定銀高	支払い月	手木者	平日傭	木遣	計
承応3年	4月分	0.260350	4月分	0.260350	4月分	109.0	223.0	0.0	332.0
	5月分	0.472120	5月分	0.472120	5月分	198.0	405.5	0.0	603.5
	6月分	0.644360	6月分	0.644360	6月分	270.0	636.0	0.0	906.0
	7月分	1.419810	7月分	1.419810	7月分	318.5	1401.5	53.0	1,773.0
	8月分	0.955600	8月分	0.955600	8月分	214.0	943.0	35.0	1,192.0
	9月分	0.596510	9月分	0.596510	9月分	250.0	512.0	0.0	762.0
	10月分	0.356710	10月分	0.356710	10月分	149.0	306.0	0.0	455.0
	11月分～12月15日まで	0.977940	11月分	0.600000	11月分	215.0	781.0	0.0	996.0
			12月分	0.377940	12月分	136.0	493.5	0.0	629.5
承応4年	1月～2月分	0.490230	1月分	0.200000	1月分	71.0	261.0	0.0	332.0
			2月分	0.290230	2月分	104.0	378.0	0.0	482.0
	3月分	0.248580	3月分	0.248580	3月分	89.0	324.0	0.0	413.0
			4月分	0.000000	4月分	0.0	0.0	0.0	0.0
	5月分	0.000000	5月分	0.000000	5月分	0.0	0.0	0.0	0.0
			6月分	0.000000	6月分	0.0	0.0	0.0	0.0
	7月分～8月分	0.000000	7月分	0.000000	7月分	0.0	0.0	0.0	0.0
			8月分	0.000000	8月分	0.0	0.0	0.0	0.0
	合　計	6.422210		6.422210		2123.5	6,664.5	88.0	8,876.0

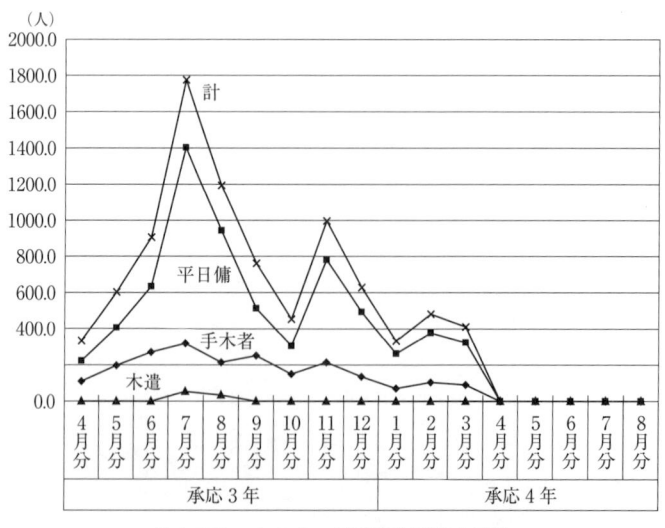

グラフ4 大方丈の月別推定日傭人工数

② 承応建立以後の経緯

　第1項でも指摘しているように、妙心寺の大方丈では、建立中に北側の広縁を幅1間から1間半に変更する工事が行われている可能性がある。これは四周の広縁をすべて1間半とするものであり、五山クラスの禅宗本山でも見られない大規模なものであった（表9、図1）。しかし、それ以降平面等を変更する大規模な工事は、一切行われておらず、近世を通してそのままの平面等が維持されていたと考えられる[7]。

　明治20年（1887）頃になると、室中北面の壁（中央間板壁、両脇間張付壁）を撤去し、中央間開放（上部：吹寄せ菱格子の欄間）、両脇間引違襖とし、室中北の間に仏壇を構える改造が施される。これは、廃仏毀釈により石清水八幡宮の奥の院に安置されていた仏像が妙心寺に引き取られ、この仏像を安置するための改造であったと考えられる。同時に吹放ちであった

表9　方丈平面比較表

	寺院名	桁行間数 左間：室中：右間	奥行間数 前：後	室中北面の 復原→現状	仏間の有無	1間半の広縁	落縁の高欄	備考
	妙心寺	3：6：3	4：3	中央板壁 両脇張付 ↓ 中央開放 両脇2枚襖	明治20年代設置 昭和34年撤去	正面・両側面 背面	なし	承応3年建立
	大徳寺	3：4：3：3	4：2	中央張付 両脇張付 ↓ 中央4枚襖 両脇2枚襖	明治20年設置	正面のみ	なし	寛永12年建立
五山	天竜寺（応仁〜近世初）	4：6：4	5：3.5	不明	なし？	正面のみ	不明	天竜寺方丈の図
五山	東福寺（慶長頃）	2.5：9.5：2.5	4.5：2.5	不明	なし？	なし？	不明	東福寺伽藍境内之図（天保14年）
五山	建仁寺	3：5.5：3	4：4	中央4枚 両脇2枚襖 （変更なし）	仏壇は後補	正面・左側面	なし	文明19年建立の旧安芸安国寺・文禄移築
五山	南禅寺	2.5：3：2：1.5	4：2	中央2枚 両脇2枚襖 （変更なし）	仏壇は後補	なし	あり	旧正親町院御所宸殿・慶長16年移築
五山	相国寺	3：6：3	4：3	中央4枚 両脇4枚襖 （変更なし）	なし	正面のみ	あり	文化4年建立
五山	東福寺	3：7：3	4.5：3	中央4枚 両脇4枚襖 （変更なし）	あり	正面・両側面	あり	明治23年建立
五山	天竜寺	3：6：3	4：4	中央4枚 両脇2枚襖 （変更なし）	あり	正面のみ	あり	明治32年建立

妙心寺創建時平面図（承応4年）

大徳寺現状平面図（寛永12年）

天竜寺方丈の図（応仁〜江戸初期）

東福寺伽藍境内之図（慶長頃）

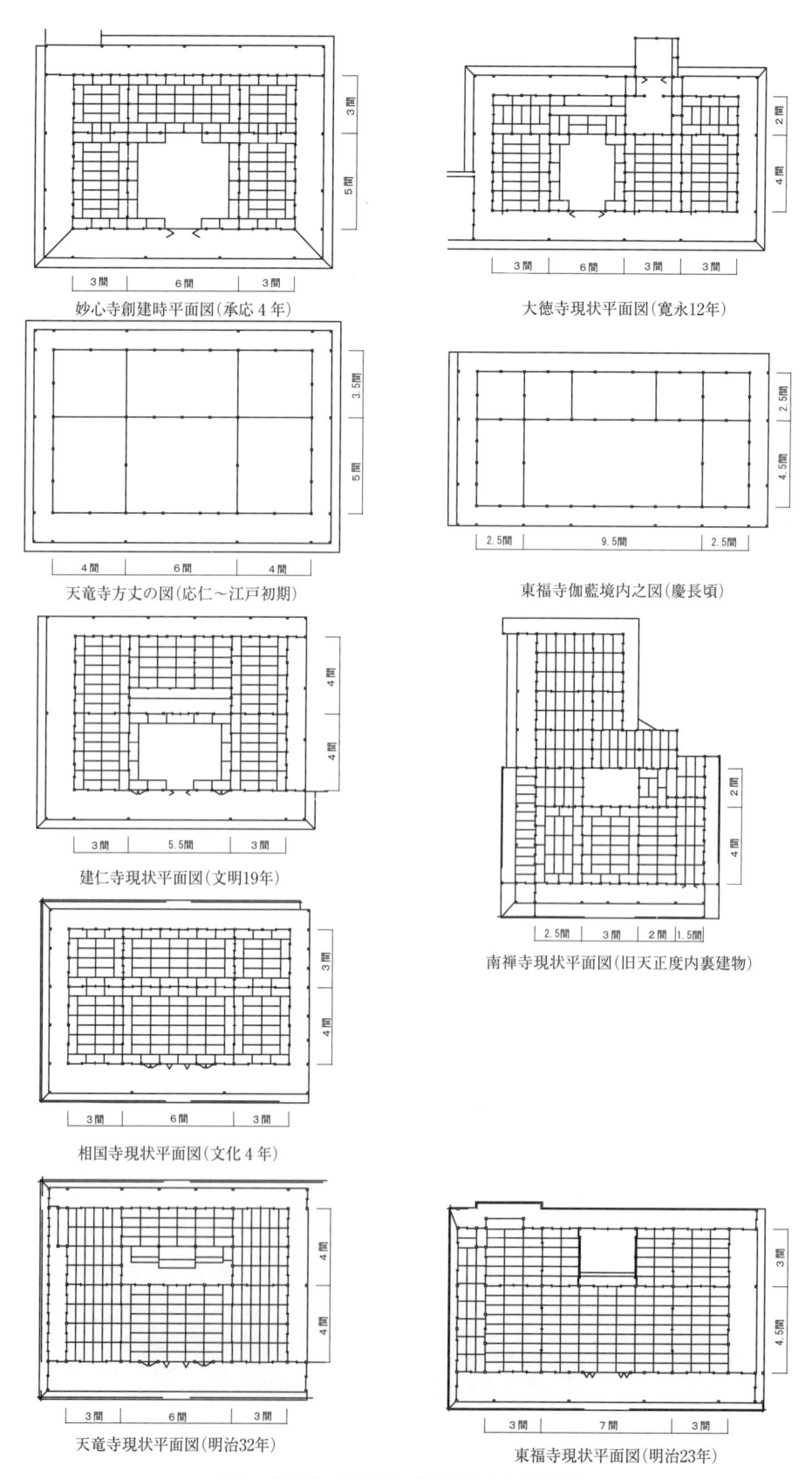

建仁寺現状平面図（文明19年）

南禅寺現状平面図（旧天正度内裏建物）

相国寺現状平面図（文化4年）

天竜寺現状平面図（明治32年）

東福寺現状平面図（明治23年）

図1　妙心寺・大徳寺と京都五山の方丈平面図

北側広縁を腰高障子で囲ったものと考えられる。

　さらに、昭和33年（1958）に行われた保存修理工事の際には、室中北の間の仏壇が撤去され、元の畳敷きの部屋に戻された。そのため室中北の間に安置されていた仏像については、北側広縁部分に簡易な仏壇を設け、お祀りされることとなり、現在にいたっている。

2　新行事を創造する利用実態

　妙心寺の年中行事を『法山規式須知』を通して見ていくことにする。住持が参加するような大きな行事は、表10のようになる。合計すると62日で行事の数が66回あり、月平均5.16日あることになる。特に11月から1月にかけては多くの行事が行われている。行事の内容を見ると、般若会・懺法会などの仏教行事が19回と一番多く、次いで開山忌をはじめとする高僧の年忌が18回と続く。次に多いのは檀越の祠堂（年忌）であり、16回を数える。祠堂については、仏殿で行われる行事の後で、方丈あるいは庫裏において鉢斎が行われるので、のちほど詳細に検討する。その他には毎年交代する妙心寺住持の入山式等の住持関係行事（4回）、妙心寺の創建に関わる花園法皇の年忌関係（2回）、さらには冬至や大晦日・正月3ヶ日等の季節の行事（7回）が確認できる。

　これらの行事のうち、大方丈が用いられる行事は、方丈懺法・方丈祠堂施餓鬼・開山忌の際の粥著座・斎著座や檀超祠堂の際の鉢斎等がある。ではそれらの行事の際に大方丈はどのように用いられたのか、行事ごとに検討する。

① 方丈懺法

　懺法とは、経を読み罪過を懺悔する儀式作法である。妙心寺では江戸時代初期から9月18日・1月18日と5月18日に方丈懺法が、6月18日には山門懺法が行われていた。『法山規式須知』より行事の内容を見ていくこととする。

〈A　設　営〉
（1）方丈室中の正面に観音の真影を掛け、左右に十六羅漢の真影を掛ける。
（2）大卓に香炉・花（松）・燈（燈籠）・燭を設け、洗米を備える。
（3）室中に毛氈を敷き、机30脚を準備する。
（4）机の中央に懺法の本1巻を置く。
（5）机の左に衣裓にいれた樒の小枝（3・4枚の葉があるもの）を置く。
（6）机は4列とし、北より2列目中央に磬を設ける（維那の席）。
（7）導師、香華、自帰の三役の机上には袱を設け、香炉を置く（香華の机上は柄香炉）。
（8）浄水器に浄水を入れ、小楊枝を上に横たえ、導師の机の上に置く。
（9）室中東西の畳席の上に鼓、鈸を置く（鼓、鈸とも畳席の縁に掛ける。鼓を北、鈸を南）。

表10　妙心寺年中行事一覧

月日	行事名( )は行事を行う場所	粥・斎・茶礼
8．1	新住持入寺(仏殿・微笑塔)	鉢斎式(方丈北の間)
2	住持伝奏・所司代・両奉行所報告	
3	祠堂利貞首座尼忌(仏殿祠堂)	鉢斎式(方丈北の間)
	一條家代香(方丈東北の間にて休息)	
6	祠堂臨松院忌(仏殿祠堂)	鉢斎式(食堂)
9．6	東海庵心宗禅師忌(東海庵)	喫斎(東海庵方丈)
16	般若僉疏(小方丈)	
	仏殿般若(仏殿)	
18	方丈懺法(大方丈)	
10．4	初祖宿忌(法堂)	
5	初祖半斎(法堂)	鉢斎式(方丈北の間)
6	虚堂和尚宿忌(仏殿祖堂)	
7	虚堂和尚半斎(仏殿祖師堂)	
11．2	祠堂高源院忌(仏殿祠堂)	鉢斎式(食堂)
3	祠堂八雲院忌(仏殿祠堂)	鉢斎式(食堂)
4	祠堂見性院忌(仏殿祠堂)	鉢斎式(食堂)
冬夜	巡塔諷経(微笑庵⇒養源院⇒衡梅院⇒玉鳳院⇒法堂小参)	茶禮(大方丈)
冬至	祠堂諷経⇒普庵諷経等(仏殿)	
10	花園法皇宿忌(法堂)	
11	花園法皇献粥(玉鳳院)⇒半斎(法堂)	鉢斎式(方丈北の間)
12．8	成道会(仏殿)	
11	開山宿忌(法堂)	
12	微笑庵献粥(微笑庵)⇒粥著座(大方丈)⇒半斎(法堂)⇒斎著座(大方丈)	粥著座(大方丈)⇒斎著座(大方丈)
21	大燈国師宿忌(仏殿祖師堂)	
22	大燈国師半斎(仏殿祖師堂)	
25	歳末祈祷般若(仏殿)	
28	大應国師宿忌(仏殿祖師堂)	
29	大應国師半斎(仏殿祖師堂)	
晦日	除夜巡塔諷経(微笑庵⇒養源院⇒衡梅院⇒玉鳳院⇒法堂小参)	
1．1	禮間(小方丈)⇒展鉢喫粥(方丈北の間)⇒改旦上堂(法堂)⇒般若(仏殿)⇒実性禅師半斎⇒鉢斎式(方丈北の間)	展鉢喫粥(方丈北の間)⇒鉢斎式(方丈北の間)
2	土地堂諷経⇒祠堂諷経⇒祖師堂諷経⇒仏前午課⇒般若(仏殿)⇒衡梅院真照禅師半斎	展鉢喫粥(方丈北の間)⇒鉢斎式(方丈北の間)
3	祖師堂諷経⇒土地堂・花園法皇諷経⇒仏禅午課⇒般若(仏殿)⇒満散(仏殿)	展鉢喫粥(方丈北の間)⇒鉢斎式(方丈北の間)
5	祠堂楊岐院忌(仏殿祠堂)	鉢斎式(食堂)
9	臨済禅師宿忌(仏殿祖師堂)	
10	臨済禅師半斎(仏殿祖師堂)	
11	手斧始	常住開山法皇鏡餅開(評席)
13	住持参内	
16	仏殿般若(仏殿)⇒百丈禅師宿忌(仏殿祖師堂)	
17	百丈禅師半斎(仏殿祖師堂)⇒祠堂常総院忌(仏殿祠堂)	鉢斎式(食堂)
18	方丈懺法(大方丈)	
23	祠堂一桃常見忌(仏殿祠堂)	鉢斎式(食堂)
28	住持二条出禮	
2．2	祠堂平田氏各霊忌(仏殿祠堂)	鉢斎式(方丈北の間)
4	祠堂慧光院忌(仏殿祠堂)	鉢斎式(食堂)
15	仏涅槃会(仏殿)	
28	祠堂了心院忌(仏殿祠堂)	鉢斎式(方丈北の間)
3．17	祠堂長松院忌(仏殿祠堂)	鉢斎式(食堂)
28	天授院二世忌(天授院)	
4．8	仏誕生会(仏殿)	
14	結制前晩巡塔諷経	
15	法堂結制上堂(法堂)⇒楞厳会(仏殿)	
16	楞厳会(仏殿)	
5．1	微笑塔諷経⇒楞厳会(仏殿)	
16	仏殿般若(仏殿祠堂)	
18	方丈懺法(大方丈)	
6．5	祠堂法泉院忌(仏殿祠堂)	鉢斎式(食堂)
14	祠堂明叟玄智忌(仏殿祠堂)	鉢斎式(食堂)
16	祠堂了然宗廓忌(仏殿祠堂)	鉢斎式(食堂)
18	山門懺法(山門)	
7．1	祠堂慶光院忌(仏殿祠堂)	鉢斎式(食堂)
7	楞厳会(仏殿)⇒後柏原院半斎⇒方丈祠堂施餓鬼	鉢斎式(食堂)
14	解制前晩巡塔諷経	
15	仏殿解制⇒楞厳会満散⇒小方丈交代⇒山門施餓鬼⇒満散⇒法堂解制上堂	

第7章　大方丈

〈B　集　合〉

(10) 入堂鐘の後、頃合いを見計らい大鐘・洪鐘共に鳴らす。

(11) 大衆本履をはき、玄関より上り、前堂は西南の間に座す。平僧は西北の間に座す。

(12) 行者觸牒および硯箱を持って西北の間東辺りにいる。

(13) 全員集まれば鐘を収める。

(14) 導師、香華、自帰、維那、西南の間の東辺りに一列で胡跪する。東向き北を首とする（北より導師・香華・自帰・維那の順に並ぶ）。

(15) 前堂は導師等の後ろに並び胡跪する。北を首とする。

(16) 平僧は南板縁の花席の上に胡跪する。東を首とする（図2）。

〈C　奉　迎〉

(17) 鼓、鈸の役位4人は唐戸の外に進む。

(18) 大鼓、大鈸は、東唐戸の南に立つ。小鼓、小鈸は、西唐戸の南に立つ。

(19) 大鼓、小鼓対面して問訊する。同時に大鈸、小鈸も対面して問訊する。

(20) 4人互いに合掌して、唐戸の東西より室中に入り、それぞれの器のあるところに東西対面して立つ。位置が定まれば同時に跌座し、準備をする。

(21) 作法の通りに鼓、鈸を奏する。

(22) 器を元のように置き、唐戸より退室し、自分の籍次に並ぶ。

(23) 行者は、鼓・鈸を回収する。

〈D　入　室〉

(24) 導師、香華、自帰、維那、前堂、平僧まで起立す。

(25) 導師、香華、自帰、維那西南の間より南板

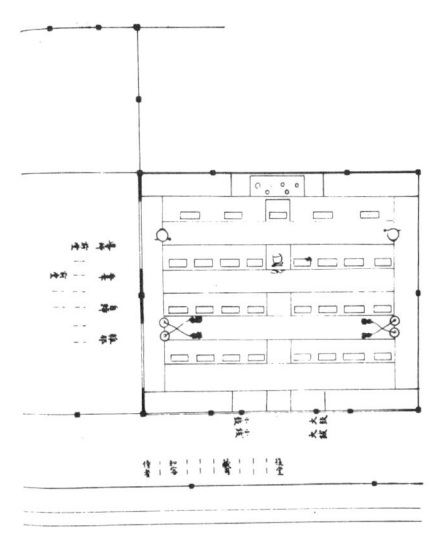

図2　方丈懺法勧請時坐位之圖
『法山規式須知』第九「圖繪」より（図4〜16も同じ）

図3　現在の方丈懺法の様子
（妙心寺法務部撮影）

縁に出る。

(26)導師は室外の扉の東に、香華は西に対面する。導師の南は自帰、香華の南は維那。

(27)導師は香華に問訊して室に入る。以下香華は自帰に、自帰は維那に、維那は第一位に問訊して室に入る。以下も同様に室に入り、それぞれの位置に立つ（図4）。

〈E　懺法開始〉

(28)維那、磬を五聲鳴らす。

(29)導師、大悲圓満無礙神咒をあげる。

(30)途中で、衆、座具を取り、左掌に掛け、左右問訊して座具を展べる。

(31)導師、請観音経消伏害毒懺儀をあげる。

(32)途中で導師、香華、自帰、焼香する。

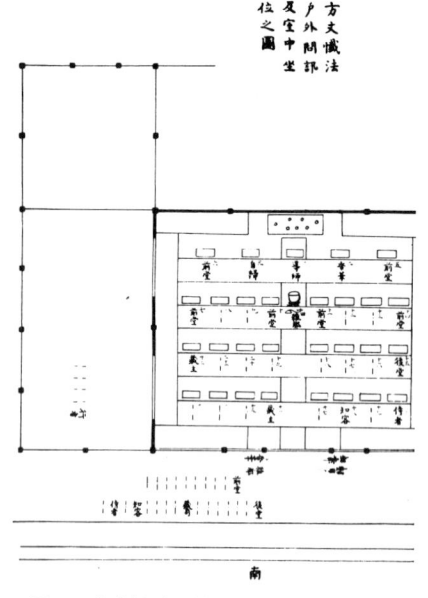

図4　方丈懺法戸外問訊及室中坐位之圖

(33)その後、大衆、一礼して座す。

(34)香華が「各各胡跪」と唱えれば、衆胡跪、その後、両手で衣裓をささげる。

(35)時いたれば、花を後に散らし、衣裓を机上に置き、全員で跪座する。

(36)仏前に導師が進み焼香する。香華、卓前より湯器を取り導師に呈す。

(37)導師、香華より湯を注いでもらい、爐の東に献ずる。

(38)香華、卓前より茶器・茶筅を取り導師に呈す。

(39)導師、香華より湯を注いでもらい、爐の西に献ずる。またもとの席に戻る。

(40)読経中に導師、香華、自帰各々焼香。

(41)導師「祈禱陳白」を唱える。

(42)さらに請観音経消伏害毒懺儀を続ける。

(43)導師、楊枝・浄水器をもち、楊枝で浄水を攪し、楊枝を置いて礼拝する。

(44)導師、仏前に進み、洗米器の西に浄水を献じる。また元の席に戻り焼香・三拝して座る。

(45)香華、自帰各々焼香。次に導師焼香。

(46)読経中に導師、香華、自帰各々焼香。

(47)さらに読経中に導師、香華、自帰各々焼香。

(48)導師、小回向を誦える。

(49)さらに請観音経消伏害毒懺儀を続ける。

(50)衆、座具を収め、立つ。

〈F　行　道〉

(51) 読経中に導師は左の自帰と問訊し、次に右の香華と問訊・合掌して東に行道する。それに続き衆も行道する（図5）。

(52) 再びもとの位置に座具を展じる。

(53) 導師、香華、自帰、観世音に各々焼香。

(54) 導師、香華、自帰、経を唱え、請観音経消伏害毒懺儀を終える。

(55) 衆ふたたび、座す。

(56) 導師、妙法蓮華経と唱える。

(57) 跌座して、普門品を暗誦し、経を転攤する。

(58) 衆、座具を収める。

〈G　退　室〉

(59) 互いに問訊して、導師、香華より順番に室をでる。

(60) 導師、香華等および前堂は、西南の間に、平僧は板縁に初めのように列座する。

〈E　奉　送〉

(61) 鼓、鈸の役位4人は室にはいり、奉送を奏す。

(62) 奉送が終われば、衆解散する。

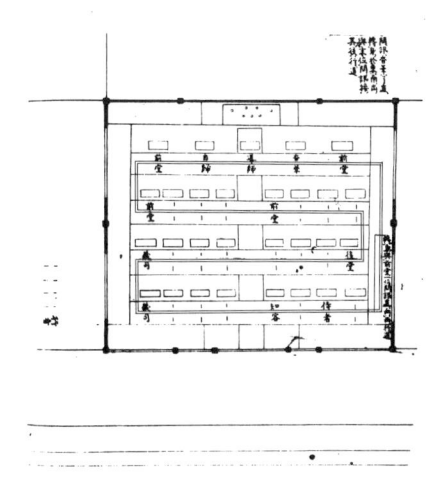

図5　方丈懺法念佛行道之圖

　以上より方丈の各部屋の使い方を整理すると次のようになる。

　　方丈懺法の儀式の中心…室中
　　礼拝の方向…室中北面の観音の真影と十六羅漢の真影
　　東　南　の　間…住持（侍者、聴叫随う）の儀式見学場所
　　西　南　の　間…役僧・前堂の控の間・儀式開始位置
　　西　北　の　間…平僧の控の間
　　南　広　縁…平僧の儀式開始位置

さらに儀式の中心となる室中の飾り付けは、北側の壁に掛けられた観音の真影とその両脇の十六羅漢の真影であること。本来畳廻り敷きである室中に30人もの僧侶が座るために板の間に毛氈が敷かれること。入室前に集合する南広縁には、花席が敷かれていることが確認できる。

　歴史的に僧員を30人と定めるのは延宝7年（1679）7月26日の『壁書』である。これによると、「一　正五九月祈禱懺法之僧貟可爲三十人出頭也自今以後可配展待料也前堂壹錢半平僧壹錢副寺寮在籍之僧行者亦同斷可司鐘門守掃除人等者三分之事」とあり、出席した僧侶には僧階に応じて供養料を支出していることも確認できる。

②　方丈祠堂施餓鬼

　施餓鬼とは、餓鬼道におちて飢餓に苦しむ亡者（餓鬼）に対して飲食物を施すこととされ、無縁の亡者のために催す行事である。妙心寺では7月7日に方丈祠堂施餓鬼を、7月15日には山門施餓鬼を行っていた。方丈施餓鬼の様子を『法山規式須知』より見ていくこととする。

〈A　設　営〉

（1）室中の中央南よりに中卓を設ける（炉・華・燭を置く）。

（2）室外南正面の外縁に祭筵を敷き、大卓を設ける（三界萬霊の牌を置き、供物・米・水器等を陳列する）。

〈B　集　合〉

（3）鐘が収まれば住持小方丈の西杉戸より方丈の南板縁出る（侍香・侍衣・聴叫随う）。

〈C　施餓鬼開始〉

（4）両序（役僧）室に入り立班がすめば、住持西に並ぶ。東序の後ろを通り、室北よりにある曲彔の前に立つ。

（5）住持、両序と問訊して、中卓に進み焼香、1歩退き問訊、合掌して元の位置に帰り、問訊（図6）。

（6）維那、大悲経を唱える。

（7）維那、施食文を読む。途中から住持中卓に焼香する。

（8）1歩退き問訊の後、中卓の東側を通り、室を出て大卓の前に行く。

（9）右手に束楬を持ち、水を散らす。次に散米を行う。これを3回繰り返す。

（10）1歩退き問訊、合掌して中卓の西側を通り、元の位置に帰り、問訊。

（11）読経の中、再度中卓の東側を通り、室を出て大卓の前に行く。

（12）筯（匙のこと）で抅飯を攪に落とすこと3回。

（13）次に撒米・灑水する。

（14）1歩退き問訊、室に入り西側を通って、中卓の炉で焼香、1歩退き問訊、合掌して元の位置に帰り、問訊。

（15）読経が止み、行者が板縁に出れば、中卓に進み焼香する。1歩退き問訊、合掌して元の位置に帰り、問訊。

（16）維那楞厳咒をあげ、次に「南無薩怛侘」を唱える。

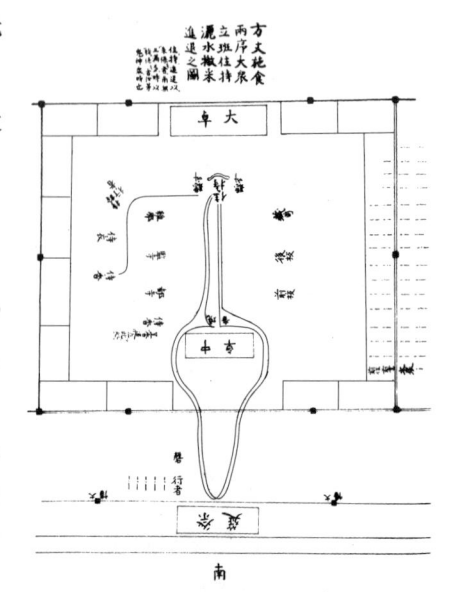

図6　方丈施食兩序大衆立班住持灑水撒米進退之圖

(17) 二侍者・東序が東側に退けば、西序の前板の前に住持が進み問訊する。

〈D　行　道〉

(18) その後直ちに行道をはじめる。西班は米・水を供してから、行道に入る。

(19) 中卓の前を西に進み、室中板の部分を北に折れ、さらに西に折れて折込行道（6行なら曲彔の北を、4行の場合は曲彔の南を進む。行者がこれを導く）（図7・8）。

(20) 第5会散衆の鈴を聞いて、住持元の位置に戻る。

(21) 焼香の鈴を聞いて小問訊、中卓に進み焼香、1歩下がり問訊合掌して元に位置に戻り、問訊。

〈E　退　室〉

(22) 回向が終われば問訊して、中卓の東より退室する。

　以上により方丈の使い方をまとめれば次のようになる。

　　方丈祠堂施餓鬼の行事の中心…室中と南広縁・落縁

　　礼拝の方向…方丈南外部

　　室　中　中　央…住持（南面に向けた曲彔に座る）

　　室　中　東　側…西班の役僧・前住・前堂

　　室　中　西　側…東班の役僧

　　東　南　の　間…大衆

　この行事における特色は、礼拝の対象が外部の餓鬼であるため、南側中央の落縁に祭筵を設け、南方に向かって拝む点にある。これにより本来室中の東側に並ぶはずの都寺・監寺等

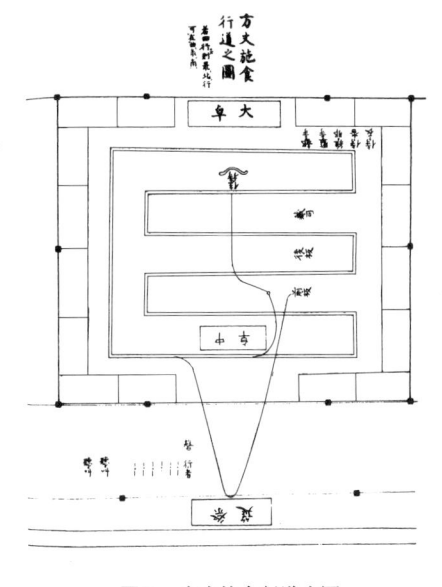

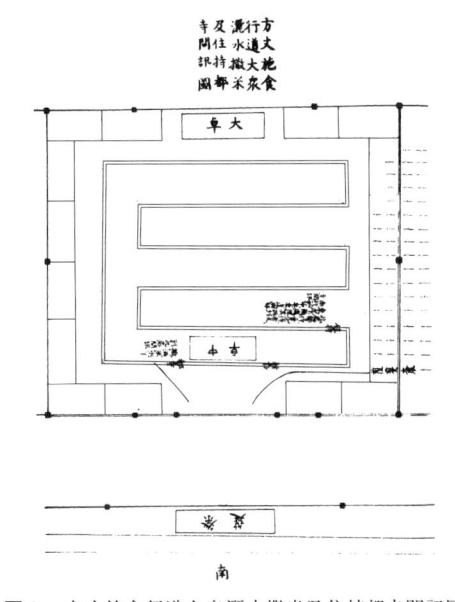

図7　方丈施食行道之圖　　　図8　方丈施食行道大衆灑水撒米及住持都寺問訊圖

の東班役僧が西側に、前板・後板等の西班役僧をはじめ行事に参加した前住・前堂・大衆等の僧侶までもが東側に並ぶことになったと考えられる。しかも東西の役僧の並び順より南を上席としていることがわかり、住持は一番北にあって餓鬼と対峙している配置となっていることが確認できる。

③　鉢斎式

　鉢斎式は、8月1日の新住持入寺、10月5日の初祖忌、11月11日の法皇忌、正月の3ヶ日や7月7日の方丈祠堂施餓鬼と16件を数える檀越の祠堂の際に実施されていたことがわかる。

　新住持入寺とは、毎年この日より1年間、実質的に本山を預かる住持の入寺式のことで、世代帳に名を記して妙心寺の住持となる再住入寺式とは異なる。同日は卯の半刻より仏殿で祝聖の諸諷経を行い、次に微笑塔でさらに諷経を行った後、新住持お披露目の式として鉢斎式が行われる。天和3年（1683）11月3日の『壁書』に「一　遷住之齋者從住持方副寺ヘ頼可被營辨之事　但經營者如御忌展侍料者銀百錢八木壹石也」と記述されていることより、この翌年より始められたと考えられる。

　初祖忌は、前日の宿忌・当日の半斎とも法堂に達磨像を懸けて行われ、法要の後、鉢斎式が行われる。宿忌と半斎が法堂で御忌と同じように行われるのは、元禄6年（1693）2月19日の『壁書』からであり、この年以降に御忌と同規模の行事となり、鉢斎式も執行されるようになったと考えられる。

　御忌とは法皇忌とも呼ばれ、花園法皇の命日の法要である。前日の宿忌・当日の半斎とも法堂に法皇の像を懸けて行われ、法要の後、鉢斎式が挙行される。前述の新住持入寺に関する壁書によれば、鉢斎式まで含めると法要には銀100匁と米1石が必要であった。しかし江戸時代初期には『米銭納下帳』より毎年銀13匁7分5厘の支出しか確認できないので、鉢斎式は行われていなかったと考えられる。さらに現在の大方丈が建設された承応3年（1654）以降についても支出額に変化は見られない。以上のことより鉢斎式をともなう法皇忌は、本山の制度が整えられる延宝7年（1679）8月26日の『壁書』の前後に整備されたものと考えられる。

　正月3ヶ日は仏教では大切な日とされ、妙心寺においても中世から修正の行事が行われている。3ヶ日の妙心寺住持の日程は以下のようになっている。方丈の利用についてみると、山内の僧侶と食事を共にする方丈北の間展鉢喫粥（朝食）と方丈北の間鉢斎（昼食）が含まれている。

　　1日午前6時　　小方丈禮間→仏殿改旦祝聖諸諷経→微笑塔諷経→方丈北の間展鉢喫粥
　　　　　　　　　　　→竜安寺住持・塔頭の院主・僧徒、小方丈で年賀を述べる
　　　　午前8時　　→法堂改旦上堂→仏殿般若→龍泉庵實性禅師半斎

→方丈北の間鉢斎

2日午前6時　土地堂諷経→祠堂諷経→祖師堂諷経→仏前午課

→方丈北の間展鉢喫粥→仏殿般若→衡梅院真照禅師半斎

→方丈北の間鉢斎→和韻を受ける

3日午前6時　祖師堂諷経→土地堂諷経→花園法皇諷経→祠堂諷経

→仏前午課→方丈北の間展鉢喫粥

午前10時　→仏殿般若→仏殿満散→方丈北の間鉢斎→山中年禮

→龍安歳偈の和韻持参→龍安の塔頭年賀巡行

なお、祠堂とは、妙心寺の檀越の命日に本山の仏殿内の祠堂で供養を行うことで、中世からの行事である（表11）。しかし祠堂の時に斎を供するようになるのは、本山の制度が整えられた延宝7年（1679）7月26日の32条の『壁書』以降であることが確認できる。『壁書』には以下のように記述されている。

一　年中祠堂齋者前住或前堂或平僧従一院一人充可爲出頭經營者一汁二菜香物塩山椒也副寺可被執行之一人之飯費料可爲上下七分充也諸佛餉如先規之事

これを裏付けるように同年8月6日に始めての祠堂斎が行われたことが、妙心寺蔵の『米銭納下帳』により確認でき、107人が行事に参加し、銀74匁9分（1人あたり銀7分）が支出されている。なお毎年1冊ずつ作成される『米銭納下帳』によると、延宝7年の『壁書』以前には、祠堂斎ごとに銀25匁が支出されていることより、祖餉15カ所のほか20名程度で行事が行われていたと考えられる。

表11　祠堂確認年月一覧表

月日	行事名	俗　　名	没年月日	祠堂確認年月
8.3	利貞首座尼忌	一条関白兼良の娘、斉藤豊後守利国の室	天文5年8月3日	天文年間からか
6.14	明叟玄智忌	明智日向守	天正10年6月14日	天正11年
11.4	見性院忌	不明	元和3年12月4日	慶長20年4月
3.17	長松院忌	徳善院息女	寛永4年3月17日	寛永8年3月
6.5	法泉院忌	生駒讃岐守正俊	元和7年6月5日	寛永13年6月
8.6	臨松院忌	脇坂中務小輔	寛永3年8月6日	寛永15年8月
2.4	慧光院忌	脇坂左兵衛佐	寛永12年2月4日	寛永16年1月？
1.5	楊岐院忌	柴田源左衛門尉	元和6年1月5日	正保4年
1.17	常総院忌	柴田佐渡守	文禄4年1月17日	正保4年
6.16	了然宗廓忌	有安庄三郎	慶安2年7月16日	慶安2年
1.23	一桃常見忌	有安左右馬	明暦4年1月23日	慶安5年
11.3	八雲院忌	脇坂淡路守	承応2年12月3日	明暦元年
11.2	高源院忌	三澤氏息女俗名吉村	寛文8年12月2日	延宝6年12月
2.28	了心院忌	佐藤駿河守	延宝3年3月28日	天和元年
7.1	慶光院忌	脇坂淡路守室	明暦3年8月1日	貞享3年2月
2.2	平田氏各霊忌	平田氏	安永5年2月	安永5年10月

さらに、祠堂斎は大方丈の北の間を3室ないし2室（中央間・西北の間）続きの部屋として用いる場合（3回）と庫裏内の食堂を用いる場合（13回）に分けられる(9)。これは檀越に格差をつけた結果と考えられるが、食堂に1回で入れる人数が20名であることより、ここで行われる式の方が、延宝7年以前の古い行事を踏襲した可能性がある（図9）。すると大方丈で行われる鉢斎式は、食堂の式の拡大版としてとらえることができるのではないだろうか。

では、大方丈での鉢斎式はどのように行われたのであろうか、『法山規式須知』により確認する。行事の順番については以下の通りである。

〈A　設　営〉

　北の中央間正中に文殊・大士の真影を掛ける。

〈B　集　合〉

（1）大衆は方丈玄関より上り、西側の縁を廻り、鉢を持って北側の縁の中央より西に東を首として、南向き・北向きに対面するように胡跪する。

（2）和尚は方丈の南縁中央より上がり、東縁を廻って、北側の縁に東を首とするように南向きに胡跪する。

（3）北の間鉢斎の人数は40人を基本とするが、両端に2人ずつ増やして最高44人まで座ることができる。この人数より多い時は末位の前堂は食堂で斎をいただく（図10）。反対に人数が少ない時は、品麗衆や持庵の後堂が入ることも可能である。

〈C　鉢斎式開始〉

（4）和尚は侍者より鉢をもらい、全員起立し、上位のものより案（つくえ）をまたいで入り、座る。

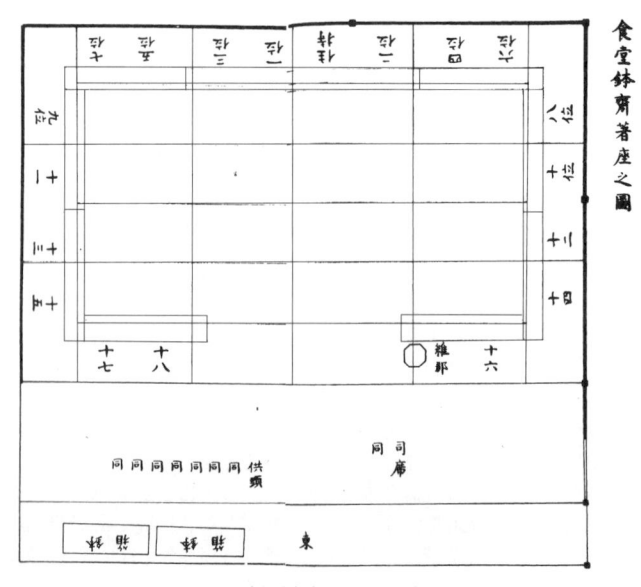

図9　（庫裏）食堂鉢齋著座之圖

(5)維那、心経を唱える。

(6)座についてから細かい作法により鉢・匙等を並べる（詳細省略）。

(7)飯→羹湯→菜→鹽山椒→飯→羹湯→飯→羹湯の順に食す。

(8)細かい作法により鉢・匙等を片付ける。

(9)菓子・茶を食す。

(10)一同起立し、左右に挨拶をした後、飯案を跨いで上位の僧より鉢をもって退室する。

(11)諸和尚は室外の侍者に鉢を渡し、東南の板縁を廻り、玄関より退散。

(12)前堂以下は、部屋を出て、みずから鉢を箱に納め、第二莚の見廻りをする。

(13)第二莚の菓を出し、湯を出せば、西の板縁より、玄関を通って退散。

○第二莚

(14)第二莚著座の衆は、北側の縁の中央より西に東を首として、南向き・北向きに対面する。ように胡跪する。司席はその東に南を主とし、相対す。

(15)司席が主位と次席につき、上位のものより図10のような位置に案をまたいで入り、座る。

(16)座についてから細かい作法により鉢・匙等を並べる（詳細省略）。

(17)飯→羹湯→菜→鹽山椒→飯→羹湯→飯→羹湯の順に食す。

(18)細かい作法により鉢・匙を片付ける。

(19)菓子を食す。

(20)一同起立し、左右に挨拶をした後、上位の僧より退室す。

以上により方丈の使い方は次のようになる。

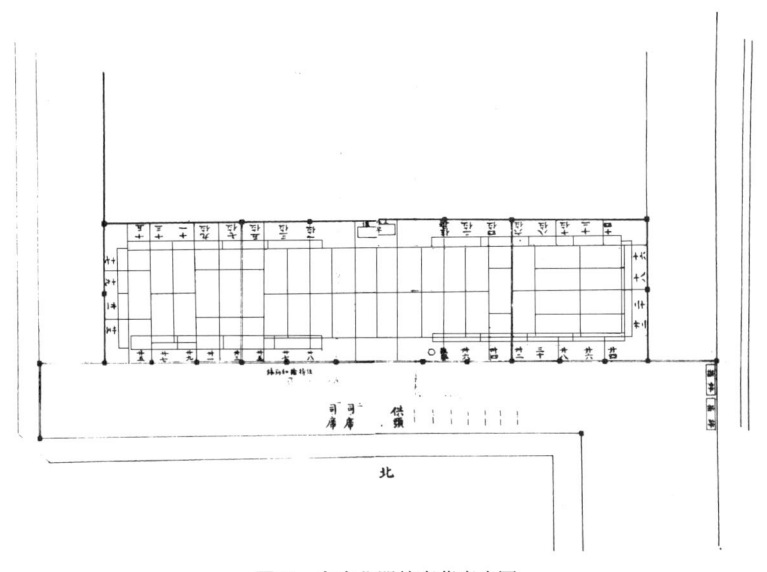

図10　方丈北間鉢齋著座之圖

鉢斎式の行事の中心…方丈北の間3室ないし2室（中央間・西北の間）続きの部屋
　礼拝の方向…北の中央間の南面
　北　広　縁…行事の開始位置
　なお方丈北の間2室（中央間・西北の間）のみを用いるのは、利貞首座尼忌の1回だけである。これは利貞尼の実家である一条家から焼香に来た人が、東北の間を休息室として利用するためである。

　さらに以上に述べた行事も寺内の状況により退転を余儀なくされていることが確認できる。文化8年（1811）閏2月19日の衆議には、仏殿造り替え準備のため初祖忌の鉢斎式を当分の間停止すること、正月元旦と2日の展鉢喫粥と鉢斎が省略され、3日の鉢斎のみになったことなどが確認できる。また、仏殿が完成した翌年の天保2年（1831）1月25日の衆議では、前年の地震等による出費補填のため、再度初祖忌の鉢斎式の停止、正月3日の満散斎の停止と利貞首座尼忌以外の祠堂斎15回を省略して展侍料の支出へと変更すること、さらには文化11年（1814）より祠堂施入施浴の代りに始められた3月14日の施浴施主供養斎についても祠堂斎と同様の処置が取られたことが確認できる。

④　冬夜巡塔諷経の茶禮

　巡塔諷経とは、妙心寺の創建や発展に貢献した僧侶や檀越の真前に礼拝する行事で、微笑塔（開山　関山慧玄）、養源院（第7世　日峯宗舜）、衡梅院（第9世　雪江宗深）と玉鳳院（花園法皇）を順に巡るものである。冬夜の他、除夜（12月晦日）・結制前晩（4月14日）・解制前晩（7月14日）の年に4回行われる。

　このうち冬夜巡塔諷経は、11月10日前後の冬至の前夜に行われるもので、巡塔諷経の後に法堂小参と大方丈での茶禮をともなう行事である。特に茶禮をともなう唯一の行事である点で、ここでとりあげることとする。歴史的には元禄元年（1688）11月19日の『記録』に「冬-夜茶-禮之事　就=方-丈=行レ之菓-子熬-豆　座-奉-行ハ副寺」とあることより、この年の諸前住と諸執事の衆評により決定されたことがわかる。方丈茶禮は以下の順で行われる。

〈A　設　営〉
　宝永6年（1709）まで開山国師の半身像、以後は全身像。
〈B　行事：第一莚（住持・前住・前堂）〉
（1）法堂小参ののち、大方丈に集まる。住持（南広縁東側花席上）、聴叫（住持の後ろ）・前住（南広縁東側南寄り北向き）・前堂（南広縁西側南北に対面して座る）。
（2）住持以下前堂まで中央の唐戸より室中に入室する。
（3）住持室中の大卓の東に座す。以下東西に分かれて座る。
（4）供頭、菓茶器を進む。

(5) 次に、菓を進む（前堂以下は菓台に載せる）。

(6) 菓を喫す。

(7) 前堂以下の茶盞を進む（曲盆に盛る）。

(8) 湯瓶を出す。

(9) 菓茶器を撤す（和尚）。

(10) 大衆の菓茶器を撤す。

(11) 上位の人から唐戸より退室。

○第二筵（後堂以下）

(12) 西南の間で行う。

(13) 司席（北寄り南向き）・平僧（東西に分かれて座る）の順に著座。

(14) 菓を出す（茶なし）。

(15) 菓を喫す。

(16) 退室。

　以上により、方丈の使い方がわかる。

　　　行事の場所…室中（第一筵）と西南の間（第二筵）

　この行事での特色は、並び方については北面中央より左右に順番に座る点で、北の間鉢斎と同じであるが、第一筵と第二筵とを完全に別室で行う点が異なる。

⑤　開山忌の粥著座・斎著座

　開山忌は、妙心寺最大の年中行事である。式の次第は、12月11日の宿忌から始まり、翌日に掛けて行われる。行事の場所は、法堂や微笑塔（開山堂）が用いられるが、12日の粥著座（朝食）と斎著座（昼食）は現在の僧侶と開山をはじめとする高僧とが同席して食事をとる形をとり、大方丈の南側3室が用いられていた。正式な食事を大方丈の南側3室で食することは年中行事の中では他になく、大変興味深い行事である。以下に開山忌の行事と粥著座・斎著座での大方丈の使い方について見ていくこととする。

〈開山忌の行事の流れ〉

　　12月11日午後2時　法堂開山宿忌　献供→九拝（焼香三拝　茶三拝　湯三拝）→諷経（華厳経）→行道

　　　　　　午後10時　鳴點

　　12月12日午前2時　點華

　　　　　　午前6時　微笑塔献粥　方丈粥著座

　　　　　　午前10時　法堂半斎　方丈斎著座

　一連の行事は、おおむね12月11日の午後2時から始まり、翌12日のお昼頃まで要していた

ことが確認できる。この中で大方丈の粥著座は以下のように行われた。

〈A　設　営〉

（１）室中北側の大卓の後壁に向かって左より開山国師墨蹟・大燈国師尊像・虚堂和尚尊像・大應国師尊像・大燈国師墨蹟の5幅と、その両側に14幅の羅漢像の軸を掛ける。

（２）室中北側の大卓の上に燭・爐・立華と茶・湯を供える他、三方に汁・粥・酢大根・梅干、摺山椒を、猫足に前餅・胡桃・麩焼をのせる。

（３）大卓の南に建炭爐、さらに南に折卓上に香炉・大香合を置く（図11）。

（４）南側3室の東（北より寒拾・書畫・琴碁）・西（北より梅・龍・虎）・北面（西より牡丹・子陵・四昭・呂望・三笑・三酸の屛風を立掛ける：室中中央間を除く）。

（５）南側3室の外周よりに52人分の座牌を置く（「中座」（室中と東西の間との北側半分に座席を設けること）を造ることにより64人まで入室が可能となる）。

（６）東西広縁（南より）と南広縁（玄関廊と中央を除く）に塗格子を建てる。

（７）建物南半分の落縁外に幔幕を下げる。

（８）広縁・落縁に紅氈を敷く。

〈B　集　合：第一莚〉

（９）住持方丈正面の唐門より入る（五侍者・沙喝・喝食・聴叫随う）。

（10）前の階段より上がり、板縁の東辺りに胡跪する（聴叫外縁に座る）。

（11）諸和尚は板縁の南に北向きに胡跪する（東を首となす）。

（12）両序は板縁の北に南向きに胡跪する（西を首となす）（図12）。

〈C　入　室〉（図13）

（13）住持から室中正面の唐戸より入室する。

（14）侍真入室し、大卓の炉に1回、中央の炉に2回焼香する（図14）。

（15）侍真深々問訊して退室。

〈D　粥著座開始〉

（16）供頭膳を配る。

（17）作法に基づき汁3遍・粥2遍を食する。

（18）供頭膳を下げる。

（19）特爲（前住のみ）菓茶器を運ぶ（図15）。

（20）前堂以下の菓器が行き渡れば、一斉に喫す。

（21）茶器を運ぶ。

（22）供頭、湯瓶を持ち、筅にて茶をたてる。

（23）住持、隣の都寺と一緒に喫す。

（24）特爲（前住のみ）菓茶器を下げる。

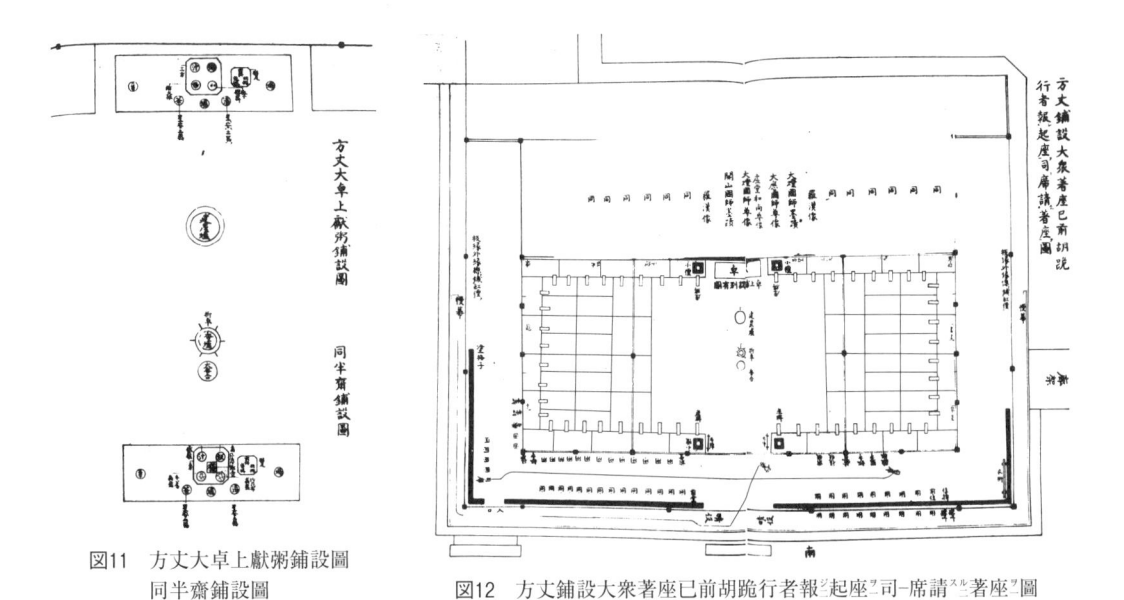

図11　方丈大卓上獻粥鋪設圖
　　　同半齋鋪設圖

図12　方丈鋪設大衆著座已前胡跪行者報起座司-席請著座圖

図13　方丈第一筵著座及司席供頭遞給立位圖

図14　方丈室中侍眞接入燒香之圖

(25) 大衆の菓器を下げる。

(26) 身支度をして、起立する。

(27) 小甑旧所に置いて部屋を出る。

(28) 第一筵の前堂は、第二筵の供頭を佐助する。

○第二筵（図16）

　引き続き、同じ場所で行う。

　同様に斎著座は以下のように行う。

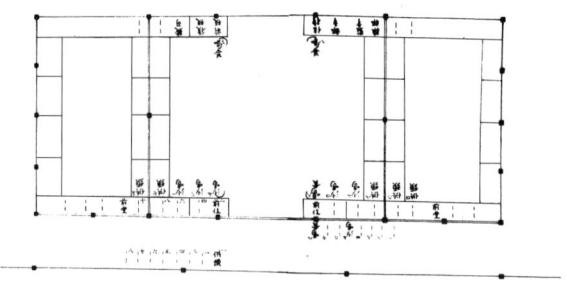

図15　沙喝喝食供頭進特爲菓茶圖

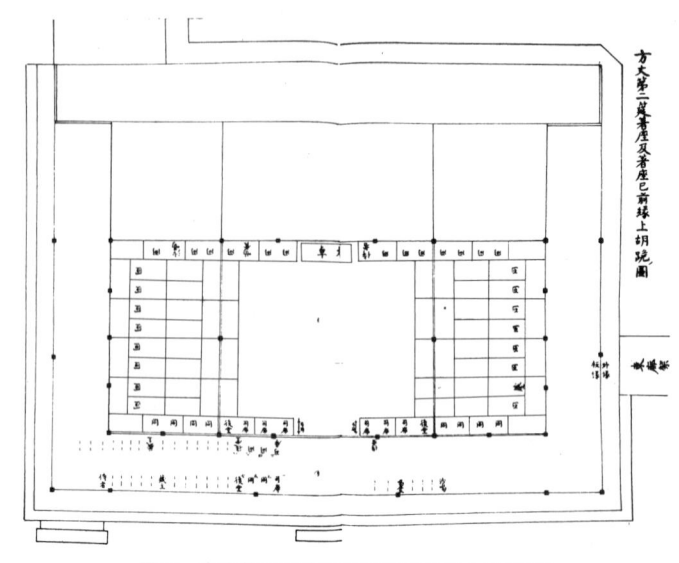

図16　方丈第二筵著座及著座已前縁上胡跪ク圖

〈A　設　営〉

（1）設営は粥座と同じであるが、室中北側の大卓上の三方と猫足の内容が異なる。三方には飯・繊大根の汁・小角下酢壷・牛蒡高盛・炒昆・布高盛を、猫足に前餅・胡桃・蜜柑をのせる。

〈B　集　合〉

（2）住持西南の階段より上がり、板縁の東辺りに胡跪する。

（3）衆が集まれば、行者起座を報じる。

〈C　入　室〉

（4）全員起立して、司席の勧めにより住持より室に入る。

〈D　斎座開始〉

（5）着座衆室に入り、座が定まれば、供頭膳を進める。
（6）作法に基づき冷汁を2回だし、2回下げれば、汁を飯にかけ、次に湯を出す。
（7）その後の式は、粥の時と同じ。

　以上のことより以下の点が指摘できる。

　　方丈粥著座・斎著座の儀式の中心
　　　　　　南側の3室　［第一莚（住持・行事の役僧・前住・前堂等）］
　　　　　　　　　　　　［第二莚（司席・後堂・蔵主・侍者・沙喝・喝食等）］
　　　　　　　　　（ただし、諸和尚の侍者は第一莚の間、北の間にて食事を取る）

　開山忌での大方丈の利用がこれまで見てきた他の法要での利用の仕方と異なる点は、座席の配置である。鉢斎式では、住持の左右に身分の高い順に僧侶が並んでいた。しかし粥著座・斎著座では、身分の高い順に互いに向き合う位置に座り、礼拝の正確な方向性が見られない。さらに設営においても外部に幔幕や塗格子を取り付け、内部にも襖以外に屏風を建て廻すなど、閉鎖的な空間をつくり出している。この閉鎖的な空間自体が、他の年中行事とは異なる開山忌の独特の雰囲気をつくりだしていると考えられる。これにより開山をはじめ開山の法統にいたるまでの高僧たちとの会食の場となりえたと考えられる。さらに第二莚も同じ大方丈南3室で行われ、第一莚と同じ場所を共有していることも確認できた。

3　不定期の行事での利用

　第2節で取り扱った行事は、毎年同じ日に繰り返されるものであった。しかし、妙心寺ではそれ以外に不定期に行われる行事が存在し、大方丈が利用されていた。そのうち最大規模で行われるものは、世代帳に名を記し、本山の住持となるための儀式である。さらに幕府の役人（京都所司代・京都町奉行等）が来寺した際の接待やその時求めに応じて寺宝を展示する方法まで大まかに決まっていた。また僧侶の申渡しや寺の事務を行う半僧半俗の行者の任官にともなう饗応等にも大方丈が用いられていた。本節ではそれらの事例を『法山再住入寺須知』『記録』やその他の本山関係文書を通して紹介することとする。

① 再住入寺式

　再住入寺式とは、妙心寺の開山関山慧玄が朝廷より2度にわたって入寺を促されたことを受けて、歴代住持入寺の際に取り入れられた儀式である。行事の詳細については『法山規式須知』と同時に編集された『法山再住入寺須知』に詳しくまとめられている。大きく分けると僧侶の属する四本庵や妙心寺山内塔頭で行われる居成（初めて妙心寺の住持となる綸旨を受ける）と本山の諸建物で行われる入寺式（勅使を招き、再び妙心寺の住持となる）の2つとなる。

　行事の全体の流れは（表12）のようになるが、このうち本山の大方丈が用いられるのは、

入寺を最初に決める新命評定と入寺当日の休息・著座および勅使の點心の時である。それぞれの行事の中での大方丈の使い方を見ていくこととする。

1．新命評定

　新命評定とは、住持として入寺する僧侶を一山の者が集まり、決定する儀式である。行事の流れは以下のとおりである。

〈Ａ　集　合〉

（１）前住は、大方丈の東の間、前堂は西の間に集まる。

（２）行者、唐戸の外に跪いて起座を報じる。

（３）大衆、戸外に出る（位頭東にあり）。

（４）座奉行進んで、住持を請す。

（５）住持、次位を揖し、順番に室中に入室する。

（６）全員、左右に分かれて著座する（図17）。

（７）侍真は籍次に拘らず東の正中に著座する。

〈Ｂ　新命評定開始〉

（８）全員座が定まれば、堂司行者室に入り、跪き「新命御評定」と云う。

（９）堂司行者、直に戸外に出て、硯紙を持ち、侍真の前に置き、跪く。

（10）侍真、請状を書き終われば、丸めて行者に渡す。

（11）行者、これを主位（東の一位）に呈す。

（12）主位、帽を脱ぎ、請状を見れば、また巻いて行者に渡す。

（13）行者、これを賓位（西の一位）に呈す。

（14）賓位帽を脱ぎ、請状を見れば、また巻いて行者に渡す。

（15）行者、これを東の二位に呈す。

（16）帽を脱ぎ、次位を揖し、請状を見れば、また巻いて行者に渡す。

（17）行者、またこれを西の二位に呈す。

（18）以下は行者の遞送は用いないが前住衆のみ遞送を行う。

（19）行者、西の末位の下に跪く。

（20）前堂は各々次位に遞送して、請状を見る。

（21）西の末位は巻いて行者に渡す。

（22）行者、今度は東の三位に渡して、東の末位の下に跪く。

（23）東の三位より各々遞送して、請状を見る。

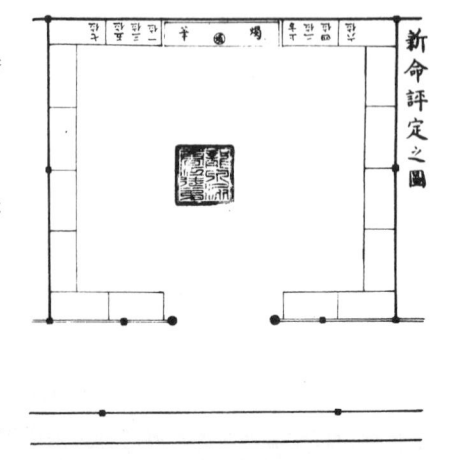

図17　新命評定之圖
『法山再住入寺須知』第四「圖繪」より（以下図26まで同じ）

表12　再住入寺式の行事の流れ

行事の流れ	行事場所	行事内容	行事の流れ	行事場所	行事内容
全体の準備	大方丈	新命評定	入寺	法堂	室間
	本庵又は塔頭	新命登山			視篆
	山内各塔頭	新命登山巡山（新命登山翌日）			草賀礼
	本山	所司代エ連署（巡山の日或は翌日）		微笑塔	微笑塔諷経
				玉鳳院	御殿諷経
居成	甘露寺家	禁裏エ奏聞		大方丈	方丈北東間にて休息
	本庵又は塔頭	居成（禁裏エ奏聞の同日）		寝堂	上堂
		新命評定			寝堂
		敕許		法堂	敕黄
	甘露寺家	綸旨頂戴			拈衣
	本庵又は塔頭	請受			登座
		大内評			祝聖
		小内評			将軍香
		綸旨受改衣			敕使香
		改衣展賀			檀越香
入寺準備	本庵又は塔頭	内々習儀			嗣法香
		法語披露			登座礼
	山内前住塔頭	法語巡呈（当日7日以前）			請法会
	本庵又は塔頭	問禅法語持参			提綱
		内習儀（当日5日以前頃）			自叙
	入寺儀式場所	場蹈(内習と同日)			謝語
	小方丈	新命方常住へ移る（当日3日前）			拈提
	評席	評席見舞(前日)			展賀礼
	本山？	前晩賀儀		大方丈	方丈北東間にて休息
入寺	勅使門	勅使門			著座
	山門	山門		本庵または塔頭	帰寮(休息)
	仏殿	仏殿		御所	参内
		土地堂	入寺後（入寺翌日）	所司代・両奉行所	所司代・両奉行所へ出礼
		祖師堂		大徳寺	大徳寺へ焼拝
				山内・龍安寺各塔頭	一山・龍安へ新命廻礼

(24)侍真の上位に至れば行者がこれを受け、侍真の下位へ渡す。

(25)東の末位巻いて行者に渡す。

(26)行者、侍真に返す。

(27)侍真、胡跪して花押を書き、巻いて行者に渡し、座る。

(28)行者また主位（東の一位）に呈す。

(29)請状を見れば、また巻いて行者に渡す。

(30)行者、これを賓位（西の一位）に呈す。

(31)請状を見れば、また巻いて行者に渡す。

(32)行者、これを東の二位に呈す。

(33)東の三位手を出して次下に送る。

(34)行者、侍真を越して次位に呈す。

(35)東の末位にいたる。

(36)東の末位見終われば、行者再び侍真に返す。

(37)侍真、頼紙を添え、上は包して、自分の前に置く。

(38)行者、紙硯を持ち、外に出る。

(39)また、盤袱を捧げて来れば、侍真請状を盛り、開山像前に進む。

(40)焼香し、盤中の請状を取って三薫し、卓上に置き、低頭問訊し、元の位置に座る。

(41)菓が配られる（塩打豆、揚枝無）。

(42)茶が配られる（薄茶）。

(43)茶礼常の如し。

(44)終われば、各々揖して退散する。

以上により方丈の使い方が判明する。

　　新命評定の行事の中心…室中

　　礼拝の方向…室中北面中央（開山像）

　　集 合 場 所…大方丈東南の間（前住）、同西南の間（前堂以下）

　　行事の開始位置…南広縁

これによると、行事では室中のみを用い、北面中央の開山像を中心として、その左右に高位の僧侶より順番に座ったことがわかる。控の部屋として東南の間・西南の間が用いられている点も注目できる。

2．入寺式の休息

　入寺式の途中で一時休息を取り、大方丈で菓子と湯をいただく儀式がある。儀式について以下で見ていくこととする。

〈A　集　合〉

（1）開山、法皇諷経回向が終われば、方丈の胡乱座に赴く（籍位に拘らず入室することを胡乱座と呼ぶ）。

（2）新命は、方丈正面の唐門より入り、砂の上を東へ過ぎ、雑職に会釈して東廊下より上がり、方丈北東の間で休息する（図18・19）。

（3）前住は唐門より入り、縁の正面より上がる。

（4）前堂以下は玄関より上がる。

（5）籍位に拘らず威儀にて中啓を持ち、位次を揖せず、室中に入って座る。

（6）多衆の時は、縁側にも著座する。

（7）唐戸の方を首とし、西の方に南向きに座る。

〈B　休　息〉

（8）数珠・座具上は威儀を下ろさず、行者菓を配る（前住は特爲）。

（9）大衆、揖して菓を喫す。

(10)行者、湯を進む。

(11)大衆、左右と相揖して喫す。

(12)行者、菓湯器を撤する。

(13)大衆、啓を持ち起立し、左右と相揖して部屋を出る。

　『法山再住入寺須知』では、以上のように簡単に記述されている。休息であるためこのように記述されたと考えられるが、その空間の利用の仕方については大変興味深い点がある。

　まず第1点は、それぞれ立場の違う人たちが同時に大方丈の中を分割して共用している点である。新命は、大方丈東北の間の西側に屏風を立てて東向きに休息する。ただし南側には六祖像を掛け、その前に爐・燭と松を飾る。さらに後で詳しく触れるが大方丈東南の間では、勅使が西側中央に東向きに座し、點心をいただいている。北側には花園法皇の像を掛け、卓を置いている。さらに、この行事に参加している僧侶たちは、室中と西南の間さらには南広縁西側で上記の菓子と湯をいただいているのである。

　もう1点は、開山忌では広縁に塗格子を用いること。さらに広縁を室中東側境の延長線で二分する塗格子も使われている点にある。また南側の庭においても格子を設けて二分するなど、新命・勅使が用いる空間と他の僧侶が用いる空間とを完全に分ける装置を設置している点にある。

3．入寺式の著座

　著座とは、入寺式の終わりに参集したすべての僧侶に対して新命側がもてなす斎のことである。行事は以下のように行われる。

〈A　集　合〉

（1）玄関より方丈にいたり、直に各自の座牌を見て記憶し、縁側に対列して座す。

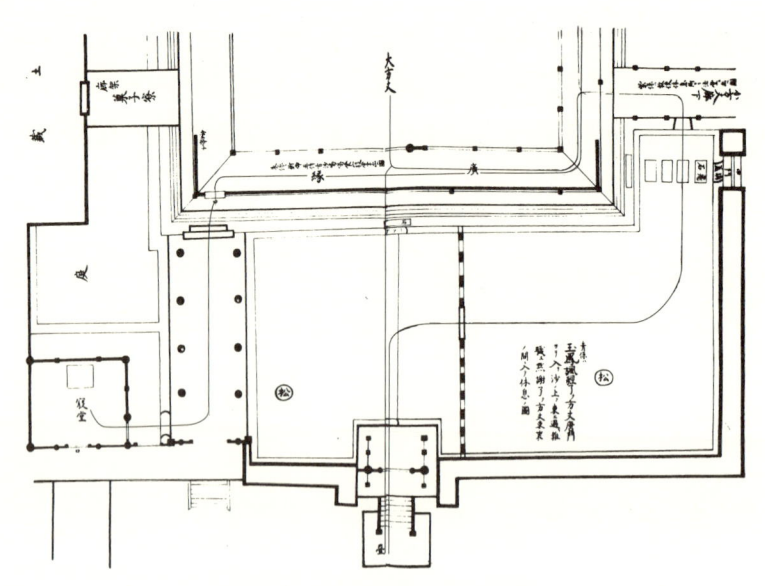

図18 〈入寺式の休息のための経路〉

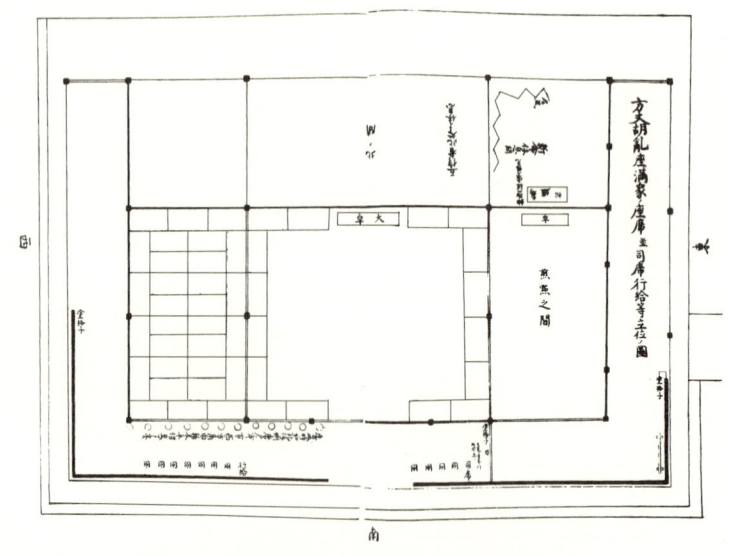

図19 方丈胡亂座満衆ノ座席並司席行給等立位ノ圖

（２）前住は唐戸より東の方南側に北向きに胡跪する。東が首。

（３）前堂以下は、唐戸より西の方に南北両側に東を首として胡跪する（図20）。

（４）二番座（第二莚）著座の衆は北の間にて憩座、二番座給仕の衆は一番座の内に北の間にて喫斎。

〈B　著　座〉

（５）時間になれば行者、諸前住に向かって跪き、低頭して起座を報じる。

（６）大衆起立し、侍香唐戸の東南辺りに立つ。

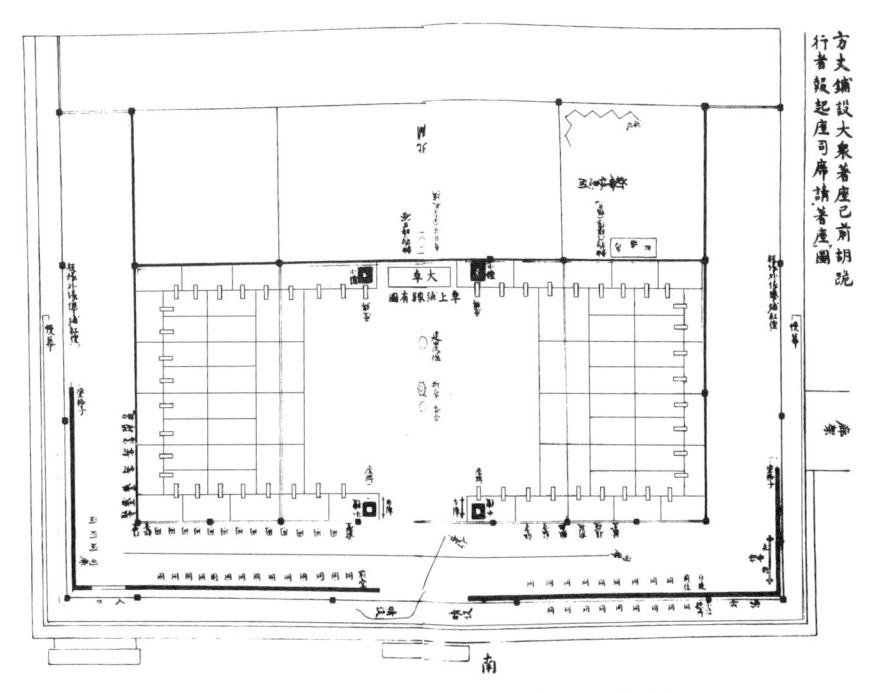

図20　方丈鋪設大衆著座已前胡跪行者報起座司席請﹁著座﹂圖

(7) 座奉行出て、諸前住に向かって一揖して著座を報じる。
(8) 都寺、次位へ問訊する。以下順番に問訊して籍末にいたる（1東班、2西班、3白槌・諸前住・前堂・首座・監寺・蔵主・知客、次に主塔侍者・問禅・白槌侍者）。
(9) 唐戸の西南辺りに東向きに立ち、侍香と問訊、合掌して室中に入り、各々自位に就く。
(10) 侍香接入の香をあげ、深々問訊をした時、大衆・和尚・侍香著座する（図21）。
(11) 新命、室に入り座礼を行い、著座（図22）。
(12) 大衆一斉に右手で座牌を取り、四折りして席上の粘りを拭い、左袖に納める。
(13) 座具と数珠を取り、右側に直す。
(14) 二条を膝上に卸す。
(15) 膳行き渡れば、一同脱帽、以下尋常の如し。
　　（ここに斎が供されると考えられるが、『法山再住入寺須知』では省略している）
(16) 前住へ菓茶を進め来る時、問訊せず、進め終わって起立し、一歩退いた時深々問訊する。
(17) 菓茶を撤するときは、先に深々問訊し、跪き、撤する時には問訊しない。
　　（西序の前堂にはこの作法はない。通常の特爲の如く行う）
(18) 斎が終われば、起立し、互いに問訊して室を出る。
(19) 諸前住は直に正面の縁より下り、唐門外西側にいる門送の前住と互いに問訊して、石段を下り、帰院する。

213

方丈室中侍香接入燒香之圖

方丈大卓上鋪設之圖

同胡乱座鋪設之圖

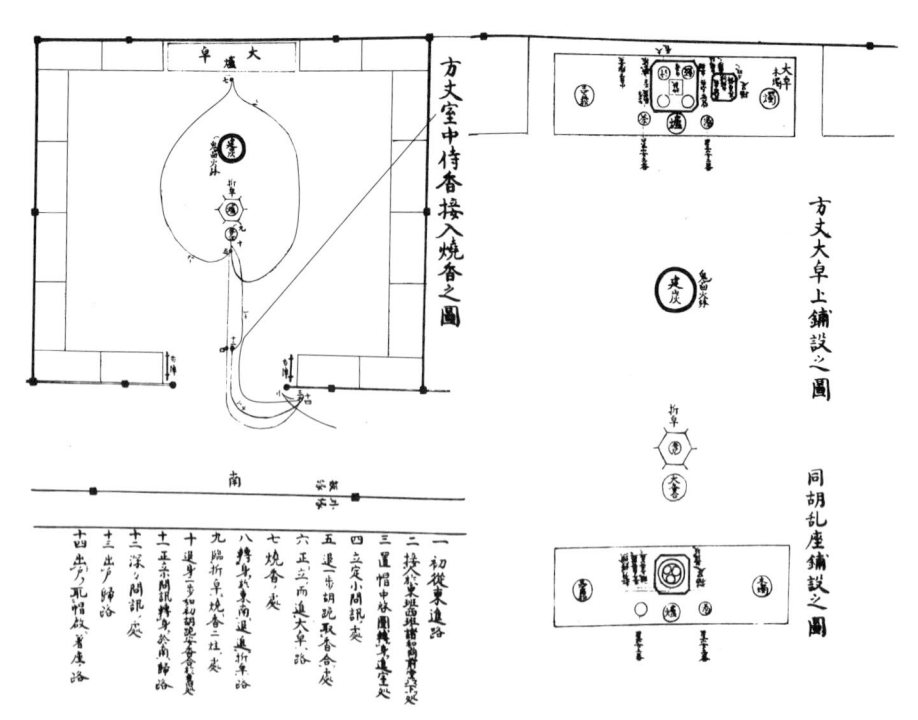

一　初從東遶路
二　接入東堦踏地叩頭問訊燒香處
三　置惜中拱圓興光進堂內
四　立堦小間訊來
五　退出胡跪取香合庭
六　正立三拜進大卓路
七　燒香處
八　終集東南進近香路
九　臨拜折卓烧香处
十　退出東向叩頭間訊歸路
十一　正柔問訊終表前歸路
十二　宗開訊終表
十三　出戶陣路
十四　出步乃乱帽故着座路

図21　方丈室中侍香接入燒香之圖・方丈大卓上鋪設之圖(右上)・同胡乱座鋪設之圖(右下)

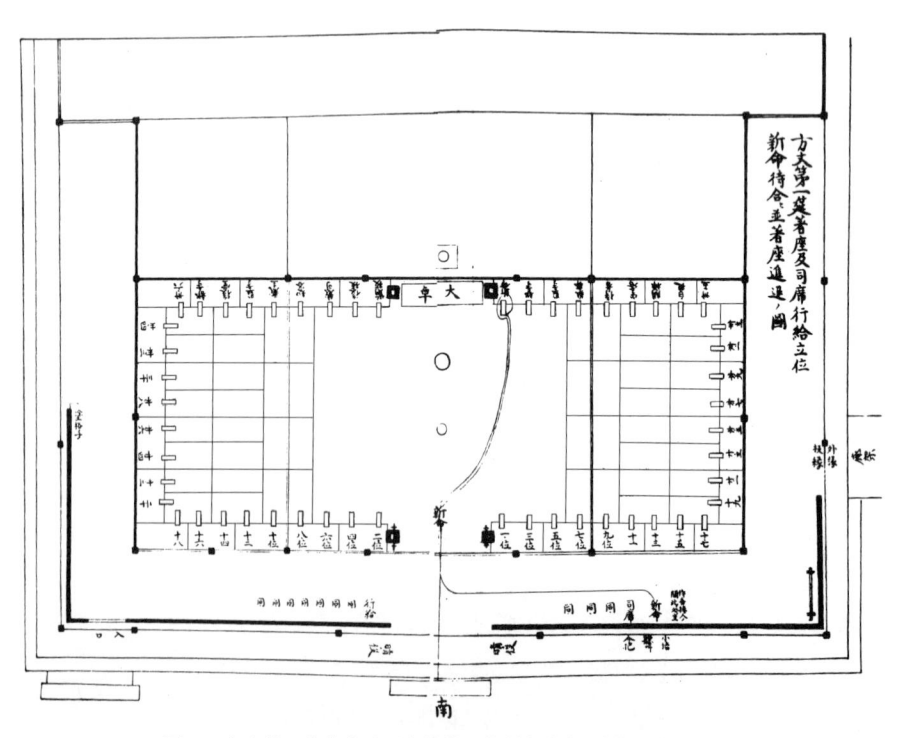

図22　方丈第一莚著座及司席行給立位新命待合並著座進退ノ圖

214

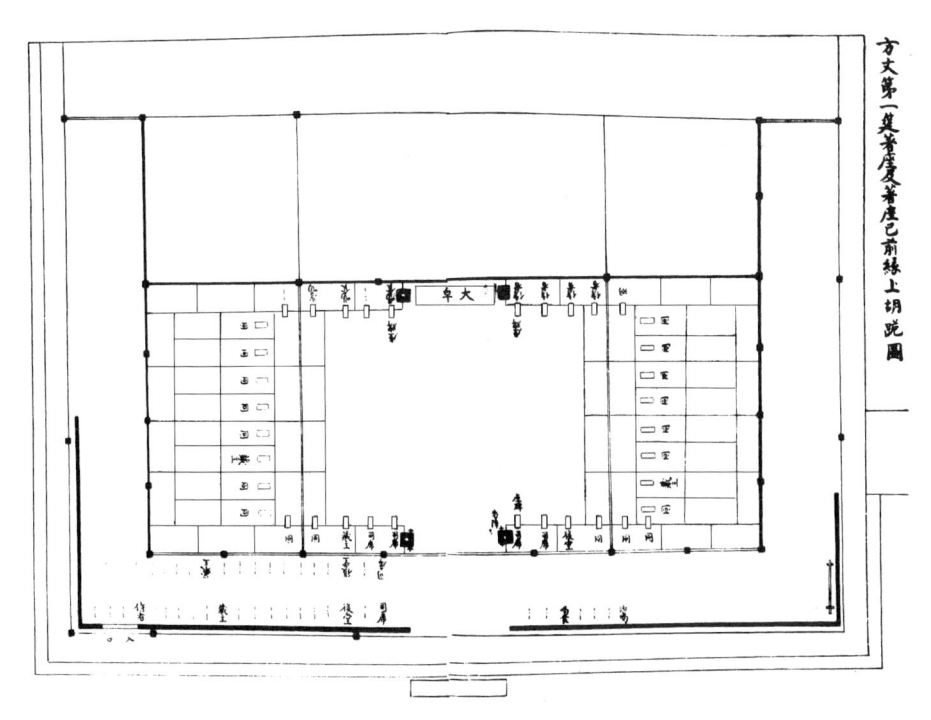

図23　方丈第一筵著座及著座已前縁上胡跪圖
（筆者註：第一筵は誤記。第二筵である）

(20) 前堂以下は玄関より退出する。

(21) 二番座著座の式は開山忌に同じ（図23）。

　以上により方丈の使い方が判明する。

　　　行事の中心…南側3室

　　　集合場所および行事の開始位置…南広縁

　注目できる点は、勅使が用いていた東南の間は、すでに片付けられ、南の間3室で行事が行われること。また広縁を室中東側境の延長線で二分する塗格子も撤去されていること。さらに着座の順番は開山忌と同じく身分の高いもの同士が互いに向かい合う位置に座り、礼拝の方向を持たない点にある。

4．入寺式の勅使點心

　再住入寺式の際、本山に赴く勅使は、はじめに同式に参列した人たちが法堂に入り視篆を行う時から、休息を挟んで再度法堂に入るまでの間に大方丈東南の間において、點心をいただくことになっている。以下、大方丈東南の間の利用方法について『法山再住入寺須知』を通して見ていくこととする。その際勅使のお相手をする人を光伴（こうばん）と呼び、一年間本山の儀式を行う住持または僧階の高い前住がこの役を務めることとなる。この光伴の動きから勅使の點心を検証する。

〈A　設　営〉
（1）北面中央に法皇尊影を掛ける。
〈B　集　合〉
（2）新命仏殿の儀式が終われば光伴は自院に帰る。
（3）時間が来れば、方丈東南の間（勅使の間）に赴く。
（4）南縁側に出る（東柱少し離れ西に向いて立つ。聴叫は隔子の外に座す）。
（5）勅使と対面して揖す。勅使も揖す。
〈C　入　室〉
（6）北に向き、南中柱の左右より入り、一畳目に跪き、北面の法皇尊影に深々低頭する。
（7）起立して、北に進む。この時光伴は勅使より一歩下がる。
（8）光伴は、東柱の北辺りに西向きに座る（図24）。
（9）座具・中啓を取り、右側に置く、さらに二条を外し、膝の上に置く。
〈D　點心開始〉
（10）勅使・光伴とも作法に随い羹・汁・饅・麪等を食す。
（11）勅使・光伴とも作法に随い酒を戴く（図25）。
（12）勅使奉行、勅使より盃を受ける（図26）。
（13）勅使・光伴、菓子を喫す。
（14）すべての案・器を撤する。
〈D　退　室〉
（15）光伴、二条を掛け、座具・中啓を持って、勅使と同時に起立する。
（16）部屋を出れば、互いに揖す。
（17）光伴は方丈の後に退く（當住持の時は點心寮の北より小方丈に帰る）。
（18）勅使が小方丈に入れば、一回の住持（新命）すぐ行き、緩々御休息と挨拶すること。

　以上により東南の間の使い方がわかる。礼拝の方向としては北側の壁に掛けられた花園法皇像の方であるが、勅使と光伴との軸は東西となり西側中央北よりに勅使、東側中央北よりに光伴が座る。これは先に「入寺式の休憩」で見た新命の位置と同様な考え方であり、東側2室では西側に東向きに座る人を上席としていることがうかがえる。

②　訪問者の接待と寺宝の展示
　妙心寺は、朝廷との関わりも深く、中世からの歴史がある寺院であった。特に近世に入ると臨済宗の中では最大の末寺を抱える大本山となっていたため、訪問者は多かったと推定できる。本山の日記である『記録』に内容等が記述されている訪問者を年代順に記述すると章末表13のようになる。この中では所司代や京都の東・西町奉行等大名クラスの巡見時の訪問

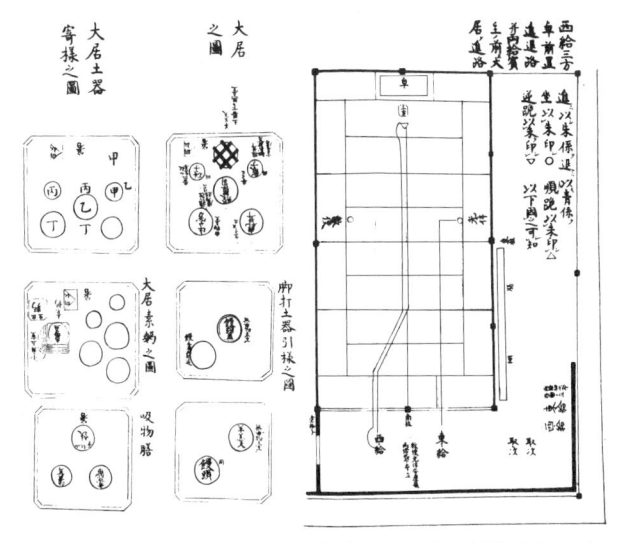

図24　大居土器寄様之圖・大居之圖(中)・〈入寺式の勅使點心の図〉(右)

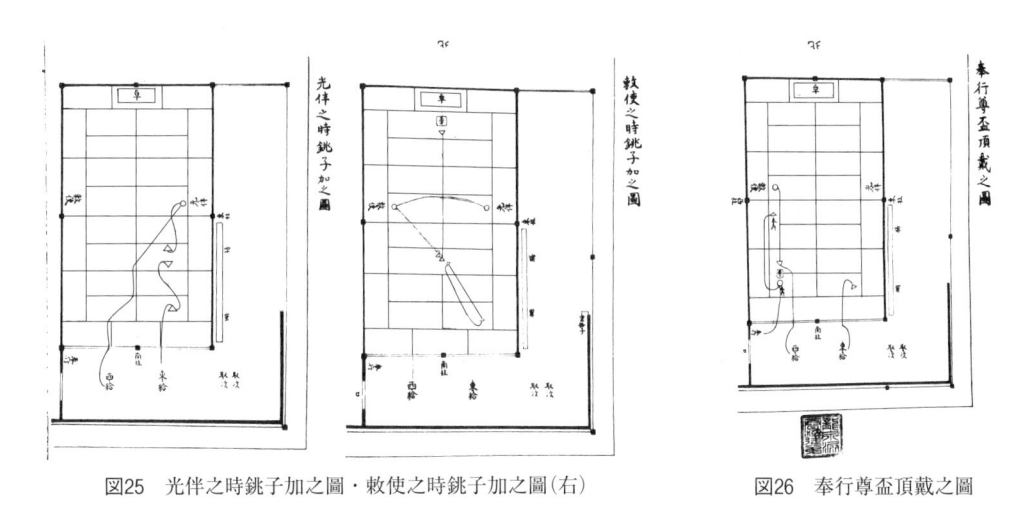

図25　光伴之時銚子加之圖・敕使之時銚子加之圖(右)　　図26　奉行尊盃頂戴之圖

　が多く記述されているほか、年忌や遊山時の公家の訪問、他の臨済宗寺院僧侶の来寺などが記録されている。ここでは、これら訪問者があるときの大方丈の使い方について見ていくこととする。

　所司代や京都の東・西町奉行等大名クラスの巡見時の訪問では、本山の南門等で出迎え、本山建物を一巡した後、大方丈で休息を取る例が多く見られる。その際、妙心寺の墨蹟・絵画等の宝物を大方丈に飾り展示していることがわかる。展示の様子は、『記録』天和2年(1682) 9月14日の所司代稲葉丹後守巡見時の記述（図27）や宝永6年(1709)井伊掃部頭巡見時の絵賛等之図（図28）によって理解することができる。所司代と奉行の巡見時の扱いについては、『記録』文政7年(1824) 9月23日条に、この時まで所司代が巡見の節は、宝物等を展示しておき、大方丈で住持・諸老の出迎え・送りがあったことが記されており、一方

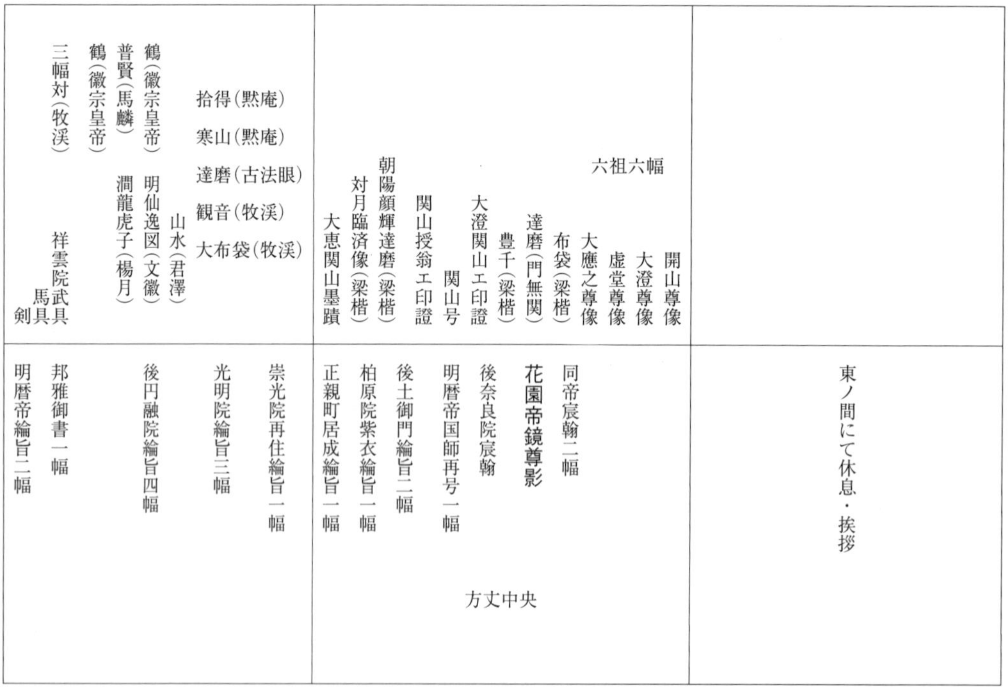

三幅対（牧渓） 鶴（徹宗皇帝） 普賢（馬麟） 鶴（徹宗皇帝）	拾得（黙庵） 寒山（黙庵） 達磨（古法眼） 観音（牧渓） 大布袋（牧渓）	朝陽顔輝達磨 対月臨済像 大慧関山墨蹟	
	明仙逸図（文徴） 澗龍虎子（楊月） 山水（君澤）	大澄関山エ印證 豊千（梁楷） 達磨（門無関） 布袋（梁楷） 大應之尊像 虚堂尊像 大澄尊像 開山尊像 六祖六幅	
祥雲院 馬剣具	関山授翁エ印證 関山号		
邦雅御書一幅 明暦帝綸旨二幅	後円融院綸旨四幅 光明院綸旨三幅 崇光院再住綸旨一幅 正親町居成綸旨一幅 柏原院紫衣綸旨一幅 後土御門綸旨二幅 明暦帝国師再号一幅 後奈良院宸翰 **花園帝鏡尊影** 同帝宸翰二幅 方丈中央		東ノ間にて休息・挨拶

図27　天和2年(1682)9月14日の所司代丹後守等来寺の際の設営（『記録』による復原図）

奉行巡見の際にはそれらがなかったとある。当日の記述によると、以後奉行巡見の際にも宝物等を先に展示しておくよう指示を受けている。

　さらに、展示される宝物の数によって利用される部屋が異なるようで、その後の休憩時の接待を天和2年は東南の間で、宝永6年は西南の間で行っている。基本的には東南の間で接待を行った例が多いと考えられる。所司代・奉行等と妙心寺側の住持・諸老の位置関係についての記述は『評席須知』に「……東間南寄請坐諸和尚出東間北寄南面東頭列座……」と記述されていることより理解できる。なお、巡見時には、大方丈で休息の後、山内塔頭や龍安寺等の見学を行う例が見られる。

　公家の訪問としては、関係者の年忌等による訪問が確認できる。そのため大方丈での設営にも年忌者と関係のある宝物が選ばれ用いられている。

　宝永7年（1710）10月2日と正徳3年（1713）9月26日の訪問（図29）では、東山天皇（1675〜1709）の関係者であったため、東山院からいただいた国師加号の宸翰等が掛けられていることがわかる。接待は大方丈で行われ、主客は東南の間で、御付きの人たちはそれぞれ身分によって、北の間3室で饗応を受けていることが確認できるが、それぞれの部屋の中での位置関係については不明である。

　享和3年（1803）8月2日の一条右府公の訪問は、妙心寺に縁の深い利貞尼（1455〜1536）が同家の出身であることにより実現したもので、例年は年忌の行われる8月3日に一

218

第7章 大方丈

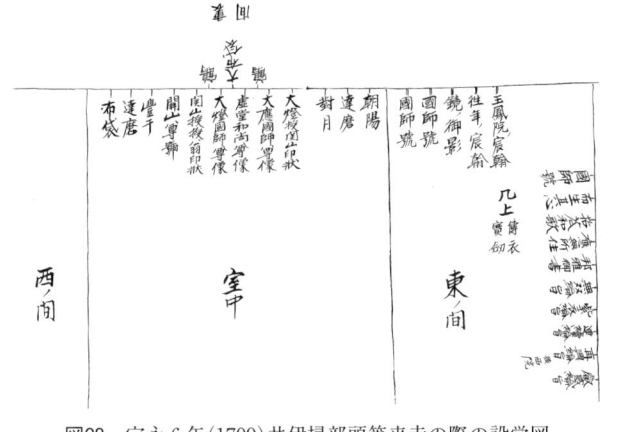

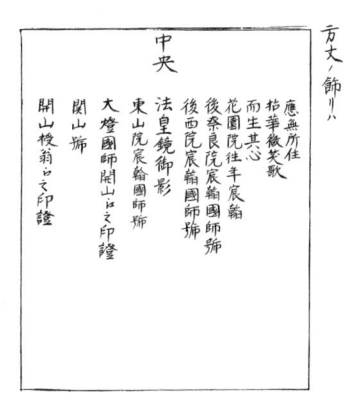

図28 宝永6年(1709)井伊掃部頭等来寺の際の設営図（『記録』より、図33まで同）

図29 正徳3年(1713)綏心院等来寺の際の設営図

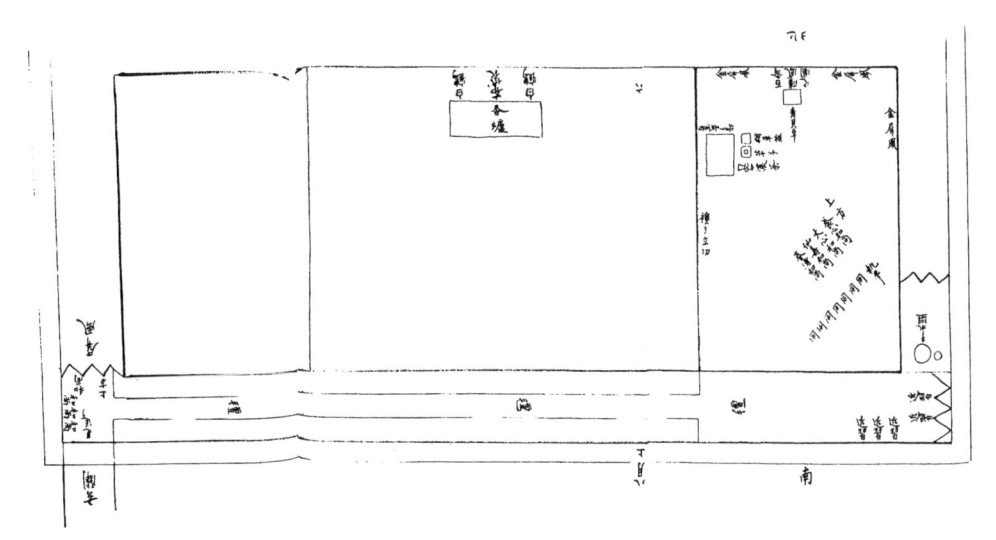

図30 享和3年(1803)一条右府公来寺の際の設営図

条家から代香に来ることとなっていた。当日は御休息所として龍泉庵が利用されたため、食事等の接待は同庵で用意している。

　本山の大方丈は、簡単な休憩と住持以下諸和尚・諸執事等と対面するために用いられている。同日の『記録』には、対面時の略図が添えられており、その様子を把握することができる（図30）。それによると東南の間（御座の間）が用いられ、一条右府公は西面北よりに東向きに座り、妙心寺の住持等が部屋の中央より西北向きに挨拶を行ったことがわかる。これは、再住入寺の際、同室を用いる勅使の點心時と同様に室中に近い西を主とし、東を下座とする東西軸が存在することを示している。ただし一条右府公の場合は、再住入寺の勅使より一層身分が高いため、住持以下は真正面に座ることを避け、東南の方より挨拶を行ったものと考えられる。また、例年の一条家の代香については、文化13年（1816）8月6日の記述より、

219

本年まで大方丈東南の間で応接してきたが、翌年からは文化5年（1808）に新築された書院の上の間にて対応したことがわかる。

　以上により、これまで見てきた所司代・奉行・公家等の貴人クラスの接待は、おおむね大方丈の東南の間で行われたことがわかった。

　次に他の臨済宗寺院僧侶が来寺した時の面会場所を見ると、元禄9年（1696）建仁寺常光院が還礼に来た際も、元禄10年（1697）東福寺住持棟長老が伽藍再興の助縁のお礼に来た際も、大方丈の西南の間が用いられている。さらに、正徳5年（1715）11月7日に仙台藩の使者が訪れた時も西南の間が用いられている。この際は座る位置の記述があり、使者は西に座り、執事は東に座っていたことがわかる。これにより東の間の使い方と同様に、西南の間にも東西軸が存在し、室中寄りの東面を上席としていることが確認できる。

　最後に、下級役人である弁慶小左衛門の来寺の際（正徳5年）は、大方丈の北の間が用いられたことがわかる。

③　僧侶の申渡し

　『記録』の中ではあまり存在しないが、これまでの大方丈とまったく異なる使い方が見られるものに、僧侶の「申渡し」がある。「申渡し」とは、妙心寺として正式に決定した重要事項を、同門の特定の僧侶に伝達するために行われる。『記録』に指図をともない記述されているものは、以下の3件である。

　　安永9年（1780）12月18日　龍華院并亀年徒弟、罪状申渡し
　　天明4年（1784）9月11日　文豹一件叱り置き
　　天明5年（1785）3月13日　琉球国の僧侶転位について規定。書式目等を渡す

　以下、それぞれの大方丈の使い方について見ていくこととする。

　安永9年12月18日の申渡しとは、本山にとって重要な垂示（すいじ）[11]の件について、亀年徒弟の問題（詳細不明）を龍華院香山和尚（当時玉鳳院塔主を勤めていた）の一存で決定したため、一山に動揺を与えることになった事件に対するものである。本来は常住（本山）の意向を確認するべきであったが、それを怠ったため龍華院香山和尚と亀年徒弟に対し、軽法科を申付けることとなった。

　当日は香山和尚不快により代理を愚冲座元、亀年徒弟乾徳院隠居逸山座元も病気不快により代理を衡梅院下範蔵主が勤め、出席している。罪条申渡しは、主に大方丈の西南の間と西北の間を用い、前住・執事が西南の間に座り、申渡しを受ける僧侶が西北の間の北端に座って行われている。西側2室を用いている点、しかも南から北向きに申渡しを行っている点などこれまでに例のない利用法が確認できる（図31）。

　やはり同様の部屋の利用方法が見られるのが、天明4年9月11日の申渡しである。内容は

第 7 章　大方丈

文豹の件について、止観和尚・宿坊徒弟および懐州座元の取計いに不埒な点があったとして、彼らを叱り置くために申渡しが行われている。申渡しの方向等は安永9年と同じであるが、出席する前住・執事の人数が多いため、西南の間全体が用いられていること、申渡しを受ける僧侶の西北の間北側の建具が外され、直接外部に面している点などが異なっている（図32）。

天明5年3月13日の申渡しは西北の間のみを用い、前の2例とは用い方が異なる。この日の申渡しの内容は、琉球国の僧侶転位式について入用減少願いが提出されたことを受け、本山の総評・各派の存知寄りを確認した上で、正式に規定を定め、承認の規定書式目等を渡すものであった。この日は執事・書記が東側に、宿坊代理と薩摩・日向の僧侶が西側に座り対面している。そのため申渡しの方向は、東から西向きに行われている（図33）。

では、どうして前の2例と後の1例では部屋の用い方が異なったのであろうか。ただここではじめに確認しておきたいことは、本来身内の僧侶に対する大方丈の利用方では、西北の間のみが用いられたと考えられる点である。その上で前の2例を考えると、例外的な部屋の利用方法をとった理由が理解できる。1点目は、ともに多人数の本山僧侶が出席したために西北の間では納まらなかったこと。2点目は、前2例が処罰を行う申渡しであったことから、本山の絶対的権力を表すために、南北軸を用いる必要があったのではないだろうか。西南の間まで用いることとなったが、空間に緊張感を持たせるため南端には屏風を建てて広さの調整を行っていると考えられる。

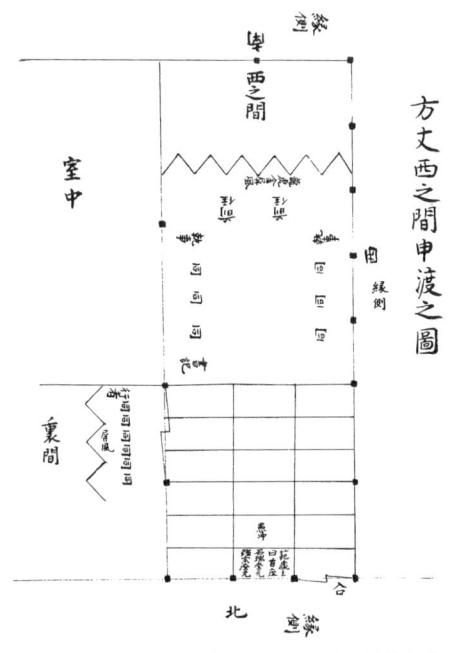

図31　安永9年(1780)12月18日龍華院并亀年徒弟、罪状申渡しの図

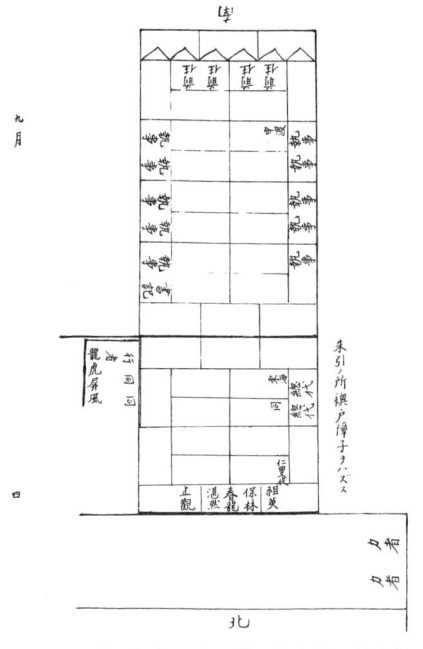

図32　天明4年(1784)9月11日文豹一件叱り置きの図

221

一方、天明5年の例は本来の西北の間で納まり、軸線は相対的な位置関係を示すための東西軸が用いられたものと考えられる。

④　行者の任官にともなう饗応

本山の寺務を補佐する半僧半俗の行者たちは、妙心寺の大きな行事にともなって、あるいは年齢によって朝廷から官位を受ける際、本山が許可をしていた。官位には、参頭・副参・法橋の3種類があったことがわかる。

官位を頂戴した行者は、山内の僧侶すべてを招いて(12)お披露目を行った。この式が大方丈北の間3室を利用して行われていたことが『記録』に記述されている（表14）。式の内容は以下の通りである。

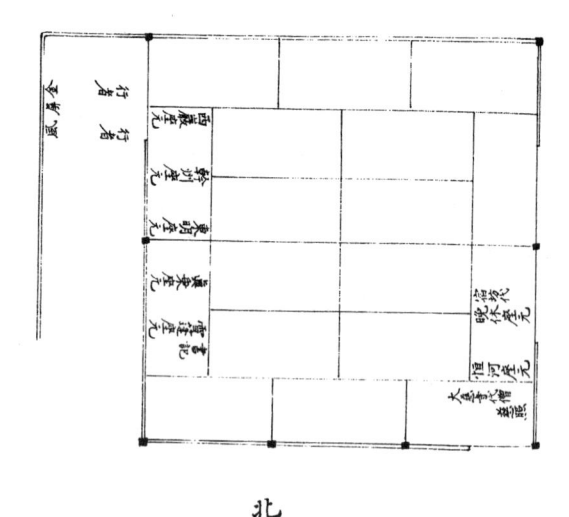

図33　天明5年(1785)3月13日琉球国の僧侶転位について規定書式目等を渡す図

　　　儀式の中心…大方丈北の間3室
　　　設営…六祖大師の像（行者所持）、前卓の上は三具足と松1本
　　　饗応…海苔餅（一時節約のため中止した時期がある）
　　　茶菓…饅頭・麩串（節約のため中止されて以降塩打豆に代わる）

『記録』の中に行事の様子を表す絵図等はないが、六祖大師の像が掛けられ、前卓に三具足が置かれていることより、第2節で述べた方丈北の間鉢斎のように、南の壁に礼拝し北の間3室の外周に僧侶が着座したものと考えられる。さらに行者は北面中央の入口より入り、敷居より一畳目の所で挨拶をしたことが記されている。

⑤　高僧の大年忌

妙心寺の『記録』には、高僧の大年忌の際、例年とは異なる行事が行われていたことが記述されている。『記録』の中から把握できる行事を収集すると表15となる。これらの記述内容について検討を行う。

全部で10例が確認でき、大燈国師（大徳寺開山）と授翁宗弼（妙心寺第2世）が2回ずつ、他の高僧については1回ずつとなっている。さらにこれらの高僧の伝法順序は図34となり、妙心寺の第2世から第9世までのうち、妙心寺に塔頭が構えられた僧侶の大年忌が本山で行われていたことがわかる。第9世の雪江宗深の後は、その弟子たちにより四派に分流したた

第7章 大方丈

表14 行者の任官にともなう饗応一覧

年号	任官の契機	任官者	『記録』の記述内容
元禄10 (1697)	法皇350年御忌	壽仙→参頭 能澤→副参 恵春→法橋 壽硯→法橋	元禄10年6月12日 行者方任官之祝儀トシテ四人一等方丈裏間ニテ大衆エ苔餅ヲ供(両山籍一堂也)菓茶(饅頭麩串)中央ニ設ニ六祖大師之像ニ(行者方ヨリ掛之先規也)
宝永6 (1709)	開山国師大年忌	恵春→副参 良積→法橋	宝永6年10月5日 開山國師大年忌ニ付先月六日恵春ヲ副参同十日良積ヲ法橋ニ任ス依之卅日達磨忌了テ方丈裏ノ間ニ六祖大師ノ尊像ヲ掛ケ(行者方ニ有之)両人一山ニ海苔餅ヲ薦メ茶菓果(麩串饅頭)座奉行ハ養源執事肇首座大衆著座了テ恵春良積帽子中啓ヲ入口西ノ縁ニ置進テ敷居ノ内一疊目ニ疊ニ相並ヒ(左右ヲ視テ)謹テ座禮ス
享保4 (1719)		壽硯→参頭	享保4年12月8日 去月十一日定ニ壽硯ヲ被ニ任ニ参頭ニ其祝儀トシテ成道忌了テ如ニ例ニ方丈就于裏間一山皆請シ薦ニ海苔餅ニ茶菓饅頭麩串中央ニ懸ニ六祖像ニ(但在行者方)司席聖澤塔主(純叔座元)
享保6 (1721)		幸順→法橋	享保6年4月8日 誕生會後幸順法橋ノ廣メ方丈裏ノ間ニ於テ茶菓進ム中央ニ堂司方所持六祖ノ像ヲ掛前卓三具足松壹本ノ心立之座奉行森巖座元(諸般省略により 海苔餅→なし 茶菓のみとする 饅頭麩串→小豆等の菓子餅)
安永6 (1777)		元珝→法橋	安永6年10月5日 達磨忌半齋後元珝法橋任職ノ弘ノ方丈裏ノ間ニ六祖尊像ヲ掛三具足ヲ設ケ海苔餅菓子(塩打豆)座奉行天授執事
天明7 (1787)	多年實頭に相勤め年齢も相応	良圓→法橋	天明7年3月4日

註:「記述内容」の( )は双行註

め、本山としては行事を行わなかったと考えられる。

　行事の場所は、前日の宿忌と当日の半斎が法堂で行われている。さらに半斎の前の献粥諷経は、開山以前の高僧については法堂で、第2世から第9世まではそれぞれの塔頭で行われていたことが確認でき、おおむね例年の開山忌の様子と同じであると記述されている。もっとも違いが現れるのが、大方丈で行われる喫粥・斎の方法である。

　大燈国師（大徳寺開山）と授翁宗弼（妙心寺第2世）の大年忌については、喫粥と斎の両方が行われ、大方丈の南側の3室が用いられるなど、例年の開山忌における粥著座・斎著座と同様の扱いがみられる。特に大燈国師の年忌の際には、50〜70名ほどの他山の僧侶が招かれ、大方丈北の間3室で饗応していることが確認できる。大方丈の飾り付けについては、大燈国師の年忌の際は図35のように設営され、中央に大燈国師の師である大應国師のさらに師であった南宗の高僧虚堂の尊像が掛けられていたことがわかる。さらに授翁350年忌の際は、絵図により中央に開山尊影、右に開山が授翁に渡した印証が、左には授翁がのちに第3世と

223

表15 『記録』にみる高僧の大年忌

年代	行事名	行事場所			行事規模	経営	香資	例年の行事
延宝7(1679)	第2世授翁300年忌	宿忌・半斎(法堂)	献粥諷経(天授院)	喫粥・斎(大方丈)	開山忌	記述なし	一山の香資なし 東海庵 香儀　銀30枚	3月28日 天授院で行う
貞享2(1685)	第9世雪江200年忌	宿忌・半斎(法堂)	献粥諷経(衝梅院)	斎(大方丈裏の間)	法皇忌	鉢斎(下行銀100目・米1石(御忌の如く))	香資金　前住　300文 前堂　200文 四本庵　前住並　平僧　なし	年4回 巡塔諷経を行う
貞享3(1686)	大燈国師350年忌	宿忌・半斎(法堂)	献粥諷経(法堂)	喫粥・斎(大方丈)	開山忌	1番座66人　2番座62人 五岳隣封5・60人裏の東の間・中の間にて喫粥・喫斎 喫粥・喫斎の献立あり	常住より営弁	12月21日 宿忌(仏殿内祖堂) 12月22日 半斎(仏殿内祖堂)
元禄10(1697)	中興250年忌(第7世日峯宗舜)	記述なし	記述なし	記述なし	開山忌	記述なし	香資　如是・衝梅・四本庵・前住　3銭 前堂　2銭 平僧・行者　1銭 (ただし玉鳳・天授・退蔵を除く)	年4回 巡塔諷経を行う
宝永4(1707)	大應国師400年忌	宿忌・半斎(法堂)	記述なし	斎(大方丈裏の間)	初祖忌	鉢斎	記述なし(常住より営弁か)	12月28日 宿忌(仏殿内祖堂) 12月29日 半斎(仏殿内祖堂)
宝永6(1709)	第3世無因和尚300年忌	宿忌・半斎(法堂)	献粥諷経(退蔵院)	斎(大方丈裏の間)	開山忌	鉢斎(下行銀100目・米1石(御忌の如く))	一山の香資なし	退蔵院 香儀　不明 6月4日 本山行事記載なし
正徳元(1711)	第8世義天和尚250年忌	宿忌・半斎(法堂)	献粥諷経(如是院)	斎(大方丈裏の間)	無因和尚300年忌	鉢斎(一汁五菜五種菓子)	如是院	鉢斎料　銀10枚 3月18日 本山行事記載なし
正徳6(1716)	臨済大師850年忌	宿忌・半斎(法堂)	記述なし	斎(大方丈裏の間)	達磨忌	鉢斎(下行銀100目・米1石(毎年の法皇忌の如く))	記述なし(常住より営弁か)	1月9日 宿忌(仏殿内祖堂) 1月10日 半斎(仏殿内祖堂)
享保14(1729)	第2世授翁350年忌	宿忌・半斎(法堂)	献粥諷経(天授院)	喫粥・斎(大方丈)	開山忌	方丈掛物之図あり(図36)	東海庵 斎資銀　30枚	上記に同じ
元文元(1736)	大燈国師400年年忌	宿忌・半斎(法堂)	献粥諷経(法堂)	喫粥・斎(大方丈)	開山忌	1番座58人　2番座49人 五岳隣封6・70人裏の間にて喫粥・喫斎 喫粥・喫斎の献立あり(図35)	記述なし(常住より営弁か)	上記に同じ

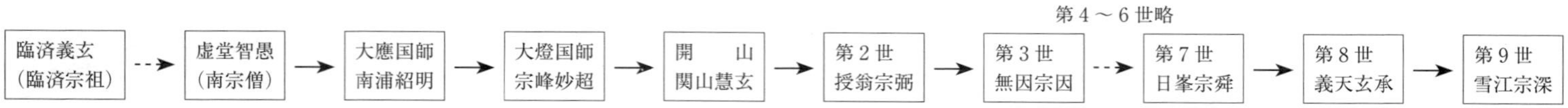
第4～6世略
臨済義玄(臨済宗祖)
虚堂智愚(南宗僧)
大應国師 南浦紹明
大燈国師 宗峰妙超
開山 関山慧玄
第2世 授翁宗弼
第3世 無因宗因
第7世 日峯宗舜
第8世 義天玄承
第9世 雪江宗深

図34　高僧の伝法順序

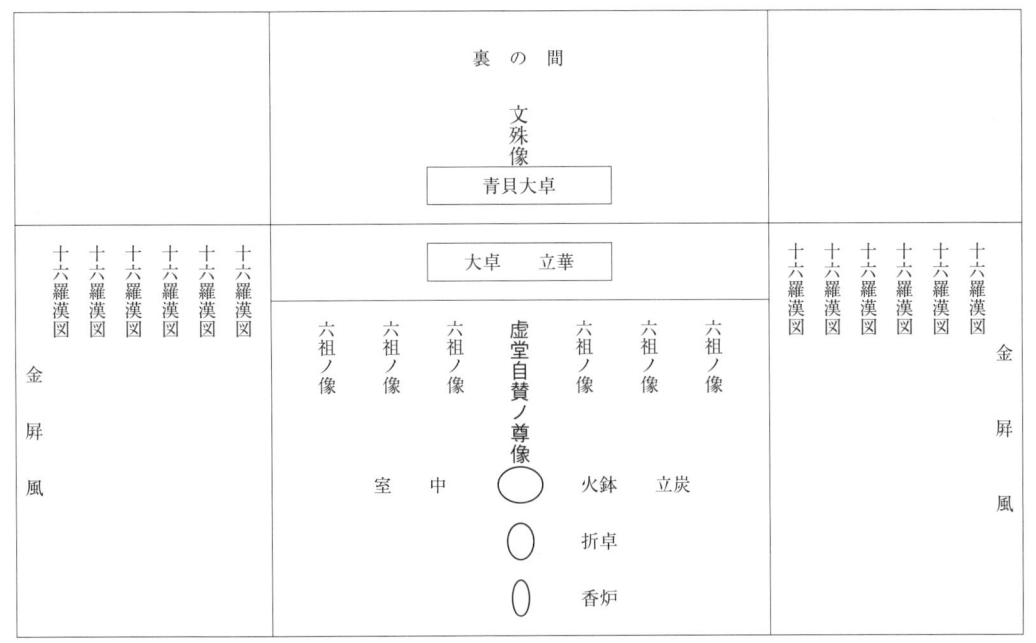

図35 天文元年(1736)大燈国師400年忌の際の設営(復原図)

なる無因に授けた印証等を飾っていたことがわかる（図36）。いずれも、その年忌者に関係する尊像等が設営されていることが確認できる。大方丈南の間3室での席次については不明であるが、やはり開山忌と同様に、身分の高い順に互いに向き合う位置に座っていたと推測できる。

その他の高僧の大年忌では喫粥は行われず、法堂での半斎の後、大方丈の北の間で鉢斎が執り行われたことが確認できる。支出は銀100目（匁）と米1石が用いられており、例年の初祖忌や法皇忌等と同様な鉢斎であったことがわかる。

⑥ 檀越の大年忌

檀越の年忌等の記述は、表16のように見られ、いずれも徳川幕府の将軍と天皇であることがわかる。将軍の場合は、亡くなった年の法要を仏殿で行い、その後大方丈で鉢斎を行っていることが享保元年（1716）の有章院（7代将軍徳川家継）の例から確認できる。年忌については、正徳元年（1711）常憲院（5代将軍徳川綱吉）三回忌の際の衆議によって宿忌・半斎とも玉鳳院で行うことが決められており、大方丈は用いられていない。

ただし、東照宮（初代将軍徳川家康）の場合のみ、まったく異なる法事が行われている。

図36 享保14年(1729)第二世授翁350年忌の際の設営図（『記録』より、以下図39まで同じ）

表16　檀超の大年忌

年代	行事名	行事場所		行事規模	備考
宝永元(1704)	厳有院殿25回忌(4代将軍徳川家綱)	一山諷経(仏殿)		斎なし	
宝永7(1710)	東山院の法事あり(1周忌)	楞厳経行道回向(法堂)	斎(大方丈裏の間)	(鉢斎あり)	
正徳元(1711)	常憲院3回忌(5代将軍徳川綱吉)	宿忌・半斎(玉鳳院)		毎月の法皇諷経の如し	公方家御年会の節は右の通り執行
正徳5(1715)	東照宮100年忌(初代将軍徳川家康)	宿忌(大方丈)半斎(仏殿)	非時(方丈)喫斎(大方丈)	例年の開山忌の如く	
享保元(1716)	有章院殿法事(7代将軍徳川家継)	楞厳経行道回向(仏殿正面)	斎(大方丈裏の間)	鉢斎(了心院忌の如く)	以前→土地堂前今回→仏殿の正面(この年に亡くなる)
寛政11(1799)	後土御門院300年忌	宿忌(法堂)半斎(法堂)(献粥なし)	斎(大方丈裏の間)	毎年の花園法皇忌の通(鉢斎あり)	後土御門院・後柏原院・後奈良院の大年忌に適用
		法会(玉鳳院)			後円融院・後西院・東山院・桃園院・後花園院
文化12(1815)	東照宮200年御神忌(初代将軍徳川家康)	宿忌(大方丈)半斎(大方丈)(献粥なし)	非時(方丈・間の座、二番座は北の間)喫斎(方丈・無籍の弟子等は北の間)	例年の開山忌の如く	200年神忌からこのように行う
慶応元(1865)	東照宮250年御神忌(初代将軍徳川家康)	宿忌(大方丈)半斎(大方丈)(献粥なし)	非時(方丈・間の座、二番座は北の間)喫斎(方丈・無籍の弟子等は北の間)	文化度の通	200年神忌の通修行

　それまでの檀越に対する行事では、法要を法堂・仏殿ないしは玉鳳院で行い、法要後に大方丈北の間3室にて鉢斎を行うことが多く認められた。しかし東照宮に対する行事は、命日の前日に行われる宿忌も当日の半斎もすべて大方丈南側3室が用いられている（図37・38・39）。これは東照宮が神として祀られていることと関係していると考えられる。すなわち当時の僧侶にとって最も仏教色の薄い建物として大方丈が意識され、ここが神忌の場所として設営されたと考えられる。法事後の非時（前日）・喫斎（当日）とも大方丈南側3室を用いており、開山忌に準じた本山の重要な行事として位置づけられていたことがわかる。神忌として、まったく新しく創造されたもので、しかも大方丈のみで法事も斎等も行われる唯一の行事であることが指摘できる。

　一方、天皇家に対する法要は、亡くなった年の法要は見られない。これは天皇家が幕府と朝廷の公式行事として京都の般舟院や泉涌寺で法要を行う際、妙心寺の僧侶が出席するため、本山で独自の行事を行う必要がなかったと考えられる。その後の法要についても、すべての

第7章　大方丈

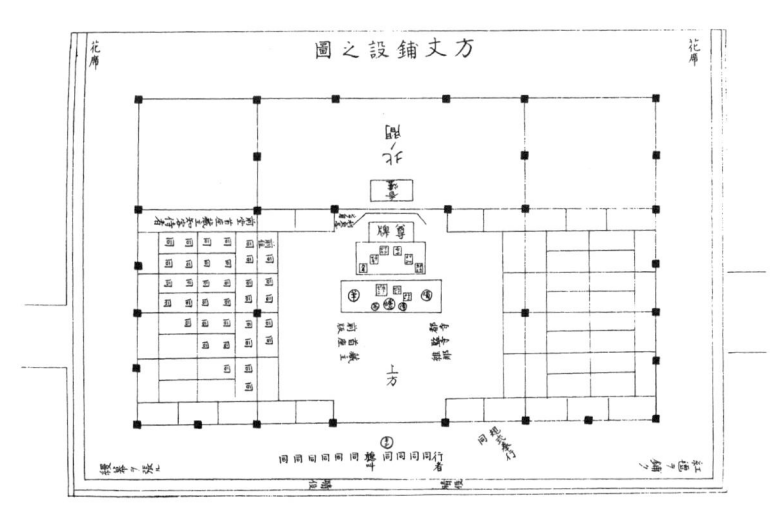

図37　文化12年(1815)東照宮200年御神忌の図

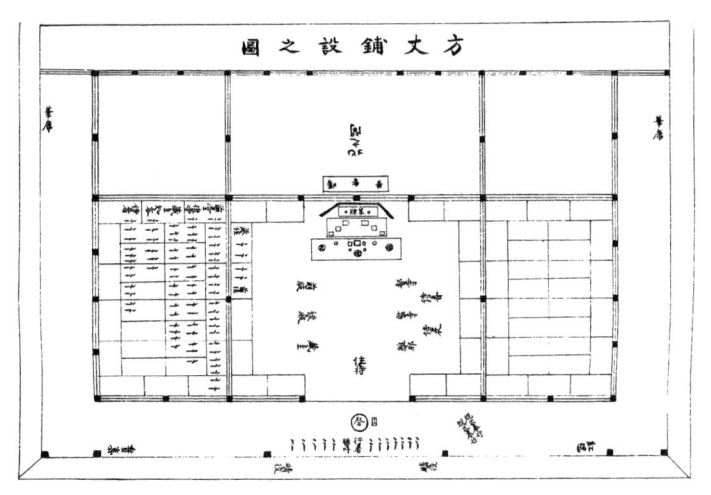

図38　慶応元年(1865)東照宮250年御神忌の図

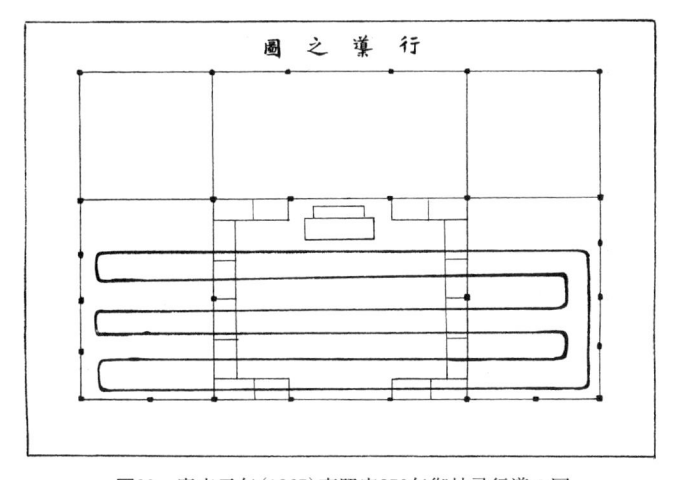

図39　慶応元年(1865)東照宮250年御神忌行導の図

天皇について行われていたものではなかった。妙心寺とゆかりのある東山天皇（在位1687～1709）の一周忌には、法堂で法要が営まれ、その後に大方丈北の間で鉢斎が行われている。さらに寛政11年（1799）の後土御門院の300年忌の際の衆議によって、後土御門院（在位1464～1500）、後柏原院（在位1500～26）、後奈良院（在位1526～57）の3帝の大年忌については、宿忌・半斎を法堂で行い、その後例年の花園法皇と同様に大方丈北の間で鉢斎を行うことを決めている。この3帝は、応仁の乱前後の動乱期に妙心寺の発展のために特に本寺に帰依した人物であった。

また同じ衆議では、後円融院（在位1371～82）、後花園院（在位1428～64）、後西院（在位1654～63）、東山院、桃園院（在位1747～62）の5帝について大年忌の際の法要を玉鳳院で行うことを決めている。やはりこの5帝についても先の3帝に次いで、妙心寺との関わりがあった人物である。以上のように天皇家に対する法要は、妙心寺と各天皇との生前の関係の度合いによって、法要の有無や行事の規模が判断されていたといえる。

以上により大方丈が用いられるのは、将軍の亡くなった年の法要後の鉢斎、中世妙心寺と特に関係の深い3人の天皇の鉢斎時と、すべての行事を大方丈で行う東照宮の神忌の時であったことが確認できた。

4　まとめ

これまでの各節で見てきた内容をまとめると、以下のようになる。

現在の大方丈については、承応3年8月8日に上棟式が行われ、この日を中心とした約1年間で建立されたこと、事業費は銀65貫691匁5分3厘6毛と推定できる。さらにこの承応年間の事業により、方丈が住持の生活の場となる小方丈と本山の行事が行われる大方丈とに分離したことも確認できる。また、月別の事業費や大工工数などから大方丈の工事中に北側1間の広縁を1間半とする設計変更が行われた可能性について指摘し、これにより四周とも同じ幅となったと考えた。

行事における大方丈の利用については、中心施設として利用するのは方丈懺法と方丈施餓鬼のみであった。また一番利用回数が多いのは、本山行事の一部として粥座・斎座・鉢斎等の食事をともなうものであることがわかった。その他には、やはり食事をともなう勅使や他の訪問者の接待と山内僧侶の会議関係の行事で利用された。

利用場所については、南側の3室を用いる表向きの行事と北の間3室を用い、山内僧侶のみで行う内向きな行事との2つが確認できた。また別の視点からは、東側2室を西側2室より格の高い部屋として用いている点も判明した。

さらに礼拝の方向性は、方丈懺法が室中の北側壁であったのに対して、方丈施餓鬼では、正反対の南縁から外部の方向に取られていた。食事をともなう行事では、僧侶の並び方に2

つの方向性が確認できた。一方は、開山忌や再住入寺式等で身分の高い順に互いに向き合い、室内に焦点が集約するようなものであった。これらの行事では、壁面に歴代の高僧の絵像や墨蹟等が懸けられ、それらの高僧とその場にいる僧侶とが一体感をもって食事をいただくための配置であったと考えられるが、礼拝に対する方向性は希薄だったといえる。他方、鉢斎式等内向きな行事の際は、中央壁面に懸けられた文殊等の絵像が中心となりその両脇に身分の高い僧侶が相互に並んでいくものとなっている。方丈施餓鬼を除くと南側3室を用いる行事も北の間3室を利用するものも室中と北の中央間境の壁が礼拝の中心となっていたことが確認できる。

さらに東側2室や西側2室を用いる行事の中には、南北軸ではなく、中央側に身分の高い人が座る東西軸による方向性も確認でき、行事や利用する部屋により多彩な利用方法があったことが確認できた。

また、これら近世の行事のほとんどは、大方丈が建立された承応3年（1654）当時には存在せず、建立から約20年を経過した延宝年間に整備されたものが多かったことも判明した。第4章でみたように、承応年間に始まる開山300年の遠忌に向けた造営事業の主眼は、法堂の新設にあった。承応の大方丈造営は、その法堂に見合う規模の建物を建設し、近世の禅宗本山としての体裁を整えることにあったと考えられる。したがって、行事等の必要性があって大方丈を建立したのではなく、のちに建物や本山としての格にあった行事を創造していったと考えられる点も注目できる。

最後に、室中の北面は、大方丈における礼拝の中心として、近世末まで壁面が存在し続けていたことが確認できた。この室中北壁の撤去については、明治初期における廃仏毀釈により、本山行事が衰退したことが原因と考えられる。そのようななかで、同じく廃仏毀釈により石清水八幡宮内の善法律寺が妙心寺末となっていた時（明治19年7月より明治25年7月まで）に、同寺に安置されていた同宮奥の院の釈迦三尊を譲り受け大方丈に納めることとなり[13]、室中の北壁を撤去し、その北の中央間に仏壇を取り付けたものと考えられる。これにより北の間3室全体を用いる行事は、完全に消滅することとなり、北の中央間の南壁面を北から南に礼拝する方向性も忘れ去られることとなった。

註
（1）文明9年の棟札、第2章註（7）参照。
　　　天正20年の棟札、第2章註（16）参照。
　　　承応3年の棟札
　　　　大日本國山城州平安城西京正法山妙心禅寺再興承應三甲午年八月八日立柱上棟
　　　　　　　　　　　　　　　　　　　　　　　　　　　棟梁　藤原鈴木権兵衛重次
（2）『重要文化財　妙心寺庫裏ほか五棟修理工事報告書（資料編）』（京都府教育委員会　平成11年3月）「文書」参照。

『重要文化財　妙心寺法堂・経蔵修理工事報告書』（京都府教育委員会　昭和51年6月）第4章第2節参照。
（3）　庫裏に関する経費をまとめた文書には『大庫裏萬拂銀之帳』『庫裏普請銀之帳』があり、法堂に関する経費をまとめた文書には『法堂普請銀之払帳』がある。
（4）　『重要文化財　妙心寺庫裏ほか五棟修理工事報告書（資料編）』（京都府教育委員会　平成11年3月）「文書」参照。
（5）　『大庫裏萬拂銀之帳』には、承応2年11月27日に「庫司之造用」としてそれまでの支出の締めを行っている。承応3年以降も庫裏関係の支出があるため、削除はされているが、以下の記述がある。

　　　　（前略）［以下の部分は×を付け、全面削除されている］
　　　総都合五拾四貫五百八拾五匁七分四毛
　　　　右ノ内五貫九百目六分　　　　大坂買残り材木代
　　　　　同三百拾弐匁三分七リ五毛　　残釘ノ代
　　　　　同七百目　　　　　　　　　　足代木ノ代
　　　　　同弐百四拾目　　　　　　　　残竹ノ代
　　　　四口合七貫百五拾弐匁九分七リ五毛
　　　指引残而
　　　　　四拾七貫四百三拾弐匁七分弐リ九毛
　　　　　　　　　　　　　　庫司之造用
　　　　（後略）

承応2年末の時点では、大坂で購入した銀17貫29匁5分4厘の材木のうち、その3分の1に当たる5貫900匁6分が残っていたことになる。引き続き承応4年には、庫裏北側に納所寮等が造られるため、その一部が利用されたと考えられるが、大方丈の用材としても用いられたと考える方が妥当であると考える。数量・金額等は推定できないが、大方丈の総事業費・木材の経費・割合等が増える可能性がある。
（6）　『重要文化財　妙心寺大方丈修理工事報告書』（京都府教育委員会　昭和34年1月）第3章第4節参照。
　　　『重要文化財　妙心寺庫裏ほか五棟修理工事報告書』（京都府教育委員会　平成11年3月）第5章第4節参照。
（7）　『正法山誌』第八巻「方丈東廊」の項に以下のように書かれている。
　　　方丈東廊。天和三年之夏。移‒少南‒。而元有レ廊處。造‒點心寮‒。敕使／點心。於レ此營レ之。初″方丈東縁圍‒通小方丈繞屏風‒。營之。
　　　これにより、大方丈と東の小方丈をつなぐ渡り廊下は、天和3年（1683）に南に移動され、元の廊下の位置に點心寮と呼ぶことになる勅使の食事所を設置している。その他方丈の西側にも土蔵・廊下や式台玄関等が取り付く。しかし、大方丈自体はまったく改造されていない。
（8）　「八木」とは米のこと。
（9）　祠堂斎を大方丈で行うのは、8月3日の利貞首座尼忌・2月2日の平田氏各霊忌と2月28日の了心院忌の3回である。
（10）　妙心寺の庫裏北側に付属する部屋を「評席」と呼び、四派執事等がここに集まり、本山の諸事を決定した。その決定の際の手引書を『評席須知』と呼んでいた（妙心寺蔵）。
（11）　本来、垂示とは住持が大衆に向かって教えを示すことである。しかし、妙心寺においては、西班僧侶の首座（後堂）が座元（前堂）の僧階に上がるための儀式としてとらえられており、玉鳳院内にある開山堂で1日と15日の祝聖旦望の日と11日の開山宿忌の日にとり行われた。

(12) 『諸院人数改帳』(妙心寺蔵)によると、宝暦6年(1756)4月には山内僧侶177人、嘉永5年(1852)6月には175人、元治元年(1864)5月には164人が確認できる。これにより、江戸時代中期から末期にかけて170人前後の僧侶がいたことがわかる。

(13) 『妙心寺史』下巻「総説」1「幕府の開設と信仰」参照。

表1 『普請金銀拂方帳』記載順一覧

記載順番号	支出内容	備考	支出額（銀：貫）	支出年月日		利用場所	複数の支払いを含む（銀：貫）
1	屋敷方并引料		19.052700	承応2年	巳5月13日	屋敷代	
2	東海屋敷に渡		1.868000	承応3年	午4月11日	屋敷代	
3	退蔵屋敷に渡		0.300000	承応3年	午10月27日	屋敷代	
4	霊雲屋敷に渡		0.132000	承応3年	午10月27日	屋敷代	
5	庫裏材木代		7.527140	承応2年	巳6月12日	庫裏	
6	大坂材木見分路料		0.053450	承応2年	巳6月12日	庫裏	
7	玉鳳院石懸		0.402000	承応2年	閏6月26日	玉鳳院	
8	同　栗石		0.090000	承応2年	閏6月26日	玉鳳院	
9	ケヤキの手形	花井紹隆ニ渡ス	10.000000	承応2年	閏6月晦日	法堂	
10	材木代	次郎兵衛渡ス	7.690320	承応2年	7月6日	庫裏	
11	欠銀　材木代	材木屋次郎兵衛ニ渡ス	0.009500	承応2年	7月6日	庫裏	
12	大工越前に遣す		9.215000	承応2年	6月29日	法堂	
13	諸綱7本の代		0.145000	承応2年	7月6日	庫裏	
14	同　駄賃		0.001000	承応2年	7月6日	庫裏	
15	庫裏斧初の祝儀	大工権兵衛ニ被遣	0.043000	承応2年	閏6月16日	庫裏	
16	材木　堅木14本代	但色々用	0.030000	承応2年	7月2日	庫裏	
17	竹758本代	智勝院へ渡ス	0.115974	承応2年	7月28日	庫裏	
18	竹320本代	後園庵へ渡ス	0.049010	承応2年	7月28日	庫裏	
19	竹520本代	萬春院へ渡ス	0.079560	承応2年	7月28日	庫裏	
20	コマ物の代	忠兵衛ニ渡ス	0.253514	承応2年	7月28日	庫裏	
21	日傭手間賃	仁左衛門ニ渡ス	0.295340	承応2年	7月28日	庫裏	
22	嵯峨材木ノ代	清左衛門ニ渡ス	0.402940	承応2年	7月28日	庫裏	
23	栗石の代	仁左衛門ニ渡ス	0.080750	承応2年	7月28日	庫裏	
24	小払銀	納所方へ渡ス	0.499340	承応2年	7月28日		
25	大工作料	孫左衛門ニ渡ス	1.000000	承応2年	7月28日	庫裏	
26	法堂牛引物の手付		10.000000	承応2年	8月27日	法堂	
27	法堂小牛引物の代		2.000000	承応2年	8月27日	法堂	
28	法堂堅物の手付		2.000000	承応2年	8月27日	法堂	
29	庫裏大工午賜作料		0.959000	承応2年	9月6日 庫裏萬払い（7月分）	庫裏	
30	庫裏大工午賜作料		1.254900	承応2年	9月6日 庫裏萬払い（8月分）	庫裏	
31	小買物	権兵衛	0.064150	承応2年	9月6日 庫裏萬払い		
32	材木代	材木屋　次郎兵衛	5.883110	承応2年	9月6日 庫裏萬払い	庫裏	
33	同　材木駄賃		0.045900	承応2年	9月6日 庫裏萬払い	庫裏	

第 7 章　大方丈

記載順番号	支出内容	備考	支出額（銀：貫）	支出年月日		利用場所	複数の支払いを含む（銀：貫）
34	材木見分路料	孫左衛門・二郎兵衛 大坂上下	0.286600	承応 2 年	9 月 6 日 庫裏萬払い	庫裏	
35	材木見分路料	長兵衛大坂上下	0.041500	承応 2 年	9 月 6 日 庫裏萬払い	庫裏	
36	懸硯幷文籠代		0.022000	承応 2 年	9 月 6 日		
37	日傭	仁左衛門	0.742680	承応 2 年	9 月 6 日 庫裏萬払い	庫裏	
38	麻綱ナイ賃		0.046900	承応 2 年	9 月 6 日 庫裏萬払い	庫裏	
39	土12板	土蔵地形の用	0.036000	承応 2 年	9 月 6 日 庫裏萬払い	庫裏	
40	栗石 3 枚		0.014250	承応 2 年	9 月 6 日 庫裏萬払い	庫裏	
41	木引	清兵衛	0.539955	承応 2 年	9 月 6 日 庫裏萬払い（7 月分）	庫裏	
42	竹代実相院		0.073600	承応 2 年	9 月 6 日 庫裏萬払い（8 月分）	庫裏	
43	竹代	傳三郎	0.024750	承応 2 年	9 月 6 日 庫裏萬払い（8 月分）	庫裏	
44	材木代	嵯峨清左衛門	0.337500	承応 2 年	9 月 6 日 庫裏萬払い	庫裏	
45	車力	鳥羽材木や 二郎左衛門	1.157000	承応 2 年	9 月 6 日 庫裏萬払い	庫裏	
46	小買物	忠兵衛	0.547250	承応 2 年	9 月 6 日 庫裏萬払い（8 月分）	庫裏	
47	北の石垣	石屋又助	0.253000	承応 2 年	9 月 6 日 庫裏萬払い	庫裏	
48	材木見分路料	大坂下両度用　能沢 材木見分	0.025700	承応 2 年	9 月 6 日 庫裏萬払い	庫裏	
49	礎の代	石屋長兵衛	0.200000	承応 2 年	9 月 6 日 庫裏萬払い	庫裏	
50	葺師午膓作料	惣左衛門 与三右衛門	0.422450	承応 2 年	9 月 6 日 庫裏萬払い	庫裏	
51	鍛冶	喜左衛門	0.500000	承応 2 年	9 月 6 日 庫裏萬払い	庫裏	
52	錦嶺藪開	忠兵衛	0.023150	承応 2 年	9 月 6 日 庫裏萬払い	法堂	
53	竹代	鳴滝　傳三郎	0.053000	承応 2 年	10 月 8 日 庫裏萬払い	庫裏	
54	小牛引物手付	材木屋　二郎兵衛	1.000000	承応 2 年	10 月 8 日 庫裏萬払い	法堂	
55	栗石 1 坪		0.019000	承応 2 年	10 月 8 日 庫裏萬払い	庫裏	

記載順番号	支出内容	備考	支出額（銀：貫）	支出年月日		利用場所	複数の支払いを含む（銀：貫）
56	竹代	長慶院	0.129500	承応2年	10月8日 庫裏萬払い	庫裏	
57	同 駄賃		0.009250	承応2年	10月8日 庫裏萬払い	庫裏	
58	日傭	日傭 仁左衛門	1.917000	承応2年	10月8日 庫裏萬払い	庫裏	
59	木引	通引賃共 木引 清兵衛	0.148000	承応2年	10月8日 庫裏萬払い	庫裏	
60	葺師午膓作料	葺師 惣左衛門	0.668000	承応2年	10月8日 庫裏萬払い	庫裏	
61	竹釘の代	与惣衛門	0.217600	承応2年	10月8日 庫裏萬払い	庫裏	
62	小買物	忠兵衛	0.272000	承応2年	10月8日 庫裏萬払い	庫裏	
63	鍛冶	鍛冶や 喜左衛門	0.500000	承応2年	10月8日 庫裏萬払い	庫裏	
64	大工午膓作料取分	大工 権兵衛	2.448000	承応2年	10月8日 庫裏萬払い	庫裏	
65	韋駄天慕又彫賃		0.021000	承応2年	10月8日 庫裏萬払い	庫裏	
66	釘代	大工孫左衛門取りつぎ	0.039000	承応2年	10月8日 庫裏萬払い	庫裏	
67	竹代	竜安門前 伊兵衛	0.280000	承応2年	10月8日 庫裏萬払い	庫裏	
68	石据え	石屋 与左衛門	0.060000	承応2年	10月8日 庫裏萬払い	庫裏	
69	石屋	石屋 長兵衛	0.100000	承応2年	10月8日 庫裏萬払い	庫裏	
70	材木代	材木屋 次郎兵衛	4.208000	承応2年	10月8日 庫裏萬払い	庫裏	
71	葺師午膓作料	葺師 惣左衛門 与惣左右衛門	0.989400	承応2年	11月27日	庫裏	
72	竹釘の代		0.038600	承応2年	11月27日	庫裏	
73	小買物	忠兵衛	0.140420	承応2年	11月27日	庫裏	
74	飯料	7月より11月まで	0.030000	承応2年	11月27日	庫裏	
75	取分	四部ノ利銀	0.048729	承応2年	11月27日	庫裏	
76	礎の残銀	石屋 長兵衛	0.003500	承応2年	11月27日	庫裏	
77	竈石の代	石屋 長兵衛	0.200000	承応2年	11月27日	庫裏	
78	石切手間	石屋 長兵衛	0.114650	承応2年	11月27日	庫裏	
79	奉書1束の代	張付師 宗務	0.013000	承応2年	11月27日	庫裏	
80	張付師12人手間	張付師 宗務	0.018000	承応2年	11月27日	庫裏	
81	葛糊の代	張付師 宗務	0.002000	承応2年	11月27日	庫裏	

第7章 大方丈

記載順番号	支出内容	備考	支出額（銀：貫）	支出年月日		利用場所	複数の支払いを含む（銀：貫）	
82	大工午膓作料食料取分共	大工　権兵衛	3.821100	承応2年	11月27日	庫裏		
83	上塗土1石3斗5升の代	大工　権兵衛	0.001500	承応2年	11月27日	庫裏		
84	スサ4俵の代	大工　権兵衛	0.002000	承応2年	11月27日	庫裏		
85	庫裏戸用車58ヶの代	大工　清左衛門	0.008970	承応2年	11月27日	庫裏		
86	材木代	材木屋　次郎兵衛	0.749833	承応2年	11月27日	庫裏		
87	竹500本駄賃共	大光院	0.180000	承応2年	11月27日	庫裏		
88	木引	賃通引共　清兵衛	0.272445	承応2年	11月27日	庫裏		
89	門番飯米給分	門番　四郎右衛門	0.054300	承応2年	11月27日	庫裏		
90	門番飯米給分	門番　次郎左右衛門	0.020000	承応2年	11月27日	庫裏		
91	監寺扶持方給分	伍監寺	0.086000	承応2年	11月27日	庫裏		
92	扶持方給分	全作	0.086000	承応2年	11月27日	庫裏		
93	足代木代	嵯峨　清左右衛門	0.830250	承応2年	11月27日	庫裏		
94	塀土の代	西門前　次兵衛	0.032000	承応2年	11月27日	庫裏		
95	大栗の代	嵯峨材木や　庄右衛門	0.318600	承応2年	11月27日	庫裏		
96	塀下地竹	竹ゆい　仁右衛門	0.012000	承応2年	11月27日	庫裏		
97	左官	三四郎	0.157500	承応2年	11月27日	庫裏		
98	上棟祝儀	能沢	0.328100	承応2年	11月27日	庫裏		
99	鍛冶	喜左右衛門	1.074471	承応2年	11月27日	庫裏		
100	惣門前喜兵衛	惣門前　喜兵衛	0.007200	承応2年	11月27日			
101	竹30本代	鳴滝　傳三郎	0.008200	承応2年	11月27日	庫裏		
102	金物塗賃	是徳	0.052400	承応2年	11月27日	庫裏		
103	打割の駄賃	鳴滝　伊兵衛	0.010000	承応2年	11月27日	庫裏		
104	諸職人振舞	当納所	0.810200	承応2年	11月27日	庫裏		
105	使者振舞	当納所	0.017970	承応2年	11月27日	庫裏		
106	日傭	日傭　仁左衛門　喜右衛門	1.288170	承応2年	11月27日	庫裏		
107	小遣		0.082250	承応2年	11月27日	庫裏		
108	瓦師	瓦師　加賀	5.000000	承応2年	11月27日	法堂		
109	井三間半積石グリ石の代	養賢	0.081500	承応2年	11月27日			
110	方丈地形の用河原砂100坪の代	西京　四郎右衛門　吉兵衛	1.500000	承応3年	午4月11日	方丈		
111	井戸の用栗石10坪2枚半の代	かじが森　理右衛門	0.183750	承応3年	午4月11日	庫裏		
112	小払之用	伍監寺	0.200000	承応3年	午4月11日			
113	井戸の鑿積に貸す	日傭　仁左衛門　喜右衛門	0.510000	承応3年	午4月11日			

235

記載順番号	支出内容	備考	支出額(銀：貫)	支出年月日		利用場所	複数の支払いを含む(銀：貫)
114	庫裏白土并塗手間	左官 三四郎	0.300000	承応3年	午4月11日	庫裏	
115	庫裏塀塗手間78人飯料共に	左官 三四郎	0.195000	承応3年	午4月11日	庫裏	
116	上塗土2石6斗7升の代	左官 三四郎	0.002800	承応3年	午4月11日	庫裏	
117	左官	左官 三四郎	0.000930	承応3年	午4月11日	庫裏	
118	庫裏北石垣	石垣ツミ 輿十郎	0.164000	承応3年	午4月11日	庫裏	
119	井戸積石駄数1063駄の代	石垣ツミ 輿十郎	0.637800	承応3年	午4月11日	庫裏	
120	平日傭520人半	日傭 仁左衛門 喜右衛門	0.333120	承応3年	午4月11日		
121	手木者179人半	日傭 仁左衛門 喜右衛門	0.188475	承応3年	午4月11日		
122	井の鑿積の手間	日傭 仁左衛門 喜右衛門	0.682400	承応3年	午4月11日	庫裏	
123	庫裏東塀の下石垣積手間	日傭 仁左衛門 喜右衛門	0.097300	承応3年	午4月11日	庫裏	
124	大工	大工 権兵衛	1.500000	承応3年	午4月11日		
125	腰障子車16ヶ小買物の代	大工 権兵衛	0.066200	承応3年	午4月11日		
126	材木	材木屋 次郎兵衛	0.800000	承応3年	午4月11日		
127	車力 旧冬の残銀	材木屋 次郎兵衛	0.101000	承応3年	午4月11日		
128	法堂小牛大坂より鳥羽までの運賃	材木屋 次郎兵衛	0.600460	承応3年	午4月11日	法堂	
129	四分一の代	是徳	0.004200	承応3年	午4月11日		
130	襖障子10枚分の縁塗賃	是徳	0.016500	承応3年	午4月11日		
131	材木屋	嵯峨材木や 清左右衛門	0.376250	承応3年	午4月11日		
132	木引	木引 清兵衛	0.034727	承応3年	午4月11日		
133	庫裏北井戸掘きり埋る手間賃	源四郎	0.079900	承応3年	午4月11日	庫裏	
134	鍛冶	鍛冶や 喜左衛門	0.132250	承応3年	午4月11日		
135	井戸の用栗石17坪3枚	かじが森 理右衛門	0.346150	承応3年	午4月11日		
136	小買物小払	伍監寺	0.100000	承応3年	午4月11日		
137	表具屋	表具や 庄右衛門	0.089250	承応3年	午4月11日		
138	材木屋	材木や 次郎兵衛	0.427180	承応3年	6月12日 方丈普請萬掃銀之覚	方丈	
139	大工	大工 権兵衛	0.225100	承応3年	6月12日 方丈普請萬掃銀之覚		

第 7 章　大方丈

記載順番号	支出内容	備考	支出額（銀：貫）	支出年月日		利用場所	複数の支払いを含む(銀：貫)
140	竹屋	竹や　八兵衛	0.224150	承応3年	6月12日 方丈普請萬掃銀之覚		
141	南門前弥吉		0.014200	承応3年	6月12日 方丈普請萬掃銀之覚		
142	南門前小兵衛		0.087800	承応3年	6月12日 方丈普請萬掃銀之覚		
143	日傭	北門前　仁左衛門　　　　喜右衛門	0.260350	承応3年	6月12日 方丈普請萬掃銀之覚		
144	石屋	石や　長兵衛	0.024900	承応3年	6月12日 方丈普請萬掃銀之覚		
145	小買物	伍監寺	0.150000	承応3年	6月12日 方丈普請萬掃銀之覚		
146	左官	左官　三四郎	0.021000	承応3年	6月12日 方丈普請萬掃銀之覚		
147	鍛冶	鍛冶や　喜左衛門	0.037050	承応3年	6月12日 方丈普請萬掃銀之覚		
148	庫裏門口敷居縁金の代	鍛冶や　喜左衛門	0.060450	承応3年	5月分払い	庫裏	
149	方丈地形　砂銭持の用	忠兵衛	0.013800	承応3年	5月分払い	方丈	
150	井戸積石の代	与十郎	0.103400	承応3年	5月分払い	庫裏	
151	方丈松　根廻りの掘り賃	植木や　孫兵衛	0.038000	承応3年	5月分払い	方丈	
152	微笑庵東道藪竹の根掘り賃	南門前　源四郎	0.039600	承応3年	5月分払い		
153	材木屋	材木屋　次郎兵衛	0.484767	承応3年	5月分払い		
154	から竹46束の代	材木屋　次郎兵衛	0.082800	承応3年	5月分払い		
155	葺師102人手間午膓作料共	葺師　惣左衛門　　　　与惣右衛門	0.173400	承応3年	5月分払い		
156	竹釘1石2升の代	竹釘や　市助	0.020400	承応3年	5月分払い		
157	木引	木引　清兵衛	0.052400	承応3年	5月分払い		
158	鍛冶	鍛冶　喜左衛門	0.196200	承応3年	5月分払い		
159	左官　白土の代	左官　三四郎	0.085000	承応3年	5月分払い		
160	庫裏西水道石垣掘り積みの代	南門前　清三郎	0.128500	承応3年	5月分払い	庫裏	
161	桂昌院の前築地こぼち石垣こぼち賃	北門前　長左右衛門	0.072400	承応3年	5月分払い	法堂	
162	塀土3坪3枚	南門前　市兵衛	0.045000	承応3年	5月分払い		
163	方丈地形の用　砂利砂17坪半の代	かじが森　理右衛門	0.262500	承応3年	5月分払い	方丈	
164	小買物	伍監寺	0.270000	承応3年	5月分払い		
165	大工　427人食料作料取分共	大工　権兵衛	0.831700	承応3年	5月分払い		

記載順番号	支出内容	備考	支出額（銀：貫）	支出年月日	利用場所	複数の支払いを含む（銀：貫）
166	納所寮の用桧四分板戸8枚分	戸や 藤左衛門	0.052000	承応3年 5月分払い	庫裏	
167	材木屋 方丈小屋の用	嵯峨材木屋 清左衛門	0.137600	承応3年 5月分払い	方丈	
168	備後表31枚分	たたみや 五郎右衛門	0.148600	承応3年 5月分払い		
169	手木者293人 平日備405.5人	日傭 仁左衛門 喜右衛門	0.472120	承応3年 5月分払い		
170	法堂末口物利銀 方丈の用末口物利銀運賃共	次郎兵衛	3.367696	承応3年 5月分払い		
171	大坂下り大工路銀	長兵衛	0.047250	承応3年 5月分払い		
172	扶持方1石分	作監寺	0.053000	承応3年 5月分払い		
173	大工	大工 権兵衛	1.290800	承応3年 6月分払い		
174	日傭	日傭 仁左衛門	0.644360	承応3年 6月分払い		
175	小買物		0.359610	承応3年 6月分払い		
176	（基礎工事）	かじが森 理右衛門	0.116250	承応3年 6月分払い		
177	南門前勘三郎		0.046000	承応3年 6月分払い		
178	西門前半兵衛		0.086000	承応3年 6月分払い		
179	左官	左官 三四郎	0.042750	承応3年 6月分払い		
180	木引	木引 清兵衛	0.104241	承応3年 6月分払い		
181	運賃	鳥羽車や 市助	0.500000	承応3年 6月分払い		
182	天授院の前の地形	長兵衛	0.860000	承応3年 6月分払い	法堂	
183	鍛冶屋	鍛冶や 喜左衛門	0.694950	承応3年 6月分払い		
184	葺師	葺師 惣左衛門 与三右衛門	0.117000	承応3年 6月分払い		
185	石屋	石や 五郎右衛門	0.485100	承応3年 6月分払い		
186	大坂上下入目	能沢	0.084300	承応3年 6月分払い	法堂	
187	小椹木1万丁の代	松山勘兵衛	9.130000	承応3年 6月分払い		
188	法堂瓦の代	瓦師 加賀	5.000000	承応3年 6月分払い	法堂	
189	庫裏土蔵土塀の瓦代	瓦師 加賀	1.114000	承応3年 6月分払い	庫裏	
190	法堂石据之代	石や 三右衛門	3.000000	承応3年 6月分払い	法堂	
191	方丈柱の代	大坂菊や 仁兵衛	5.924800	承応3年 6月分払い	方丈	
192	路料 方丈柱調える用	大坂上下路料	0.184900	承応3年 6月分払い	方丈	
193	玉鳳院土塀の代	北門前 久右衛門	0.078261	承応3年 6月分払い	玉鳳院	
194	大工 孫左衛門		1.000000	承応3年 6月分払い		
195	手木者318.5人	日傭 仁左衛門 喜右衛門	0.350350	承応3年 7月分払い		
196	木遣53人	日傭 仁左衛門 喜右衛門	0.172500	承応3年 7月分払い		

記載順番号	支出内容	備考	支出額(銀：貫)	支出年月日		利用場所	複数の支払いを含む(銀：貫)	
197	平日傭1401.5人	日傭　仁左衛門　　　　喜右衛門	0.896960	承応3年	7月分払い			
198	鍛冶	鍛冶　喜左衛門	0.133050	承応3年	7月分払い			
199	桂昌院前地形埋土の代手間共	南門前　弥吉	0.156400	承応3年	7月分払い	法堂		
200	葺師133人　手間午膓作料共	葺師　惣左衛門　　　　与三右衛門	0.226100	承応3年	7月分払い			
201	石据石数12ヶの代	東屋　与左衛門	0.060000	承応3年	7月分払い			
202	大工963.5人午膓作料取分	大工　権兵衛	1.854300	承応3年	7月分払い			
203	木引	木引　清兵衛	0.088921	承応3年	7月分払い			
204	小買物	伍監寺	0.421000	承応3年	7月分払い			
205	正月より7月まで扶持方給分	作監寺　伍監寺	0.074000	承応3年	7月分払い			
206	大工振舞入目	先納所	0.198150	承応3年	7月分払い			
207	門番正月より7月まで飯米	四郎左右衛門	0.055650	承応3年	7月分払い			
208	同　指引	四郎左右衛門	0.008800	承応3年	7月分払い			
209	大工	大工　権兵衛	2.295600	承応3年	8月分払い			
210	日傭	日傭　仁左衛門　　　　喜右衛門	0.955600	承応3年	8月分払い			
211	葺師	葺師　惣左衛門　　　　与三右衛門	0.728450	承応3年	8月分払い			
212	唐橋理兵衛		0.269490	承応3年	8月分払い			
213	板へぎ加兵衛		0.304856	承応3年	8月分払い			
214	石屋	石屋　五郎左衛門	0.135000	承応3年	8月分払い			
215	竹釘屋	竹釘屋　市助	0.126000	承応3年	8月分払い			
216	鍛冶屋	鍛冶屋　喜左衛門	0.696050	承応3年	8月分払い			
217	木引	木引　清兵衛	0.096053	承応3年	8月分払い			
218	天井まさ板	佐左衛門	0.644300	承応3年	8月分払い			
219	尾州上下路銀	単提座元　楊首座	0.223900	承応3年	8月分払い	法堂		
220	鳥羽市助		0.400000	承応3年	8月分払い			
221	材木屋	嵯峨　清左衛門	1.206600	承応3年	8月分払い			
222	小買物	伍監寺	0.300000	承応3年	8月分払い			
223	大工	大工　権兵衛	1.501750	承応3年	9月分払い			
224	日傭	日傭　仁左衛門　　　　喜右衛門	0.596510	承応3年	9月分払い			
225	葺師	葺師　惣左衛門　　　　与三右衛門	0.730150	承応3年	9月分払い			
226	鍛冶	鍛冶　喜左衛門	0.378750	承応3年	9月分払い			
227	板へぎ賀兵衛		0.053000	承応3年	9月分払い			

記載順番号	支出内容	備考	支出額(銀:貫)	支出年月日		利用場所	複数の支払いを含む(銀:貫)	
228	左官	左官 三四郎	0.093000	承応3年	9月分払い			
229	木引	木引 清兵衛 長左衛門	0.051110	承応3年	9月分払い			
230	小買物	伍監寺	0.658450	承応3年	9月分払い			
231	春光院の前築地代	喜右衛門	0.113400	承応3年	10月分払い			
232	井戸鑿の代	喜右衛門	0.317000	承応3年	10月分払い			
233	日傭	喜右衛門	0.520410	承応3年	10月分払い		法堂	0.1637
234	瓦師	瓦師 加賀	1.001440	承応3年	10月分払い		法堂	0.24324
235	鍛冶屋	鍛冶屋 喜左衛門	0.595950	承応3年	10月分払い			
236	木引	木引 清兵衛	0.076227	承応3年	10月分払い			
237	退蔵院の前築地の代	八郎右衛門	0.220550	承応3年	10月分払い	法堂		
238	竹釘屋	竹釘屋 市助	0.156540	承応3年	10月分払い			
239	左官	左官 三四郎	0.172800	承応3年	10月分払い			
240	大工	大工 権兵衛	1.168300	承応3年	10月分払い		法堂	0.14
241	材木屋	嵯峨材木屋 清左衛門	0.613120	承応3年	10月分払い	法堂		
242	天井板代	佐左衛門	0.202200	承応3年	10月分払い			
243	大坂上下路銀	能沢 孫左衛門	0.158350	承応3年	10月分払い	法堂		
244	栗石	弥吉	0.180000	承応3年	10月分払い			
245	西門前築地屋半左衛門		0.200000	承応3年	10月分払い			
246	小買物	伍監寺	0.298800	承応3年	10月分払い		法堂	0.122
247	概物の代銀	花井紹隆江渡ス	64.205000	承応3年	10月26日	法堂		
248	法堂材木の代銀	大坂志方四郎右衛門	2.986500	承応3年	10月分払い 法堂材木の代銀	法堂		
249	法堂材木の代銀	大坂井筒屋七左衛門	1.498230	承応3年	10月分払い 法堂材木の代銀	法堂		
250	法堂材木の代銀 大牛2本の代		16.000000	承応3年	10月分払い 法堂材木の代銀	法堂		
251	法堂材木の代銀	大坂木屋 七左衛門	0.453200	承応3年	10月分払い 法堂材木の代銀	法堂		
252	大坂上下路銀		0.168050	承応3年	10月分払い 法堂材木の代銀	法堂		
253	駄石498駄	石屋 与十郎	0.149000	承応3年	12月15日			
254	松97本車力(半額)	妙蓮寺前与次衛門 庄右衛門	0.444750	承応3年	12月15日	法堂		
255	大栗あてひ竹	嵯峨材木や 清左衛門	0.241420	承応3年	12月15日			
256	唐橋理兵衛		0.117525	承応3年	12月15日			
257	左官39人手間	左官 三四郎	0.097500	承応3年	12月15日			
258	大工	大工 権兵衛	2.865150	承応3年	12月15日		法堂	0.398

第 7 章　大方丈

記載順番号	支出内容	備考	支出額(銀：貫)	支出年月日		利用場所	複数の支払いを含む(銀：貫)
259	葺師234人、へぎ賃、請取小屋葺賃	葺師　惣左衛門　　　与三右衛門	0.792572	承応3年	12月15日	法堂	0.4656
260	木引	木引　清兵衛	0.375791	承応3年	12月15日		
261	方丈北築地撞きに貸し	西門前　半左衛門	0.100000	承応3年	12月15日	方丈	
262	方丈南築地こぼち賃26人	小兵衛	0.084500	承応3年	12月15日	方丈	
263	手木者351人　平日傭1274.5人	仁左衛門　喜右衛門	1.201780	承応3年	12月15日	法堂	0.20848
264	納所方		0.574700	承応3年	12月15日		
265	植木屋	孫兵衛	0.425400	承応3年	12月15日		
266	鍛冶屋	喜左衛門	0.664200	承応3年	12月15日		
267	材木屋	材木や　次郎兵衛	0.114470	承応3年	12月15日		
268	土蔵北石垣	北門前　喜右衛門	0.010000	承応3年	12月15日	庫裏	
269	竹60本	北門前　喜右衛門	0.008000	承応3年	12月15日		
270	庫裏北地形直し	北門前　喜右衛門	0.012000	承応3年	12月15日	庫裏	
271	唐門の西築地こぼち賃5人の代	北門前　喜右衛門	0.023000	承応3年	12月15日	方丈	
272	土背負い7人賃	北門前　喜右衛門	0.007700	承応3年	12月15日		
273	庫裏北井戸穿賃	北門前　喜右衛門	0.087000	承応3年	12月15日	庫裏	
274	畳納所寮用	畳や　五郎右衛門	0.024450	承応3年	12月15日	庫裏	
275	方丈北地形直し賃	南門前　市左衛門	0.008000	承応3年	12月15日	方丈	
276	竹釘2石6斗	竹釘や　市助	0.037400	承応3年	12月15日		
277	慶孚　痴全(扶持方)		0.057334	承応3年	12月15日		
278	四郎右衛門(扶持方)		0.037500	承応3年	12月15日		
279	同　給分		0.021500	承応3年	12月15日		
280	祇園材木		0.697950	承応3年	12月15日		
281	瓦師	瓦師　加賀	5.000000	承応3年	12月15日	法堂	
282	小買物		0.200000	承応3年	12月15日	法堂	0.0287
283	祇園槻板16枚	志方四郎右衛門	0.250000	承応3年	12月15日	法堂	
284	材木の車力	鳥羽　市介	0.141470	承応3年	12月15日		
285	大工	大工　権兵衛	1.907100	承応4年	3月1日	法堂	0.0987
286	大工	大工　権兵衛	0.500000	承応4年	3月1日	法堂	
287	日傭	日傭　仁左衛門　　　喜右衛門	0.545230	承応4年	3月1日	法堂	0.055
288	鍛冶	鍛冶　喜左衛門	0.242300	承応4年	3月1日		
289	廊下の用	瓦師　加賀	0.144500	承応4年	3月1日		
290	竹杉丸太	嵯峨材木屋　　　清左衛門	0.277500	承応4年	3月1日	法堂	

記載順番号	支出内容	備考	支出額（銀：貫）	支出年月日		利用場所	複数の支払いを含む（銀：貫）
291	砂栗石	西京 四郎兵衛　三郎右衛門	0.713250	承応4年	3月1日	法堂	
292	木引	木引 長右衛門　清兵衛	0.115870	承応4年	3月1日		
293	材木の舟賃	又兵衛	3.500000	承応4年	3月1日	法堂	
294	鳥羽よりの車力	車屋 彦兵衛	2.000000	承応4年	3月1日	法堂	
295	小買物	納所	0.300000	承応4年	3月1日		
296	東海の堺の石垣積賃	石屋 与十郎	0.085000	承応4年	3月1日	方丈	
297	築地こぼち賃	南門前 小兵衛	0.045500	承応4年	3月1日		
298	石屋	石屋 長兵衛	2.000000	承応4年	3月1日	法堂	
299	小買物		0.429394	承応4年	3月1日		
300	大工	大工 権兵衛	0.880700	承応4年	3月分払い	法堂	0.0495
301	鍛冶	鍛冶 喜左衛門	0.172650	承応4年	3月分払い	法堂	0.0757
302	砂屋	西京砂や 四郎兵衛　三郎右衛門	0.439150	承応4年	3月分払い	法堂	
303	葺師	葺師 惣左衛門　与三右衛門	0.040800	承応4年	3月分払い	法堂	
304	小買物	伍監寺	0.333500	承応4年	3月分払い	法堂	
305	左官	左官 三四郎	0.015000	承応4年	3月分払い		
306	材木屋（竹400本惣垣の用）	嵯峨 清左衛門	0.054000	承応4年	3月分払い	法堂	
307	材木屋	材木や 次郎兵衛	0.076800	承応4年	3月分払い	法堂	0.0468
308	木引	木引 長右衛門　清兵衛	0.021960	承応4年	3月分払い		
309	西門前半左衛門		0.185125	承応4年	3月分払い		
310	日傭	喜左衛門　仁左衛門	0.248580	承応4年	3月分払い		
311	あまのや源右衛門		0.173330	承応4年	3月分払い	法堂	
312	越前屋次兵衛		0.374890	承応4年	3月分払い	法堂	
313	大坂上下雑用	能沢 伍監寺	0.045800	承応4年	3月分払い	法堂	
314	手斧初の雑用	納所方	0.421650	承応4年	3月分払い	法堂	
315	手斧初めの祝儀	大工 権兵衛	0.255000	承応4年	3月分払い	法堂	
316	大工	大工 権兵衛	0.126500	承応4年	4月分払い	法堂	
317	日傭	日傭 仁左衛門　喜右衛門	1.170060	承応4年	4月分払い	法堂	
318	日傭	西京日傭 四郎兵衛　三郎右衛門	0.834810	承応4年		法堂	
319	砂6坪の代	西京日傭 四郎兵衛　三郎右衛門	0.084000	承応4年	4月分払い	法堂	
320	鍛冶	鍛冶 喜左衛門	0.072000	承応4年	4月分払い	法堂	
321	左官	左官 三四郎	0.005000	承応4年	4月分払い		

第7章　大方丈

記載順番号	支出内容	備考	支出額（銀：貫）	支出年月日		利用場所	複数の支払いを含む（銀：貫）	
322	納所方		0.279470	承応4年	4月分払い	法堂		
323	鐘撞　市兵衛		0.127320	承応4年	4月分払い	法堂		
324	材木屋	西京　四郎兵衛　三郎右衛門	0.032550	承応4年	4月分払い	法堂		
325	戸屋	戸や　徳衛門	0.097600	承応4年	4月分払い	法堂		
326	出口屋清左衛門		0.066000	承応4年	4月分払い	法堂		
327	石屋	石屋　三右衛門	0.553000	承応4年	4月分払い			
328	大工	大工　権兵衛	0.333700	承応4年	5月分払い		法堂	0.178
329	日傭	西京　四郎兵衛　三郎右衛門	0.534200	承応4年	5月分払い	法堂		
330	日傭	北門前　喜衛門　仁左衛門	0.528000	承応4年	5月分払い	法堂		
331	砂の代	西京　四郎兵衛　三郎右衛門	0.735000	承応4年	5月分払い	法堂		
332	材木屋	西京　四郎兵衛　三郎右衛門	0.101550	承応4年	5月分払い	法堂		
333	瓦師	瓦師　加賀	0.193500	承応4年	5月分払い			
334	鍛冶	鍛冶　喜左衛門	0.016750	承応4年	5月分払い	法堂		
335	南門前弥吉		0.063600	承応4年	5月分払い	法堂		
336	葺師	葺師　惣左衛門　与三右衛門	0.007500	承応4年	5月分払い	法堂		
337	左官	左官　三四郎	0.002500	承応4年	5月分払い	法堂		
338	材木屋	材木や　清左衛門	0.063500	承応4年	5月分払い	法堂		
339	木引	木引　利兵衛	0.225300	承応4年	5月分払い	法堂		
340	小買物	四月分の付落	0.153300	承応4年	5月分払い	法堂		
341	小買物		0.218920	承応4年	5月分払い	法堂		
342	納所寮	納所寮	0.073150	承応4年	5月分払い	法堂		
343	砂の代	西京　四郎兵衛　三郎右衛門	1.060500	承応4年	6月分払い	法堂		
344	日傭	西京　四郎兵衛　三郎右衛門	0.076950	承応4年	6月分払い	法堂		
345	日傭	北門前　喜衛門　仁左衛門	0.096700	承応4年	6月分払い	法堂		
346	大工	大工　権兵衛	0.930700	承応4年	6月分払い	法堂		
347	大工　渡切りの前借	大工　権兵衛	1.000000	承応4年	6月分払い	法堂		
348	大工	大工　六左衛門	0.630900	承応4年	6月分払い	法堂		
349	同人　渡切りの前借	大工　六左衛門	1.000000	承応4年	6月分払い	法堂		
350	土塀の用	西門前　半左衛門	0.131075	承応4年	6月分払い			
351	屋根屋	屋根や　惣左衛門　与三右衛門	0.022830	承応4年	6月分払い	法堂		
352	方丈白土の用	左官　三四郎	0.210700	承応4年	6月分払い	方丈		

記載順番号	支出内容	備考	支出額（銀：貫）	支出年月日		利用場所	複数の支払いを含む（銀：貫）	
353	赤土の代	南門前　弥吉	0.108650	承応4年	6月分払い	法堂		
354	鍛冶	鍛冶屋　喜左衛門	0.140500	承応4年	6月分払い	法堂		
355	石屋	石屋　五郎左衛門	0.025800	承応4年	6月分払い			
356	瓦師	瓦や　加賀	4.000000	承応4年	6月分払い	法堂		
357	越前屋次左衛門		0.500000	承応4年	6月分払い	法堂		
358	鍛冶屋	鍛冶や　理兵衛	0.040310	承応4年	6月分払い	法堂		
359	塗師	塗師屋　是徳	0.399429	承応4年	6月分払い			
360	納所方		0.286017	承応4年	6月分払い	法堂		
361	小買物	伍監寺	0.883234	承応4年	6月分払い	法堂		
362	天井板の代　大坂上下の小遣い共	両替　又兵衛	3.123920	承応4年	7・8月分払い	法堂		
363	瓦師	瓦師　加賀	3.000000	承応4年	7・8月分払い	法堂		
364	瓦師	瓦師　加賀	0.057950	承応4年	7・8月分払い	法堂		
365	大工	大工　権兵衛	2.015450	承応4年	7・8月分払い		法堂	1.98125
366	大工	大工　六左衛門	1.483450	承応4年	7・8月分払い	法堂		
367	日傭	仁左衛門　喜右衛門	0.407170	承応4年	7・8月分払い	法堂		
368	日傭	四郎兵衛　三郎右衛門	0.382350	承応4年	7・8月分払い	法堂		
369	栗石代	四郎兵衛　三郎右衛門	0.025620	承応4年	7・8月分払い	法堂		
370	葺師	葺師　惣左衛門　与三右衛門	0.106200	承応4年	7・8月分払い	法堂		
371	鳥羽市助		0.157900	承応4年	7・8月分払い	法堂		
372	鍛冶	鍛冶　喜左衛門	0.139300	承応4年	7・8月分払い	法堂		
373	石屋	石屋　与十郎	0.045000	承応4年	7・8月分払い	法堂		
374	南門前小兵衛		0.031800	承応4年	7・8月分払い	法堂		
375	材木屋	嵯峨　清左衛門	0.146900	承応4年	7・8月分払い	法堂		
376	材木屋	材木屋　次郎兵衛	0.015000	承応4年	7・8月分払い			
377	唐橋理兵衛		0.324895	承応4年	7・8月分払い	法堂		
378	木引	木引　理兵衛	1.974516	承応4年	7・8月分払い	法堂		
379	小買物		0.474600	承応4年	7・8月分払い	法堂		

凡例：□方丈工事関係項目（推定）、▨庫裏工事関係項目、▨法堂工事関係項目、▨方丈および庫裏・法堂工事以外の項目

表2　『普請金銀拂方帳』の中の推定大方丈工事費（月別）一覧

No.	記載順No.	支出内容	備考	支出年	支出日	利用場所	金額（銀：貫）	月別支出累計
1	110	方丈地形の用河原砂100坪の代	西京　四郎右衛門　吉兵衛	承応3年	午4月11日	方丈	1.500000	1.500000
2	138	材木屋	材木や　次郎兵衛	承応3年	6月12日※	方丈	0.427180	
3	139	大工	大工　権兵衛	承応3年	6月12日※	方丈	0.225100	

第7章　大方丈

No.	記載順No.	支出内容	備考	支出年	支出日	利用場所	金額(銀：貫)	月別支出累計
4	140	竹屋	竹や　八兵衛	承応3年	6月12日※	方丈	0.224150	
5	141	南門前弥吉		承応3年	6月12日※	方丈	0.014200	
6	142	南門前小兵衛		承応3年	6月12日※	方丈	0.087800	
7	143	日傭	北門前　仁左衛門　喜右衛門	承応3年	6月12日※	方丈	0.260350	
8	145	小買物	伍監寺	承応3年	6月12日※	方丈	0.150000	
9	147	鍛冶	鍛冶や　喜左衛門	承応3年	6月12日※	方丈	0.037050	1.425830
10	149	方丈地形　砂銭持の用	忠兵衛	承応3年	5月分払い	方丈	0.013800	
11	151	方丈松　根廻りの掘り賃	植木や　孫兵衛	承応3年	5月分払い	方丈	0.038000	
12	153	材木屋	材木屋　次郎兵衛	承応3年	5月分払い	庫裏・方丈	0.484767	
13	154	から竹46束の代	材木屋　次郎兵衛	承応3年	5月分払い	方丈	0.082800	
14	155	葺師102人手間午膓作料共	葺師　惣左衛門　与惣右衛門	承応3年	5月分払い	庫裏・方丈	0.173400	
15	156	竹釘1石2升の代	竹釘や　市助	承応3年	5月分払い	庫裏・方丈	0.020400	
16	157	木引	木引　清兵衛	承応3年	5月分払い	庫裏・方丈	0.052400	
17	158	鍛冶	鍛冶　喜左衛門	承応3年	5月分払い	庫裏・方丈	0.196200	
18	163	方丈地形の用　砂利砂17坪半の代	かじが森　理右衛門	承応3年	5月分払い	方丈	0.262500	
19	164	小買物	伍監寺	承応3年	5月分払い	庫裏・方丈	0.270000	
20	165	大工427人食料作料取分共	大工　権兵衛	承応3年	5月分払い	庫裏・方丈	0.831700	
21	167	材木屋　方丈小屋の用	嵯峨材木屋　清左衛門	承応3年	5月分払い	方丈	0.137600	
22	169	手木者293人平日傭405.5人	日傭　仁左衛門　喜右衛門	承応3年	5月分払い	庫裏・方丈	0.472120	
23	170	法堂末口物利銀　方丈の用末口物利銀運賃共	次郎兵衛	承応3年	5月分払い	法堂・方丈	3.367696	
24	171	大坂下り大工路銀	長兵衛	承応3年	5月分払い	方丈	0.047250	
25	172	扶持方1石分	作監寺	承応3年	5月分払い	方丈	0.053000	6.503633
26	173	大工	大工　権兵衛	承応3年	6月分払い	方丈	1.290800	
27	174	日傭	日傭　仁左衛門	承応3年	6月分払い	方丈	0.644360	
28	175	小買物		承応3年	6月分払い	方丈	0.359610	
29	176	(基礎工事)	かじが森　理右衛門	承応3年	6月分払い	方丈	0.116250	
30	177	南門前勘三郎		承応3年	6月分払い	方丈	0.046000	
31	178	西門前半兵衛		承応3年	6月分払い	方丈	0.086000	
32	180	木引	木引　清兵衛	承応3年	6月分払い	方丈	0.104241	
33	181	運賃	鳥羽車や　市助	承応3年	6月分払い	方丈	0.500000	
34	183	鍛冶屋	鍛冶や　喜左衛門	承応3年	6月分払い	方丈	0.694950	
35	184	葺師	葺師　惣左衛門　与三右衛門	承応3年	6月分払い	庫裏・方丈	0.117000	
36	185	石屋	石や　五郎右衛門	承応3年	6月分払い	方丈	0.485100	
37	187	小椹木1万丁の代	松山勘兵衛	承応3年	6月分払い	方丈	9.130000	
38	191	方丈柱の代	大坂菊や　仁兵衛	承応3年	6月分払い	方丈	5.924800	
39	192	路料　方丈柱調える用	大坂上下路料	承応3年	6月分払い	方丈	0.184900	
40	194	大工　孫左衛門		承応3年	6月分払い	方丈	1.000000	20.684011
41	195	手木者318.5人	日傭　仁左衛門　喜右衛門	承応3年	7月分払い	方丈	0.350350	
42	196	木遣53人	日傭　仁左衛門　喜右衛門	承応3年	7月分払い	方丈	0.172500	
43	197	平日傭1401.5人	日傭　仁左衛門　喜右衛門	承応3年	7月分払い	方丈	0.896960	
44	198	鍛冶	鍛冶　喜左衛門	承応3年	7月分払い	方丈	0.133050	
45	200	葺師133人　手間午膓作料共	葺師　惣左衛門　与三右衛門	承応3年	7月分払い	方丈	0.226100	
46	201	石据石数12ヶの代	東屋　与左衛門	承応3年	7月分払い	方丈	0.060000	

245

No.	記載順No.	支出内容	備考	支出年	支出日	利用場所	金額(銀:貫)	月別支出累計
47	202	大工963.5人午膓作料取分	大工 権兵衛	承応3年	7月分払い	方丈	1.854300	
48	203	木引	木引 清兵衛	承応3年	7月分払い	方丈	0.088921	
49	204	小買物	伍監寺	承応3年	7月分払い	方丈	0.421000	
50	205	正月より7月まで扶持方給分	作監寺 伍監寺	承応3年	7月分払い	方丈	0.074000	
51	206	大工振舞入目	先納所	承応3年	7月分払い	方丈	0.198150	
52	207	門番正月より7月まで飯米	四郎左右衛門	承応3年	7月分払い	方丈	0.055650	
53	208	同 指引	四郎左右衛門	承応3年	7月分払い	方丈	0.008800	4.539781
54	209	大工	大工 権兵衛	承応3年	8月分払い	方丈	2.295600	
55	210	日傭	日傭 仁左衛門 喜右衛門	承応3年	8月分払い	方丈	0.955600	
56	211	葺師	葺師 惣左衛門 与三右衛門	承応3年	8月分払い	方丈	0.728450	
57	212	唐橋理兵衛		承応3年	8月分払い	方丈	0.269490	
58	213	板へぎ加兵衛		承応3年	8月分払い	方丈	0.304856	
59	214	石屋	石屋 五郎左衛門	承応3年	8月分払い	方丈	0.135000	
60	215	竹釘屋	竹釘屋 市助	承応3年	8月分払い	方丈	0.126000	
61	216	鍛冶屋	鍛冶屋 喜左衛門	承応3年	8月分払い	方丈	0.696050	
62	217	木引	木引 清兵衛	承応3年	8月分払い	方丈	0.096053	
63	218	天井まさ板	佐左衛門	承応3年	8月分払い	方丈	0.644300	
64	220	鳥羽市助		承応3年	8月分払い	方丈	0.400000	
65	221	材木屋	嵯峨 清左衛門	承応3年	8月分払い	方丈	1.206600	
66	222	小買物	伍監寺	承応3年	8月分払い	方丈	0.300000	8.157999
67	223	大工	大工 権兵衛	承応3年	9月分払い	方丈	1.501750	
68	224	日傭	日傭 仁左衛門 喜右衛門	承応3年	9月分払い	方丈	0.596510	
69	225	葺師	葺師 惣左衛門 与三右衛門	承応3年	9月分払い	方丈	0.730150	
70	226	鍛冶	鍛冶 喜左衛門	承応3年	9月分払い	方丈	0.378750	
71	227	板へぎ賀兵衛		承応3年	9月分払い	方丈	0.053000	
72	228	左官	左官 三四郎	承応3年	9月分払い	方丈	0.093000	
73	229	木引	木引 清兵衛 長左衛門	承応3年	9月分払い	方丈	0.051110	
74	230	小買物	伍監寺	承応3年	9月分払い	方丈	0.658450	4.062720
75	233	日傭	喜右衛門	承応3年	10月分払い	方丈	0.356710	
76	234	瓦師	瓦師 加賀	承応3年	10月分払い	方丈	0.710200	
77	235	鍛冶屋	鍛冶屋 喜左衛門	承応3年	10月分払い	方丈	0.595950	
78	236	木引	木引 清兵衛	承応3年	10月分払い	方丈	0.076227	
79	238	竹釘屋	竹釘屋 市助	承応3年	10月分払い	方丈	0.156540	
80	240	大工	大工 権兵衛	承応3年	10月分払い	方丈	1.168300	
81	242	天井板代	佐左衛門	承応3年	10月分払い	方丈	0.202200	
82	245	西門前築地屋半左衛門		承応3年	10月分払い	方丈	0.200000	
83	246	小買物	伍監寺	承応3年	10月分払い	方丈	0.298800	3.764927
84	255	大栗あてひ竹	嵯峨材木や 清左衛門	承応3年	12月15日	方丈	0.241420	
85	256	唐橋理兵衛		承応3年	12月15日	方丈	0.117525	
86	257	左官39人手間	左官 三四郎	承応3年	12月15日	方丈	0.097500	
87	258	大工	大工 権兵衛	承応3年	12月15日	方丈	2.367250	
88	259	葺師234人、へぎ賃、請取小屋葺賃	葺師 惣左衛門 与三右衛門	承応3年	12月15日	方丈	0.792572	
89	260	木引	木引 清兵衛	承応3年	12月15日	方丈	0.375791	
90	261	方丈北築地撞きに貸し	西門前 半左衛門	承応3年	12月15日	方丈	0.100000	
91	262	方丈南築地こぼち賃26人	小兵衛	承応3年	12月15日	方丈	0.084500	

第7章　大方丈

No.	記載順No.	支出内容	備考	支出年	支出日	利用場所	金額（銀：貫）	月別支出累計
92	263	手木者351人、平日傭1274.5人	仁左衛門　喜右衛門	承応3年	12月15日	方丈	0.977940	
93	264	納所方		承応3年	12月15日	方丈	0.574700	
94	265	植木屋	孫兵衛	承応3年	12月15日	方丈	0.425400	
95	266	鍛冶屋	喜左衛門	承応3年	12月15日	方丈	0.664200	
96	267	材木屋	材木や　次郎兵衛	承応3年	12月15日	方丈	0.114470	
97	269	竹60本	北門前　喜右衛門	承応3年	12月15日	方丈	0.008000	
98	271	唐門の西築地こぼち賃5人の代	北門前　喜右衛門	承応3年	12月15日	方丈	0.023000	
99	272	土背負い7人賃	北門前　喜右衛門	承応3年	12月15日	方丈	0.007700	
100	275	方丈北地形直し賃	南門前　市左衛門	承応3年	12月15日	方丈	0.008000	
101	276	竹釘2石6斗	竹釘や　市助	承応3年	12月15日	方丈	0.037400	
102	277	慶孚　痴全（扶持方）		承応3年	12月15日	方丈	0.057334	
103	278	四郎右衛門（扶持方）		承応3年	12月15日	方丈	0.037500	
104	279	同　給分		承応3年	12月15日	方丈	0.021500	
105	280	祇園材木		承応3年	12月15日	方丈	0.697950	
106	282	小買物		承応3年	12月15日	方丈	0.168500	
107	284	材木の車力	鳥羽　市介	承応3年	12月15日	方丈	0.141470	8.141622
108	285	大工	大工　権兵衛	承応4年	3月1日	方丈	1.808400	
109	287	日傭	日傭　仁左衛門　喜右衛門	承応4年	3月1日	方丈	0.490230	
110	288	鍛冶	鍛冶　喜左衛門	承応4年	3月1日	方丈	0.242300	
111	289	廊下の用	瓦師　加賀	承応4年	3月1日	方丈	0.144500	
112	292	木引	木引　長右衛門　清兵衛	承応4年	3月1日	方丈	0.115870	
113	295	小買物	納所	承応4年	3月1日	方丈	0.300000	
114	296	東海の堺の石垣積賃	石屋　与十郎	承応4年	3月1日	方丈	0.085000	
115	297	築地こぼち賃	南門前　小兵衛	承応4年	3月1日	方丈	0.045500	
116	299	小買物		承応4年	3月1日	方丈	0.429394	3.661194
117	300	大工	大工　権兵衛	承応4年	3月分払い	方丈	0.831200	
118	301	鍛冶	鍛冶　喜左衛門	承応4年	3月分払い	方丈	0.096950	
119	305	左官	左官　三四郎	承応4年	3月分払い	方丈	0.015000	
120	307	材木屋	材木や　次郎兵衛	承応4年	3月分払い	方丈	0.030000	
121	308	木引	木引　長右衛門　清兵衛	承応4年	3月分払い	方丈	0.021960	
122	309	西門前半左衛門		承応4年	3月分払い	方丈	0.185125	
123	310	日傭	喜左衛門　仁左衛門	承応4年	3月分払い	方丈	0.248580	1.428815
124	321	左官	左官　三四郎	承応4年	4月分払い	方丈	0.005000	
125	325	戸屋	戸や　徳衛門	承応4年	4月分払い	方丈	0.097600	
126	327	石屋	石屋　三右衛門	承応4年	4月分払い	方丈	0.553000	0.655600
127	328	大工	大工　権兵衛	承応4年	5月分払い	方丈	0.155700	
128	333	瓦師	瓦師　加賀	承応4年	5月分払い	方丈	0.193500	0.349200
129	350	土塀の用	西門前　半左衛門	承応4年	6月分払い	方丈	0.131075	
130	352	方丈白土の用	左官　三四郎	承応4年	6月分払い	方丈	0.210700	
131	355	石屋	石屋　五郎左衛門	承応4年	6月分払い	方丈	0.025800	
132	359	塗師	塗師屋　是徳	承応4年	6月分払い	方丈	0.399429	0.767004
133	365	大工	大工　権兵衛	承応4年	7・8月分払い	方丈	0.034200	
134	376	材木屋	材木屋　次郎兵衛	承応4年	7・8月分払い	方丈	0.015000	0.049200
合計							65.691536	65.691536

註1：斜体部分は『庫裏普請銀之帳』に記載されている支払い
　2：※は「方丈普請萬掃銀之覚」との記述あり

表3 『普請金銀拂方帳』の中の推定大方丈工事費(職種別)一覧

職種別	支出内容	備考	支出年	支出日	利用場所	支出額(銀:貫)	職種別小計
大工	大工	大工 権兵衛	承応3年	6月12日方丈普請萬掃銀之覚	方丈	0.225100	
	大工 427人食料作料取分共	大工 権兵衛	承応3年	5月分払い	庫裏・方丈	0.831700	
	大工	大工 権兵衛	承応3年	6月分払い	方丈	1.290800	
	大工	大工 孫左衛門	承応3年	6月分払い	方丈	1.000000	
	大工963.5人午腸作料取分	大工 権兵衛	承応3年	7月分払い	方丈	1.854300	
	大工	大工 権兵衛	承応3年	8月分払い	方丈	2.295600	
	大工	大工 権兵衛	承応3年	9月分払い	方丈	1.501750	
	大工	大工 権兵衛	承応3年	10月分払い	方丈	1.168300	
	大工	大工 権兵衛	承応3年	12月15日	方丈	2.367250	
	大工	大工 権兵衛	承応4年	3月1日	方丈	1.808400	
	大工	大工 権兵衛	承応4年	3月分払い	方丈	0.831200	
	大工	大工 権兵衛	承応4年	5月分払い	方丈	0.155700	
	大工	大工 権兵衛	承応4年	7・8月分払い	方丈	0.034200	15.364300
材木	材木屋	材木や 次郎兵衛	承応3年	6月12日方丈普請萬掃銀之覚	方丈	0.427180	
	材木屋	材木屋 次郎兵衛	承応3年	5月分払い	庫裏・方丈	0.484767	
	材木屋 方丈小屋の用	嵯峨材木屋 清左衛門	承応3年	5月分払い	方丈	0.137600	
	法堂末口物利銀 方丈の用末口物利銀運賃共	次郎兵衛	承応3年	5月分払い	法堂・方丈	3.367696	
	方丈柱の代	大坂菊や 仁兵衛	承応3年	6月分払い	方丈	5.924800	
	天井まさ板	佐左衛門	承応3年	8月分払い	方丈	0.644300	
	材木屋	嵯峨 清左衛門	承応3年	8月分払い	方丈	1.206600	
	天井板代	佐左衛門	承応3年	10月分払い	方丈	0.202200	
	大栗あてひ竹	嵯峨材木や 清左衛門	承応3年	12月15日	方丈	0.241420	
	材木屋	材木や 次郎兵衛	承応3年	12月15日	方丈	0.114470	
	祇園材木		承応3年	12月15日	方丈	0.697950	
	材木屋	材木や 次郎兵衛	承応4年	3月分払い	方丈	0.030000	
	材木屋	材木屋 次郎兵衛	承応4年	7・8月分払い	方丈	0.015000	13.493983
屋根	葺師102人手間午腸作料共	葺師 惣左衛門 与惣右衛門	承応3年	5月分払い	庫裏・方丈	0.173400	
	竹釘1石2升の代	竹釘や 市助	承応3年	5月分払い	庫裏・方丈	0.020400	
	葺師	葺師 惣左衛門 与三右衛門	承応3年	6月分払い	庫裏・方丈	0.117000	
	小椹木1万丁の代	松山勘兵衛	承応3年	6月分払い	方丈	9.130000	
	葺師133人 手間午腸作料共	葺師 惣左衛門 与三右衛門	承応3年	7月分払い	方丈	0.226100	
	葺師	葺師 惣左衛門 与三右衛門	承応3年	8月分払い	方丈	0.728450	
	竹釘屋	竹釘屋 市助	承応3年	8月分払い	方丈	0.126000	
	葺師	葺師 惣左衛門 与三右衛門	承応3年	9月分払い	方丈	0.730150	
	竹釘屋	竹釘屋 市助	承応3年	10月分払い	方丈	0.156540	
	葺師234人、へぎ賃、請取小屋葺賃	葺師 惣左衛門 与三右衛門	承応3年	12月15日	方丈	0.792572	
	竹釘2石6斗	竹釘や 市助	承応3年	12月15日	方丈	0.037400	12.238012
日傭	日傭	北門前 仁左衛門 喜右衛門	承応3年	6月12日方丈普請萬掃銀之覚	方丈	0.260350	
	手木者293人 平日傭405.5人	日傭 仁左衛門 喜右衛門	承応3年	5月分払い	庫裏・方丈	0.472120	
	日傭	日傭 仁左衛門	承応3年	6月分払い	方丈	0.644360	

第7章 大方丈

職種別	支出内容	備考	支出年	支出日	利用場所	支出額(銀:貫)	職種別小計
日傭	手木者318.5人	日傭 仁左衛門 喜右衛門	承応3年	7月分払い	方丈	0.350350	
	木遣53人	日傭 仁左衛門 喜右衛門	承応3年	7月分払い	方丈	0.172500	
	平日傭1401.5人	日傭 仁左衛門 喜右衛門	承応3年	7月分払い	方丈	0.896960	
	日傭	日傭 仁左衛門 喜右衛門	承応3年	8月分払い	方丈	0.955600	
	日傭	日傭 仁左衛門 喜右衛門	承応3年	9月分払い	方丈	0.596510	
	日傭	喜右衛門	承応3年	10月分払い	方丈	0.356710	
	手木者351人、平日傭1274.5人	仁左衛門 喜右衛門	承応3年	12月15日	方丈	0.977940	
	日傭	日傭 仁左衛門 喜右衛門	承応4年	3月1日	方丈	0.490230	
	日傭	喜左衛門 仁左衛門	承応4年	3月分払い	方丈	0.248580	6.422210
鍛冶	鍛冶	鍛冶や 喜左衛門	承応3年	6月12日方丈普請萬掃銀之覚	方丈	0.037050	
	鍛冶	鍛冶 喜左衛門	承応3年	5月分払い	庫裏・方丈	0.196200	
	鍛冶屋	鍛冶や 喜左衛門	承応3年	6月分払い	方丈	0.694950	
	鍛冶	鍛冶 喜左衛門	承応3年	7月分払い	方丈	0.133050	
	鍛冶屋	鍛冶屋 喜左衛門	承応3年	8月分払い	方丈	0.696050	
	鍛冶	鍛冶 喜左衛門	承応3年	9月分払い	方丈	0.378750	
	鍛冶屋	鍛冶屋 喜左衛門	承応3年	10月分払い	方丈	0.595950	
	鍛冶屋	喜左衛門	承応3年	12月15日	方丈	0.664200	
	鍛冶	鍛冶 喜左衛門	承応4年	3月1日	方丈	0.242300	
	鍛冶	鍛冶 喜左衛門	承応4年	3月分払い	方丈	0.096950	3.735450
雑	竹屋	竹や 八兵衛	承応3年	6月12日方丈普請萬掃銀之覚	方丈	0.224150	
	南門前弥吉		承応3年	6月12日方丈普請萬掃銀之覚	方丈	0.014200	
	南門前小兵衛		承応3年	6月12日方丈普請萬掃銀之覚	方丈	0.087800	
	から竹46束の代	材木屋 次郎兵衛	承応3年	5月分払い	方丈	0.082800	
	大坂下り大工路銀	長兵衛	承応3年	5月分払い	方丈	0.047250	
	扶持方1石分	作監寺	承応3年	5月分払い	方丈	0.053000	
	南門前勘三郎		承応3年	6月分払い	方丈	0.046000	
	西門前半兵衛		承応3年	6月分払い	方丈	0.086000	
	路料 方丈柱調える用	大阪上下路料	承応3年	6月分払い	方丈	0.184900	
	正月より7月まで扶持方給分	作監寺 伍監寺	承応3年	7月分払い	方丈	0.074000	
	唐橋理兵衛		承応3年	8月分払い	方丈	0.269490	
	西門前築地屋半左衛門		承応3年	10月分払い	方丈	0.200000	
	唐橋理兵衛		承応3年	12月15日	方丈	0.117525	
	納所方		承応3年	12月15日	方丈	0.574700	
	竹60本	北門前 喜右衛門	承応3年	12月15日	方丈	0.008000	
	慶孚 痴全(扶持方)		承応3年	12月15日	方丈	0.057334	
	四郎右衛門(扶持方)		承応3年	12月15日	方丈	0.037500	
	同 給分		承応3年	12月15日	方丈	0.021500	
	小買物		承応4年	3月1日	方丈	0.429394	
	西門前半左衛門		承応4年	3月分払い	方丈	0.185125	
	戸屋	戸や 徳衛門	承応4年	4月分払い	方丈	0.097600	
	塗師	塗師屋 是徳	承応4年	6月分払い	方丈	0.399429	3.297697

249

職種別	支出内容	備考	支出年	支出日	利用場所	支出額 (銀：貫)	職種別小計
小買物	小買物	伍監寺	承応3年	6月12日方丈普請萬掃銀之覚	方丈	0.150000	
	小買物	伍監寺	承応3年	5月分払い	庫裏・方丈	0.270000	
	小買物		承応3年	6月分払い	方丈	0.359610	
	小買物	伍監寺	承応3年	7月分払い	方丈	0.421000	
	小買物	伍監寺	承応3年	8月分払い	方丈	0.300000	
	小買物	伍監寺	承応3年	9月分払い	方丈	0.658450	
	小買物	伍監寺	承応3年	10月分払い	方丈	0.298800	
	小買物		承応3年	12月15日	方丈	0.168500	
	小買物	納所	承応4年	3月1日	方丈	0.300000	2.926360
基礎	方丈地形の用河原砂100坪の代	西京 四郎右衛門 吉兵衛	承応3年	午4月11日	方丈	1.500000	
	方丈地形 砂銭持の用	忠兵衛	承応3年	5月分払い	方丈	0.013800	
	方丈地形の用 砂利砂17坪半の代	かじが森 理右衛門	承応3年	5月分払い	方丈	0.262500	
	（基礎工事）	かじが森 理右衛門	承応3年	6月分払い	方丈	0.116250	
	石屋	石や 五郎右衛門	承応3年	6月分払い	方丈	0.485100	
	石屋	石屋五郎左衛門	承応3年	8月分払い	方丈	0.135000	2.512650
木引	木引	木引 清兵衛	承応3年	5月分払い	庫裏・方丈	0.052400	
	木引	木引 清兵衛	承応3年	6月分払い	方丈	0.104241	
	木引	木引 清兵衛	承応3年	7月分払い	方丈	0.088921	
	板へぎ加兵衛		承応3年	8月分払い	方丈	0.304856	
	木引	木引 清兵衛	承応3年	8月分払い	方丈	0.096053	
	板へぎ賀兵衛		承応3年	9月分払い	方丈	0.053000	
	木引	木引 清兵衛 長左衛門	承応3年	9月分払い	方丈	0.051110	
	木引	木引 清兵衛	承応3年	10月分払い	方丈	0.076227	
	木引	木引 清兵衛	承応3年	12月15日	方丈	0.375791	
	木引	木引 長右衛門 清兵衛	承応4年	3月1日	方丈	0.115870	
	木引	木引 長右衛門 清兵衛	承応4年	3月分払い	方丈	0.021960	1.340429
別途工事	方丈松 根廻りの掘り賃	植木や 孫兵衛	承応3年	5月分払い	方丈	0.038000	
	方丈北築地撞きに貸し	西門前 半左衛門	承応3年	12月15日	方丈	0.100000	
	方丈南築地こぼち賃26人	小兵衛	承応3年	12月15日	方丈	0.084500	
	植木屋	孫兵衛	承応3年	12月15日	方丈	0.425400	
	唐門の西築地こぼち賃5人の代	北門前 喜右衛門	承応3年	12月15日	方丈	0.023000	
	土背負い7人賃	北門前 喜右衛門	承応3年	12月15日	方丈	0.007700	
	方丈北地形直し賃	南門前 市左衛門	承応3年	12月15日	方丈	0.008000	
	廊下の用	瓦師 加賀	承応4年	3月1日	方丈	0.144500	
	東海の堺の石垣積賃	石屋 与十郎	承応4年	3月1日	方丈	0.085000	
	築地こぼち賃	南門前 小兵衛	承応4年	3月1日	方丈	0.045500	
	土塀の用	西門前 半左衛門	承応4年	6月分払い	方丈	0.131075	1.092675
運賃	運賃	鳥羽車や 市助	承応3年	6月分払い	方丈	0.500000	
	鳥羽市助		承応3年	8月分払い	方丈	0.400000	
	材木の車力	鳥羽 市介	承応3年	12月15日	方丈	0.141470	1.041470
瓦	瓦師	瓦師 加賀	承応3年	10月分払い	方丈	0.710200	
	瓦師	瓦師 加賀	承応4年	5月分払い	方丈	0.193500	0.903700

第 7 章 大方丈

職種別	支出内容	備考	支出年	支出日	利用場所	支出額(銀：貫)	職種別小計
石	石据石数12ヶの代	東屋　与左衛門	承応3年	7月分払い	方丈	0.060000	
	石屋	石屋　三右衛門	承応4年	4月分払い	方丈	0.553000	
	石屋	石屋　五郎左衛門	承応4年	6月分払い	方丈	0.025800	0.638800
左官	左官	左官　三四郎	承応3年	9月分払い	方丈	0.093000	
	左官39人手間	左官　三四郎	承応3年	12月15日	方丈	0.097500	
	左官	左官　三四郎	承応4年	3月分払い	方丈	0.015000	
	左官	左官　三四郎	承応4年	4月分払い	方丈	0.005000	
	方丈白土の用	左官　三四郎	承応4年	6月分払い	方丈	0.210700	0.421200
祝儀	大工振舞入目	先納所	承応3年	7月分払い	方丈	0.198150	0.198150
警備	門番正月より7月まで飯米	四郎左右衛門	承応3年	7月分払い	方丈	0.055650	
	同　指引	四郎左右衛門	承応3年	7月分払い	方丈	0.008800	0.064450
合計						65.691536	65.691536

註：斜体部分は『庫裏普請銀之帳』に記載されている支払い

表13 訪問者一覧

年月日	訪問者	出迎え	見学場所	本山対応	大方丈の設営	接待
延宝6年(1678)	稲葉美濃守殿					
延宝7年(1679)10月14日	所司代戸田越前守殿 子息大学殿 両奉行前田安芸守殿 井上丹波守殿	幻堂座元 河北座元	山門・仏殿・法堂・開山塔・玉鳳院→大方丈→霊雲院	上方雪牛和尚 光国和尚	室中→花園法皇鏡ノ御影 裏ノ中・西ノ間→宸翰輪旨絵賛 残らず掛け並べる	大方丈東の間→諸前住諸役者
天和2年(1682)9月14日	所司代 丹後守殿 惣十郎殿 安芸守殿	幻堂座元 湘山座元	隣華院→山門・仏殿・堂→開山塔・玉鳳院・法堂→天授院→大方丈→天授院→霊雲院→大通院→龍安寺・衛室	呑海和尚 洞屋和尚	図27	大方丈東の間→諸前住諸役者→三方菓子・ロウトウ盆
貞享3年(1686)閏3月12日	土屋相模守殿 井上志摩殿 中井主水	白岩座元 牧水座元 無著座元	山門・仏殿・輪蔵・開山塔・呈撃堂・信玄家の石塔・祥雲院の霊屋・王鳳院・法堂→大方丈→霊雲院	住持大囧和尚 雄心桂峯和尚 麟祥鰲音和尚 王龍銃咖和尚 執事	絵賛等の数→稲葉丹後守殿と同じ	大方丈東南の間→前住衆→三方菓子・煙草盆・茶
元禄9年(1696)5月12日	建仁寺常光院	益水座元	墾札のため			大方丈西の間→茶菓を出す
元禄10年(1697)4月4日	東福寺住持棟長老	勝手見廻 龍泉執事 周天執事 聖澤執事 呉山座元		大通和尚		大方丈西の間→三方菓子・椀麺・吸物、茶菓子・濃茶を出す
元禄16年(1703)3月12日	稲葉対馬守殿 萩原近江守殿 安藤筑後守殿 石尾織部守殿 安藤駿河守殿	檀叟執事 梁谷執事 東谷執事 檀映執事	大方丈→諸堂一覧	上方和尚 大通和尚 麟祥和尚 玉龍和尚	室中→大布の像、宝剣 絵賛 関山尊号、虚堂尊像 印状2幅、徽宗、達磨、豊干 布袋、徽宗の鶴2幅 住年の宸翰、紫衣の輪旨 宗門無双絵賛	不明
宝永2年(1705)4月14日	酒井雅楽頭殿 安藤駿河守殿	端宗座元 大年座元	大方丈→諸堂案内	住持 総前住 執事	前方→宸翰・絵賛 裏の間→宝剣	場所不明→三方菓子・茶・煙草盆

252

第7章 大方丈

年月日	訪問者	出迎え	見学場所	本山対応	大方丈の設営	接待
宝永2年(1705)閏4月15日	甘露寺殿 正親町三条殿 小川坊城殿	執事呆山 端宗、合岩 大年	退蔵院→玉鳳院→大方丈→大通院	物故住持 執事端宗座元	記述なし	勅使の間
宝永6年(1709)6月7日	井伊掃部頭殿 安藤駿河守殿	執事東叔座元 松峰座元 綱首座	諸堂→大方丈→霊雲院	大春和尚 瑞天和尚 渭天和尚 無著和尚	図28	大方丈西の間→三方菓子・煙草盆・茶→折菓子二重
宝永7年(1710)10月2日	綾小院院殿 陽春院殿 梅春院殿 光照院殿 理心、守節、知心		大方丈待合せ→小方丈→玉鳳院→諸堂巡覧→大方丈→大通院→龍安寺→大珠院	呆山座元 行者恵春	室中→東山院国師加号の宸翰→後に思恭筆の観音	大方丈東の間、同北の間3室→杉折菓子2種・銘酒2種・茶→一重中通→夕飯2汁7菜・酒肴3種・吸物5種・菓子中通
正徳3年(1713)9月26日	敬法門院様 貞宮様 東二条院様 松木大納言殿		玉鳳門院様→大方丈→食堂→大庫裏→大方丈休息→通玄院	性通	図29	大方丈勅使の間・東北の間・裏の間→折菓子・井楼
正徳5年(1715)4月	所司代和泉守様		諸堂一見	無用	なし	なし
正徳5年(1715)5月13日	松平安芸守殿			四派執事	なし	方丈西禮の間 使者は西に座す 執事は東に座す
正徳5年(1715)11月7日 11月11日	仙台使者本郷清三郎	蟠桃院丈首座				
正徳5年(1715)12月13日	井慶小左衛門		諸堂(黄楼・玉鳳庵・徽笑庵・玉鳳院・小方丈)→間数改め	行者恵春、寿限 大工若狭子 九兵衛	なし	大方丈裏の間→饗応(餅)・煮染
享保6年(1721)6月22日	綾小院院殿 民部少輔殿		龍泉庵→大方丈(一評席)→龍泉庵→食堂→庫裏 カッコ内は民部少輔殿のみ	南浦和尚→綾心院院殿 森厳座玄→民部少輔殿	絵賛曝	接待は龍泉庵にて行う

253

年月日	訪問者	出迎え	見学場所	本山対応	大方丈の設営	接待
享和3年(1803) 8月2日	一条右府公	門外 行者元調 門内 霊雲執事 聖澤執事	龍泉庵→山門→仏殿→輪蔵→東海庵→玉鳳院→微笑塔→涅槃堂→法堂→大方丈→洪鐘→龍泉庵	仙寿天佳和尚	室中→中 布袋の図 左右 白鶴の図 香炉 前卓 東の間(御座の間) →北中 百獣随鳳之図 前 青貝の大草(草上に青磁の香炉、草下に堆朱)(図30)	煙草盆 御菓子 御濃茶
文化13年(1816) 8月6日	一家御代香		8月3日の利貞尼忌			これまで方丈東の間にて応接 来年から書院上の間にて応接
文政7年(1824) 9月26日	西奉行巡見		大方丈→霊雲院→大通院	これまで所司代の巡見の時のみ住持・諸老の出迎え・送りがあったが、奉行同様にするよう指示される？先例の通り上方が挨拶を行うように指示を受ける	これまで所司代の巡見の時の大宝物等を掛け、奉行巡見の際は所望の時だけ出したが、いつも掛けておくよう指示される	
天保11年(1840) 11月11日	所司代牧野備前守殿	龍泉執事 霊雲執事	諸堂→大方丈→大通院	上方 天祥和尚 大通和尚	不明	御休息の間？

第8章　庫　裏
―――利便性の追求と役僧の変化―――

1　庫裏の建立とその後の増改築

① 庫裏の建立（図1）

　寺院においては庫裏も方丈同様に、創建時からの存在が不可欠である。しかし、妙心寺に現存する資料の中では、承応2年（1653）建立の現在の庫裏が修理を受けた文化5年（1808）の棟札に、前身建物が享禄元年（1528）に造られたと述べられており、その後の永禄3年（1560）の寺蔵文書にも「大庫裡ミノコウノシ葺」、「庫裏五間板敷」および「大庫裡ハシリ并鐘楼」の記述があり、その存在を示している。さらに天正18年（1590）の文書には『大庫裡修補之帳』があり、竈上部の木材の取替え、同所の壁工事と煙出しを持つ屋根板の葺替えが行われたことは確認できるが、庫裏の大きさを把握できるものではない。

　建設当時の経費や規模等が明らかとなる1次資料が存在するのは、やはり承応2年建立の現在の庫裏のものである。これらの文書は、開山300年の遠忌前の事業として建設されたため多くのものが現存している。関係する古文書を列挙すると下記のようになる。

　　（1）大庫裏萬拂銀之帳　　　　　　　承応2年7月～11月
　　（2）庫裏普請銀之帳　　　　　　　　承応2年7月～11月
　　（3）普請金銀拂方帳　　　　　　　　承応2年5月
　　（4）妙心寺普請屋敷并引料代帳　　　承応2年5月
　　（5）釘金物之帳　　　　　　　　　　承応2年
　　（6）大庫裡之用諸職人振舞之小日記　承応2年11月
　　（7）木引注文覚　　　　　　　　　　承応2年7月
　　（8）大庫裡御材木帳　　　　　　　　不詳
　　（9）諸職人前借銀子之覚帳　　　　　不詳

（1）～（3）が工事の全体を把握できる文書であり、（4）～（9）が材料・職人に関する個別のものである[1]。ここでは、庫裏の工事の全体が把握できる（2）『庫裏普請銀之帳』を中心として、建立の経費について詳細に確認することとする。

　『庫裏普請銀之帳』は、全320項目の支払いが記述されている。表紙に「承應二癸巳年　自七

月至霜月」と書かれており、この期間の記述は『大庫裏萬拂銀之帳』とまったく同じである。しかし『庫裏普請銀之帳』には、承応3年以降明暦3年4月までの庫裏関連工事の内訳が月別に載せられている。奥書には「明暦三丁酉年七月十二日」とあり庫裏と関連工事を含め最終的に金額を確定するために製作された文書であると考えられる。

記述は、支払いを材木・大工手間等項目に分け一定の期間ごとにまとめられている。本文書により全工事の内容を把握することができる。

その記述によると承応2年の工事では、木工事・屋根工事はほぼ完了するが、左官工事は工事費・工数とも少なく以後も継続していたと考えられる。また棟積みを行うための瓦工事が含まれていないこともわかる。しかし垂木・組物・裏甲等の木口の奉書張り、化粧金物の漆塗り・竈の上塗りなどの項目はあるので、他の部分は完成していたと考えられる。

庫裏の付帯工事としては、北側の堀の石垣積み・土蔵（庫裏の北にある寛永2年の棟札のある蔵の引屋用か？）の地形整備のほか、東側に隣接する養徳院との間の垣根の建設費・現在の庫裏の位置にあった塔頭天授院の移転先の北側境界の垣根の建設費用等を含んでいる。

職種別の賃金は、（表1）のようになり、左官・石工が銀2匁5分、大工は作料・飯料と取分利銀の3本立てとなり、銀1匁9分5厘となっている。

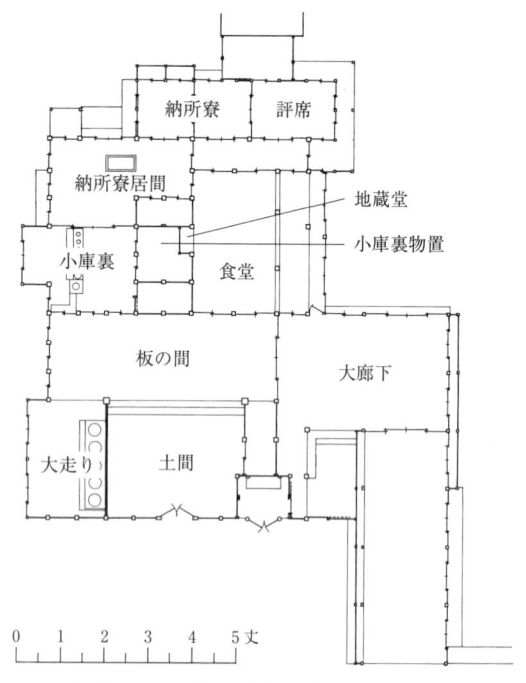

図1 承応2年建立当初の庫裏略平面図

表1 職種別賃金（承応2年の額から算定）

職　種	人工数	金額(銀 匁)		単価(銀 匁／人・日)
大　工	5000.5	6515.200	作料	1.302
	5000.5	2500.250	飯料	0.500
	5000.5	467.850	取分利銀	0.093
手木者	1568.5	1646.925		1.050
平日備	3892.0	2490.880		0.640
木　遣	54.0	106.325		1.968
葺　師	1224.0	2080.800		1.700
木　引	226.5	407.700		1.800
		7.000	枡之賃	
		546.458	木引通引之賃	
左　官	63.0	157.500		2.500
石　工	47.5	112.450	25人半	2.500
			21人	2.200
張付師	12.0	18.000		1.500

註：大工の作料・飯料と取分利銀の個別の金額が記述されている承応2年9月から12月の払いから算定した

第8章 庫裏

　注目点は、大工工数5,851人で、坪数132坪の建設工事であるため、坪当たりの人工数が約44.32人となりほぼ適当な数と思われるが、これに対し日傭（手木者・平日傭・木遣）の人工数は6,842人であり大工工数よりさらに約1,000人多い人数である[(2)]。これは大工以外の職種の手伝いや敷地造成・既存建物の解体等の人工数が入っている可能性が考えられる。

　同様に屋根葺師の人工数1,224人（承応2年の工事のみ、庫裏の大屋根は梁行8間、桁行13間部分）についても宝永・宝暦の各屋根葺替え時の人工数899.5人、935人より約3割強多くなっている。これは当時新築建物の小舞野地を屋根葺師が取付けていたことによる可能性が考えられる。

　さらに承応3年以降の工事の推移も含めて、各月の工事内容を箇条書にすると下記のようになる。

　　承応2年閏6月16日　　斧初
　　　2年7月～12月　　庫裏建設（材木の買付け・基礎工事・木工事・屋根工事・金具工事・木口張工事・左官工事の一部）
　　　2年9月辰日（11日または23日）上棟式
　　　　　　　　　関連工事（庫裏北堀、石垣工事・庫裏塀工事・土蔵工事）
　　承応3年1月～3月　　庫裏建設（左官工事）
　　　　　　　　　関連工事（庫裏北、東の石垣工事・庫裏西側の大井戸工事・土塀の左官工事・納所寮の木工事、建具工事）
　　　3年4月　　関連工事（庫裏西の水通、石垣工事・庫裏塀工事・庫裏西側の大井戸工事・納所寮の木工事、建具工事、屋根工事、畳工事）
　　　　　　　　　別工事（大方丈小屋組工事・屋根工事［こけらの調達］）
　　　3年5月　　関連工事（左官工事）
　　　　　　　　　新しい庫裏に引越し
　　　3年6月　　関連工事（左官工事・瓦工事［蔵、春光院土塀］・屋根工事）
　　　3年7月　　なし
　　　3年8月　　関連工事（左官工事）
　　　3年9月　　なし
　　　3年10月　関連工事（春光院土塀工事・蔵の左官工事と腰瓦工事・庫裏北の井戸工事準備）
　　承応3年11・12月　関連工事（庫裏北の井戸工事と地形直し・納所寮畳追加）
　　承応4年の前半　　庫裏を中心とした一郭の建設が完了
　　明暦3年4月　　関連工事（柴小屋？築地？の土居葺工事・庫裏門の金物工事）

　これにより庫裏本体の工事は、承応2年に左官工事を除きおおむね完成していたこと、承

応3年に入り、残りの左官工事と納所寮・土蔵の工事（引屋か）・庫裏西・東・北3カ所の井戸掘り、庫裏廻りの土塀、堀の建設等が行われたことがわかる。また以上のことは、月別・工種別人工数一覧（表2）・月別・工種別工事費一覧（表3）によっても確認できる。

工種別割合を見ると（表4・グラフ1）材木代が工事費全体の37％を占め、ついで、大工手間の18％、別途工事の12％、日傭の8％となっている。材木代の占める割合が、比較的高いが、これには2つの背景が指摘できる。1点目は材木代の中に屋根葺き用材が含まれていた可能性があることである。

もう1点は、このとき購入された材木が別の造営にも使われた可能性である。『大庫裏萬拂銀之帳』の中で、承応2年11月27日に「庫司之造用」としてそれまでの支出の締めを行っている。承応3年以降も庫裏関係の支出があるため、×印で抹消されている記述がある[3]。承応2年末の時点では、大坂で購入した銀17貫29匁5分4厘の材木のうち、その3分の1に当たる銀5貫900匁6分相当が残っていたことになる。引き続き承応3年には、庫裏北側に納所寮等が造られるため、その一部の材木が利用されたと考えられるが、すべてを消費するような規模でないことから、承応3年に建設される大方丈やその後の法堂建設時に庫裏経費分の木材が利用された可能性は十分考えられる[4]。

② その後の増改築[5]

1．開山350年遠忌（1709）までの増改築（図2）

万治3年（1660）の『米銭納下帳』の8月の支出分に「納所寮書院床上ル用」として、6本の化粧部材と11本の野物材の記述がある。平成11年3月に完了した修理工事前（以後、「平成の修理前」という）には、食堂北の間と食堂との境には、敷居上の北寄りに136mmの上り框が取り付けられ、食堂北の間を納所寮と同じ床高さとする改造が行われていたが、この改造は万治3年の記述にかかわると考えられる。

寛文8年（1668）の『米銭納下帳』の11月の支出分に「同所寮之用」（同所とは前の文より納所寮のこと）の記述がある。内容は、手間賃と材料代が記され、総額銀312匁5分であった。特に畳代として6畳分の記述があること、建具が造られていること、購入された

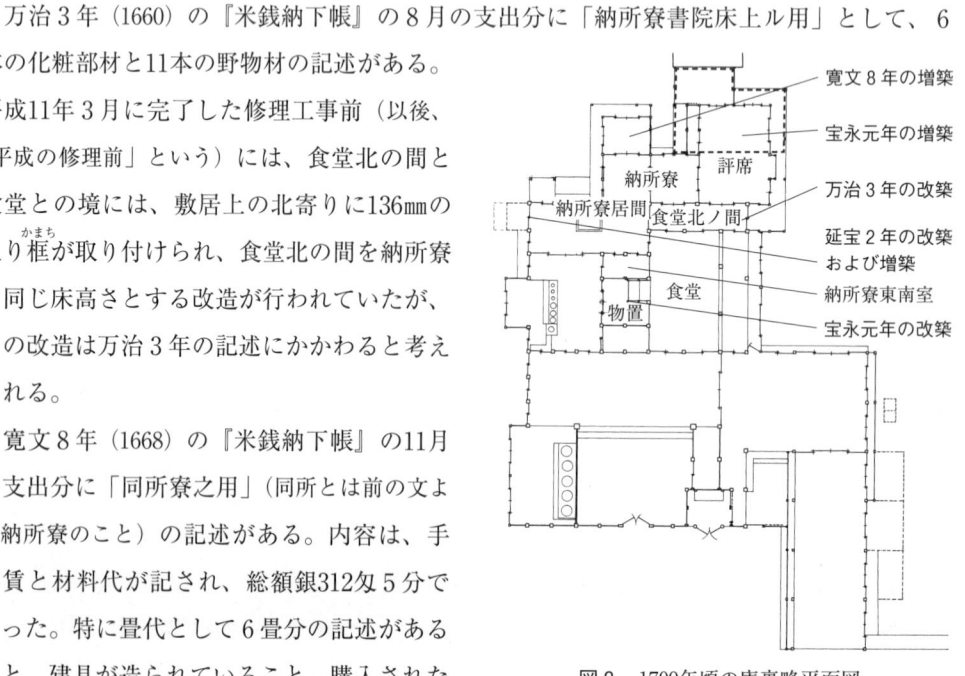

図2　1709年頃の庫裏略平面図
（寛文8年の増築／宝永元年の増築／万治3年の改築／延宝2年の改築および増築／納所寮東南室／宝永元年の改築）

表2 『庫裏普請銀之帳』の月別・工種別人工数一覧

工種＼年月	承応2年 7〜12月	承応3年 1〜3月	4月	5月	6月	8月	10月	11〜12月	明暦3年 4月	合計	備考
大工	5000.5	369.5	427.0					54.0		5851.0	
手木者	1568.5	179.5	198.0							1946.0	
平日傭	3892.0	520.5	405.5					24.0		4842.0	
木遣	54.0									54.0	
葺師	1224.0		102.0		10.0			83.0		1419.0	
左官	63.0	78.0+α		10.5	β	7	γ			158.5+δ	
木引	226.5+a										
石工											庫裏工事とその他の工事を分け難い
張付師											

α…庫裏白土并塗手間共の金額につき人工数不明（左官の一式請負と思われる）　β…工数の記述なし
γ…土蔵白土と塗手間共の金額につき人工数不明（左官の一式請負と思われる）　δ…α＋β＋γ
a…木引引通賃等約300人分

表3 『庫裏普請銀之帳』の月別・工種別工事費一覧　　　　　　単位：銀匁

	工種・材料等	承応2年 7月〜12月	承応3年 1月〜3月	4月	5月	6月	8月	10月	11〜12月	明暦3年 4月	備考
材料	材木代	25,540.060	1,176.250	484.767						19.000	
	釘・金物代	2,074.271	132.250	256.650				5.400			
	竹代	1,004.219									
	土・砂代	68.000	3.730	130.000							
手間	大工	9,526.300	1,500.000	831.700					99.900		
	日傭	4,244.130	521.595	472.170					15.360		
	材木運賃等	3,952.108	101.000			17.000				141.100	
	屋根葺	2,337.200		193.800							
	木引	961.158	34.727	52.400	21.000	42.750	18.150	172.800			
	左官	157.500	495.000								
	監理費・夜番費	275.550									
材料・手間	基礎・竈石代	675.950	20.700							8.600	
	塗師代	52.400	89.250								
	張付費	33.000				951.700		48.000			
	瓦代			52.000							
	板戸代			148.600					24.450		
	畳代		2,804.700	231.900	24.900			859.400	109.000		
	井戸・石垣・築地	567.000									
	雑費	3,116.858	361.720	288.100					2.800	37.800	総合計
	合計	54,585.704	7,240.922	3142.087	45.900	1011.450	18.150	1085.600	251.510	206.500	67,587.823

表4　承応2年『庫裏普請銀之帳』の工種別割合表とグラフ

工　種	代銀(匁)
材木	25,153.558
大工手間	11,914.900
別途工事	7,774.919
日傭	5,253.255
小買物	2,626.084
仮設	2,607.909
鍛冶	2,554.671
屋祢	2,548.000
運賃	2,452.020
祝儀	1,199.270
木引	1,013.558
左官	826.630
基礎	502.400
雑	393.770
警備	354.279
石	312.450
路銀	79.150
彫物	21.000
合　計	67,587.823

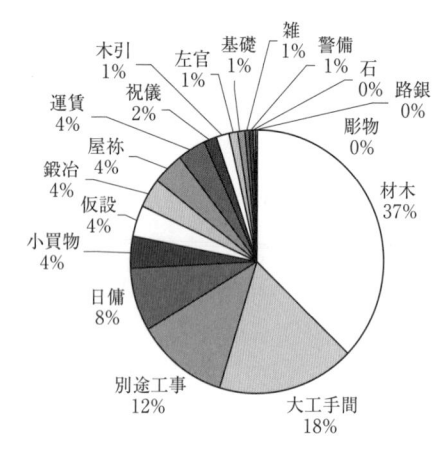

グラフ1　承応2年『庫裏普請銀之帳』の工種別割合

木材が平成の修理前の状況と一致することより、この支出は納所寮西端室の北側に6畳間を増築した時のものと確認できる。

延宝2年（1674）の『米銭納下帳』の3月の支出分に「小庫裏天井」「納所寮茶堂ノ間上ハ塗」等の語句が見られる。またその前の文に7項目の材木が記述され、天井板が10坪とある。これは、小庫裏・納所寮居間境の間仕切を1間北に移動し、納所寮居間を平成の修理前の梁行5間・桁行2間とし、天井を張った時のものと考えられる。

同じ延宝2年の『米銭納下帳』の9月支出分に銀326匁5分5厘の木材を「納所寮并西之寮用」として購入している。さらに建具・石・腰張並びに畳2畳を購入した記述があることより、西之寮と呼ばれる2畳から3畳程の増築が行われたときのものと考えられる。

『記録』の宝永元年（1704）1月16日条に、

　　評席隘狭ニ而列座難ㇾ成故北ㇾ退ㇾ土蔵ㇾ有来ル廊架ヲ執一繕ヒ為二評席一ト新ニ可ㇾ造二廊架一之旨以二繪圖一窺二諸前住一訣ㇾ之修造方ニ申渡シ從二今日一普請権輿

とあることより、納所寮東端室（評席）をこれまでの12畳から倍の24畳とする増築を行ったことがわかる。

さらに同年11月には、地蔵堂の天井に貼り付けてあった祈禱札から、地蔵堂とその背面の小庫裏物置の改造が行われたことが確認できた。平成の修理前の地蔵堂は、荘厳具を置く前室部分と厨子・地蔵尊を安置する主室の二重の構成となっていた。しかし、背面側にある小庫裏物置の北側胴差の根太痕跡より当初は、奥行半間の一室構成であったことがわかった。

また背面側の小庫裏物置も大改造が加えられている。このときの改造は以下の通りである。

(1) 物置西側中央柱の内法部分を切断し、開口部を2間とした。
(2) 物置は、土間であったが、小庫裏と同高さの床を張った。
(3) 物置に床を張ったことにより、つし2階の床高さも上げた。
(4) それまでのつし2階への出入り口納所寮東南室南側を土壁で塞ぎ、小庫裏東側を入口とした。

2. 開山400年遠忌（1759）までの増改築（図3）

寛延3年（1750）6月29日の『記録』に、「衆議ニ（中略）食堂地蔵ノ下壇ヘ押入レ拵ヘ可然トナリ」とあり、地蔵堂の正面下部は中央に束（つか）が立つが、束背面の板は引違戸となり、奥を物入として利用するようになったことがわかる。

宝暦7年（1757）には、大廊下の東に大規模な増築を行ったことが棟札により確認できる。これによると北より12畳敷きの寮、取次に2間×2間の板敷き、さらに8畳敷きの出納寮、2間×2間の茶堂と4室を設けている。さらに、その北と東に幅5尺の縁を取り、縁の南端には大方丈への、北端には評席への廊下も造られた。

『記録』の宝暦8年（1758）10月23日条に以下のように記述されている。

　　修造方披露ニ云ク大庫裏自鳴鐘（トケイ）之間拾二畳ト八畳ニ仕切入敷居ヲ迚有来ソロ同所北ノ竹縁ヲ三畳敷ニ取繕茶ノ間ニ致シソロハ、執事方待合ノ節諸出入入込ソロテモ見ヘ不申旁以勝手可宜存御伺申ソロトナリ　衆議ニ伺之通申付可然トノ儀修造方ヘ申入

この時期に自鳴鐘之間を12畳と8畳に間仕切り、同所北の竹縁を3畳敷きの茶の間としたことが判明する。

3. 開山450年遠忌（1809）までの増改築（図4）

『記録』の明和9年（1772）5月12日条に、
　　修造方披露云副随寮并湯殿水吐キモ悪敷
　　年々修補等モ入増ソロ故繪圖之通り被仰
　　付可然トノ儀ニテ積書入衆覽ソロトナリ
　　　右衆覽ノ上納所寮年来不都合ニ有之ソ
　　ロヘハ此度繪圖ノ通改建可然ソロ副寺交
　　代前迚ニ出来ソロ様并公邊ヘ届等軽ク可
　　相済筋内縁ヘ聞合可然トナリ

とあり、副随寮・湯殿・納所寮の増改築が行われていることがわかる。副随寮とは、副寺に従う小僧部屋のことで、延宝2年に増築さ

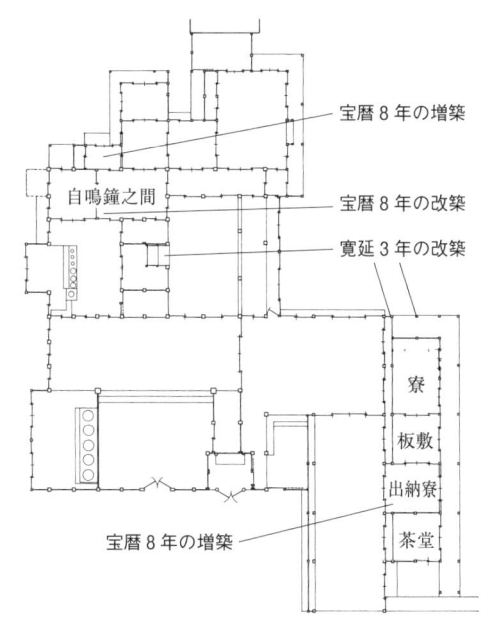

図3　1759年頃の庫裏略平面図

れた納所寮西寮のことであり、納所寮とは宝暦8年に増築した3畳敷の部屋のことと考えられる。湯殿は納所寮西寮の北辺りにあったと考えられる。この年の増改築を列挙すると以下の通りである。

　（1）宝暦8年に増築した3畳敷の部屋を8畳間に増築する。
　（2）小庫裏走りの庇の北に副寺寮玄関を取付け、その北の納所寮西寮・湯殿を撤去し、新たに副随寮の3畳間・10畳間・6畳間と湯殿・便所を増築する。

『記録』の安永3年（1774）2月7日条に以下のように書かれている。

　　修造方披露云去复御噂申置ソロ通副寺寮並評席之屋根是迠相別チ有之ソロ處一棟ニ致ソロヘハ谷並軒等相省ヶ後後修覆ノ為モ冝其上眠蔵之北ニ四疉半一間出來ソロヘハ副寺休息所ニモ相成何角都合冝ソロ此節屋根破損ニ向ソロ故小屋組仕替一棟ニ修補可申付哉御伺申ソロトナリ　衆議ニ後後護惜ニ可相成筋ニソロハ、修造方之存寄ニ任セ可然トナリ

この年に副寺寮と評席の屋根を一つとし、中間部分に四畳半の部屋を造る改造が行われたことがわかる。またこの工事については、『副寺寮評席屋根壹棟ニ仕替四疉半拵雪隠北エ引廊架續足別帳』と名付けられた精算書があることより内容も細かく把握できる。

天明8年（1788）4月17日の『記録』に「衆議ニ大庫裡入口古リ無レ之尋常無用心ニソロヘハ格子戸ヲ造リ開置可レ然ト也　右出來中門加番止ム」とあることより、庫裏入口に格子戸を入れたことが判明する。

寛政12年（1800）4月3日の『記録』より、副寺寮と風呂との間に非常用と日常利用のために新しい井戸を掘ることを計画したことがわかる。実際の工事は、閏4月より始まるが、新しく掘った場所のすぐ南に埋め戻された古い井戸があり茶の間・納所寮の床下まで地崩れを起こしてしまう。このため、建物に影響の少ない古い井戸の北寄りに石垣を積んだ井戸を掘る決定をする。現在庫裏の北にある井戸であると考えられる。

享和2年（1802）2月10日には、衆議に修造方より評席北側の縁に手摺を取り付けたいと届け出、許可されている。また同時に評席東側の縁にある在来の手摺の取替えも行われた。

文化2年（1805）から開山関山慧玄の450年遠忌が行われる文化6年（1809）までの5年間、妙心寺では伽藍全体の修理・改造・増

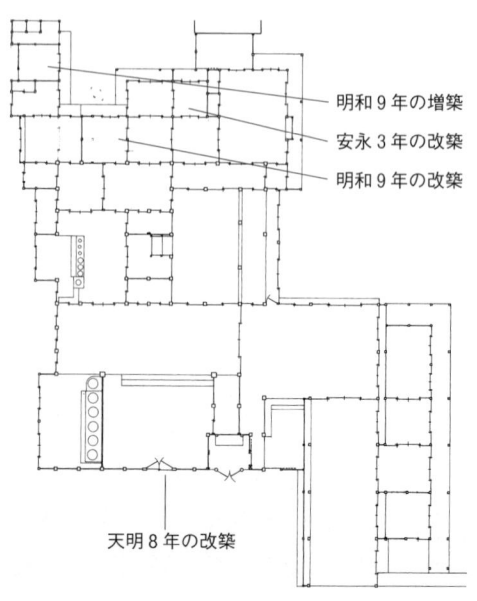

図4　1809年頃の庫裏略平面図

築等の工事が行われた。その詳細は『開山國師四百五十年遠忌前普請別牒』と題された精算書にまとめられている。これによると庫裏・大廊下に関するものは以下の通りである。

　　文化３年７月　　大庫裏見附連子引取付け・（東西大黒柱間の繋梁）取替え
　　　　　　　　　　小庫裏南面東二間の中央柱撤去
　　文化４年８月　　大庫裏竈全面修理・大庫裏大走り全面修理・大廊下東流れ・瓦葺替え
　　文化５年６月　　納所寮玄関先竹塀取替え
　　　　　閏６月　　小庫裏走り全面改修・大庫裏大走り腰板、敷居修理・庫裏西下部行水場
　　　　　　　　　　所竹塀取替え・梯子掛拵、取付け・庫裏西大井戸屋形柱根継
　　　　　　７月　　副寺寮玄関二タ越屋根取替え（西流れ）・庫裏正面壁塗替え・庫裏正面
　　　　　　　　　　木口胡粉塗り・大庫裏竈小修理・韋駄天堂内上塗り
　　　　　　８月　　納所寮瓦庇繕い・納所寮先の井戸屋形棟瓦繕い・副寺寮瓦屋根西流れ繕
　　　　　　　　　　い・副寺寮湯殿瓦屋根繕い・大廊下と庫裏の取合部分瓦葺直し・評席口
　　　　　　　　　　供待瓦屋根繕い？・庫前５間雪隠瓦屋根繕い？・大庫裏前側西路地門瓦
　　　　　　　　　　屋根繕い・筋違廊下瓦屋根繕い？・常住穴門の南の塀瓦屋根繕い
　　　　　　９月　　大庫裏庭壁塗替え・大庫裏前側西路地高塀壁白土塗・評席口外側白土塗
　　　　　１０月　　大庫裏正面より東側梁下壁白土塗替え・大庫裏東側、北側梁上壁中塗塗
　　　　　　　　　　替え
　　文化６年２月　　常住大走り下部三方壁塗替え
　　　　　　３月　　常住大走り上部壁中塗塗替え
　　　　　　４月　　常住大走り南壁板張り
　　　　　　９月　　常住小庫裏走り据替え・同所竈築直し・大庫裏西外上壁塗直し・大庫裏
　　　　　　　　　　竈直し

以上多くの修理が行われている。この精算書の総合計は、銀290貫253匁７毛７弗である。
　さらに、文化５年には、この精算書に記述されていないより大きな改修工事が行われている。それは、これまでのこけら葺き屋根を瓦葺きとし、屋根の西流れにあった大煙出しを棟上部に移動させる工事で、『記録』の文化５年２月５日条に、

　　衆議ニ大庫裏屋根葺替之儀寶暦五年九月安永九年二月両度衆議之上瓦葺之積申付ソロヘ
　　共彼是差支之儀有之ソロテ不相調然ル処此度大年忌ニ付葺替之序非常用心旦ハ永々護惜
　　ニモ相成ソロヘハ瓦葺ニ致シ烟出棟エ上致修覆可然ソロ尤積リ書出来ソロ事故右積リ之通
　　ニテ申付可然トノ義也

とある。実際の工事は、韋駄天像を食堂の地蔵尊の横に移したと『記録』にある４月頃より修理棟札に記載がある７月頃までと考えられる。どうして『開山國師四百五十年遠忌前普請別牒』の中に記述がないか不明であるが、何らかの理由により別会計となったためであろう。

4．開山500年遠忌（1859）までの増改築（図5）

『記録』の文化7年（1810）7月25日条に以下のように記述されている。

　　修造方披露云大庫裡茶堂北ノ方壁打抜遠忌之節相用ソロ處其儘ニテ有之ソロ故此節修覆仕ソロテハ如何御座ソロ哉被仰付ソロハ、眞中之柱ヲ壹本抜キ上鳧居ニ平物ヲ壹挺入敷居モ取替西側ノ膳棚ヲ取拂南ノ方ヨリ引續キ敷居ヲ入腰障子ニ致ソロ得ハ始終ノ都合モ宜敷哉ト奉存ソロ故則積書爲致ソロ間備衆覽ソロト也　右衆覽之上被申付ソロ様修造方エ申入

文中には「大庫裡茶堂」とあるが平成の修理前の大廊下茶堂のことと考えられ、北面を土壁（文化6年の遠忌により打抜かれていた）から、東面を膳棚からそれぞれ4枚建の腰高障子を建込むように改修されたことがわかる。

安政2年（1855）より開山の500年遠忌の年である安政6年（1859）までの5年間に伽藍全体の修理・改造・増築等の工事が行われた。その詳細は『開山國師五百年遠忌前普請別牒』や『記録』により判明する。この5年間の庫裏・大廊下の工事は以下の通りである。

　（1）小庫裏煙出し壁塗替え
　（2）大廊下・評席屋根屋根修理
　（3）大廊下屋根葺替え［西流れ？］（52坪7歩6厘6毛）
　（4）大煙出し腰板、地覆取替え・六葉取替え・壁塗替え（手間460人）葺き（54坪分）修理・瓦葺直し（手間75人）
　（5）庫裏屋根裏より裏板（82坪分）・土居葺き（54坪分）修理・瓦葺き直し（手間75人）
　（6）大庫裏竈築替え
　（7）小庫裏竈塗替え
　（8）庫裏北妻白土塗替え
　（9）評席・食堂等畳表替え

『開山國師五百年遠忌前普請別牒』は、安政2年7月より安政6年9月までの修理内容を年月を記さずに列挙したものであるため修理の時期は判断できない。工事全体の総額は銀121貫351匁5分5厘5毛であった。

5．開山550年遠忌（1909）までの増改築

文久元年（1861）11月29日の『記録』に副寺寮に押入を造りたいと書かれている。その場所は明和9年（1772）に増築され、納所寮と呼ばれた8畳間で、その西側2間に押入を

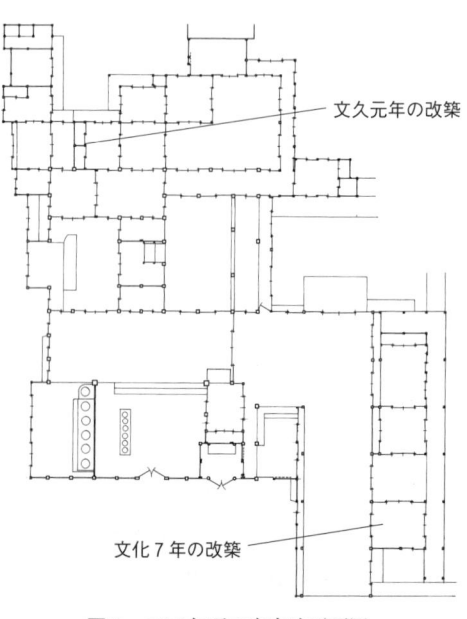

図5　1859年頃の庫裏略平面図

造ったと考えられる。この改築により平成の修理前の状態と同じになる。

　明治に入り23年（1890）頃、韋駄天堂北物置を受付に改造する工事が行われていたことがわかる。

6．開山600年遠忌（1959）までの増改築

　大正11年の『伽藍営繕費結算牒』に茶の間西側8畳間のうち1坪分を板敷とする記述がある。平成の修理前の状況と一致することから、この年の改修と考えられる。

　明治45年（1912）2月に庫裏を含む妙心寺伽藍が古社寺保存法による特別保護建造物になった。そして、大正14年（1925）11月から大正15年10月にかけて、庫裏にとって指定後はじめての本格的な修理が行われた。

　具体的な修理工事内容は、京都府教育庁指導部文化財保護課に保存されている『妙心寺庫裡修理工事一件』や奈良国立文化財研究所に保管されている修理前後の写真および修理中の調査により確認できる。これらによると総工費は2万7829円61銭、工事の概要は以下の通りである。

　　（1）上部　屋根瓦全面葺替え・土居葺替え・野垂木を解体して小屋組の修理・箱棟解体修理・大煙出し袴腰取替え・大小煙出し漆喰塗り・板の間上梁2本取替え・正面唐破風、西面庇2ヶ所こけら葺替え
　　（2）下部　板の間、食堂広縁、同落縁、茶の間・大走り床板張替え・大走り庇部分全面取替え・正面外部壁妻桁下部下地より塗直し・他の壁上塗塗直し・建具工事［食堂東面腰高障子新調8枚・大庫裏大走り窓障子新調8枚・板戸4枚新調、修理10枚・正面入口格子戸新調］・畳60畳新調

7．開山600年遠忌から現在までの改築

　昭和37年頃、庫裏奥書院の東端間を36畳敷として利用していたが、西端を8畳間とする改築が行われた。

　また昭和53年頃、副随寮北端に取り付いていた浴室と便所が解体された（図6）。

　その後、平成に入り2年7月から9年5月にかけて、重要文化財として2度目の保存修理工事が実施された。この半解体修理にともなう調査により、建築当初の姿とその後の増改築の経過がほぼ明らかになったことから、建築当初の姿に復旧整備した。

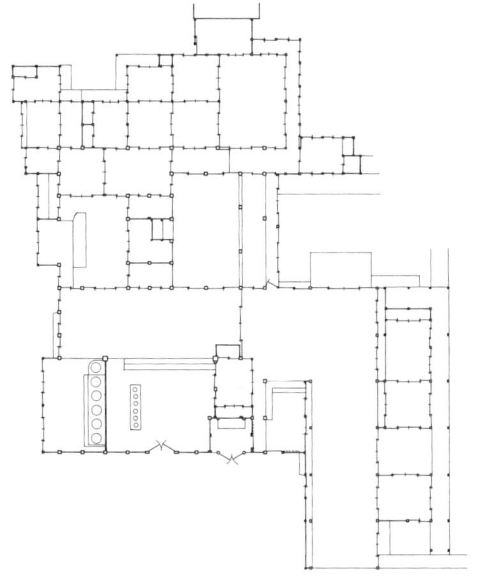

図6　2000年頃の庫裏略平面図

以上のように、庫裏については、多くの増築・改造が行われている事実が判明した。このことは、庫裏が実質的に本山の実務に携わる納所（のちに副寺）が１年ごとに交代しながら、数人の弟子たちとここで生活をしていたためと考えられる。そこで、次節では実際の庫裏の利用実態について、検討を行うこととする。

2　庫裏の利用──火番と典座──

①　はじめに

本節では、第１節で確認した庫裏の建立とその後の経緯について利用実態から検証することとしたい。まず、火番（のちの典座）と呼ばれる特殊な身分の僧侶について言及することにより、庫裏の利用実態を把握することとする。

火番（こば・こばん）について『広辞苑』には、

　［仏］禅家で火を管理する役僧。禅寺の下男。

と書かれている。

また建築史の立場からも川上貢が大徳寺の塔頭庫裏の検討の中で、火番を竈の火をたきつけ、院内外の雑用に使役される者と述べている[6]。

このように火番は、竈の火の管理やその他の雑用に従事する役と考えられており、一般的に庫裏庭（にわ）の竈焚口向かい側の転ばし根太上に床を張った程度の部屋があてられている（図７）。

しかし、臨済宗妙心寺本坊に関する古文書の中で、火番は僧侶の職の一つであり、行事の斎（さい）全体を統括し、同決算書の作成、日常は什器管理等の仕事を行う、寺院運営に係る重要な職として扱われている。

この点を考慮すると、後述のように今までと異なる位置に火番の部屋（火番寮）を比定できる。このように歴史的に禅院の組織を検討することは、禅宗庫裏建築の研究の上で重要であると考える。

本節ではさらに、天保３年（1832）以降の火番の変遷を確認し、同じ内容の職務が天保13年（1842）以降典座寮に移行して行く過程を検証する。さらにこれをふまえ、実際の本坊建物の使い方について検討を行う。

②　火番の身分

妙心寺の古文書の中で火番は、天文２年（1533）に作成された『妙心寺祠堂方米銭納下帳』[7]に初めて登場し、それ以降の同種の文書に散見できる。

また納下帳以外の古文書では、享保19年（1734）頃

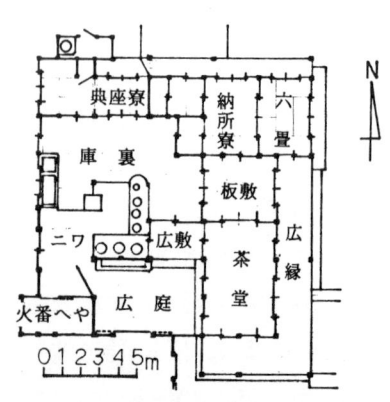

図７　真珠庵庫裏の修理前略平面図
　　　（室名は『禅院の建築』による）

第 8 章　庫裏

に書写された『副寺須知』(8)・延享元年（1744）に作られた『副寺交代之図』(9)（図 8 ）に火番の名称が確認できる。

　しかし、これらの史料は、火番の身分を示すものではない。そこで火番の身分を示す史料を 2 つとりあげる。『記録』の宝暦 8 年（1758）11月 3 日条に、下記のようにある。

　　同披露ニ云リ力者善右衛門儀奉レ勅之節傭出シソロ轅卑坊子近頃於二大庫裏一支度仕ソロ然処監寺サマ方ヨリ先格無レ之儀故重テハ支度ノ儀無用ニ可レ仕旨被レ仰ソロ乍レ然其節ハ私儀モ御用多ク御座ソロ故私宅ニ居不レ申旁以於二常住様一何卒支度被レ為二仰付一被レ下ソロ様ニ行者方ヘ　願出ソロトナリ　依レ之副寺ヨリ火番方ヘ相尋ソロ處支度致サセソロ儀ハ先格無レ之ソロ然處先達テハ差掛リ相願ソロニ付無レ據差許ソロ乍レ然支度為レ致ソロテハ何角差支等多ク有レ之ソロ間御無用可レ被レ成トナリ

（後略）　　　　　　　　　　　　　　　　　　　　　　　　　　　（下線著者）

この文は、副寺より妙心寺山内のことを決定する衆議にかけられた質問内容である（以後の引用文中の「同披露」はすべて同じである）。妙心寺の住持となる人が入寺の儀式の際、勅使来寺の節に轅卑坊子(10)を雇うのは力者か火番方のどちらかを協議した文である。

　ここで力者が「監寺サマ方」、副寺が「火番方」と称した人物は同じで、身分の下の者は監寺様方と呼び、上の者は火番方と称していることがわかる。

　この監寺と火番方が同一人物であることは、『記録』天保 2 年（1831）11月26日条に明確に記述されている。

　　衆議ニ開山忌ノ節火番方良監寺昨今掛塔ニテ不案内殊ニ病氣ニ付出勤難相成故行者良全ェ出勤申付ソロ先例無レ之ソロヘ共何角骨折故爲心附金壹顆差遣シ可然尤開山忌結算帳ニ記載ノ旨副寺ェ申入(11)（後略）　　（下線著者）

このように火番（方）とは、監寺という身分の僧侶に限定された職名であることがわかる。

　本来監寺とは、僧侶を東・西両班に分けた時、寺院の経営にあたる東班に属し、一切の寺務を監督する都寺の補佐をする職名であった。しかし近世の妙心寺では、『正法山出世位階等法式略記』(12)に以下のようにある。

一　東班立与申者凡十歳之頃剃髪仕候得者先ッ十三四歳迄無職ニ而罷在十五六歳ニ至リ沙弥ニ任シ二十歳之頃上座ニ任シ三十歳以上ニ而監寺ニ任シ五十歳以上ニ而

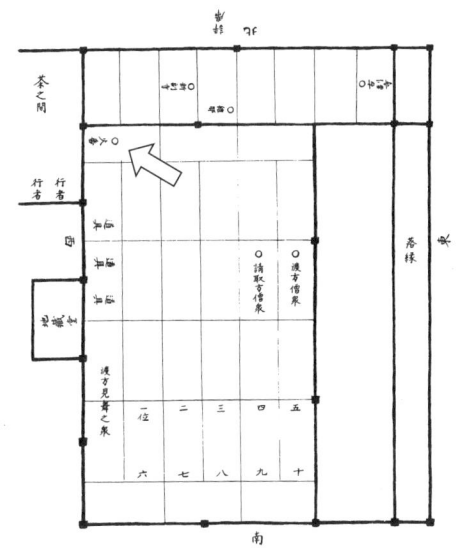

図 8 　『記録』延享元年 7 月19日の「副寺交代之図」（矢印著者挿入）

　　　　都寺職ニ任シ申候
　　　　　右東班立之者都寺迄ニ昇進仕候勿論伝法相続者不罷成候（後略）
これによると火番を勤める監寺とは、伝法相続を許されない東班僧侶の僧階として用いられ、30歳から50歳ぐらいの人であることがわかる。

③　火番方の職務内容
　次に職務内容を検討する。『記録』の宝暦元年（1751）9月19日条には、
　　同披露ニ云監寺方ヨリ申上ソロハ再住之節　勅使供奉ノ侍分只今迄ハ方丈裏間ニ於テ喫
　　齋有之ソロヘ共近年裡間モ殊ノ外差支ソロ間小方丈ニ於テ喫齋有之様ニ致度經營ハ常住ノ支
　　度ノ内ヨリ分ケ遣シ可申ソロ同供奉ノ下部小食並ニ齋共ニ勅使宿坊ニテ給サセ申度ソロトナリ
　一　方丈裡間結縁ノ齋諸山ノ衆ハ格別近年殊ノ外濫リニ成リソロ間諸山ノ外ハ新命寮ヨリ断リ
　　ノ札ニテモ持参ソロ様ニ被遊如何御座ソロ哉トナリ
　一　大庫裡只今迄湯釜一口ニテ入院開山忌共ニ不勝手ニ御座ソロ間大ニ走リ之外ニ塗リ上ケニ致シ湯
　　釜一口新造ニ致シ度ソロトナリ（後略）
とあり、監寺方より再住入寺式の時勅使の供となる侍分の接客場所を方丈裏間から小方丈に変更すること（図9の註1、2参照）、結縁の斎は諸山の衆の他は新命寮（新住持方）より断りの札を持参してはどうかということ、もう1点は、入院・開山忌の節、大庫裏の湯釜が1口しかなく、不便であるため増設したいとの3点を願い出ている。
　すなわち監寺（火番）は、行事の時の接客場所や炊事施設の補充を、副寺を通して四派執事と協議していることがわかる。
　また宝暦4年（1754）10月3日条には、
　　同披露云椀藏二階之入口正中ニ有之甚不勝手ニソロ間御付直シ被下ソロ様火番方ヨリ申ソ
　　ロト也
　　衆議ニ勝手悪敷ソロハヽ付直シ可然ト也
とあり、火番方より椀蔵の階段が中央にあり不便なので付替えを願出ており、椀蔵の管理者であることがわかる。
　さらに、文政3年（1820）7月17日条では、
　　副寺披露云火番方ヨリ申出ソロ法事椀貳百四拾人前殊外相損ソロ故塗替被仰付ソロ様申
　　出ソロ尤晩炊椀六拾人前相足參百人前ニ都合致シ晩炊椀新調ニ被仰付ソロハヽ都合宜御座
　　ソロ段申出ソロト也
　　衆議ニ追テ可及相談ト也
とあり、火番が法事椀の塗替えと晩炊椀の補充を願い出ていることから、什器類の管理をしていることもわかる。

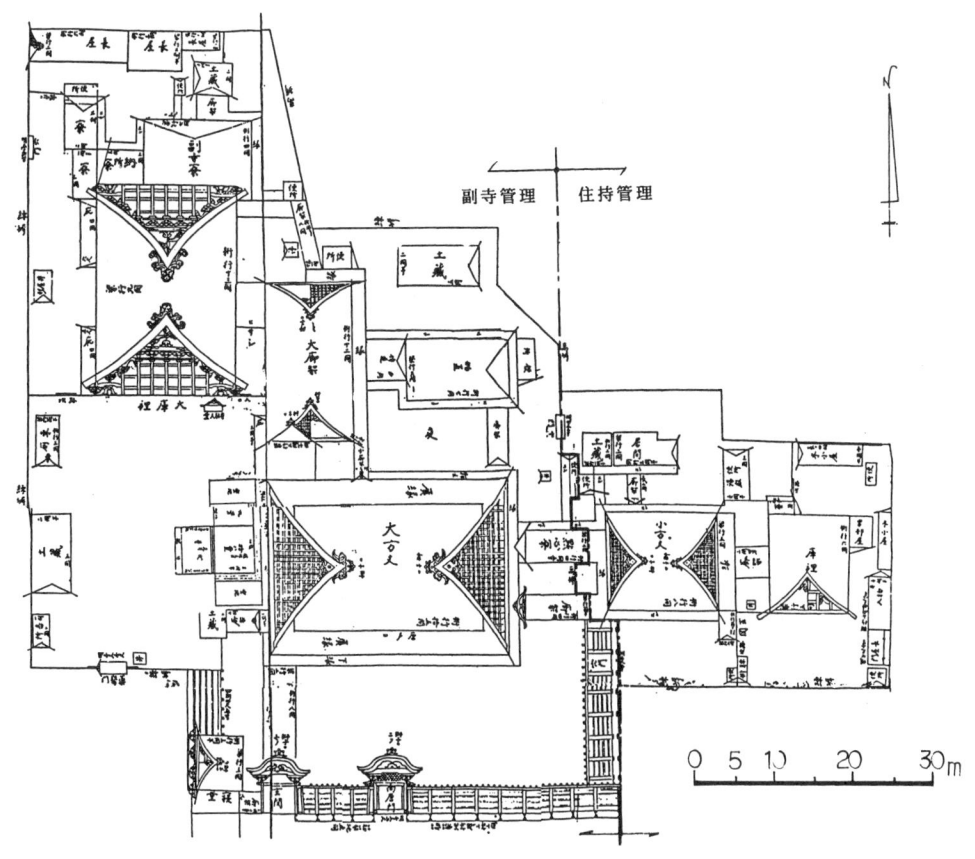

図9　天保15年(1844)奉行所提出の伽藍絵図の控え(部分)

註1：一点鎖線(著者記入)より東側の小方丈を中心とする一角は、妙心寺住持が居住する場所であり、日常住持の管理である。
　2：『記録』の宝暦元年9月19日条の「方丈裏間」と「裡間」とは、いずれも大方丈(六間取り平面)の北側3室(計72畳)のことである。(現存：重要文化財)
　3：椀蔵は、大庫裡の南西にある桁行5間、梁間2間半の土蔵のうち、享保16年(1731)の建立当初は、北側2間分であり、南側3間分は諸証文蔵として用いた。しかし、『副寺内渡牒』では、椀蔵と諸証文蔵(庫前北土蔵)が入替っている。宝暦12年(1762)〜文化5年(1808)の間の変化である。(現存)
　4：その他の建物名(註14に記載された建物名)
　　　方丈土蔵：大方丈西側の土蔵(現存しない)
　　　評席土蔵：副寺寮の北側の土蔵(現存：寛永2年(1625)の棟札あり)
　　　廊　　架：副寺寮と評席土蔵の間の廊下(現存)
　　　北之小屋：最も北の長屋(現存)

　そして、『法山規式須知』によって毎年7月晦日の副寺交代の節、同職が管理する建物・物品が新副寺に引渡されたことが確認できる。

　椀蔵については、

　　(前略)受ヶ取リ方ノ火ー番食堂ニ出テ坐ス東面如シ圖○至レバ椀蔵ニ答ヲ有ヲ (後略)

とあり、火番は引渡しの行われる食堂(じきどう)に入り、椀蔵の管理者として物品の確認を行っていたことがわかる(図8)。

表5 妙心寺火番方年表(天保2年まで)

年　　号	月　日	職務内容	記　述　内　容
天文2年(1533)	──	──	『妙心寺祠堂方米銭納下帳』に火番の記述あり。(初見)
寛永6年(1629)	8　12	(9)	「常住什物損料之定」ができる。(壁書)
慶安元年(1648)	6	──	月分須知の看板を新調する。(壇越の命日を記す)
寛文8年(1668)	9　4	──	東班立を廃止する。(壁書)
	12　2	──	本山持庵付寮舎(四派本庵の監寺寮のことか？)の監寺衆の弟子は、西班・東班どちらの取立てでもよいこととする。(壁書)
元禄5年(1692)	2　26	──	寛文8年12月2日の壁書の再確認を行う。(壁書：四派本庵の監寺の外東班取立て停止)
享保19年(1734)		(4)(8)	『副寺須知』内に火番の記述あり。
		(10)	『副寺須知』附副寺寮書式の年貢・地子米の「皆済案文」に火番印とあり。
延享元年(1744)	7　19	(7)	『副寺交代之図』を作成する。(食堂内に火番が見える)
宝暦元年(1751)	9　19	(1)(2)	監寺方より再住の節の喫斎について相談あり。また入院・開山忌の節の大庫裡の湯釜が1口で不便なので大走の外に湯釜を設けたいと相談あり。
	10　8	(2)	上記の大庫裡湯釜の場所を確認し、井戸の北に仮竈を築くこととする。
宝暦4年(1754)	10　3	(7)	火番方より椀蔵の中央にある2階入口を付替たいと申出、許可される。
宝暦8年(1758)	11　3	(6)	力者より輙卑坊子を本山で雇って欲しいと願出る。(監寺＝火番)
宝暦12年(1762)	7　25	(7)	火番方より椀蔵と諸証文蔵を入替るように願出るが、見合せる。
安永元年(1772)	12　1	(3)	入院・開山忌の節、法事椀を大切に扱うよう火番方より申付けるよう伝える。
安永2年(1773)	4　20	(4)(5)	開山忌常住辨(本山が決算)の書付を下す。また火番方へ頭付を渡す。
安永4年(1775)	10　22	(3)(6)	開山忌常住辨の不備を火番方に聞合わせ定書を作る。(7箇条の文あり)
安永5年(1776)	10　6	(4)	火番方より開山忌の斎の汁を前のように纖大根にしたいと届出、許可される。
天明4年(1784)	4　20	(7)	『法山規代須知』9冊が完成する。(副寺交代の様子が確認できる)
寛政3年(1791)	11　17	(2)	火番方より開山忌の中盛を小庫裏から廊下にし、置囲炉裏2個を新調したいと願出、許可される。
享和2年(1802)	11　29	(4)	鋳鐘延引につき火番方より是迄準備した物のことについて伺う。
文化2年(1805)	7　22	(8)	火番方より入院の節法事椀を損じたので繕い代を受取ったが、今度塗替えにつき、銀子を本山に上納したいと届ける。
	7　22	(8)	火番方より法事椀塗替えのところ、塗師が勘違いをしていたので値段を引下げ、銀子を本山に上納したと届ける。
文化4年(1807)	12　13	──	11日夜九ッ時大庫裏にて小火あり火番方が見付、門前の者が消火にあたる。そこで門前の者に心付を遣わす。
文政3年(1820)	4　10	(8)	火番方より大庫裡に用いる大火掻を新調してほしいと願出、許可される。
	7　17	(8)	火番方より法事椀240人分の塗替えと60人分の追加、晩炊椀の新調を願出る。保留
	9　10	(8)	上の件につき衆議を行い、晩炊椀の新調は行わず、法事椀の塗替えは年50椀ずつ行うこととする。
天保2年(1831)	11　26	──	開山忌の節火番方良監寺が病気につき行者に代役をさせる。

註：職務内容は、「③　火番方の職務内容」中のカッコ番号を表す。また出典記載のないものは『記録』による

　火番が管理していた椀蔵に保管されていた物品は、『副寺内渡牒(ふうすうちわたしちょう)』[15]の「椀蔵」の項目に列挙されており、48品目・3082点の什器類が確認できる。

　さらにこの什器類は、寛永6年(1629)8月12日の『壁書(へきしょ)』[16]で損料を決めており、火番の重要な職として、副寺の下で塔頭への什器類の貸出しが行われていたことがわかる。

　以上の史料より作製したものが火番方年表である（表5）。

　これにより火番方の職務内容が明らかとなる。

〈A　入寺・開山忌等行事の時〉

　（1）接客場所の指定（執事・副寺と事前協議）

（２）炊事設備の拡充
　　（３）什器類の取扱い方の指導（監視）
　　（４）料理内容の検討
　　（５）斎の決算書の提出
　　（６）扶持人[17]・歩役[18]の指導・監督
〈Ｂ　日　常〉
　　（７）椀蔵の管理
　　（８）椀蔵内の什器類の管理と拡充
　　（９）什器類の塔頭への貸出し
　　(10)年貢・地子米の収納
　すなわち、妙心寺本坊での火番の職務は、行事の時の斎全体を統括し、日常は什器類の管理等を行う、寺院運営上の重要な職であることが明らかとなった。
　一般的に禅宗寺院で僧侶の食事を掌る職は典座であり、什器類の管理を行う職は直歳[19]と呼ばれていると考えられている。しかし近世の妙心寺では、両職名は存在せず典座の職に直歳の職務の一部を取込んで、火番と呼ばれていたことが判明した。

④　火番寮の位置

　妙心寺の火番は、伝法相続を許されない東班僧侶の監寺が勤め、本山の行事の斎を総括し、日常は椀蔵内の什器の管理、さらに塔頭への貸出しを行う、寺院運営に係わる重要な職であることが確認できた。
　これにより火番寮の位置は、一般的な禅宗寺院で典座寮と呼ばれる部屋をあてるべきであると考える。
　身分・職務内容以外に火番寮の位置を決める要素としては、下記の点があげられる。
　　（１）副寺の指揮下で職務を行うことより副寺寮と近接している必要があること
　　（２）『米銭納下帳』の米の下行状況より火番は１名であること
　　（３）万治元年（1658）の『正法山妙心禅寺米銭納下帳』の９月の下行分に「六匁九分
　　　　　火番寮幷小者部屋之用　疊表六帖」とあり、６帖未満の畳敷きの部屋であると考え
　　　　　られること
　　（４）文化４年（1807）12月11日の夜九ッ時（午前０時）に大庫裏で発生した火事を最初
　　　　　に発見したのは火番であることより、庫裏内に居室があったと考えられること
　以上により、日常の炊事を行う小庫裏の東にあり、食堂等の部屋と同じ床高さをもち、畳を敷詰め、棹縁天井を張った４畳の部屋をあてるべきと考える（図10）。
　また、開口部は間口１間に対して、北側半間を片引き戸、南半間は板壁となっている。

北面は土壁、東面と南面は胴縁の見える板壁であり、三方壁で窓のない、閉鎖的な部屋であった。いずれも平成の修理の際、創建当初の姿に復原されたものである。

　しかしこの部屋は、大庫裏・小庫裏等の炊事施設や副寺寮に隣接し、庫裏の南西には椀蔵が存在するなど行事・日常の職務を行う上でまさに要の位置にある。

⑤　火番方の変化

　以上みてきたような火番方のあり方は天保2年以降変化する。『記録』天保2年（1831）11月26日条によると、火番方良監寺が病気のため、代役として行者良全をその任にあてた。さらに翌年の3月11日には良監寺が病気につき退身し、行事に差し障るため行者元亮・良源に代役をさせている。

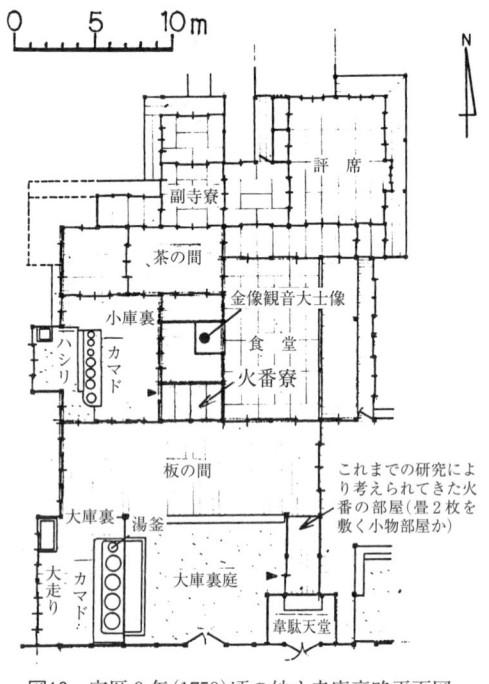

図10　宝暦9年(1759)頃の妙心寺庫裏略平面図

　また『記録』の天保6年（1835）2月26日条には、

　　衆議ニ舊冬行者方ヨリ中間人少ニ付役向差支ソロ様成行ソロ間俗役人御取立被成下ソロ様出願ソロヘ共不克兔角願書令返却ソロ尤火番方無人ニ付右様願出ソロ事故監寺取立ノ儀各派ヘ申入置ソロ然ル處於東海本菴役人名目ニテ栗田爲之進ト申者被召抱俗漢ニテ不差支儀ニソロヘハ火番爲勤可申段東海執事披露依之遂評量ソロ處奉　敕入寺モ近寄ソロヘハ見習出勤爲致可然段東海執事ヘ申入尤於行者方モ諸事無隔意致教諭遣ソロ様副寺ヨリ被申度可然ト也

とあり、代役を勤める行者より役人（俗人）の採用を願い出、東海庵が同名目で雇った者を火番の見習いとしていることがわかる。

　その後、この役人がどのような仕事を行ったかの記述はないが、天保10年（1839）11月23日条には次のようにある。

　　衆議ニ近年監寺無之ニ付無據火番方良全エ申付有之ソロ處此頃行者方人少ニテ即今　開山忌ノ節表役差支ソロヘハ如何可仕哉伺出ソロ段副寺披露依テ及評量ソロ處於各本菴監寺取立無之ソロテハ火番方差支ソロ間急々相應ノ仁被取立ソロ様各本菴エ申入可然尤當開山忌ノ節ハ典座名目ニテ副寺方隨徒ノ内壹人火番方エ相見舞諸般差支無之様取斗ノ儀副寺エ相頼可然ト也

272

これによると、四派本庵のみに許されていた監寺の取立てが近年ないので、火番方の日常の仕事は行者良全にさせているが、開山忌の際には副寺方随徒１人を典座という職名で火番方に出勤させることにしている。

以上の史料により天保２年以降監寺の採用がないため、火番方の仕事を行者・役人・副寺の随徒に代役させている様子がわかる。また天保11年（1840）には、また役人を雇っているが、やはり長続きはしなかったようである。

⑥　監寺の取立て状況

ここで、妙心寺内で天保３年以降取立てのなくなった監寺について『記録』の中より検討を行う。

監寺のことが多く記述されるのは、元文５年（1740）以降であり、それ以前は、四派本庵で東班達の僧侶取立てが円滑に行われていたため衆議に報告されるような状況ではなかったものと考えられる。

監寺取立て状況（表６）を整理すると、いくつかの点が指摘できる。

（１）監寺の出奔・暇を遣わす・寺中徘徊停止等の記述が多くあり、取立て後に本山の籍を外されている者がいる（梅・令・操・會海・保）。

（２）上座取立てから監寺に昇格するまで半年の例が４件ある。これは『正法山出世位階等法式略記』に記される10歳の頃に剃髪し、20歳の頃に上座に任じ、30歳以上で監寺になるとする一般的な東班の制度と異なり、30歳以上の僧侶を本山に連れてきて、東班達として勤めさせた結果と考えられる（祖庭・宗怒・祇梅・知忍）。

（３）都寺は、監寺を長年勤めた稀有の人が、年齢50歳以上になった場合に昇進したものと考えられる（宗逸・宗岐・秀全・匡・智禮）。

（４）寛政４年（1792）１月26日の霊雲派の宗鼎取立ての条には「霊雲執事披露ニ云自本菴監寺後役宗鼎ト申者爲二相勤一ソロト也」とあり、１人の者が後役の監寺として取立てられたことを端的に示している。少なくとも霊雲派では、当時複数の監寺は存

表６　妙心寺の東班達取立て年表

年　代	40　　1750　　60　　70　　80　　90　　1800　　10　　20　　30 32　40　　1850　57 60
東海派 （長養軒）	59　　70　　78 81 85　　94　99　　9 12 16 1920　27 31　　　　58 　　　　○―○　○―○　×○ ○ ○　○ ○　○―○○　○ ○　　　　× 　　　　宗逸　宗岐 悟　會海　秀全　祖庭　匡　祇梅　知忍　良　　　　守諾
霊雲派 （種徳庵）	56　　　　　　84 88 90 92　98　　8　15 　　―×　　　　　×―× ● ○　×　　○―○ 　　令　　　　　　普　宥里 宗鼎　宥　　祖春
龍泉派 （古桃軒）	42 46　　　　　75　　86 90 91　99　4　10　　25 29 ×―×　　　　　―×　　○―○―○　○―○　　○―○ 梅 會肯　　　　操　　祖慶 守圭保　宗怒　智禮
聖澤派 （南陽軒）	

凡例：○は『記録』に記述がある年、×は出奔・暇を遣わした年、没年等、──は監寺　━━は都寺

（右側網掛け部分：監寺なし）

在していなかったと考えられる。

（5）四派本庵のうち、一番小さい聖澤派には監寺取立ての記述がまったく存在しない。

以上の点により、元文5年以降にはすでに東班取立てが形骸化し、弟子として本山内で教育するのでなく、年齢相応の僧侶を連れてきて火番方運用のためだけに、監寺に任じていることがわかる。そのため修行に専念する西班僧侶をあきらめた者や、他の寺院より入ってくる者など、適当な僧侶がいないとこの方法では破綻をきたすことになる。そこで妙心寺では、これまで火番方を監寺の職としていた機構の抜本的な改革を行うことになる。

⑦　典座寮の成立

すでに天保10年11月23日に副寺の隨徒を開山忌の時だけ典座の名称で火番方に出勤させたことは前に述べたが、これはあくまで1回限りの暫定措置であった。しかし『記録』の天保12年（1841）12月4日の記述に以下のようにある。

　　衆議ニ監寺無之付火番方行者ニ申付置ソロヘ共行者方人少ニテ差支ソロヘハ監寺無之内典座寮名目ニテ平僧首座ノ内ニテ両人充半年替リ出勤致ソロ様議一定可然乍併新規ノ儀故各派存寄相尋其上ニテ相定可然ト也

これにより、衆議では平僧の首座2人を典座寮の名称で半年間ずつ出勤させたいと考えたが、新しいことであるので四派本庵に意見を求めている。

この妙心寺派の僧階は、享和2年（1802）正月に江戸の触頭から幕府に提出した『妙心寺一流僧侶階級幷衣體次第書』により知られている。僧階は以下の通りである。

　　喝　　食　　おおむね8・9歳より有髪のまま寺に入る
　　沙　　喝　　おおむね12・13歳で剃髪受戒をする
　　侍　　者　　おおむね15・16歳で進む
　　知　　客　　おおむね同上
　　蔵　　主　　おおむね20歳より進む
　　首座（後堂）　おおむね25・26歳より進む（以上平僧）
　　座元（前堂）　おおむね30歳以上
　　紫衣之和尚　　50歳以上

この僧階は、住持の下で修行を司る西班僧侶のものであり、このうち首座とは、年齢がおおむね25歳以上の僧であることが確認できる。

上掲『記録』の要望が衆議に出された翌年天保13年（1842）1月26日には、四派本庵より典座寮の設置につき異議のない旨が届けられ、2月5日に衆議を行い、任期を1年に変更し、蟠桃院の沙首座・光國院の堯首座の2人を典座職に選んでいる。

沙首座・堯首座の最初の典座職としての仕事は、年中行事と奉勅煎點およびその他臨時の

行事の心得方をまとめることであった。これは監寺が職務内容の固定した僧侶であり、火番の仕事を十分理解していたのと異なり、1年で典座が交代するため、当然最初に手引書が必要となったものと考えられる。同年5月17日には年中行事の心得方を完成させ副寺に提出している。

ところで妙心寺本坊には『典座寮須知』と書かれた古文書が現存しており、天保13年に製作された年中行事の心得方であると考えられる。この『典座寮須知』の完成後に議定を行い、四派本庵・副寺・維那で選挙・出勤のことにつき確認を行っている。『記録』の天保13年7月3日条に以下のようにある。

> 衆議ニ典座寮年中須知取調ノ儀先達典座方エ申入置ソロ處此度出来ソロヘハ右選舉並出勤中ノ儀件ヽ左之通令議定可然トノ儀ニテ此段各本菴及副寺方維那方ヘ申入
> 一　典座ハ後堂ノ仁ニ相限尤知客侍者達混入持菴ヘモ選舉之事
> 一　典座選舉之定日　　四月十七日
> 　　　　　　　　　　十月十七日
> 一　典座交代之定日　　正月十六日
> 　　　　　　　　　　七月十六日
> 一　爲役料銀貳枚宛下行之事
> 一　副寺交代ノ節典座ノ坐席ハ副寺方隨徒ノ東北寄リ西面之事
> 一　副寺寮一會見舞ノ儀其副寺ヨリ頼有之節ハ可被氣ヲ付事
> 　　但シ見舞被相頼ソロ共開山忌並奉
> 　　敕押物引付名前ハ相省ソロ事
> 一　諸役免許之事
> 　　　　　右

これにより典座は後堂(こうどう)(首座(しゅそ))から選ぶこと、選挙を4月17日と10月17日に行い、交代は1月16日と7月16日に1人ずつすること、役料並びに副寺交代時の食堂での座る位置等を決定している。

その翌年の天保14年(1843)11月12日条に、

> 衆議ニ典座寮一年交代故開山忌營辨毎年新役ニ相成不都合ノ趣相聞ソロエハ以来後役撰舉ノ仁月並ノ両班又ハ隨徒ニテ役寮エ被遷ソロ共開山忌ノ節ハ於維那方座牌相除見習トノ典座方へ出勤可然トノ儀ニテ此段典座方エ通暢可有之様副寺エ申入各本菴並維那方エモ爲知置

とあり、典座寮が1年交代で開山忌のたびに新役となり不都合のため、10月17日に決定している後任の人をこの時だけ、見習いとして典座方に出勤させることを決めている。

以上のように、天保13年以降は西班僧侶の首座2名が1年交代で、これまで火番が行っていた職務を行い、典座と呼ぶようになったことが確認できた。

⑧　典座寮の職務内容と本坊建物の使われ方

　東班僧侶の監寺では、火番方と呼ばれていた職を西班僧侶の首座が勤めるため典座と称することになったものであり、職務内容と庫裏内の執務室の位置は、そのまま移行したと考えられる。

　『典座寮須知』により火番方では、断片的な史料の継足しであった職務内容を、1年を通して継続的に把握することができる。

　『典座寮須知』の構成は、下記の通りである。
　　（1）奉勅入寺・開山忌・諸出入方・臨時の行事・鉢斎の際の心得方（5項目）(25)
　　（2）年中行事（表7）
　　（3）月行事（表8）
　　（4）副寺遷寮用意物
　　（5）食料品の概算単価
　　（6）菓子の単価

　行事について『典座寮須知』で注目できる点は、多くは1人出勤であることである（表7の行事のうち、下線があるものが2人出勤）。

　1年間に典座寮が関係する妙心寺の大きな行事は48回あり、後年に追加される行事である檀越の霊忌についても天保13年以降のものは慶応3年（1867）の大森氏各霊忌のみであり、近世中期以降行事の数はほとんど増加していない(26)（表9）。

　典座寮では、これら年中行事の前日より祖餉・仏餉・霊餉などのお供えの準備を行っていた。仏教や宗派の行事では、10月5日の初祖忌（達磨忌）と11月11日の花園法皇（御忌）に大方丈の裏の間で行われる鉢斎の準備をした。そして12月11日〜12日にかけて行われた開山忌は、年中行事の中で一番規模の大きいもので、10月の中旬より準備に取掛かり、12月1日に諸役の決定と斎の材料の値段の聞合わせを行う。そして実際には8日より斎の下拵えを行い、11日には内役衆等に宿忌朝斎・非時を用意した。12日には山内の僧侶等に本坊の膳・椀を用いて粥（朝食）・斎（昼食）を準備した（大方丈南側3室）。

　住持の行事では、8月1日に1年間妙心寺の住持を勤める者の遷住斎のため、大方丈の裏の間に鉢斎の用意を行い、翌年の7月15日には退山のための小方丈交代斎を準備した。

　一般の行事としては、正月3ヶ日に粥・鉢斎を大方丈裏の間に準備していたが、文化8年（1811）閏2月19日の衆議により仏殿造り替えの事業のため、3日目の仏殿勤行後だけ大方丈の裏の間で鉢斎を行うこととなり、以後旧に復されることはなかったと考えられる。

　年16回存在する檀越の各霊忌の際には祠堂斎があり、庫裏の食堂で鉢斎が行われた（ただし、2月2日の平田家各霊忌、同月28日の了心院忌と8月3日の松蔭利貞尼首座忌のみ大方丈裏の間）。祠堂斎が行われるようになるのは、延宝7年（1679）7月26日の32条の『壁書』以降

第8章　庫　裏

表7　『典座寮須知』年中行事年表

月	仏教・宗派の行事	住持の行事	一般行事	壇越の各霊忌	年行事計	内向きの行事	備　考
1	10臨済忌 16般若 17百丈忌 18懺法	13上方参内 28二条出禮齋	1喫雑煮・粥・斎 2粥・斎 3粥・斎 11鏡餅開	5楊岐院忌 17常総院忌 23一桃常見忌	13回	16典座寮交代	1、2、3日の粥・斎は文化9年より省略 3日満散後に鉢斎あり。
2	15涅槃忌			2平田家各霊忌 4慧光院忌	3回		
3				17長松院忌	1回		
4	8佛誕生				1回		
5	16般若 18懺法				2回		
6	18山門懺法			5法泉院忌 14明叟玄智忌 16了然宗郭忌	4回	＊繪讃晒 ＊諸道具虫拂	
7	7祠堂施餓鬼 15山門施餓鬼 24食堂地蔵尊	15小方丈交代斎		1慶光院忌	5回	16典座寮交代 25内渡し 晦日　副寺交代	
8		1遷住斎 2入寺届ヶ上方出駕		3松藤利貞尼首座忌 6臨松院忌	4回		
9	16般若 18懺法			12大森氏各霊忌	3回		
10	5初祖忌 7虚堂忌				2回		
11	11法皇忌		冬夜上堂	2高源院忌 3八雲院忌 4見性院忌	5回	2〜4開山忌味噌搗	2、3、4日の壇越の各霊忌は、本来12月の行事である。
12	8成道忌 11開山忌宿忌 12開山忌 22大燈忌 29大應忌				5回	1開山忌諸役定 8開山忌前拵 9開山忌前拵 10開山忌前拵 13椀揃並諸道具形付 16煤拂 25餅搗 26迎春準備	壇越の各霊忌は、天保2年より斎を停止し、展待料を支行う。（ただし松藤利貞尼首座忌を除く）
計	22回	5回	5回	16回	48回	15回	

註：年中行事をその性格により「仏教・宗教の行事」「住持の行事」「一般行事」「壇越の各霊忌」「内向きの行事」の5項目に分類を行ったもの。行事の前の数字は日付を（＊は不定）、下線は典蔵2人の出勤を表す。

であることは、第7章第2節第3項鉢斎式の中で、す
でに説明したとおりである。
(28)

　しかし、これも天保2年（1831）1月25日の衆議に
より前年の地震による出費補塡のため、妙心寺と特に
関係の深い松蔭利貞尼首座忌以外の斎は省略されたこ
とが確認できる。

　また月行事は9回あり、典座寮では各仏前（神前）
に一汁三菜や洗米の御供えを行っている（表8）。

　以上のことより典座2人が同時に出勤するのは、斎
をともなう大きな行事や同職に関係する内向きの行事
のみであることが確認できる。

　一方、臨時の行事については、典座寮で作製された
『奉勅入寺居成改衣須知』が現存している。
(29)

　『奉勅入寺居成改衣須知』の構成は、以下の通りである。

　（1）居成改衣と再住改衣行事の相違点（3項目）

　（2）奉勅入寺の際の注意点　　　　（83項目）

　（3）當日時刻之事　　　　　　　　（26項目）

　（4）排膳之次第

　（5）飯炊釜數・味噌・酒（の配分）

　（6）出世式諸出駕傭人の賃錢

　（7）煎點之控　　　　　　　　　　（4項目）

　（8）御膳部操り出之次第

　（9）荘り様ノ傳

　（10）土器寸法並註文扣

　（11）木具寸法並註文之扣

表8　月行事

	月行事	お供え
1日	本尊佛餉	一汁三菜香物
5日	韋駄天洗米 祥雲院殿霊供	洗米 一汁三菜
7日	鎮守洗米 後柏原院霊供	洗米 一汁三菜
15日	本尊佛餉	一汁三菜香物
19日	韋駄天洗米	洗米
21日	鎮守洗米	洗米
24日	食堂地蔵尊佛餉	一汁三菜

表9　壇越の各霊忌年代別表

	年行事	月行事
大　永		1
天　文	1	
天　正	1	1
文　禄	1	
元　和	3	
寛　永	3	
慶　安	1	
承　応	1	
明　暦	2	
寛　文	1	
安　永	1	
慶　応	1	
合計	16	2

註：壇越の各霊忌年代は妙心寺本坊庫裏食
　　堂内に掛けられた『月分須知』と書かれ
　　た看板から判断した

　これによると奉勅入寺の際に典座寮では、10日程前より準備に取り掛かり、儀式は3日に
わたって行われる。

　初日は、入寺を行う僧侶が、小方丈に入る内移りが行われる。2日目には、勅使を門前の
塔頭にお迎えする。そして3日目に、勅使より妙心寺の住職となる綸旨を頂戴して、入寺の
儀式を行い、直ちに宮中に参内する。

　この間庫裏では、表10のような食事を準備し、2日目 270人前後、3日目は 500人～ 700
人程の食事が用意される。

　これらの食事は、身分・職務等により本山・塔頭の施設の中で食される場所を異にしてい

第8章 庫裏

る。一例として3日目の斎をとりあげると表11となる。

これによると行事の運営を行う執事・副寺やその他の内役衆は、法堂で行う上堂の前後2回斎を食しているが、いずれも執務室（評席）や内役衆の控室となる食堂など庫裏内の部屋を用いている。また実際の調理や勅使・宮中参内のお供をする下部は、飯臺を用いて庫裏の板の間で斎を頂いている。そして斎の中心となる一番座・二番座は、大方丈の南側3室に本坊の膳と椀を用いて準備されたことが確認できる。

また直接これらの食事を調理する人は、表11に書かれている大庫裏の下部150人のうち、100人程と考えられ、調菜・膳方・走下・水汲・上ノ火焼・下ノ火焼・煮方・炒方・同火焼・飯盛・小遣・椀洗・火守・

表10　奉勅入寺3日間の飯炊釜数

	食事	釜数	食事人数
1日目	内移り	2釜半	不明
2日目	前日斎	8釜	約262人
	晩炊	8釜	約273人
	薬石	1釜	約268人
3日目	朝小食	9釜	約448人＋α
	斎	17釜	約593人＋α
合計		45釜半＝米9石1斗	

註：ただし、1釜は2斗炊き、うち5升は焦げになる

表11　奉勅入寺当日の斎

斎の場所	人数	身分・職務内容
勅宿	約80人	（AM6:00過ぎに送る）
裏の間	約35人	新命並役位小食（胡乱座の間）
	約15人	参内供奉・位頂供奉の侍(胡乱座の間)
大庫裏	約70人	参内供奉・位頂供奉の下部(胡乱座の間)
裏の間	約20人	勅使の供奉（煎點了ルト）
評席	18人	執事・侍衣・副寺・座奉行・方丈奉行（小食）
食堂	約50人	内役衆（小食）
裏の間	約17人	侍の頭（上堂始ルト）
新寮		若黨　侍分6人
大庫裏		下部　11人
小方丈	約30人	奉勅入寺の僧侶と弟子他
大方丈南3室	50人	一番座・妙心寺派の僧侶
檀宿	約35人	奉勅入寺の僧侶の檀越
小方丈		諸山隨喜衆（五山・大徳寺）
小書院	（多人数の時）	
大庫裏	150人	下部
不明	5人	他行者（一番座了ルト）
大方丈南3室	約50人	二番座・妙心寺派の僧侶
裏の間	人数不明	諸山隨喜衆・雲衲等（接待）
評席	18人	執事・侍衣・副寺・座奉行・方丈奉行（喫斎）
食堂	約50人	内役
新寮	人数不明	近郷の者
合計	約693人＋α	

火燃・湯番・荒物元占・味噌元占・手明（「勝手向ノ總取締役也」）等の職名で雇われている。
　典座寮ではこれらすべての下部の監督を行うと共に、常住・點心寮・勅宿等へ遣わす諸道具の点検を行っていることが確認できる。
　弘化以降は、安政5年（1858）に東海派が東班達の上座に掛籍したものに火番方見習いをさせたいと願い出て、本山が許可を与えているが、典座寮の組織内容に大きな変化はなく、明治を迎えることになったと考えられる。

⑨　小　結
　これまでの禅院の研究では、東班僧侶に都寺・監寺・副寺・維那・典座・直歳の六知事と呼ばれる職が存在していると考えられていたが、近世の天保12年（1841）以前の妙心寺での六知事の状況は、都寺・監寺が東班僧侶の身分を示し、本来の寺の運営を掌る職名とはなっていなかった。
　また副寺は、延宝6年（1678）にそれまで納所と呼んでいた職名を改めたものであり、金銭・穀類の出納から建物・物品の管理まで行う職であるが、『記録』により西班僧侶の前堂（座元）が勤めていることが確認できる。
　さらに衆僧の進退や諸仏事祈禱等の配役を決める維那も延宝元年（1673）11月2日の『壁書』により後堂（首座）と呼ばれる西班僧侶の職であることが明記されている(30)。
　しかし僧侶の食事を掌る典座と1歳（年）の幹事である直歳の職名は、妙心寺には存在せず、典座と直歳の職の一部を合せ持った火番と呼ばれる職務が形成されていたことが判明した。
　これらはいずれも今日までの妙心寺研究で考えられていた身分・職務内容と異なるものであった。その上で火番寮は、庫裏内の大庫裏・小庫裏・副寺寮に近接する4帖の部屋をあてるべきであると結論づけた。
　最後に火番について『禪林象器箋』(31)に、
　　火伴　忠曰。司‐竈火‐之伴類也。世ニ作ル火番ニ謬レリ矣。（後略）
と書かれており、（中国の古典にないため）火番の字を用いるのは誤りであると述べられているが、日本で独自の発展をした言葉であると考えられる。
　これらの例が示すように禅寺全体の身分制度・職務内容には、中国より輸入されたもののほか日本で発展したもの、各禅宗寺院内で独自の発展をした部分があり、これまでの禅寺の組織を東班と西班の僧侶に分ける固定的な考え方では、特に近世の建築を考察する上で限界があると考えられる。
　妙心寺本坊では、天保3年以降、監寺の取立てがないため、火番方を行者・役人（俗人）・副寺の隨徒で代役させていたが、天保13年にはそれまでの制度の抜本的改革が行われた。す

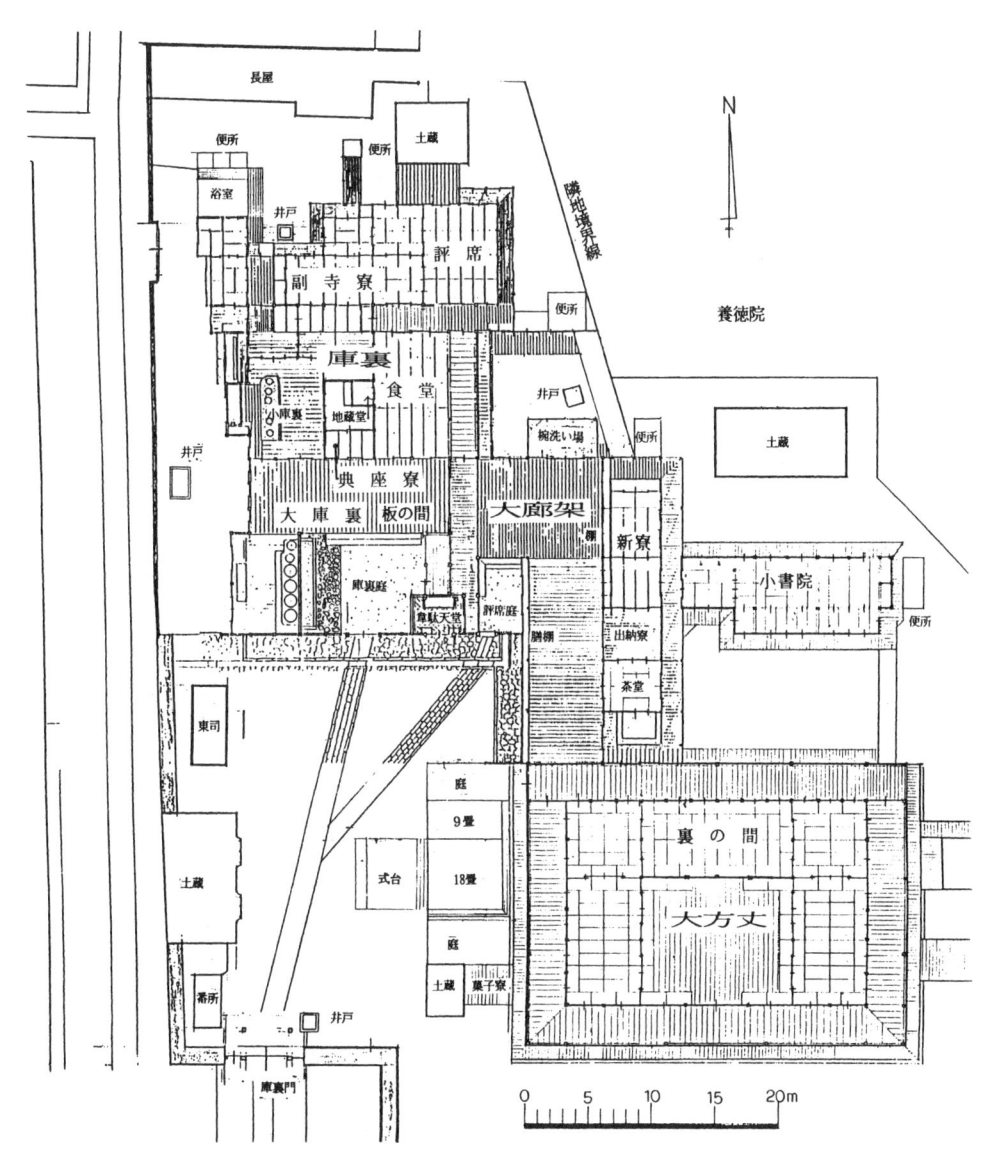

図11　妙心寺本坊の天保年間の推定伽藍

　なわち、伝法相続が許される西班僧侶のうち、おおむね25歳から30歳の僧侶で首座と呼ばれる僧階の者2人を1年交代でその任にあて、これまでの火番寮の名称を典座寮と改めていることである。以後明治にいたるまで典座寮が存在し、それまでの火番と同じ執務室が庫裏内で与えられていたと考えられる。

　職務内容については、『典座寮須知』『奉敕入寺須知 居成改衣須知』により1年を通して把握でき、斎をともなう大きな行事は2人出勤であり、他は1人ずつ交代で勤めている。典座寮では、これらすべての斎を統括し、什器類の管理を行っていた。

　本節では、火番寮から典座寮への変化を職名より検討を加え、庫裏の利用実態について検

討を行った。

　しかし江戸時代後期の妙心寺本山を経営の面より見ると、文化6年（1809）の開山450年遠忌や文政13年（1830）まで実に27年を費やして行われた仏殿の再建、また同年7月に起きた地震による建物の修繕などで寺院経営が逼迫していく状況が確認される。これにより文化以降数次にわたって寺院の行事の縮小が行われている。

　とくに天保2年（1831）1月25日の衆議では、初祖忌の鉢斎・祠堂斎・正月3日満散斎等の省略が検討されるなど火番方を必要とする斎をともなう行事の縮小が行われている。

　このような状況も1年交代で斎を統括する典座寮の成立を促す遠因になったものと考えられる。

　以上により妙心寺本坊では、本来衆僧の食事を司る職位とされる典座寮が、行事における庫裏の炊事施設の使用回数が減少した天保13年に成立したことが確認できた。今後は、妙心寺の建築全体を考察する上で、他の禅宗寺院の組織と比較検討を行うことが不可欠であるが、これらの点については、今後の課題としたい。

3　まとめ

　以上、妙心寺の庫裏について検討を加えてきた。これらのことから以下の点が明らかになった。

　現在の妙心寺庫裏の建設は、開山300年の遠忌事業として、仏殿と法堂が1棟で兼用されている状態を解消するための計画の一環として実施された。工事は現在の法堂部分にあったと考えられる本坊の庫裏・方丈等を移転するため、さらにその北に存在した塔頭の移転から開始された。本坊の建設工事として最初に取り掛かったものが、一番北に存在する庫裏であり、主体部は承応2年（1653）7月から12月までで完成した。さらに左官工事や納所寮等隣接する建物や井戸等の工作物を含めても、概ね1年あまりで完成している。工事費等は当時作成された多くの普請関係文書から把握ができた。『庫裏普請銀之帳』から、庫裏建設経費は銀67貫587匁8分2厘3毛となり、大工5,851人を要する大工事であったことが確認できた。

　庫裏の利用実態については、火番と典座と呼ばれる身分の僧侶を通して詳細に検討を加えた。その結果、日常は納所（のちの副寺）と呼ばれる僧侶が1年交代で本坊の会計責任者として、弟子たちとともに庫裏に入り（7人扶持）、建物を利用していた。その他、庫裏の北には評席と呼ばれる会議室が存在し、妙心寺としての決定事項は、ここで四派執事等により議論が行われていた。また評席の北には金庫としての土蔵が付属し、毎月勘定が行われ、本山の財政が確認されていた。

　さらに行事の際は、食堂鉢斎や副寺交代で庫裏内の食堂が直接利用されるほか、大方丈で行われる鉢斎や開山忌の粥座・斎座等の食事の準備、臨時に行われる奉勅入寺の斎の準備な

どに利用されていた。江戸時代の後期には東班僧侶の火番がいなくなったことから、西班僧侶による典座が成立し、『典座寮須知』と書かれた手引書も作成された。この須知を検討することにより、庫裏が何らかの形で利用される行事は、年48回を数えることが確認できた。

以上のように庫裏は、どちらかというと本山機能や本山の儀式を支える裏方の施設として、日常および行事の際に活発に利用されていた。そのため、承応建立以降、本山機能の充実や機構の改革等さまざまな理由により、頻繁に改造され、規模の拡大していった実態についても把握することができたと考える。

註
（１）『重要文化財妙心寺庫裏ほか５棟保存修理工事報告書』（資料編）文書　参照。
（２）『愚子見記』（井上書院　昭和63年６月　復刻）「九冊之内諸積　九　就所々御作事、棟梁・大工ニ人足被下覚」には平大工10人に足人１人とあり、大工の手伝いとしての日傭人工数がある。
（３）　第７章註（５）参照。
（４）　納所寮などが入る庫裏の北側に付属した桁行７間、梁間２間（一部２間半）の15坪程の建築と推定できる。
（５）　註（１）報告書　第４章第２節　参照。
（６）　川上貢『禅院の建築』（河原書店　昭和43年）167頁。
（７）『妙心寺祠堂方米銭納下帳』に天文２年（1533）８月分と９月分下行には「微笑侍真并小番」「納所　小番」と記述されているが10月分の下行以降は、「微笑侍真并火番」「納所并火番」と「火番」が用いられている。
（８）　第３章註(24)参照。内容は月分・毎月・臨時・瑞世・収納・支行・制法の７項目につき記述されている。また附として書記寮書式副寺寮書式が記載されている。
　　火番について具体的な記述は『副寺須知』の月分のうち、12月１日に開山忌の麁色を四派火番が取ること、７月24日に明日椀揃の儀があることを力者より四派火番に触れること、副寺寮書式の年貢・地子米の皆済案文に火番が押印する書式がある。
（９）「副寺交代之図」は延享元年（1744）に作製された副寺交代の節の食堂の道具飾りと渡方見廻の衆の位置関係を示す図［妙心寺本坊所蔵］。同図は後年（年代不明）紙を張り、座席等の変更を行っているため、図８では『記録』の延享元年　７月19日の記述内の図を用いた。同様の図は、『法山規式須知』第九「圖繪」にも存在する（註14参照）。
（10）　妙心寺で住持の駕籠をかついだ俗人であり、常時３人が雇われ、年長の者を兄部（ひんべ）と称していた。
（11）　掛塔（かた）とは、禅寺の本坊または塔頭内の寮に籍を置くことである。本文の場合は、本坊の火番寮に籍を置いたこと。
（12）　妙心寺慈雲院寄託蔵書［花園大学保管］。
（13）『記録』の約190年分の記述のうち、東班（とうばん）より西班（せいばん）僧侶への転班は、追贈という形でも許可されていない（安永３年（1774）５月17日条）。なお西班より東班僧侶への転班は、１例のみ確認できる（文化７年（1810）10月10日条）。
　　以上本質的には、10歳前後に禅寺に入った時点で、寺院の経営にあたる東班僧侶か、修行を司る西班僧侶かに分けられ、生涯その身分は変化しなかった。

(14) 副寺交代の儀式については、第八「大衆章　下」の7月晦日に記述がある。副寺交代の際の引渡しの順番を列挙する。
　　1．諸帳面・鑰（じょう）の受渡し（古副寺→新副寺）
　　2．食堂金像観音大士像の確認（新・古副寺）
　　3．方丈・方丈土蔵・點心寮（てんしんりょう）・韋駄天堂（いだてんどう）・食堂・評席土蔵（ひょうせき）・廊架・方丈北の土蔵・評席・副寺寮の物品確認（新副寺の隨徒（ずいと））
　　4．椀蔵の物品確認（受取方の火番）
　　5．方丈土蔵中の諸道具のうち、行者方（あんじゃ）にある物品確認（行者）
　　6．大廊架・大庫司・小庫司・南門・北門・材木小屋の物品確認（力者（ろくしゃ）の兄部（ひんべ））
　　（各部屋の位置については図9・図10参照のこと）

(15) 『副寺内渡牒（ふうすうちわたしちょう）』は製作年代不明（ただし文書内の建物より明和6年（1769）から文化5年（1808）までの製作と考えられる）、7月晦日の副寺交代の前、25日に副寺管理の諸道具の確認を行う時に用いる台帳である［妙心寺本坊所蔵］。総鑰箱・土蔵之廊架・韋駄天堂・方丈・方丈土蔵・點心寮・方丈北土蔵・椀蔵・庫前北土蔵・北之小屋の物品の確認を行う。
　　椀蔵には、朱椀780人前・燕椀200人前・折敷620人前等が保管されていた。

(16) 『壁書歴年便覧』一［妙心寺本坊所蔵］
　　　　　　常住什物損料之定
　　一　　椀　　　　壹具ニ付五文目
　　一　　折敷　　　壹束ニ付貳文目
　　一　　玳瑁臺　　拾箇ニ付參文目
　　一　　縁高　　　拾箇ニ付貳文目
　　一　　飯重箱　　壹重ニ付貳文目
　　一　　菓子臺　　貳枚ニ付壹文目
　　一　　曲盆　　　貳枚ニ付壹文目
　　　　右悉遂點撿有破損之物者加修補可被請取若於不念者當納所急度可被辨焉此外屏風紅氈已下者諸役者江被相届可有借與者也仍衆評如件
　　寛永六己巳年八月十二日
　　　　　　　聖澤　景曄
　　　　　　　霊雲　惠松判
　　　　　　　東海　守仙判
　　　　　　　龍泉　宗愚判
　　壁書とは、妙心寺内の法令である。この壁書は、妙心寺において天正・慶長につぎ、3番目に古いものであり、本寺における什器類の貸出しがいかに重要なことであったかがわかる。
　　同じ内容の文は、『副寺須知』（註8参照）の収納の項にもあり、近世を通して貸出しが行われていることがわかる。

(17) 本山が常時雇っていた俗人9人の総称、力者（ろくしゃ）3人・南門守2人・北門守2人・司鐘（ししょう）1人・方丈掃除1人のことである。本山の雑務に従事していた。

(18) 歩役とは、入院・開山忌の際、雑用係として妙心寺三門前の住人に課せられた役である。『副寺須知』の支行の項に、
　　一　門前ノ歩ー役ハ年中從ニ一軒ニ五人ヲ充出也飯米ハ者壹人黒米壹升充五分之和市也
とあり、年間1軒につき5人役であったことがわかる。
　　安永4年（1775）の段階で南門前38軒、北門前48軒、西門前21軒があった（『史料　京都の歴史』第14巻　右京区　平凡社　平成6年1月）。

(19)　1歳（年）の幹事に当たる職。具体的には一切の作務を掌る職で、殿堂・寮舎の修理、什器の点検、田園荘舎の管理を行う。
(20)　副寺方随徒とは、副寺の弟子のことである。副寺は、延宝7年（1679）7月26日の壁書により飯費として7人扶持を与えられた。
(21)　都寺の職銭香資展待料・位次や開山忌・入院時の座を決定したのは、元禄16年（1703）6月5日の壁書であり、近世の本山で同職が設けられたのはこの時である。
(22)　妙心寺の明暦3年（1657）11月11日の壁書には、
　　　一　東班達之仁者經二十年之戒臘而可任監寺者也
　とあり、17世紀には東班達の弟子を院内で養育している状況が確認できる。
(23)　『古事類苑』宗教部十　佛教十　禪宗　吉川弘文館　昭和57年。
(24)　『典座寮須知』は和綴本で24丁。製作年代は、年中行事のなかに天保13年以降のものとして慶応3年（1867）の大森氏各霊忌が記述されているが、この部分のみ明らかに後年に書き加えられたものである。これは本資料が、天保13年に製作され、慶応年間まで活用されていた証拠となろう。
(25)　鉢斎とは、僧侶各自が食事に用いる鉢を持参し、その鉢に盛付けてもらい斎をいただくこと。本山の膳や椀を用いないので準備・跡片付けが少ない。
(26)　『副寺須知』［雑華院蔵］の書記寮書式によると祠堂施斎料として白銀5貫文を収めている。毎年の命日に一山の僧侶により仏殿で諷経回向が行われ、大方丈等で鉢斎が催されたことは、それぞれの章で説明した。
(27)　『典座寮須知』には2月28日の了心院忌が抜けている。しかし註26の『副寺須知』には以下のように記述されている。
　　　一　廿八日　了心院忌　前日以行者ヲ觸　本山籍一堂除龍安故下行米壹石銀五拾目也　見納下帳　年貢帳　燭貳拾壹挺　不レ可レ載納下帳　方丈裏一間ヲ飾并經ヲ營法皇忌ニ同ジ　ウラノ
　　　了心院とは、現在の岐阜県美濃加茂市伊深町を17世紀中頃領していた旗本領主佐藤成次（佐藤駿河守）のことである。この地はかつて妙心寺の開山関山慧玄が9年間過ごしたところであった。佐藤成次はその地を寛文9年（1669）に妙心寺に寄進した。その功により、没後（延宝3年3月28日没）天和元年（1681）頃から本山で祠堂込者忌が行われるようになったと考えられる。
　　　妙心寺では、その地に元禄4年（1691）本格的伽藍を造営し、妙法山正眼寺と呼んだ。了心院霊屋も建立され、近世を通じて本山が直接管理をしていた。現在も妙心寺派の由緒寺院として現存している。
　　　本山での法要が、2月28日に行われるのは、正眼寺で祥月命日の法要が行われたためと考えられる。
(28)　『副寺須知』の支行には、延宝7年の壁書より細かい内容が記されている。その内容は、各霊忌とも祖餉15員・住持方5人・諸院78箇院（1院1人ただし輪番所6カ院にいる院を除く）・両班6人・副寺方7人・東班2人・行者方6人・扶持人9人の合計122人分の一汁二菜塩山椒の準備を行い、1人銀7分合計で銀85匁4分の費用を当てることが宝永元年（1704）に定められたと書かれている。
(29)　『奉敕入寺須知』［妙心寺蔵］『居成改衣』は和綴本で39丁。天保13年に製作されたと考えられる。
(30)　『法山壁書分類　二』
　　　一　當山之紀綱向後爲後堂衆之職分從品麗之上首籍次半年充可被相勤然則交代者可爲正月
　　　　十六日七月十六日但爲六箇月之衣料可令下行銀貳百錢事
　　　　　延寶改元癸丑十一月二日定

(31) 『禪林象器箋』とは、妙心寺 314世の無著道忠により寛保元年（1741）に著された禅院に関する総合的な研究書である。

第9章　浴　室
――正面の意匠保全と施浴の仕組み――

1　浴室建立の経緯とその後の改造

　禅宗寺院の七堂伽藍のひとつに、浴室がある。現存する禅宗の遺構としては、重要文化財に指定されている東福寺浴室（長禄3年）、大徳寺浴室（元和8年）、酬恩庵浴室と妙心寺浴室、京都府指定建造物の相国寺浴室（慶長元年）、建仁寺浴室（寛永5年）がある。
　しかし、それら個々の浴室における建立の経緯やその後の改造、さらには利用方法、経営等について、ひとつの寺院の中での総合的な調査や評価が報告されたものは、これまで存在しない[1]。
　そこで本章では、妙心寺について、寺所蔵の古文書等を用いて上記内容を検討する。これにより建立年代とされてきた時期についても、再考が必要である点を指摘する。

①　浴室の建立
　この浴室の建立には、明智光秀が深いかかわりを持っている。寺伝によると明智光秀は、天正10年（1582）6月2日に本能寺の変を起こし、織田信長を自害に追い込むと妙心寺に立ち寄り、自身の命も長くないことを悟り、浴室の建立料を寄進していったといわれている。混乱した状況の中でそのような余裕があったかどうかの真偽は不明である。しかしこれは、明智家が美濃の土岐氏の傍系であり、妙心寺と古くからの法縁があったことに由来している。光秀は同月13日に羽柴秀吉と山崎で合戦を行い、落ち延びる際、小栗栖で落武者狩にあい、命を落とすこととなる。
　そして、妙心寺に浴室が建立されるのは、天正15年（1587）2月吉日である。施主は2年後の天正17年（1589）[2]に妙心寺山内に太嶺院という塔頭を創建する密宗紹僉の寄進による[3]。この密宗こそ、光秀の母方の叔父であったと伝えられる人物である。彼が光秀の供養のために浴室の建立費を寄進したことにより、上記のような寺伝が創られたのではないだろうか。
　当初の浴室に関しては、現浴室内部に天正15年の棟札が残るのみで、他に当時の状況を判断させる資料は残っていないと考えられていた。しかし浴室の建立年代とされる明暦2年（1656）の文書を検討することより、新たな事実が判明する。

② 現存する浴室

現存する浴室は、明暦2年（1656）の『風呂屋普請萬帳』(4)が存在することより、この年に再建されたと考えられてきた。しかし、この資料の内容についてはこれまで詳細な報告がないことより、再検討の必要性があると考える。

『風呂屋普請萬帳』は、「明暦二年申小春日」と書かれた和綴本で、表紙を含め37丁に記入されている。大工・日傭・木引・左官・葺師等の日にち別人工数や屋敷代・金物・請負の日傭工事を含む小買物代等で構成されている。主に明暦2年10月と11月の記述であり、大工や日傭の項目では12月の人工数が抹消されている。さらに最末尾に勘定の締めがないなど完全な文書として残っているものか疑問が残る。

そこで内容について検討を行う。大工の人工数は明暦2年10月16日から11月30日までの45日間でのべ707人工を数える。その他の工種についても表1のとおりとなる。さらに工事の内容を詳細にみると、日傭は、平日傭・木遣・手木者の3工種に細分化されている。10月26日から11月3日に確認できる木遣は、基礎石等を据える際の地突きの囃子方であることより、新しい敷地に建設されたことが確認できる。さらに葺師の項目では、10月19日から26日まで再利用のための「古板揃え」、続く10月28日から30日までの補足屋根材の「板へき」と、11月1日から15日までの屋根葺きと推定される部分に3分割でき、こけら葺屋根の一連の工程を確認できる。また、屋根葺き完了後の11月22日、23日には小買物に含まれ人工数としては確認できないが瓦師が各2人ずつ工事に入っていることより、屋根棟積みを行ったと考えられる。また工事の仕

表1 明暦2年(1656)『風呂屋普請萬帳』における職人の人工数 （単位：人工）

月日	大工	日傭 平日傭	日傭 木遣	日傭 手木者	木引	左官	葺師
10.16	6						
17	8						
18	11						*1
19	12				1		5
20	13						5
21	11						5
22	14						9
23	14						5
24	17						7
25	18				1		
26	15	17	1				7
27	18	19	1				*2
28	19						9
29	19	25	1	3			4
30	19	10.5	0.5	4.5			7
10月計	214	71.5	3.5	7.5	2	0	63
11.1	17	22	1	4			7
2	18	18	1	3			5
3	19	20	1	3	1		
4	18	9		2.5	2		
5	18	1		4	2		
6	19	6		3	1		
7	17	5		3			15
8	16						
9	16	4		4			21
10	18	4		4			12.5
11	17	5		4			23
12	16	5		4			7
13	17	3.5		4			2
14	18	2		4		6	2
15	13	2		4			4
16	16	1		4			
17	17	2		3			
18	13	2		4			
19	13	2		4			
20	12	2		4			
21	12	2		4			
22	12	4		4		2	
23	12	3		4	1	2	
24	31	4		4	1		
25	15				1		
26	16			3			
27	16	2		4			
28	16	1		4			
29	17	1		4			
30	17	2		6			
11月計	493	136.5	3	106.5	9	10	98.5
合計	707	208	6.5	114	11	10	161.5

＊1：古板揃え
＊2：板へき

表2 明暦2年(1656)『風呂屋普請萬帳』における工事費内訳　　(単位：銀匁)

項　目	細　目	明暦2年 10月	11月	12月	明暦3年 3月	計算値	文書
屋敷の代						240.000	240.000
大　工	作　料	245.450	581.100				
	飯　料	107.000	246.500				
	取　分	19.900	46.300				
	合　計	372.350	873.900			1246.250	1216.250
葺　師	古板揃え	64.500				64.500	
	板拵え	34.000				34.000	
	板へぎ賃	25.160				25.160	
	葺　き		184.450			184.450	
	合　計	123.660	184.450			308.110	308.110
金　物	合　計	109.620	175.000			284.620	284.220
日　傭	平日傭	44.330	84.630				
	手　木	7.350	111.825				
	木　遣	6.300	5.400				
	合　計	57.980	201.855			259.835	259.835
木　引	雇　い	3.400	15.300			18.700	
	手間請	10.521	37.713			48.234	
	合　計	13.921	53.013			66.934	67.103
左　官	合　計		25.000			25.000	25.000
小買物	日傭工事(請切)	53.800	375.800		27.000	456.600	
	石工事	6.950	132.600	93.100		232.650	
	材　木		421.000	7.420		428.420	
	屋根葺材料		507.900			507.900	
	縄	18.200	26.200			44.400	
	その他	75.200	84.600	101.750		261.550	
	合　計	154.150	1548.100	202.270	27.000	1931.520	1932.020
工事費合計						4362.269	4332.538

上げの段階で必要となる左官も11月中旬以降10人工確認できることなど、本工事の全体がほぼこの1カ月半の間に行われたと考えられる。

次に工事費について確認すると文書の中では多少の計算間違いがあるが、総額銀4貫362匁2分6厘9毛となり、内訳は表2のようになる。詳細に見ると敷地を確保するための屋敷代、日傭工事（請切）の中には藪払いや既存の築地こぼち、敷地内の溝や井戸掘り等、建築工事だけではなく、外構工事や浴室機能すべてを含む内容となっていることが確認できる。

一方、工事費の構成比率を示すと図1のようになる。この中で特に注目したい点は材木である。当時の一般的建築工事では約3分の1から半分程度が材木代に当てられているのに対して、浴室の普請工事では約1割となっている。さらにこの中には明らかに外構工事に用いられたものも含まれていることより建築工事用材の比率はさらに低くなる。

浴室は切妻造、妻入の建物で、内部に竈があること、一部に座敷がある点、さらに禅宗の伽藍建築の中で主要な行事の中心的な施設となる最上級の建物でない点など、庫裏建築に類似している。そこで承応から明暦にかけて造られた妙心寺の建物のうち、庫裏と建坪当たりの人工数並びに工事費を比較してみると表3のようになる。この表から判断できることは、下記の通りである。

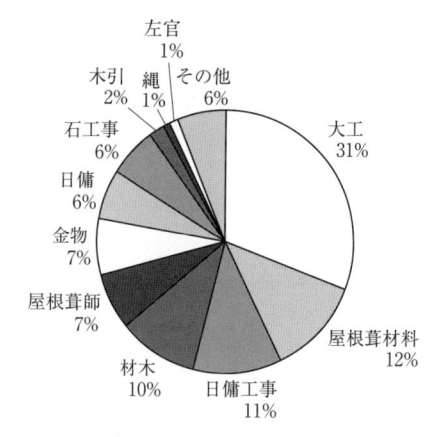

図1 『風呂屋普請萬帳』における工事費構成比率

大工 31%
屋根葺材料 12%
日傭工事 11%
材木 10%
屋根葺師 7%
金物 7%
日傭 6%
石工事 6%
木引 2%
左官 1%
縄 1%
その他 6%

(1) 庫裏と比較して大工・日傭・屋根葺師・木引・左官とも坪当たりの人工数が半分から2割程度しかない。表2に縄代が計上されていることより、浴室では曳屋が行われた可能性もある。
(2) 工事費総額の坪当たり単価でも、浴室は、庫裏の3割程度の経費割合である。
(3) 庫裏と比較して、石工事の割合が非常に高い。この点は、浴室が給排水のために石を多用した施設であり、場所を移転したため全体の施設を必要としたためと考えられる。

これらのことから、浴室と庫裏の規模の違いを考慮しても、浴室を単純な新築とは認められない。

さらに、現在の浴室の正面に用いられている桟唐戸上の蟇股が承応から明暦年間のものより古風であること、妻上部の虹梁上大瓶束の結綿が彫刻の彫り跡を残す中世の技法で仕上げられていること（図2）、正面妻壁の構成が海老虹梁等を用いた装飾が少なく、屋根勾配も六寸程度と緩い点などを指摘することができる（図3）。また、明暦の工事後2年を経過した万治元年（1658）閏12月から翌年の2月にかけて銀1貫目を要して小風呂の修理を実施していること、さらに23年後の延宝7年（1679）には大工工数700人を超す改修工事が行われている。これら一連の工事は一般的に新築された建物の改修時期としてきわめて短周期である。

以上のことを総合的に検討すると、浴室は天正15年に建立された部材を承応から明暦年間の庫裏・大方丈・法堂等の造営にかかる妙心寺の拡大時に再用して再建した可能性が高く、移築されたことも想定される。

③ 延宝7年の改修工事

延宝7年の改修工事の内容は、同年の『正法山妙心禅寺米銭納下牒』に記述されている。それによると総工費は概ね銀6貫105匁ほどであり、工種別の内訳は表4のようになり、工事費の構成比率をグラフにすると図4のようになる。工事費の多くが木工事に費されたこと

表3 明暦2年(1656)『風呂屋普請萬帳』における浴室と『大庫裏萬拂銀之帳』における庫裏の坪あたり人工数と工事費比較表

	浴室(30坪)		庫裏(117坪)		
	人工	人工／坪	人工	人工／坪	浴室／庫裏
大　工	707.0	23.57	5000.5	42.74	0.551
日　傭	328.5	10.95	5514.5	47.13	0.232
木　引	11.0	0.37	226.5	1.94	0.189
左　官	10.0	0.33	63.0	0.54	0.619
屋根葺師	161.5	5.38	1224.0	10.46	0.515
石工事	57.5	1.92	47.5	0.41	4.721

	銀(匁)	銀(匁)／坪	銀(匁)	銀(匁)／坪	浴室／庫裏
工事費	4122.269	137.409	54585.704	466.544	0.295

註：ただし、工事費は「屋敷の代」を除いた金額。

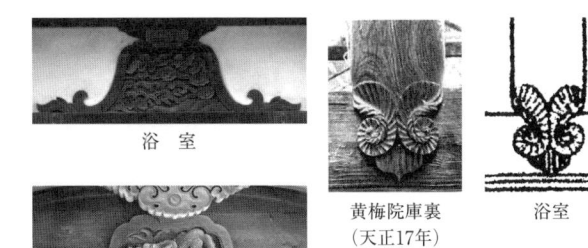

図2　唐破風下の蟇股(左)と虹梁上の大瓶束の結綿

浴室

大方丈、小方丈間廊下(明暦元年頃)

黄梅院庫裏（天正17年）

浴室

図3　昭和16年修理後の浴室正面図(京都府教育庁所蔵)

表4 『正法山妙心禅寺米銭納下牒』の延宝7年(1679)6月の支出より「風呂普請之用」部分

項 目	規 格	数量	単位	文書の銀(匁)	浴室分のみ銀(匁)	備 考
材木代		1	式	2820.700	2820.700	
大 工		708	人	1416.000	1416.000	表では大工・木引に含む
同午膓入目		1	式	354.000	354.000	
木 引		7	人	10.500	10.500	表では大工・木引に含む
同午膓入目		1	式	3.500	3.500	
鍛 冶		1	式	640.940	640.940	
日 傭	内336人ハ風呂内5人ハ法坂并山林入口水損内九人ハ玉鳳并瓦師手傳之用	350	人	458.000	440.000	
左 官		36.5	人	73.000	73.000	表では左官工事に含む
同午膓入目		1	式	18.250	18.250	
竹	5寸3本、1尺2寸1本、6寸45本	1	式	32.900	32.900	
縄	下地縄4束、蔵縄13束	1	式	0.705	0.705	
スサ藁	スサ藁29丸、小スサ藁44俵、綛スサ1貫目、紙スサ2玉	1	式	43.900	43.900	
石 灰		3.5	石	46.700	46.700	
篩 土		3.6	石	22.760	22.760	
砂		41	荷	13.660	13.660	
雑材料	布糊4貫目、油1升、柴3束	1	式	17.880	17.880	
石 切		6	人	14.400	14.400	表では石工事に含む
同午膓入目		1	式	3.000	3.000	
石	竈之用	1	本	8.500	8.500	
石ノ上樋	3間内法6寸	1	個	16.800	16.800	
石	風呂屋ノ東塀之下石掛之用	25	駄	37.500	37.500	
瓦 師	内5人風呂内九人伽藍草取之用	14	人	28.000	10.000	表では瓦工事に含む
同午膓入目		1	式	7.000	2.500	
瓦	巴唐草65枚敷瓦45枚平板10枚	1	式	36.000	36.000	
蓆		30	枚	10.500	10.500	表ではその他に含む
井土車	但ケヤキ	1	個	3.500	3.500	
釣 瓶	縄共	2	双	6.600	6.600	
合 計				3171.005	3148.505	

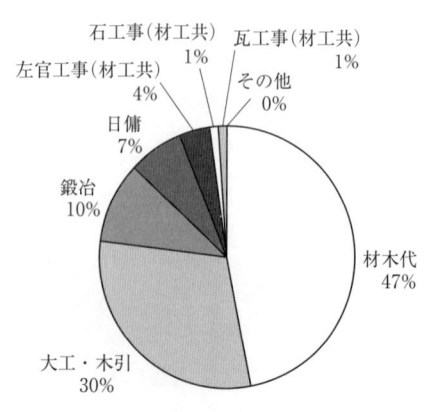

図4 『正法山妙心禅寺米銭納下牒』の延宝7年6月の支出より「風呂普請之用」部分における工事費構成比率

石工事(材工共) 1%
瓦工事(材工共) 1%
左官工事(材工共) 4%
その他 0%
日傭 7%
鍛冶 10%
大工・木引 30%
材木代 47%

が確認できる。工事内容については、延宝7年7月2日の『記録』に以下のように記述されている。

(前略)
　同日浴室破損ノ修理普請出来故大衆始テ入浴但シ小風呂ノ釜湯釜所井戸北ノ板間等様子相改ル也小風呂東西九尺五寸南北八尺五寸也大工手間七百拾工餘入ル也

　これらより、洗い場を含む小風呂の木部や下屋庇が設けられた北面の半間部分の木部造作工事が行われたと考えられる。さらに鍛冶代が工事費の10％にあたる約銀640匁を必要としたことは、風呂釜・湯釜の交換も含まれていたためと推測できる。この北面の半間部分の木部造作工事とは、現在浴室の北面外部にある井戸を室内に取り込み、給水の利便性を図る改造であったと考えられる。

　しかし、この時期においても、規模を拡大する手法として下屋庇（げやびさし）が設けられ、建立当初の外観が大きく変更されることはなかったことがわかる。

④　その後の江戸時代の改修工事

　浴室は、文化5年（1808）まで屋根がこけら葺であったため、20年から30年おきに屋根葺替え工事が行われている。また、水蒸気で体を温める蒸気浴であったため、木部がいつも湿気にさらされていたことより、延宝以降もたびたび小修理が行われていたことが『記録』や『米銭納下帳』より確認できる（表5）。

　『記録』の元禄3年（1690）3月晦日条に以下のように記述されている。
　龍泉菴境内北方明キ地 南北七尺東西七間半 八坪也浴室南ノ庇（ヒサシ）依テ造作 眺望アリ則チ地代百六拾目遣ス但シ壹坪ニ付貳拾文目充也其ノ後ナシテ竜ノ泉一派ノ願ヒニ八ノ坪ノ分寄附ニ□常住ニセラル依レ之百六拾目之地代銀常住エ返納アリ

　これにより、浴室の南面に庇を造作するために龍泉庵より7尺×7間半の土地を寄付されていることがわかる。

　その規模はのちの天明9年（1789）正月に奉行所に提出された『諸伽藍建物繪図添書』の浴室の部分にも記述されており、確認することができる。
　一浴室　梁行五間　南ニ壱間ニ弐間半之建出シ
　　　　　桁行六間　北ニ間半之縋破風付
　　　　　屋根　柿葺西妻入口　獅子口壹ツ入口唐戸　左右ニ裏頭窓付
　　　　　　　　唐破風

　さらに天保15年（1844）にやはり奉行所に提出された絵図の写しには、天明9年の記述の様子がそのまま描かれており、正面から1間奥まったところに桁行2間半、梁行1間の庇が確認できる（図5）。平面構成等は不明であるが、次節第1項で述べる南の間に当たると考えられ、僧階による控え室の分化が行われたと推定できる。

　享保3年（1718）1月14日には、竈の残り火から和尚方上り場床下に引火する小火がおき、

表5　妙心寺浴室の修理年表

元号	西暦	月	工事内容	出典
天正15	1587	2	上棟	棟札
慶長15	1610	3	修理	『米銭納下帳』
寛永8	1631	7	修理	『金銀納下帳』
明暦2	1656	10～11	移築か	『風呂屋普請萬帳』
万治元	1658	閏12～2	小風呂修理	『金銀納下帳』
寛文9	1669	1	修理	『米銭納下帳』
12	1672	9	修理	『米銭納下帳』
延宝3	1675	3	修理	『米銭納下帳』
4	1676	3	修理	『米銭納下帳』
7	1679	5～6	北庇工事・小風呂普請	『米銭納下帳』『記録』
8	1680	12	修理	『米銭納下帳』
元禄2	1689	2？	こけら屋根葺替え	『記録』
3	1690	2～3	南庇工事	『記録』
10	1697	5～6	修理	『米銭納下帳』
宝永元	1704	4	修理	『米銭納下帳』
6	1709	2～3	こけら屋根葺替え	『米銭納下帳』
正徳4	1714	6	修理	『米銭納下帳』
享保2	1717	8	小風呂修理	『記録』
3	1718	1～2	小火修理	『記録』
6	1721	4	修理	『米銭納下帳』『記録』
8	1723	5～6	修理	『米銭納下帳』
17	1732	10～11	こけら屋根葺替え	『米銭納下帳』『記録』
元文元	1736	4～5	修理	『記録』
宝暦4	1754	閏2～4	修理	『記録』
明和3	1766		見分あり。修理？	『記録』
8	1771	10～	小風呂普請	『記録』
天明7	1787	4～6	こけら屋根葺替え	『記録』
寛政8	1796	6～7	こけら屋根葺替え	『記録』
10	1798	8～11	竈繕い・風呂敷板下修理	『米銭納下帳』『記録』
文化5	1808	8～10	屋根こけら葺から桟瓦へ葺替え	『米銭納下帳』『記録』
11	1814	3～	仏殿造替え普請中施浴相止める	『記録』
天保6	1835	12～	大修理	『浴室修覆別牒』
8	1837	4	大修理	『記録』
9	1838	1	浴室入浴再開	『米銭納下帳』
11	1840	7～8	釜廻り打土修理	『記録』
昭和16	1941		解体修理工事	『建造物要覧』

表6　天保8年(1837)『浴室修覆別牒』における工事費内訳表

文書での項目	人工	銀(匁)	備　考
材木屋		5516.32	表では材木代
大工(内子供173人)	1405人	5224.20	
左　官		2121.42	
石　工 石買入	345.5人	1382.00 272.60	表では石工事に含む
日　傭 黒　鍬	954人 20人	1530.61 55.08	表では日傭に含む
鍛　冶		1277.77	
瓦　師		1048.05	表では瓦工事に含む
葺　師		404.27	表では屋根葺師
木　挽	76.5人	298.35	
畳　師 畳新床	14帖	127.38 84.00	表では畳工事に含む
塗　師 戸　屋 表具師 諸買物 愛宕代参 公儀役人江菓子料 酒　手 棟梁江祝儀 日傭頭江祝儀		70.80 254.50 6.30 357.39 3.66 57.65 27.30 13.50 9.00	表ではその他に含む
合　　計		20142.15	

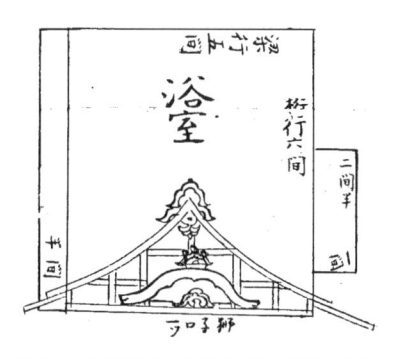

図5　天保15年(1844)に奉行所に提出された絵図の写し(妙心寺所蔵)

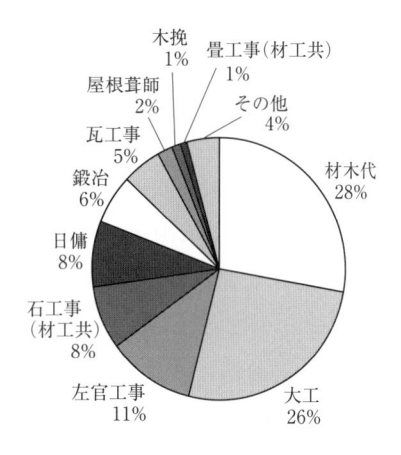

図6　『浴室修覆別牒』における工事費構成比率

修理を行っている。

　また、文化5年(1808)には、本坊の庫裏と同じようにこけら葺から瓦葺に改められる。『記録』の文化5年3月10日条には以下のようにある。

　　修造方披露ニ云浴室屋根此節葺替之節ニソロヘハ非常用心且又末々護惜之筋ニモ相成ソロヘハ瓦葺ニ被成ソロテハ如何御座ソロ哉此叚御伺申上ソロ則右積書等備衆覧ソロト也衆議ニ右伺之趣非常用心並護惜之筋ニソロヘハ積書之通ニテ被申付可然トノ義ニテ此旨修造方エ申入

　さらに、現存する煙出しは、破風の形が文化5年に庫裏に付けられたものと類似していることより、同年に屋根面上から棟上部に移されたと考えられる。

　さらに、文化11年(1814)3月から仏殿の造り替えで20年あまり使用できなくなっていた浴室を再開するため、天保6年(1835)12月より天保8年(1837)4月にかけて修理が行われた。詳細は『浴室修覆別牒』と題された文書に記述されているが、保存状況が良くなく、内訳の詳細まで確認することはできない。しかし総額は、銀20貫142匁1分5厘もの経費を

支出し、当時の工種のほとんどが含まれていることより、浴室としての機能を復元するための大規模な修理が行われたと考えられる[8]（表6・図6）。

以上のように見てくると、元禄3年の改造には、僧階による控え室の分化等、機能を充実させる内容が含まれていたと考えられるのに対し、それ以降は、こけら屋根の葺替え経費の軽減と火災への配慮のため瓦葺に変更すること等、主に機能の維持・回復を目的とする工事が行われていたことが確認できる。さらに、上記のいずれの修理においても、正面意匠の変更や規模を大きく変更する工事は行われていないことがわかった。

⑤　明治以降の修理

この浴室は、明治45年2月8日に国の特別保護建造物となり、昭和16年に現状変更をともなう解体修理を行う。妙心寺には現状変更に関する文化庁の書類の写しが、独立行政法人国立文化財機構奈良文化財研究所には修理前後のガラス乾板写真が、さらに京都府教育庁文化財保護課には修理前後の図面（図7）が保存されている。これらより修理前には、浴室として利用されておらず、建物の破損もだいぶ進んでいたことがわかる（図8）。そして明らかに後世に付属された部分（南面・北面の母屋桁より張り出した部分）については、現状変更の手続きをとらずに撤去している。その上で現状変更を行い、屋根を桟瓦葺から本瓦葺への変更を行っている[9]。

しかし母屋桁より張り出す部屋の存在は、北面では延宝6年8月1日〜延宝7年7月晦日の『正法山妙心禅寺米銭納下牒』および先に内容を紹介した延宝7年7月2日の『記録』に記述されている。南面は元禄3年（1690）3月晦日の『記録』のとおりであり、これら資料より歴

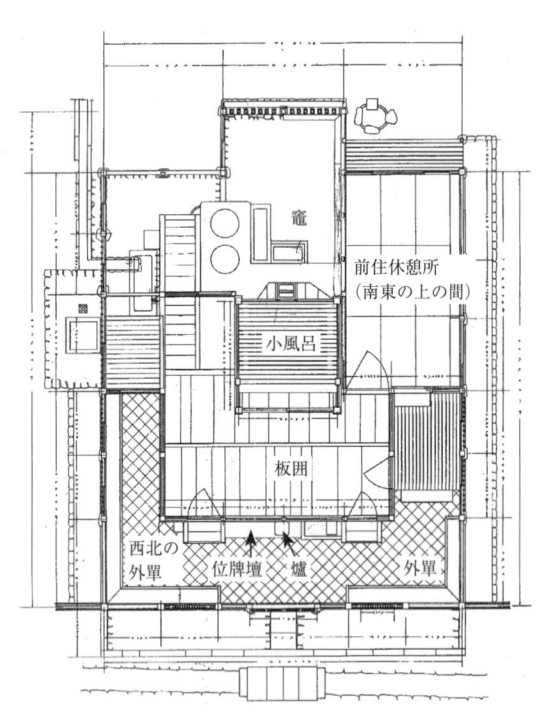

図7　昭和16年修理後の平面図（京都府教育庁所蔵）

図8　昭和16年修理前の浴室北面
（独立行政法人国立文化財機構奈良文化財研究所所蔵）

史的に庇が付加された状況が確認できる。そのため解体に際しては、調査を十分に行い、慎重に取り扱われるべきであったと考えるが、写真以外には図面等も残っておらず内部平面等の詳細は不明である。さらに桟瓦から本瓦への現状変更についても文化5年以前はこけら葺であったことが資料等より明白であり、明らかな間違いである。

　以上、浴室の建立と修理についてみてきたが、明暦2年については、承応から明暦年間の妙心寺本坊伽藍の拡大事業の一環で、天正15年に建立された部材を再用して再建した可能性が高く、移築されたことも想定されること、その後延宝7年、文化5年、天保6年から8年、昭和16年等に比較的規模の大きい修理が行われていたことを指摘した。

　修理内容は17世紀には、浴室の給水施設の改善や僧階による控え室の分化等、機能を充実させる内容が含まれていたと考えられるのに対し、18世紀以降は、屋根葺材料の変更等、主に機能を維持・回復をするための工事が行われていたことが確認できる。さらに、明治以降特別保護建造物となったあとも、屋根瓦の変更等を含む建物維持のための修理が行われていたことが確認できた。

　では、この浴室はどのように利用されていたのであろうか、次に検討することとする。

2　浴室の利用方法および経営等

① 　入浴の際の僧侶の作業と入浴方法

　入浴の際の僧侶の作業と入浴方法については、天明4年（1784）に妙心寺で製作された『法山規式須知』によりその実態を把握することができる

　入浴についての記述は、第七「大衆章　上」の日分の末尾に記述されているが、絵図は書かれていない。作業と入浴方法については以下のようになる。

　入浴の際の僧侶の作業は、浴籍名簿の平僧3人が順に当番となって行う。[10]

（1）入浴日の前日、番頭（当番の長）は、下僕を連れて浴室内部すべてを掃除する。小風呂・湯錯（湯釜）に水を張り、牌（位牌）を退けて壇の上を拭き、翌日の施主の牌を前面に並べ、その他すべての準備をしておく。[11]

（2）当朝、未明より副寺の下僕が風呂を炊き、殿鐘第1通の頃、番頭は浴室に行く。

（3）浴室の扉を開き、爐の火を起こし跋陀婆羅像の前で焼香する（中・末の番の者は入堂鐘の前に来ること）。

（4）3カ所の手水器に水を入れる（4月より9月までは冷水・10月より3月までは湯を足す）。

（5）長巾2斤を正面の扉内の南北に掛け、他の2斤は前住・前堂の手水場に掛ける（短巾は前住用・長巾は前堂用）。

（6）施浴牌を戸外の北に掛ける（ただし14日だけは太嶺院が浴室を始めた日なので開浴の牌面を用いる）。

297

（7）小風呂の中湯を炊くとき桶に湯を入れ、杓を置く。

（8）板囲の内（板の間）に水を撒く（冬の月は湯を撒く）。

（9）小風呂の前下の戸2枚を外し、北側の板囲として用いる。

(10)浴司は時刻を考え下僕に命じて1通の浴鐘を12聲鳴らす。

(11)第1通ののち、山内の前堂・浴籍のある平僧は、正面の門より入り、爐に向かい焼香・問訊を行う。

(12)前堂は南の間で、後堂以下は西北の外單でそれぞれ衣を脱ぎ浴具を着、板囲の西北の戸より入る。

(13)知浴の3人は、小風呂の北の床におり、入浴者の求めに応じて湯水を運ぶ。

(14)一番風呂の衆が済んだら、第2通の浴鐘12聲を鳴らす。

(15)前住衆は、南東の上の間に入る。

(16)知浴は新たに湯を汲み、これを流す。また侍者のために湯桶を北に持って行く。

(17)侍者は前住に従い上の間に入り、のちに北の外單より前住と一緒に入浴する。

(18)入浴が済むと焼香を行う。

(19)退出の時を見計らい、第3通の浴鐘12聲を鳴らす。

(20)知浴・無籍の僧・監寺・行者等が入浴する。その他の者は入浴を禁ずる。

(21)笑うことや話をすること等禁止事項は制規に書いてある。

(22)入浴がすべて済めば知浴は、各爐の火を消し、3カ所の手水器の手巾・施浴牌・桶・柄杓等を片付け、戸を締め、竈司に火の始末を指示して、手巾を副寺寮に返却する。

(23)直日の番を示す浴札を一番末にし、番末より次の番当の院へ行き、そのことを告げ、浴札を渡して帰る。

　以上のように、3人の平僧が風呂当番として作業にあたり、僧階や役職により3回に分けて入浴していること、入堂時に跋陀婆羅像およびその左右に並ぶ位牌に対して焼香・問訊を行い、退室時にも焼香が行われるなど宗教行事としてとらえられ、施浴者の供養を行い、入浴をしていること等が確認できる。

　では、施浴者とは、どのような人たちであるのか、次に見ていくこととする。

② 施浴者について

　この場合の施浴とは、僧侶に風呂を施し、その代償としてある人物の供養を依頼することである。妙心寺の浴室は、はじめに述べたとおり、太嶺院の密宗紹俊が明智光秀の供養のため建立費白銀10枚を寄進したことより始まる(12)。本寺では、毎月14日に風呂を焚き、浴室を寄進した密宗の供養をすることとした。しかしその14日とは、明智光秀の命日にあたり、密宗への供養とは、実は明智光秀に対する供養であったと考えられる。これは妙心寺が天正11年

表7 近世以前の妙心寺における浴室入浴回数と施浴者名簿

施浴開始年月	西暦	継続年数	月回数	施浴	施浴料納入日または開始月	施主
天正15	1587	16〜19	1回	14日	天正15年浴室建立	太嶺院開基密宗座元
慶長7.8〜10.8	1602〜1605	〜3	2回	7日追加	慶長7年8月〜10年8月	
慶長10.11	1605	〜3	3回	19日追加	慶長10年11月	
慶長11.8〜14.8	1606〜1609	〜4	4回	4日追加	慶長10年11月4日納	鵜殿兵庫
慶長15.12	1610	〜5	5回	28日追加	慶長10年11月4日納	鵜殿兵庫
元和元.10〜2.9	1615〜1616	〜1	6回	24日追加	元和元年10月〜2年9月	
元和3.6	1617	〜8	7回	9日追加	元和3年6月	
元和4.8〜寛永2.8	1618〜1625	〜20	8回	22日追加	元和4年8月〜寛永2年8月	
寛永14.8〜15.8	1637〜1638	〜8	9回	8日追加	寛永14年8月〜15年7月納	
					日亡	後藤源左衛門
正保3.3	1646	〜13	10回	25日追加	正保3年3月より	山田権九郎吉俊　山田久彌重政
万治2.5	1659	約1年	11回	3日追加	万治2年5月	
万治3.4	1660			11日追加	万治3年4月11日納	長門萩住人鹽田道可信士
		〜12	12回		日亡	脇坂宇右衛門室
					日亡	酒井修理大夫臣野之口将監
寛文11.8〜12.7	1671〜1672	約1年	13回	17日追加	寛文11年8月〜12年7月納	
寛文11.8〜12.7	1671〜1672		14回	晦日追加	寛文11年11月29日納	
					寛文12年8月？納	
寛文12.11	1672	約2年	15回	10日追加	寛文12年8月〜13年7月納	
延宝3.1	1675	約3年	16回	20日追加	延宝3年1月より	寿祥院　池田隼人の母
					日亡	片岡外記
延宝6.3	1678			偶数日に整理		
					日亡	
					日亡	丹州水上郡太田村萬松山慧日寺主
		約37年	15回		元禄3年12月納 元禄4年1月より	
					元禄4年1月納	逆修(生前自分で祠堂料を納めること)
					宝永7年5月3日	石川靱負
正徳5.7	1715	約3年	10回	諸色高直故省略		
享保4.1	1719	約6年	6回	金銀御触に付4ヶ		
享保10.2	1725	約7年	3回	施浴祠堂銀元物め、2月より亥の省略。金利を8銭		
享保17.1	1732	約5年	6回			
元文2.8	1737	約6年	3回	従今年8月子年迄3匁充増		
延享元.1	1744	約7年	6回			
宝暦元.10	1751	約11年	3回	近年諸国困窮に付省略。亥の年まで		
宝暦13.3	1751	約9年	6回			
安永2.2	1773	約38年	3回	衆議之上従當月より修行		
文化8.11	1811	約2年	1回	省略ニ付		
文化11	1814	約16年	0回	浴室を仏殿の仕上管庫とするため		
天保2	1831	約7年	0回	10ヶ年の間厳しく		
天保9.1	1838	約30年	1回	古格相弁える者ると困るため		
慶応3.11	1867		0回	筑後家に借与		

(1583)より毎年6月14日に明叟玄智(明智光秀)に対する祠堂(供養)を行っており、一般的に主君の裏切者として評価を受けていた人物に対して、毎月供養を行っていることを世間に知られないための方便として取られた措置と考えられる。

本山の『米銭納下帳』には、文禄2年(1593)9月より「風呂柴」として米2斗7升の支出が確認でき、以後資料は断片的ではあるが月1回分の風呂柴代として米2斗1升から3斗が支出されている。そしてこのような状況が慶長7年(1602)頃まで続いたと考えられる。[13] その後、妙心寺では新たな施浴者を募ることとなる。

その初めが、天正11年より17年間、京都奉行職にあった前田玄以(徳善院前大僧正天涼以公和尚)である。彼の菩提寺は妙心寺山内の蟠桃院であり、慶長7年5月7日に病没している。このような関係から施浴者となったと考えられ、妙心寺に風呂祠堂料として銀700匁が納められ、命日である毎月7日に風呂を焚くこととなる。『米銭納下帳』では欠けている年があり、施浴が確認できるのは、慶長10年(1605)8月からである。

その後は、表7(折込)のように施浴者が増加していくこととなる。元和以前は、風呂祠堂料として銀700匁が納められている。日治禅定門と妙仲禅定尼の風呂祠堂料は慶長10年の『金銀納下帳』11月4日に確認でき、祠堂風呂料銀700匁に「此外百文目者入浴之始一山展侍料也」と記述されており計銀800匁が納められたと考えられる。[14] 寛永以降については、一律に銀1貫目が納められていたと考えられる。施浴者は将軍から大名、旗本、その他の武士やその夫人等で、主に血縁者が法縁により、妙心寺に故人の供養を依頼したものである。月の施浴回数が最高になるのは、延宝3年(1675)1月からの3年あまりで、月16回を数えた。その後、延宝6年2月には浴室に対する初めての『壁書』が出され、成文化が計られる。[15]

一 風呂日之事二日四日六日八日十日十二日十四日十六日十八日廿日廿二日廿四日廿六日
　廿八日晦日小月ハ廿九日
　　右之通ニ而只今迄ノ施浴之忌日迚夜當日之配當也但向後者施浴領壹貫目也

さらに翌延宝7年7月26日には、以下の『壁書』が出される。[16]

一 施浴者自今以後一月可爲十五度也一度七錢充令下行事

これらにより、風呂の日は偶数日となり、小の月のみ29日が追加され、月15回となること。施浴領(風呂祠堂料)が銀1貫目となり、支出は1回銀7匁となったことが確認できる。

③ 施浴に対する妙心寺の経営

ここで、妙心寺では風呂祠堂料をどのように用いたのか検討することとする。寛文7年(1667)12月の『壁書』によると以下のように記述されている。[17]

　　祠堂銀借與之覺
一 本銀高五拾貫目也 [18]

一　一院江高壹貫目或貳貫宛三年之間可被借與之加判之仁者持菴之徒弟兩人宛也
一　右三年之期相濟則急度可被返辨之後縦雖有要用五三年中ハ其仁江不可借與矣
一　壹貫目ニ付壹月ニ風呂一度宛可焼者也柴代ハ極月中納所迄可被相渡矣
一　借用有之衆ハ勘定日ニ可被請取矣
一　常住方銀子要用有之則逐年月最初借銀之衆ヨリ次第可被返納矣
　　　　右役者衆五人宛立合銀子可被出納者也仍衆評如件
　　　　　　　　　　　　　妙心寺
　　　寛文七丁未十二月十七日　　維那
　　　　　　　　　　　　　納所
　　　　　　　　　　　　　侍真

預リ申當山祠堂銀子之事

合貳貫目者　但又兵衛包也

右預申所實正也何時成共御用次第急度返辨可申候若無沙汰仕候ハヽ為加判中某寺屋敷ヲ取上ゲ可進常住候若某預リ主於異論有之者從加判中埒明可申候仍爲後證如件

　寛文七丁未十二月十七日之定　　本人　院﨟　　道﨟
　　　　　　　　　　　　　　　　請人　同　　　道﨟
　　　　　　　　　　　　　　　　請人　同　　　道﨟

　　拜進
　　　常住役者中
　　右為銀子壹貫目之利足壹月ニ風呂一度宛焼可申事

　これによると、本山では祠堂銀を銀１貫目ないしは２貫目ずつ、山内の塔頭に貸し出し、利息として銀１貫目に対して、月１回の風呂を焚く金額を利息として徴収することを約束させている。さらに『法山壁書分類』には、年代の記入はないが、数種類の預かり証文の雛形が書かれており、いずれも銀１貫目に対して月に銀５匁の利息を課している。この額は、17世紀中頃の１回分の風呂代と同じ金額であることが確認できる（表7）。

　では祠堂銀の借与が始められる背景には、どのような事情があるのだろうか。寛文以前は祠堂関係の行事に対しては、祠堂銀から支出されていたと考えられ、一般の祠堂（祠堂銀5貫目納入）では、年１回の法要を営み、銀25匁が支出されていたことが確認でき、この方法では、元銀の償却までに200年を要する。一方風呂祠堂（祠堂銀１貫目）では、年12回の風呂柴代で銀60匁が必要で、元銀はわずか17年弱で消滅することとなり寺院経営を圧迫していた。そこで考案された仕組みが祠堂銀の借与で、これにより元銀を消費することなく風呂の運営費用を捻出することができることとなり、以後50年近くその仕組みを維持することができた

と考えられる。

しかし、18世紀に入るとこれまでの運用の仕組みでは、納まらなくなってくる。『記録』正徳5年（1715）7月11日条には、以下のように記述されている。

　　　總評衆議ニ云近年諸色高直ユヘ副寺方諸事費ハ多キ由ニソロ然ハ常住物ヲ以テ補ソロモ
　　　如何ニソロ間後副寺ヨリ省略可レ成儀ハ致二省略一日單帳ノ表唯今迄ノ通ニテ相濟ソロ
　　　様可然ソロ當副寺方水費ノ分ト後副寺青山座元ヨリ省略ノ分ト考合セ例年副寺ニ遣ス金五
　　　兩ノ外拾兩當副寺ニ助資可レ然トナリ則後副寺ヨリ省略ノ覺書記于左
　　　　　　　　覚
　　一　施浴一箇月之内五度減少之事
　　　（以下八項目省略）
　　　　　　　　右
　　　右省略覺書并施浴日減少之覺書四本菴ニ遣シ各派エ觸シム　浴日減少ノ覚書ハ見于留書

これにより、物価上昇により風呂の柴代が値上がりをきたしていたことがわかる。実際には正徳5年8月以前は1回銀7匁で15日風呂を焚いていたが、9月以降は1回銀10.5匁で10日焚くこととなった。物価が1.5倍になったのに対して、施浴日を3分の2とすることにより風呂の柴代を前年と同額にしていることがわかる。

さらに、享保4年（1719）には、幕府からの御触によりこれまでの金・銀が通用停止となり、新金・新銀との交換レートが半分程度となったため混乱を来たした。そのため風呂も1月から月6回に縮小することとした。このような混乱した状況の中で享保10年2月7日には以下の内容が決定される（『記録』同日条）。

　　　衆議云近年金銀引替ニ付施浴祠堂銀元物減少ユヘ其利息ニテ浴料不足有之ニ付巳ノ年ヨ
　　　リ来ル亥ノ年マテ七年ノ間利息八鉄ニ／四本菴エ相預ケ年々元物可令増長三本菴エハ壹
　　　貫八百目充聖澤エハ六百目差遣ソロ様ニトノ儀ナリ但聖澤エ六百目遣ソロ訳ハ常例トハ
　　　違ヒ格別ニ相頼ノユヘナリ
　　　右衆議ノ趣書付出来寺中エ觸知ラス文云
　　　　　口觸
　　　近年金銀引替ニ付浴室施入銀元物減少故壹月六度ノ下行不足有之ソロ依之衆議ノ上當巳
　　　ノ二月ヨリ亥ノ極月迠却後七年ノ内壹月三度ニ減シ右元物増長ノ為其際タハ常住ヨリ補
　　　之七年巳後ニハ只今マテノ通リ壹月ニ六度充可令行ソロ間此旨可被相心得者也
　　　　　風呂日
　　　四日　十四日　廿四日
　　　　　　右
　　　　巳二月六日　　　　　　　　　　　　　　　　　　　　　　　　　常住

これにより、四本庵にそれぞれ浴室祠堂料を利息8朱（銀1貫目に対して月に銀8匁の利息をつけること）にて貸し出し、元銀の補塡をすること。享保10年2月より享保16年12月まで風呂を月に3回とすること等を決定している。この分の元銀6貫目が7カ年で3貫984匁の利息を生み、元銀が9貫984匁となる。
　その後も18世紀中は、物価の上昇や寺院経営自体の行き詰まりによりたびたび、月6回の施浴を月3回とする処置がとられている。
　19世紀に入ると、寺院自身の経営はますます困窮の度合いを深めていたようで、文化8年（1811）12月より月に1回14日に開浴する旨を伝えている[24]。
　さらに、文化11年（1814）3月になると当時再建に取り掛かっていた、仏殿の化粧部材保管のため浴室が用いられ、施浴が行われなくなった。そのため寺では、毎年3月14日に仏殿で一山の僧侶による施浴者の法要を営むこととし、式後に方丈裏の間で鉢斎を執り行うこととした。その後、仏殿の再建は長い年月を要し、文政13年（1830）にようやく完成する。しかし施浴は仏殿完成後も再開されることなく、天保2年（1831）には、仏殿での法要後の方丈裏の間鉢斎が省略され、法要に出頭した僧侶に展侍料として1人銀5分が支出されることとなった[25]。
　天保6年（1835）になると、すでに浴室を使用しなくなってから20年を越え、建物自体の破損も進んでいたようである。『記録』の同年12月3日条には以下のようにある。
　　衆議ニ佛殿造替以来浴室及大破久ク入浴モ不相行自然ト古格相辨ヘソロ者無之様成ソロテモ歎ケ布事ニソロ間積り書等申付追々修覆相加ヘソロ様取斗可然乍併萬事省署ノ時節ニソロヘハ成丈ケ厳密ニ可被取調ソロ此段修造方ヘ申入
　これにより、「大破久ク」と「古格相辨ヘソロ者無之様成ソロテモ歎ケ布事ニソロ」との2つの理由から、修理が行われることとなる。修理の内容については前節に触れたとおりである。その後、天保9年（1838）1月から月1回の施浴が再開され、幕末まで続いたものと考えられる。しかし、慶応3年（1867）頃には、世情不安となり、幕府方の大名が家臣を従え、妙心寺に滞在することが多くなり、浴室も11月に筑後家に借与されることとなり、施浴は中止されたと考えられる。

3　まとめ

　本章では、浴室の建立の経緯やその後の改造、入浴方法、経営等について、妙心寺所蔵の古文書等を用いて総合的に解明することを目的としてきた。
　妙心寺の浴室の創建は、太嶺院の密宗紹俺が明智光秀の供養のため建立費白銀10枚を寄進したことより始まり、天正15年2月の棟札が残ることから、これ以降施浴が開始されたと考えられる。現存する浴室は、これまで承応から明暦年間の妙心寺の本山境内の拡大時に新築

されたと考えられてきたが、天正15年創建時の部材を明暦2年に再用して再建した可能性が高く、移築されたことも想定される。その後、延宝7年、文化5年、天保6年から8年、昭和16年等に比較的規模の大きい修理が行われていた。しかし、その規模拡大については庇を付けることにより対応し、正面の意匠は、天正15年の建立当初の部材が残されている可能性があること等が判明した。

入浴方法は、3人の平僧が風呂当番となったこと、僧階や役職により3回に分けて入浴していること、宗教行事としてとらえられ、施浴者の供養を行い入浴をしていること等が確認できた。この施浴は、天正以降慶長の初めまで明智光秀の供養のためだけに行われてきたが、江戸時代に入ると他の施浴者を募ることとなる。施浴者は将軍から大名、旗本、その他の武士やその夫人等で、主に血縁者が法縁により、妙心寺に故人の供養を依頼したものであった。宝永7年5月までに27件28人の施浴者があった。

妙心寺では、当初施浴者の月命日に風呂を焚くこととし、施浴回数を増やしていき、延宝3年1月からの3年あまりは月16回を数えた。

風呂祠堂料は、浴室の建立資金を寄進した密宗紹倹を除き、慶長から元和年間にかけては、概ね銀700匁程度が、寛永以降は銀1貫目となっていた。一方支出は、風呂柴代として支出され、元和以前は米で2斗1升から3斗、寛永以降は銀5匁から最高銀15匁まで時代により変動する。寛文7年には、祠堂銀の山内の塔頭への貸与が始められ元銀を消費することなく、風呂の運営費用を捻出することができるようになり、以後50年近くその仕組みを維持することができたと考えられる。しかし、時代が下るとともに物価の高騰や幕府の金融政策等により、寺院経営は逼迫していったと考えられ、18世紀以降施浴回数を15日・10日・6日・3日・1日・0日と減らしていく。

註
（1）『建仁寺浴室移築修理報告書』（大本山建仁寺　平成16年3月）では、浴室の移築修理時に詳細な調査が行われている。しかし、建仁寺における浴室の利用実態や経営方法等について言及したものとはなっていない。
（2）浴室上棟棟札（妙心寺浴室蔵）。
　　（表）　　　　　　　　　　　　　　　　　　　　大工藤原又三郎宗次
　　　　正法山妙心禅寺浴室立柱上棟天正十五丁亥歳二月吉日　住持恵稜誌施主　紹倹
　　　　　　　　　　　　　　　　　　　　　　　　棟梁藤原市左衛門家久
　　（裏）　記載なし
（3）『四派寺院苔敷改牒　全』元禄五壬申歳模改之（妙心寺蔵）
　　本冊子は、文化12年に東海庵の帳面を常住（妙心寺）で書き写したもので、霊雲派下諸院の中に以下のように記述されている。
　　一　百四年以前天正十七己丑歳建立　太嶺院
　　　　開基密宗座元
（4）『風呂屋普請萬帳』明暦二年申小春日（妙心寺蔵）

（5）　承応から明暦年間の一連の普請の中で材木代がしめる割合は以下の通り。
　　　　　法　堂　44％　『法堂普請銀之払帳』
　　　　　大方丈　21％　『普請金銀拂方帳』から大方丈工事費を推定
　　　　　庫　裏　37％　『庫裏普請銀之帳』
（6）　妙心寺の庫裏の屋根勾配は6寸8分程度ある。
（7）　万治元年8月〜万治2年7月までの『金銀納下帳』の支出に「一　銀壹貫目　小風呂之代」と記述され支出が確認できること。同年の『米銭納下帳』の月別風呂柴代がその前後の月で10回あるが、閏12月5回、翌年1月0回、2月5回と減少していることがあげられる。
（8）　表3の庫裏の坪単価を浴室の坪数30坪に当てはめると、約銀14貫程で新築建物が完成することとなる。天保の修復では約銀20貫となり、承応時の予想新築工事費をはるかに上回る額が支出されている。しかし、承応時の大工手間賃は飯米作料ともで銀1匁8分、天保時は銀4匁1分となり、物価上昇率は2.27倍となる。以上のことより天保時に浴室の新築工事を行うと銀30貫以上の経費が必要であったと推定できる。
（9）　妙心寺浴室の現状変更は、昭和16年当時の文部省宗教局第二課に提出されている。
　　　　　名　　称　　妙心寺浴室
　　　　　変更の要旨　屋根桟瓦葺ナルヲ本瓦葺ニ改メントス
　　　　　所　有　者　京都府京都市右京区花園妙心寺町　妙心寺
　　　　　一　妙心寺浴室
　　　　　屋根桟瓦葺ナルヲ本瓦葺ニ改メントス
　　　　浴室ノ屋根ハ現在大部分桟瓦葺デアツテ屋根ノ両端ノ部分及ビ煙出シ屋根ヲ本瓦葺トシテヰル。シカシ當初ヨリカヽル混合シタ葺方ヲ採用シタトハ考ヘラレナイノデ、今回コレヲ調査シタ結果、巴瓦、唐草瓦ニ建立當初ノモノト認メラレルモノヲ存シ、旦平軒ノ瓦座（舊本瓦葺ノトキノ瓦座）ガ現在西妻ノ部分ニ轉用シアルコトガ判明シタ。此等ノ事情ヨリ本屋根ハ元全體本瓦葺デアツタコトガ明ラカデアルノデ、コレヲ舊規ニ復セントスルノデアル。
（10）　僧階については、第8章第2節第7項参照。
（11）　寛永21年（1644）の『正法山妙心禅寺米銭納下帳』の6月の支出に「風呂屋ニ用也」として9本の位牌が作成されている。このことより、風呂祠堂者の位牌を並べ、礼拝が行われるのはこの年以降のことと考えられる。
（12）　白銀10枚の寄進について建立当初の文書等による確認はとれていない。2次資料ではあるが、川上孤山『妙心寺史』上巻（大正6年4月）による。同書中のその他の施浴者の記述に誤りはない。また、確認はできていないが浴室建立時の寄付簿が存在したことが書かれている。
（13）　妙心寺では『米銭納下帳』の記述から各月の風呂柴代を把握することにより、施浴回数を確認することができる。天文2年（1533）以降のものが確認されているが、特に近世前期以前のものは、断片的にしか残っていない。そのため施浴の開始月のすべてを正確に把握することは困難である。
（14）　慶長10年の『金銀納下帳』には、それぞれの風呂祠堂料として銀700匁のみが記述される。註（12）の『妙心寺史』には「白銀八百紋目」とある。
（15）　『壁書歴年便覧二』［妙心寺蔵］。
（16）　註（15）と同じ。
（17）　『壁書歴年便覧　三』［妙心寺蔵］。
（18）　「本銀高五拾貫目」とは、妙心寺一山が永代供養を行う祠堂者のための祠堂料銀5貫と浴

室祠堂料銀700匁〜銀1貫目の合計であり、当時本山が所有していた元銀と考えられる。
(19) 『法山壁書分類　五』［妙心寺蔵］。
(20) 祠堂銀借与の実態は、寛文7年の『金銀納下帳』に2人の僧侶より「祠堂銀之利足」として銀が納められていることから確認できる。妙心寺では将来的な物価変動に備え、あえて銀1貫目に対して月銀何匁の利息とはいわず、「風呂一度宛可焼者也柴代ハ……」と風呂の柴代相当額の銀を利息として徴収することにしたと考えられる。
(21) 第7章第2節第3項参照。
(22) 妙心寺ではこの祠堂銀借与の仕組みにより、延宝7年（1679）から一般の祠堂の際、祠堂斎を行うこととし、銀75匁ほどの支出が可能となった。これにより一般の祠堂と風呂祠堂との経費支出の逆転状態が解消した。
(23) 『御觸書寛保集成33』金銀之部　1811　享保三戌年閏十月「新金銀を以當戌十一月より通用可仕覺」。
(24) 『記録』文化8年10月26日条
　　　衆議ニ入浴是迄毎月三度ノ處省略ニ付當分十四日一度開浴尤其旨寺中エ相觸可然ト也
　　即日觸書出来
　　文記于觸留牒
(25) 展侍料とは、施浴者の供養のために催す斎の替わりに、僧侶に支払われる供養料のこと。

第10章　結　語

　臨済宗妙心寺派の本山である妙心寺に残る古文書等を通して、近世における禅宗寺院本山の主要伽藍建築の成立とその後の改造、さらにはその利用方法について寺院の経営部分にまで踏み込んで解析を加えた。はじめに、個々の建築について確認できた歴史的な事実をまとめておく。

　法堂の建立については、2時期の文書が保存されていたことから、これらの文書から詳細な検討を行った。1点は天正11年（1583）閏1月から天正12年（1584）3月までの記述がある『法堂修造米納下帳』、もう1点は承応2年（1653）から明暦3年7月までの記述がある『法堂普請銀之拂帳』である。

　『法堂修造米納下帳』からは、修造の内容・金額・人工数について詳細に検討したが、いずれも法堂の新築を示すものではなく、むしろ主屋柱上の組物から上部の普請を実施したものと解釈できた。このことは、法堂の建立を亀年和尚住山の時（天文20年（1550）頃）とし、天正12年（1584）に完成した工事を「蓋造営」と記述した『正法山誌』第八巻の内容を裏付けるものであった。

　それらすべての状況より、天正11年から12年の修造とは、亀年禅愉が永禄元年（1558）の開山200年忌に向けて天文20年頃建立した法堂が禅宗様のもこしを持つ二重屋根の本格的な建造物としての完成までいたらなかったため、約30年後の月航玄津が住山した天正年間に本格的な禅宗様式の重層建築として完成させたことを示している可能性が高いことを指摘した。

　一方、承応から明暦年間の法堂の造営は、開山関山慧玄の300年遠忌（1659）の事業として、これまで法堂を仏殿と兼用していた状況からそれぞれを独立したものとすることを最大の目的としていた。『法堂普請銀之拂帳』からは、木材の調達等の準備期間を入れて約4年、本格的な工事が開始されてから約2年で完成したことがわかる。さらに総事業費銀437貫285匁9分7厘5毛を要し、大工19,100人工、日傭約38,200人が作業に従事したと推定できる。さらに全体工事費の割合より、日本国中から集めている木材調達経費が高額になっていたこと、大工の請負い形態から主要部材の加工については、別の大工に孫請けされていた可能性があることなど、当時の禅宗様の仏堂建設の実態をつぶさに把握することができたと考える。

　また、明暦建立以後の改造については、法堂が妙心寺の主要な行事が行われる施設であっ

たことから、維持管理の範囲内にとどまり、まったく改造が行われていないこともわかった。

利用実態では、年中行事の中で用いられる機会は、大方丈や仏殿よりはるかに少ない。しかし、妙心寺にとって最も重要な行事はここで行われていたことがわかる。行事の内容は、大きく2つに分類でき、ひとつは初祖忌・開山忌の宗派に関わる重要な僧侶の宿忌・半斎と妙心寺の創建に関わる花園法皇の宿忌・半斎で、須弥壇上にそれぞれの座像や画像を安置するものである。もう一方は、法堂小参や上堂など住持が、須弥壇に上がって、大衆を説法するものに分類できる。いずれの行事も須弥壇を中心とする南北方向を機軸として展開される。

さらに再住入寺式では、新命が須弥壇に登る前後には、行事に参加する僧侶と東西軸で対面し、壇上に登ると南北軸で行事が進行していることが確認できた。ただ、本行事が他のものと異なる点は、妙心寺の世代を継ぐ重要な儀式であるため、公式なものであることを証明する白槌（びゃくつい）等の役が定められていること、また天皇からの綸旨を頂戴するため勅使が直接派遣される行事であることである。そのため東に勅使、西に白槌の席が設けられ、その両者の監視の下で行事が遂行されていることが確認できた。その他、新命の檀越である血縁者等、行事を見学するための場所が設けられていることも禅宗の儀式の中では異例なものである。

以上のように、法堂で行われる多彩な行事について、その全容を把握することができたと考える。

仏殿は、妙心寺の伽藍建造物のうち、最も新しく再建された建物であったが、計画から完成まで27年を要し、詳細な建設費用を記す普請文書も確認されていない。また、前身建物は仏殿と法堂を兼用したもので、天文20年（1550）頃に建てられた可能性を指摘した。建て替えに当たっては、京都町奉行を通して江戸の寺社奉行と交渉を行っていることを明らかにした。

具体的には享和3年（1803）、中世に建てられた仏殿の破損が甚だしいことから、新たな建物の建立が計画される。同年6月12日には京都の東西奉行所の前検分があり、その際梁間を3尺縮め、桁行を2間延ばしたいとの願書を提出している。これは3間もこし付（もこしを含んで桁行5間、梁間5間）から5間もこし付（もこしを含んで桁行7間、梁間5間）のお堂への拡大をはかろうとしていたものと考えられ、大徳寺仏殿を越える規模の計画があったことを明らかにした。しかし、同年9月5日には西奉行所から「立広め」については許可できないとの回答があり、計画の再検討が行われ、翌年1月15日には、現状と同じ大きさでの再建が許可される経緯があった。

再建に当たっては、これまで修理工事報告書で述べられていた、前身建物の大きさは現仏殿より1割ないし2割も小規模なものであったとする推定は誤りであり、主屋脇間：もこし間寸法をそれまでの約1：0.8から1：1とし、全桁行と全梁行の寸法を変更することなく、

主屋寸法を縮め禅宗様の重層の形式をそのまま踏襲して再建された可能性が高いことを明らかにした。さらに内部諸施設の配置や仏龕の構成もすべて前身仏殿の形式を継承している可能性が高い点を指摘した。

仏殿の利用実態については、毎日の朝課・午課が住持以下の僧侶で行われ、毎日利用されていた実態が把握できた。さらに妙心寺仏殿では、仏龕・祖師堂・土地堂のほか祠堂や普庵の位牌までもが、仏殿内に取り込まれ、混在している建物であり、礼拝方法も日々異なった順番で行われていることがわかった。中でも仏後壁の背面は、普庵の位牌が安置され南に向かって礼拝を行ったほか、その東側にある土地堂・祠堂の礼拝の際、西班僧侶が経を唱える空間としても利用されていることが確認できた。そのため、一定の広さが要求されたことから、仏後壁を主屋柱筋より前面にずらす必要があったものと考えられる。

さらに、年中行事の中でも盛んに利用され、季節の行事では正月3ヶ日の修正会、4月15日から7月15日までの夏安居、冬至などに利用されていた。また祠堂関係の行事としては、妙心寺の檀越の祠堂込者忌は年に16度（慶応3年の大森氏各霊忌を加えると17度となる）を数える。さらに祖師堂関連行事として、百丈・臨済・虚堂・大應・大燈の各祖師について、祥月命日の前日に行われる宿忌と当日行う半斎が行われていた。仏教行事としては釈迦の誕生会・成道会・涅槃会等が行われるほか、仏殿に畳席と60脚の几案を並べて実施される般若会が正月3ヶ日と1月・5月・9月の各16日、年末の12月25日に実施されていた。

臨時の行事としては、再住入寺式で利用され、東面もこしの中央間に勅使の席が設けられるなど、日常の利用とは異なる使い方がされている点も確認できた。

以上のように、仏殿は日常において、宗教的な利用が最も多い施設であり、建て替えにおいても基本的な構成はまったく変更を受けていない施設であることが確認できた。

山門は、天文年間（1532〜54）太原崇孚（1496〜1555）より永楽銭50貫文の寄捨を受け、単層の門として建設された可能性が高いことを指摘した。さらに、これまで山門の建立年代と考えられていた慶長4年（1599）については、後陽成天皇から初住の職銭の寄付を受け、他の檀越からの寄進も加え、上層（閣）の建設を行い、五山寺院や大徳寺と同形式の五間三戸の二重門として完成させた年代である可能性が極めて高い点についても言及した。さらに十六羅漢像が安置されたのは寛永14年（1637）のことであり、二重門の形式になって以降、約40年後のことであった。天文年間から考えると1世紀近い時間を要して、五山クラスの禅宗寺院と同等の形式の門を完成させたこととなる。これは妙心寺のもと本山寺院であった大徳寺山門の歴史とまさに一致するものであり、中世における建物や寺院の格をあげるため、一般的に行われていた改造手法であることがわかった。

また、山門の利用については、懺法が唯一上層空間を用い、他の施餓鬼、住持の入院・

退院の際の通過儀礼が下層空間で行われていた。非常に利用頻度の低い建物であり、羅漢像安置が完了して以降は、建築的な改変が加えられることなく今日にいたっている点も明らかにできたと考える。

　大方丈については、承応3年8月8日に上棟式が行われ、この日を中心とした約1年間で建立されたこと、事業費は銀65貫691匁5分3厘6毛と推定できることを指摘した。さらにこの承応年間の事業により、方丈が住持の生活の場となる小方丈と本山の行事が行われる大方丈とに分離したことも確認できた。また、月別の事業費や大工工数などから大方丈の工事中に北側1間の広縁を1間半とする設計変更が行われた可能性についても指摘し、これにより四周とも同じ幅となったと考えた。

　行事のうち大方丈を中心施設として利用するものは方丈懺法と方丈施餓鬼のみであった。また一番利用回数が多いものは、本山行事の一部として粥座・斎座・鉢斎等の食事をともなうものであることがわかった。その他には、やはり食事をおこなう勅使や他の訪問者の接待と山内僧侶の会議関係で利用された。

　利用場所については、南側の3室を用いる表向きの行事と北の間3室を用い、山内僧侶のみで行う内向きな行事との2つが確認できた。また別の視点からは、東側2室を西側2室より格の高い部屋として用いている点も判明した。

　さらに礼拝の方向性は、方丈懺法が室中の北側壁であったのに対して、方丈施餓鬼では、正反対の南縁から外部の方向に取られていた。食事をともなう行事では、僧侶の並び方に2つの方向性が確認できた。一方は、開山忌や再住入寺式等で身分の高い順に互いに向き合い、室内に焦点が集約するようなものであった。これらの行事では、壁面に歴代の高僧の絵像や墨蹟等が懸けられ、それらの高僧とその場にいる僧侶とが一体感をもって食事を戴くための配置であったと考えられ、礼拝に対する方向性は希薄であるといえる。他方、鉢斎式等内向きな行事の際は、中央壁面に懸けられた文殊等の絵像が中心となりその両脇に身分の高い僧侶が左右に並んでいくものとなっている。方丈施餓鬼を除くと南側3室を用いる行事も北の間3室を利用するものも、室中と北の中央間境の壁が礼拝の中心となっていたことが確認できる。

　さらに東側2室や西側2室を用いる行事の中には、南北軸ではなく、中央間側を身分の高い人が座る東西軸による方向性も確認でき、行事や利用する部屋により多彩な利用方法があったことが確認できた。

　以上見てきたように、室中の北面は、大方丈における礼拝の中心として、近世末まで壁面として存在し続けていたことが確認できた。これはこれまで研究が進んでいる塔頭の方丈と大きく異なる禅宗本山の方丈建築の特色であることがわかった。

現在の妙心寺庫裏の建設は、開山300年の遠忌事業として、仏殿と法堂が１棟で兼用されている状態を解消するための計画の一環として実施された。工事は現在の法堂部分にあったと考えられる本坊の庫裏・方丈等を移転するため、さらにその北に存在した塔頭の移転から開始された。本坊の建設工事として最初に取り掛かったものが、一番北に存在する庫裏であり、主体部は承応２年（1653）７月から12月までで完成した。さらに左官工事や納所寮等隣接する建物や井戸等の工作物を含めても、概ね１年あまりで完成している。工事費等は当時作成された多くの普請関係文書から把握ができ、『庫裏普請銀之帳』から銀67貫587匁８分２厘３毛、大工5,851人を要する大工事であったことが確認できた。

　庫裏の利用実態については、火番と典座と呼ばれる身分の僧侶を通して詳細に検討を加えた。その結果、日常は納所（のちの副寺）と呼ばれる僧侶が１年交代で本坊の会計責任者として、弟子等とともに庫裏に入り（７人扶持）、建物を利用していた。その他庫裏の北には評席と呼ばれる会議室が存在し、妙心寺としての決定事項は、ここで四派執事等により議論が行われていた。また評席の北には金庫としての土蔵が付属し、毎月勘定が行われ、本山の財政が確認されていた。

　さらに行事の際は、食堂鉢斎や副寺交代で庫裏内の食堂が直接利用されるほか、大方丈で行われる鉢斎や開山忌の粥座・斎座等の食事の準備、臨時に行われる奉勅入寺の斎の準備などに利用されていた。江戸時代の後期には東班僧侶の火番がいなくなったことから、西班僧侶による典座が成立し、『典座寮須知』と書かれた手引書も作成された。この資料を検討することにより、庫裏が何らかの形で利用される行事は、年48回を数えることが確認できた。

　以上のように庫裏は、どちらかというと本山機能や本山の儀式を支える裏方の施設として、日常および行事の際に活発に利用されていた。そのため、承応建立以降、本山機能の充実や機構の改革等さまざまな理由により、頻繁に改造され、規模が拡大していった実態についても把握することができたと考える。すなわち、法要等を行い何百年も大きな改造を受けない建物と異なり、時代に合わせて増改築を頻繁に繰り返すことこそが、庫裏の最大の特色であるといえる。

　妙心寺の浴室の創建は、太嶺院の密宗紹俊が明智光秀の供養のため建立費白銀10枚を寄進したことより始まり、天正15年２月の棟札が残ることから、これ以降施浴が開始された。現存する浴室は、これまで承応から明暦年間の妙心寺の拡大時に新築されたと考えられてきた。しかし、天正15年創建時の部材を明暦２年に再用して再建した可能性が高く、移築されたことも想定される。その後、延宝７年、文化５年、天保６年から８年、昭和16年等に比較的規模の大きい修理が行われていたことを指摘した。しかし、その規模拡大については庇を付けることにより対応し、正面の意匠は、天正15年の建立当初の部材が残されている可能性

があること等が判明した。

　入浴方法は、3人の平僧が風呂当番となり、僧階や役職により3回に分けて入浴していること、宗教行事としてとらえられ、施浴者の供養を行い入浴をしていること等が確認できた。この施浴は、天正以降慶長の初めまで明智光秀の供養のためだけに行われてきたが、江戸時代に入ると他の施浴者を募ることとなる。施浴者は将軍から大名、旗本、その他の武士やその夫人等で、主に血縁者が法縁により、妙心寺に故人の供養を依頼したものであった。宝永7年5月までに27件28人の施浴者があった。

　妙心寺では、当初施浴者の月命日に風呂を焚くこととし、施浴回数を増やしていき、延宝3年1月からの3年あまりは月16回を数えた。

　風呂祠堂料は、浴室の建立資金を寄進した密宗紹億を除き、慶長から元和年間にかけては、概ね銀700匁程度が、寛永以降は銀1貫目となっていた。一方下行は、風呂柴代として支出され、元和以前は米で1日当たり2斗1升から3斗、寛永以降は銀5匁から最高銀15匁まで時代により変動する。寛文7年には、祠堂銀の山内の塔頭への借与が始められ元銀を消費することなく、風呂の運営費用を捻出することができるようになり、以後50年近くその仕組みを維持することができたと考えられる。しかし、時代が下るとともに物価の高騰や幕府の金融政策等により、寺院経営は逼迫していったと考えられ、18世紀以降施浴回数を月に15日・10日・6日・3日・1日・0日と減らしていく。

　以上のことから、浴室では、施浴者を募り、施浴の仕組みが確立する17世紀には、機能面の充実が図られる改造も行われていたが、18世紀以降は建物を維持する目的の修理が主に行われるようになったと考えられる。

　これまで述べた主要伽藍建築の歴史と妙心寺内でのその利用方法等を把握することにより、これまで様式論で捉えられて来た禅宗建築を、近世という時代に即した利用実態をともなう建築として再認識できた点に本書の意味があったと考える。

　伽藍建築全体を見通すと、承応から明暦年間の庫裏・大方丈・法堂等の造営が、妙心寺にとっていかに大事業であったかが把握できたと考える。その内容は、当時の法堂（仏殿兼用）を仏殿専用とし、その北に存在した方丈と庫裏をさらに北に移し、空いた空間に新たに法堂を建立する方法で行われた。本坊の北の塔頭の移転保証を承応2年（1653）から開始し、同年には庫裏を、翌承応3年（1654）には大方丈を建設している。法堂の工事については、承応4年（1655）3月から仮囲い・手斧始を行い、本格的に工事が開始される。明暦2年（1656）3月には立柱、翌4月には上棟が行われ、さらに翌明暦3年4月には概ね工事が完了している。この本山伽藍域の拡張方法は、30年程先行して法堂と仏殿を別の建物とした大

徳寺とまったく同じ方法であった。大徳寺では開山宗峰妙超の300年遠忌に合わせ、寛永13年（1636）に伽藍域を北に延ばし、小田原城主稲葉正勝とその子正則の寄進によって新たな法堂を造り、方丈と庫裏についても後藤縫殿益勝の寄進により新築している。

　妙心寺のこの大規模な事業を短期間に可能とした要因として、いくつかの点が指摘できる。1点目は、近世になり臨済宗最大の宗派となった妙心寺の開山300年遠忌の記念事業と位置づけ、門派に助資を課し、大檀超の勧化や多くの門徒からの援助があり、資金調達が順調に進んだこと。2点目は法堂事業費の4割強を占める材木代、中でも柱や大梁などの大径材を特定の人物との関わりによって、比較的容易に調達できたこと。3点目は妙心寺大工4代目となる鈴木権兵衛藤原重次を登用したことがあげられる。鈴木権兵衛は京大工頭中井大和守の弟子西村越前の弟子であり、大事業の遂行のため、幕府関係の事業を手がけてきた人物を妙心寺大工家に入れたものと考えられる。また、法堂棟札に親鈴木孫左衛門尉正重、小方丈棟札に大工藤原孫左衛門尉正重とある人物は権兵衛の実の父で、玉鳳院昭堂棟札の棟梁藤原六左右衛門家次（六左衛門）は近江八幡の作左衛門の弟子で、やはり大事業のため乞われてこの事業に参加したものと考えられる。これら4代目権兵衛以下の登用に加え、地割り等に西越前の直接的な協力を得るなど、京大工頭中井家の支援があった可能性を指摘できた。

　当時の五山寺院では、応仁の乱など大きな戦火に巻き込まれることがなかった東福寺に法堂と仏殿の2棟が存在するのみで、南禅寺・天竜寺・相国寺・建仁寺はいずれも法堂と仏殿を兼用している状況となっていた。ここに及んで妙心寺は伽藍において、五山寺院を凌駕することができたと考えられる。

　しかし、新しい建物の利用面については、その後数十年をかけて、行事の整備が図られている点についても言及できたと考える。法堂の利用実態については長い歴史の中で14世紀以降、法堂と仏殿が別に存在したことがなかったため、行事の分化にはさらに時間を要したようである。具体的には、花園法皇忌が法堂で執行されるようになるのは延宝年間頃、初祖忌は元禄6年（1693）のことであった。大方丈の利用についても、延宝年間に整備された行事が多く存在したことが判明した。

　これらのことは、承応年間に始まる開山300年の遠忌事業における主眼が、法堂の新設にあり、その法堂に見合う規模の主要伽藍が建設され、最終的に近世の禅宗本山としての体裁を整えることにあったと考えられる。これにより遠忌を除いた年中行事等の必要性があって諸建物を建立したものではなく、のちに主要伽藍建築や本山としての格にあった行事を創造していったと考えられる。特に寺院経営の制度の整備が進んだ延宝年間以降になると、それらの主要伽藍建築が十分利用されるように行事の拡充が図られていったことを把握できたと考える。

最後に、今後の課題について触れることとする。本書においては妙心寺本山の主要伽藍建築の建設とその利用実態についてまとめたが、その他のいくつかの本山建物についても同様の考察を行う必要性があると考える。さらに妙心寺については、本山の回りにある塔頭建築との関係、特に玉鳳院の諸施設や四派本庵とのかかわりについても、今後取り組んでいきたいと考えている。

　さらに、この妙心寺で考察した内容が、他の禅宗寺院の本山建築とどのような関係にあり、その中から広く近世の寺院のあり方や近世そのものを建築的な視点から見ていくことも重要な課題であると考えている。

後　　　記

　本書は、平成23年7月29日に東京大学に学位申請し、平成24年1月19日に同大学から博士（工学）の学位を授与された論文を元にし、その後加筆修正を加えたものです。学位論文の提出に当たっては、同大学工学系研究科建築学専攻の藤井恵介教授から、全体の構成や各章のタイトル、細部の表現にいたるまで、丁寧にご指導をいただいたこと、衷心より御礼を申し上げます。

　さて、そもそも本書がこうしてなったのは、現在の職場である京都府教育庁指導部文化財保護課で平成3年4月から平成11年3月まで重要文化財妙心寺庫裏ほか5棟の保存修理工事に従事する機会をいただいたことによります。平成5年頃から妙心寺に関する論文等を発表し、少しずつ全体構想をまとめてきました。このような形で一定のまとめをしたものの何度読み返しても、言葉足らずや、表現にあいまいな部分があるなど今後さらに修正を加えなければならない点が少なからず存在することも事実です。

　また学位論文の審査の際には、査読をいただいた先生方からより大きな視点で妙心寺の建築を見ることを求められ、近世の妙心寺建築が他の五山寺院等に与えた影響や連鎖、廻廊等で囲われた中世禅宗建築と妙心寺・大徳寺等の近世禅宗建築の違いの本質についても解明していくべき問題が含まれているとの指摘をいただきました。さらには、近世という時代を通した妙心寺の寺院建築の位置づけや寺院そのものの社会的な価値づけも考える必要があるとの指摘を頂戴しました。しかし、本書をまとめるにあたりそれらの点に踏み込んで検討を加えることは出来ませんでした。これらの点については、今後の課題としてじっくりと取り組んでいきたいと考えております。

　しかし、これまでの研究をここで一旦まとめることにより、多くの方々からご意見やご批判を頂戴できれば、より一層研究にも励むことができると考えている次第です。

　本来修理技術者であり、京都府の行政職員であることから、遅々として研究をまとめることが出来ず、学恩を受けた京都工芸繊維大学の中村昌生先生や日向進先生をはじめ、他の諸先生、諸先輩の方々から、温かい目で見守っていただき、時には厳しい言葉でご指導やご叱責を頂戴したこと、大変感謝をしております。

　さらに本書のほとんどの部分は、妙心寺本坊および山内の塔頭寺院に残る古文書を拝見できたことにより、まとめることができたものです。改めて妙心寺の関係各位に深く御礼を申し上げます。本書の出版に関しては、株式会社思文閣出版新刊事業部原宏一取締役部長や親

後　　記

身になって編集に当たっていただいた田中峰人氏に深く感謝いたします。
　最後になりましたが、同じ修理技術者から日本建築史の研究者となった義父である岡田英男（平成12年8月没）や昨年他界した実父平井照夫（平成24年6月没）に本書を見てもらうことが出来なかったことが悔やまれてなりません。ここに小著を献呈し、改めて故人の冥福を祈りたいと思います。

　　　　　　　　　　　　　　　　　　　　　　　　　　　　　　　平成25年7月

初　出　一　覧

第５章　仏殿——文化・文政期における再建の目的とその結果——
　第１節　文化・文政期における再建
　　　原題「妙心寺仏殿の文政再建に関する新知見」『京都府埋蔵文化財論集』第６集　財団法人京都府埋蔵文化財調査研究センター　平成22年12月

第７章　大方丈——独立した本山施設と新行事の創造——
　第２節　新行事を創造する利用実態
　　　原題「妙心寺大方丈の近世における使用方法について」中村昌生先生喜寿記念刊行会編『建築史論聚』思文閣出版　平成16年７月

第８章　庫裏——利便性の追求と役僧の変化——
　第２節　庫裏の利用
　　　原題「火番について　妙心寺本坊での火番と典座の研究　その１」『日本建築学会計画系論文集』第467号　社団法人日本建築学会　平成７年１月
　　　原題「典座について　妙心寺本坊での火番と典座の研究　その２」『日本建築学会計画系論文集』第480号　社団法人日本建築学会　平成８年２月

第９章　浴室——正面の意匠保全と施浴の仕組み——
　　　原題「妙心寺の浴室について」『建築史学』第49号　建築史学会　平成19年９月

※上記以外は新稿

索　引

あ

明智光秀(明叟玄智)	26, 287, 298, 299, 302, 303, 310, 311
足利義教	22
足利義満	11

い

井伊掃部頭	217
石川重光(光重)家室(伊州後室)	155, 159, 162
石田正継	155
一山一寧	33
一条右府(一条忠良)	218, 219
伊東忠太	4
稲葉丹後守(稲葉正往)	217
稲葉正勝	312
稲葉正則	312
居成	22, 29, 32, 207
──入目	32, 33
──改衣	278
石清水八幡宮奥の院	189, 229

う

雲山和尚	115
運庵和尚	114

え

慧光禅師	116
越前屋次兵衛(次左衛門)	65, 67
円覚寺	21
円爾弁円	21, 33
圓忍禅師	114, 115

お

黄檗希運	137, 139
大炊御門経宗	10
大内義弘	11
大草一憲	5
大庫裡修補之帳	255
大庫裏萬拂銀之帳	255, 256, 258
太田博太郎	4
荻須純道	6
織田信長	287
御忌→花園法皇忌	

か

開山忌	8, 73, 82〜84, 100, 107, 191, 203, 207, 211, 215, 223, 225, 226, 229, 268, 270, 273〜276, 282, 307, 309, 310
──半斎	83, 84
開山国師	112, 114, 115, 202
開山國師五百年遠忌前普請別牒	264
開山国師墨蹟	204
開山國師四百五十年遠忌前普請別牒	263
開山宿忌	83, 84
懐州座元	221
解制	84, 89, 146, 166, 202
──上堂	90, 119, 146, 166
改旦上堂	86, 89, 90, 198
覚源禅師	52
香椎神宮	20
春日局	39
喝堂全用	52
狩野理左衛門	13, 103
神森太市郎藤原勝照	41
神森若狭秦勝繁(神森勝繁)	40, 41
神森若狭秦勝信(木之丞秦勝信)	40, 41
川上孤山	6
川上貢	5, 9, 266
瓦師加賀	67
関山慧玄	10, 11, 22, 23, 27, 33, 58, 74, 80, 82, 84, 99, 131, 132, 160, 167, 202, 207, 262, 306
乾徳院隠居逸山座元	220

き

希庵玄密	29
岐庵宗揚	23, 25
木子作左衛門秦勝貞	40, 42
木子真八郎	41
北政所	155
義天玄承	11, 22
虚堂忌	125, 132
虚堂(和尚)宿忌	124, 131, 132, 137
虚堂智愚	74, 115, 124, 125, 132, 139, 149, 223, 308
虚堂半斎	125, 132
亀年禅愉	54, 99, 306
堯首座	274
京大工頭中井家	39, 40
玉鳳(院)	10, 11, 13, 22, 30, 39, 81, 84, 110, 116, 117, 145, 202, 225, 226, 228, 313
──庫裏	9
──昭堂	37, 39, 312
──塔主	220
──二階鐘楼	39
──方丈	9, 39
玉鳳献粥	128
記録	6〜8, 27, 30, 31, 35, 40〜42, 73, 103, 106, 108, 138, 159, 202, 207, 216, 217, 219, 220,

317

	222, 260～264, 267, 268, 272～275, 280, 293, 295, 296, 301, 302
金銀納下帳	8, 9, 158, 159, 162, 299

く

九条道家	21
愚冲座元	220
庫裏普請銀之帳	184, 255, 256, 282, 310

け

景川宗隆	23, 25, 35
月航玄津	58, 99, 306
結制	84, 89, 141, 143, 145, 146, 202
──上堂	89, 141
──楞厳會	146
建久報恩寺	20
幻住庵清規	113
顕州宗密	33
建長寺	21
建仁寺	4, 20, 21, 312
──常光院	220
──浴室	287
元亮	272

こ

光國院	274
興聖禅寺	20
後宇多法皇	20
衡梅院	11, 35, 39, 84, 133, 135, 202
──下範蔵主	220
高峰顕日	131
後円融院	228
後柏原院(半斎)	115～117, 119, 125, 128
後柏原天皇(院)	12, 23, 24, 153, 228
悟渓宗頓	35
後西天皇(院)	27, 228
五山	5, 20～22, 25, 32, 33, 153, 158, 189, 308
──寺院	4, 20, 22～25, 27, 29, 31, 42, 52, 160, 169, 308, 312
──十刹制度	20, 21, 25
──派	33
後醍醐天皇	10, 20～22, 131
後土御門天皇(院)	11, 23, 25, 27, 228
後藤益勝	312
後奈良院	228
後花園院	228
小方丈須知	8
後陽成天皇	26, 151, 155, 160, 169, 308

さ

再住改衣	278
再住入寺	32, 33, 119, 144, 148, 160, 167, 219
──式	29, 90, 91, 94, 99, 100, 147, 149, 167, 198, 207, 215, 229, 268, 307～309
斎藤利国	12
桜井敏雄	5
笹尾哲雄	6
沙首座	274
雑華院	12, 80
山門閣造営納下帳	151, 153
山門方納下帳	155
山門御修復仕様帳	159

し

四円寺	10
止観和尚	221
竺仙梵僊	33
七条道場	48, 50
實性禅師	132, 198
四派執事	30, 268, 282, 310
四派本庵(四本庵)	7, 8, 29, 30, 32, 35, 207, 273～275, 302, 313
釈迦	128, 131, 139～141, 149
──如来	131, 148
──如来像	118, 119
寂照禅師	117
酬恩庵浴室	287
修造月分牒	9
宗峰妙超(大燈国師)	10, 21, 22, 74, 80, 109, 111, 112, 114, 115, 131, 132, 139, 149, 160, 222, 223, 308, 312
授翁宗弼	11, 222, 223
十刹	21, 22
寿福寺	20, 21
春光院	6, 257
春浦院	8
松源和尚	114
定光寺	52, 54, 105
相国寺	4, 21, 105, 107, 312
──浴室	287
聖澤院	12, 29, 35, 40
正旦上堂→改旦上堂	
浄智寺	21
聖福寺	20
正法山誌	6, 12, 31, 54, 59, 99, 103, 151, 152, 155, 306
正法山出世位階等法式略記	267, 273
正法山綸旨寫　全	27
浄妙寺	21
青蓮院	11
諸伽藍建物繪図添書	103, 105, 293
諸山	21, 22, 24
初祖→菩提達磨	
初祖忌(達磨忌)	73, 82, 100, 198, 202, 225, 276, 282, 307, 312
──半斎(初祖半斎)	76, 84, 129, 131
初祖宿忌	74, 83, 85
真珠庵	155
心首座	155
真照禅師	109, 111, 112, 114～117, 133, 199
浄慈寺	124

索　引

す

垂示	220
瑞泉院	5
崇光院	33
杉野丞	5
鈴木権兵衛藤原重次（鈴木権兵衛尉重次）	
	13, 39, 64, 65, 184, 312
鈴木孫左衛門尉正重（鈴木孫左衛門正重）	
	13, 39, 59, 64, 184, 312

せ

清拙正澄	33
関口欣也	4, 106
雪江宗深	11, 29, 30, 35, 42, 84, 183, 202, 222
拙堂宗朴	11, 116, 183
泉涌寺	226
善法律寺	229
禪林象器箋	280

た

大應国師→南浦紹明	
――宿忌	132
――尊像	204
――半斎	132
大休正念	33
大休宗休	12
大愚庵	11, 12
太原崇孚	12, 151, 160, 169, 308
大濟禅師	109, 111, 112, 114～117
大心院	12, 39
退蔵院	11, 12
大燈国師→宗峰妙超	
――宿忌	131
――尊像	204
――半斎	132
――墨蹟	204
大徳開山→宗峰妙超	
大徳寺	4, 10～12, 20～27, 33, 42, 80, 131, 132, 151～153, 155, 158, 160, 169, 266, 308, 311, 312
――唐門	4
――山門	4, 308
――法堂	105
――仏殿	307
――浴室	287
太嶺院	287, 297, 298, 302, 310
玉村竹二	6
達磨像	198

ち

長興院	12

て

鐵山宗鈍	151
天球院	39
天授院	11, 256

典座寮須知	275, 276, 281, 283, 310
殿堂略記	103, 107, 153
天竜寺	21, 312

と

東海庵	11, 12, 29, 35, 272
東慶寺	105
道元	20
東照宮→徳川家康	
東福寺	4, 21, 312
――三門	4
――住持棟長老	220
――諸堂造営注文	52
――浴室	287
冬夜巡塔諷経	202
冬夜小参	84, 85, 87, 89, 90
東陽英朝	31, 35
棟梁代々記	35, 37, 39～41
鄧林宗棟	23
徳雲院	11
特英寿采	32
徳川家継（有章院）	225
徳川家康（東照宮）	225, 226, 228
徳川綱吉（常憲院）	225
徳川義直	52
特芳禅傑	35
留書	30

な

永井規男	5, 10, 12, 48, 51, 58
中井主水	36
中井大和守	39, 312
中川與之助	5
南化玄興	30
南禅寺	4, 20～23, 153, 312
南浦紹明（大應国師）	
	22, 74, 117, 124, 131, 132, 139, 149, 223, 308

に

西村越前	13, 39, 312
日治禅定門	299
日照宗光	22
日峯宗舜	22, 84, 202
入院	24, 153, 169, 268, 308
如是院	12
仁和寺	10
――真乗院	12, 26, 183

の

納下帳	6, 8
能淳	31
能椿	31
能傳	31
野村俊一	5

319

は

栢庭宗松	12, 23
羽柴秀吉	287
馬祖道一	139
鉢斎	79, 82, 122, 128, 191, 198〜200, 202, 203, 222, 225, 226, 228, 229, 276, 282, 302, 309, 310
――式	132, 133, 135, 198, 200, 202, 207, 278, 309
法堂修造米納下帳	48, 51, 52, 99, 306
法堂普請銀之拂帳	58, 59, 61, 65, 67, 68, 99, 184, 306
花井紹隆	59
花園法皇	10, 11, 22, 27, 33, 73, 80, 84, 100, 111, 112, 117, 119, 128, 131, 134, 191, 198, 202, 211, 228, 307
――忌(御忌)	73, 80, 82, 198, 225, 276, 312
――宿忌	80
――像	216
――半斎	81
――諷経(法皇諷経)	110, 126, 136, 199, 211
般舟院	226
蟠桃院	274, 299

ひ

東山天皇(院)	218, 228
微笑庵	84, 93
微笑塔	198, 202, 203
――献粥	203
――諷経	198
百丈懐海	74, 107, 139, 149, 308
百丈古清規	139
百丈禅師宿忌	139
百丈禅師半齋	139
評席須知	218

ふ

普庵	109, 111, 113〜115, 127, 129, 133〜135, 141, 143, 148
――印粛	107, 111, 118, 119, 149
――諷経	114, 115, 117〜119
副寺内渡牒	270
副寺交代之図	267
副寺須知	8, 32, 80, 83, 116, 125, 267
福山敏男	5, 9
藤原香美宇兵衛尉清信	39, 40
藤原氏吉岡宗次法名宗智(若狭守吉次法名宗知、藤原宗次、藤原朝臣市左衛門宗次)	35, 37
藤原又三郎宗次	37
藤原光康	139
藤原六左右衛門家次(六左衛門、六左衛門家次)	39, 59, 64, 65, 312
普請金銀拂方帳	13, 58, 184, 186, 255
仏殿造替略記	103
古宮豊前守	40
風呂屋普請萬帳	288
文豹	220, 221

へ

米銭納下帳	8, 9, 31, 37, 39, 42, 79, 80, 82, 139, 153, 155, 162, 198, 199, 258, 260, 271, 290, 293, 296, 299
壁書	30, 32, 73, 80, 83, 163, 195, 198, 199, 270, 276, 280, 299
――歴年便覧	32
弁慶小左衛門	220

ほ

法皇忌→花園法皇忌	
法山規式須知	6〜8, 74, 79, 80, 82〜86, 89, 103, 105, 107, 108, 111, 119, 128, 131, 160, 164, 191, 196, 200, 207, 269, 297
法山記録條筒分類	8
法山再住入寺須知	8, 91, 147, 207, 211, 213, 215
法山壁書分類	83, 300
奉勅入寺	11, 73, 276, 278, 282
奉勅入寺居成改衣須知	278, 281
細川勝元	11, 22, 33
細川澄元	42
細川政元	33
菩提達磨(初祖)	73, 107, 114
本能寺	287

ま

前田玄以(徳善院)	155, 299
万寿寺	21, 131
萬寿禅寺	124

み

密宗紹倹	26, 287, 298, 302, 303, 310, 311
源有仁	10
妙心寺	
――一流僧侶階級并衣體次第書	274
――伽藍並塔頭総絵図	13, 103
――史	6, 30
――祠堂方米銭納下帳	31, 74, 266
――法堂請取切之注文	59, 65
――法堂御作事手傳之入札	65
――普請屋敷并引料代帳	58, 255
妙仲禅定尼	299
明菴栄西	20, 33

む

無因宗因	11, 225
無学祖玄	33
無著道忠	6, 54, 103, 153
夢窓疎石	5, 33
無本覚心	33

も

望月次郎右衛門秦勝信	39, 40
望月若狭尉秦勝久	35, 39〜41
望月若狭秦勝景	40

索　引

望月若狭秦勝善	40
牧溪	151
桃園院	228

よ

養源院	11, 37, 84, 202
養徳院	12, 256
浴室修覆別牒	295
横山秀哉	5
吉岡七左衛門吉次	39
吉次(法名宗意)	39

ら

蘭溪道隆	33

り

利休	26
利貞首座尼忌(利貞尼首座忌)	122, 202, 276, 278
利貞尼	12, 24, 26, 107, 110, 111, 153, 183, 202, 218
龍雲寺	11
龍華院	220
──香山和尚	220
龍福院	12
龍安寺	11
良監寺	272
良源	272
了心院忌	276
良全	272, 273
龍泉庵	11, 13, 29, 35, 39, 132, 133, 219
──春江徒弟	8
龍泉派	8
臨済院	137
臨済義玄	74, 107, 116, 137, 139, 149, 308
臨済禅師宿忌	137
麟祥院	39

れ

霊雲院	12, 29, 35
霊雲派	8
歴住	119
歴住入寺	32

大工之手傳石屋之手傳何も
不残手傳入申分一式仕舞
可申候但ひかへはしら有
此代銀廿七匁也
　申十一月十一日
　　　　　　　　　平兵衛
　　　　　　　　　甚衛門
（36表）
一　風呂屋ミその代銀廿六匁□分
　　　　　　　　　西京甚衛門
　　合七拾壱匁五分
　　右之外役者ヨリ出ル銀
　　合八百三拾五匁五分
　　二口合九百七匁

一　百五匁　　役者ヨリ可出　　井堀賃　　北門前　喜右衛門

一　四百八拾弐匁五分　　　樹五百丁拾二ニ付九匁六分三リ
　　　　　　　　　　　　　役者ヨリ可出　　ドデン栗拾本
一　弐拾五匁　　嵯峨清左衛門役者ヨリ可出　大弐間栗拾本
　　　　　　　　　　　　　　　　　　　　　次弐間栗拾本
一　三拾匁　　同

一　拾匁　　同

　　　　合三百八拾目八分

（付箋）
役者ヨリ出ル覚壱貫百九十壱匁五分

（32表）
　十二月分
　九日
一　百文目　　　　　　　甚右衛門　　　　慶孚能寅ニ渡シ置
一　壱匁七分五リ　　　　渡済　　　　　　但木ノ切レノ代残シヲリナリ
　十二月五日
一　弐拾六匁五分　　　溝堀石垣手間　　西京
　　　　　　　　　　　　　　　　　　　甚右衛門
　　　　　　　　　弐百目役者方ヨリ
　　　　　　　　　借銀之内ニ而相済　　たばこ百四拾目
　　　　　　　　　風呂用
（32裏）
　十三日
一　拾六匁　　風呂ノ地福石ノ手間
　同日　　　　代相済　右之断之内　同
一　五拾目六分　　石切弐十弐人
　　　　　　　代相済　右之断之内　同　　石屋
　廿日　　　　　　　　　　　　　　　　三右衛門
一　七匁四分弐リン　但板壱坪半ノ代　　柾板や
　　　　　　　　　　　銀相済　　　　　佐右衛門
　　　　合百弐匁弐分七リ

（33表）
　酉ノ三月二日
一　弐拾七匁　　土臺塀ノ手傳ノ用　　日備
　　　　　　　　　　　　　　　　　　平兵衛
（34表）
　十月分
　十四日
一　百八拾三匁　　役者ヨリ可出　　風呂屋請切日傭代
　　　　南門
　　　　前甚右衛門

　　　　右之請状有之

一　拾八匁　　　　　　　　　築地幷石垣コホチ賃　　南門前　勘三郎
　十月廿日
一　小樌木五百丁　此代四百八拾弐匁五分但
　　十丁ニ付テ九匁六分三リン也
　　　　　　　　　　　嵯峨清左衛門　役者ヨリ可出　どでん栗拾本
　　　　　　　　　　　松山九右衛門　　　　　　　　大弐間栗拾本
　　　　　　　　　　　　　　　　　　　　　　　　　次弐間栗拾本
（34裏）
　廿二日
一　弐拾五匁　　　同
　同日
一　三拾匁　　　　同
　同日
一　拾匁　　　　　同

（2行削除）

　　　井堀覚
（35表）
一　井のほりよう七尺ニ□こく四間石
　かけのつミやう口ニて三尺中ノ
　かつかうハ可残つミ可申候つミ石ハ
　た、ミ石を出可候持はこひ可仕候
　此代銀百五匁ニテ請取申候但井
　堀道具ハ我等方ゟ持参可申候る
　其如此候　　　此銀役者ヨリ可出
　　　　　　申　十月廿六日
　　　　　　　　　　　　　北門前　喜右衛門
（35裏）
一　風呂屋きわり土臺塀之事
一　合廿七間之分すへ石左官之手傳

　　　　右之請状有之

2　風呂屋普請萬帳

一　弐匁三分　　石切壱人
十四日
一　弐匁三分　　長兵衛
十四日
一　三匁九分　　炭三俵
十五日
一　壱匁四分　　炭目拾〆五百目
同日
一　壱匁　　　　甚右衛門
同日
一　三匁九分　　黄梅院
同日
　　　　　　　　たはこ百三拾匁
一　拾三匁　　　衣屋太左衛門
十六日
（29裏）
一　四匁五分　　茶壱斤
一　弐匁弐分五リ　茶三斤
十七日
一　四匁六分　　長兵衛
　　　　　　　　炭拾俵
同日
一　四匁六分　　長兵衛
　　　　　　　　丸釣瓶　弐ヶ
一　廿四匁　　　代相済　孫左衛門取次
十八日
　　　　　　　　慶孚　小記アリ
一　四匁六分　　長兵衛
　　　　　　　　石切弐人
同日
一　四匁六分　　長兵衛
　　　　　　　　うちのり三尺壱寸　石井筒　壱ヶ
一　壱匁六分　　相済
十九日
　　　　　　　　石切弐人
　　　　　　　　石井筒ノ車力
一　四匁六分　　長兵衛
　　　　　　　　石切弐人
一　四匁　　　　長兵衛
廿二日
（29裏）
　　　　　　　　石切壱人
一　弐匁三分　　長兵衛
　　　　　　　　瓦師弐人
一　四匁　　　　のね板四束
一　九匁弐分　　役者ヨリ可出
十一月廿二日
　　　　　　　　どたい用
一　三匁四分　　弐間あてひ拾本
同日
　　　　　　　　栗拾六本
一　弐拾匁八分　ひかへノ用
同日
　　　　　　　　壁柱ノ用
一　弐拾弐匁　　栗弐拾本

三口合七拾六匁八分
嵯峨清左衛門　　役者ヨリ可出

（30表）
一　四匁　　　　瓦師弐人
廿三日
（1行抹消）
一　壱匁五分　　甚右衛門
廿五日
　　　　　　　　たはこ百弐拾目
一　壱匁壱分五リ　長兵衛
廿六日
　　　　　　　　石切半人
一　六分　　　　草履十足
廿七日
一　四匁六分　　長兵衛
同日
　　　　　　　　石切弐人
一　六拾九匁　　のね板三十束
廿八日
　　　　　　　　役者ヨリ可出
　　　　　　　　つほ屋次郎兵衛
一　弐匁三分　　長兵衛
廿九日
　　　　　　　　石切壱人
一　壱匁壱分　　市兵衛
同日
　　　　　　　　瓦のはこひちん
一　壱匁六分　　□有
廿日
　　　　　　　　慶孚
一　三匁　　　　飾屋清兵衛
（30裏）
　　　　　　　　風呂屋位牌棚
　　　　　　　　鋲三十
（1行抹消）
一　百卅弐匁　　壱丁ニ付六匁六分ツヽ
卅日
　　　　　　　　役者ヨリ可出
　　　　　　　　草槙廿丁
一　弐匁三分　　長兵衛
同日
　　　　　　　　石切壱人
一　弐匁五分　　風呂入口石夕ヽミ手間　喜右衛門
（31表）
一　九分五リン　代相済　拾五本　竹箒
晦日
一　七匁　　　　喜三郎
　　　　　　　　油弐升
一　拾八匁　　　築地并石垣コホチ賃　代相済
一　弐拾七匁　　土臺壁ノ手傳
（1行抹消）
一　百八拾三匁　役者ヨリ可出　風呂屋日傭渡切
（31裏）

南門前
勘右衛門

南門前
勘三郎

南門前
勘右衛門

一廿三日　壱匁五分　　　　　　　　桶結師壱人
一　弐匁　　慶孚
（26表）
一　弐匁　　　　　　　　　　　　　茶壱斤
一　壱匁七分　　　　　　　　　　　たばこ百廿七匁
一廿七日　壱匁　　甚右衛門　　　　縄廿五把
一　六匁六分　南門前市兵衛取次銀済　油弐升
一廿八日　壱匁　　喜三郎　　　　　糊餅
一　壱分　　銀相済
一廿九日　壱匁　　市兵衛取次銀済　　縄廿五把
一同日　　壱匁五分　銀済　甚右衛門　風呂北ノ溝
一晦日　　三匁四分五リン　三右衛門　石屋壱人半
（26裏）
一合百五拾四匁六分五リ

十一月分
一朔日　　弐匁三分　　三右衛門　　石切壱人
一朔日　　六匁九分　長兵衛　　　　石切三人
　　　　　　　　　　鐘楼がんぎ石なおし
一同日　　六匁九分　　壱兵衛銀済　栗石三板
一二日　　壱匁　　銀済　清右衛門取次門前　縄弐束五わ
一同日　　弐匁三分　　三右衛門　　石切壱人
一三日　　壱匁六分　　　　　　　　籠縄八束
（27表）
一同日　　七匁六分
一四日　　九匁貳分　　三右衛門　　石切四人
一同日　　拾三匁弐分　　　　　　　門番扶持方
　　　　　　　　銀済　米三斗代
　　　　　　　　　壱石二付四十四匁也
一　　五匁　銀済　　　　　　　　　同人汁料
一同日　　拾八匁　　　　　　　　　南門前庄三郎
　　　　　　　ふろ屋
　　　　　　　築地井石垣
　　　　　　　こほち賃銀済

一同日　　貳拾四匁八分　　　　　　風呂屋地形ノ用
　　　　　　　　　　　　銀済　　　南門前甚右衛門
一同日　　壱匁　　玉龍院
（27裏）
一同日　　六分
一五日　　三匁四分五リ　三右衛門　石切壱人半
　　　　　但壱束二付弐匁三分ツ、のね板卅束
　　　　　役者ヨリ可出　つほや次郎兵衛
一六日　　拾六匁七分　釘や市助　　竹釘九貫弐百め
　　　　　　　　　　　　　　　　　壱匁三付五百五十めツ、
一同日　　九匁弐分　　三右衛門　　石切四人
一六日　　七匁　　　　　　　　　　細縄拾束
一同日　　壱匁九分　　　　　　　　籠縄弐束
（28表）
一同日　　五匁七分　　　　　　　　籠縄六束
一七日　　九匁弐分　　三右衛門　　石切四人
一八日　　壱匁五分　　　　　　　　たばこ百廿目
一九日　　七匁　　南門前甚右衛門　油弐升
一十日　　拾六匁五分　市兵衛　　　栗石壱坪
一同日　　壱匁　喜三郎　　　　　　竹釘四貫八百め
十一日　　弐匁七分　　　　　　　　竃之用弐人
一同日　　弐匁　　　　　　　　　　石切壱人
一　　　　弐匁三分　　三右衛門　　ワラ拾丸
一　　　　壱匁　　玉龍院　　　　　石屋弐人三衛門
（28裏）
十二日　　四匁六分　　　　　　　　砂四枚分
一同日　　四匁五分　　市兵衛

2　風呂屋普請萬帳

同廿一日　　五人
同廿二日　　九人
同廿三日　　五
同廿四日　　七人
同廿五日　　七人
同（22裏）廿六日　七人

合四十三人　此代六拾四匁五分

木数之覚

十月廿七日
一葺師　　　　　　　九人
廿八日
三百弐拾丁　　但四ツ切
廿九日
一同　　　　　　　　四人
一晦日
一同　　　　　　　　七人
一五拾丁　但小楊
一同　　　　　　　　四ツきり

栩三百七十丁ノヘキチン廿五匁壱分六リ

葺師合廿人代　　三十四匁

（23表）十一月分
朔日
一葺師　　　　　　　七人
一二日
一同　　　　　　　　五人
一七日
一同　　　　　　　　拾五人
一九日
一同　　　　　　　　弐拾壱人
一十日
一同　　　　　　　　拾弐人半
一十一日
一同　　　　　　　　弐拾三人

十二日　　　　　　　七人
同（23裏）十三日　　弐人
同十四日　　　　　　弐人
一口同十五日　　　　四人

工数合百八人半　壱人二付壱匁七分ツヽ

此代百八十四匁四分五リ

（25表）十月分
一拾八分　　但壱間二付四匁五分ツヽ、築地石垣ノこほち賃銀済

一口合三百八匁壱分壱リ

一小買物
十七日
一弐匁五分　　喜三郎　　油壱升
十九日
一五拾弐匁　　龍泉庵　　竹弐百本　壱匁二付弐束半
一壱匁弐分　　南門前庄兵衛　清右衛門取次　銀済　縄三拾把
一壱匁五分　　　　　　　　　　　　　　　桶結師壱人
廿日
一壱匁九分五リン　　　　　　　　　　　籠縄弐束
廿一日
一弐匁　　慶学　　　　　　　　　　　　茶壱斤
廿二日
一壱匁五分　　　　　　　　　　　　　　桶結師壱人
廿三日
一六匁四分　　　　壱束二付四分ツヽ、　中縄拾六束
一同日
一六匁六分五リ　　壱束二付九分五リツヽ、長縄七束
一同日
一三匁三分　　喜三郎　　　　　　　　　油壱升
一同日
一廿八匁八分　　七拾弐坪　銀済　　　　藪開賃
一同日
一七匁　　銀済　　　　　　　　　　　　築地手間コホチ

廿四日　壱通　壱分弐リ七毛　長六尺　巾七寸
同　　弐通　九分壱リ弐毛　長三間　巾九寸
同　　四通　九分壱リ弐毛　長三間壱尺　四寸五分巾

(17裏)
廿六日　壱通　壱分三リ五毛　長弐間　巾四寸
同　　壱通　弐分壱リ八毛　長弐間壱尺　巾六寸
同　　壱通　壱分九リ　長四間　巾四寸五分
同　　壱通　四分五リ　長壱間四尺　巾五寸半
同　　三通　四分弐リ壱毛　長三間　巾五寸五分
同　　三通　四分三リ九毛　長弐間五尺　巾四寸五分
同　　壱通　弐分三リ九毛　長三間壱尺　巾三寸
同　　三通　三分五リ壱毛　長壱間六尺　巾六寸

(18表)
　　　　十一月分　合拾匁六分九リ

二日　弐拾七通　草槇志、両　九匁壱分八リ
同　　弐拾五通　同　　八匁弐分五リ　長六尺三寸　巾壱尺六寸五分　巾壱尺七寸
三日　九通　松　四分八リ八毛　長七尺　巾壱寸五分
八日　弐通　檜　弐分弐毛　長弐間
十二日　弐拾四通　槇　七匁六分八リ　長六尺三寸　巾壱尺六寸
十四日　六通　同　四分五リ壱毛　長六尺三寸　巾九寸五分
同　　七通　同　弐匁弐分四リ　長六尺三寸　巾壱尺六寸

(18裏)
十五日　拾壱通　草槇　四匁九分五リ　長六尺三寸　巾壱尺六寸八分
十七日　五通　同　壱匁六分　長六尺三寸　巾壱尺六寸

廿日　三通　同　壱匁弐リ　長六尺三寸　巾壱尺七寸
廿三日　四通　同　四分弐リ六毛　長三間壱尺　巾弐寸
同　　壱通　檜　四分弐リ六毛　長壱間　巾五寸
同　　弐通　同　八リ四毛　長三間巾　巾弐寸五分
同　　弐通　叅　弐分壱毛　長弐間巾　寸五分
同　　三通　同　三分三毛　長壱間五尺　巾五寸五分
(19裏)
同　　三通　同　三分リ七毛　長弐間半　寸弐寸五分
同日
廿五日　壱通　同　壱分六リ壱毛　長壱間　巾四寸
　　　　合三拾七匁七分壱リ三毛

(20表)
申十二月分　三口合六拾七匁壱分三毛　役者ヨリ可出

二日　一　木引債　壱人
三日　一　木引　壱人
一五日　一　木引　壱人　但法堂廊下腰掛ノ　ホコ木引用
十一月十四日　一　左官　弐人

(21表)
十月分　左官　六人
一廿二日　一　左官　弐人
一廿三日　同　　弐人

(22表)
十月分　葺師　合拾人代弐拾五匁

十九日　葺師　壱人ニ付壱匁五分ッ、　四ッ切拾丁ニ付五分三リ　五人
　　　　四ッ切拾丁ニ付六分八リ
廿日　同　　　　　　　　　　　　五人
同　　同　　壱匁六分　　　　　　五人　但古板ソロヘル用

2　風呂屋普請萬帳

一同日　壱れん　　　　　百把
一同日　弐百把
一同四寸　四匁
一同日　弐れん
一同日　同弐れん
一卅日　拾本物合釘　但六把　　拾
一同日　拾本物合釘　　六拾本
一つほ　大小　弐分　　弐ッ
一かけかね　中　四分　　弐ッ
一ひし　小　弐分　　弐ッ
（14裏）
一わらさのひやう　小　五分　三十九本

把釘合八百五拾六把此代百七匁
惣合百七拾五匁
二口合弐百八拾四匁弐分弐リ
（15表）
十二月分
　　風呂屋唐戸ノ用　　さゝ、金物三枚
一五日　　　　　　　　　小かんこう壱ッ
一同日　　同　　　　　　小ひやう十二ケ
一同日　　同

木引債
十月十九日　壱人　　　　同
廿四日　壱人　木引　　　同
十一月十五日　壱人　木引　同
十一月廿三日　壱人　木引　同
四日　弐人　合拾壱人　　同
廿五日　壱人
五日　弐人　此銀拾八匁七分　同

（16表）
六日　壱人　十月分　木引
廿三日　壱人　　　　　同
　　　　　　　　　　　同
十八日　壱通　三分四毛　　　長弐間　巾九寸
同日　壱通　壱匁壱分八リ　　長弐間　巾七寸
同日　五通　弐分七リ　　　　長弐間　巾八寸
同日　壱通　弐分七リ　　　　長弐間五尺　巾九寸
同日　弐通　八分四リ弐毛　　長弐間五尺　巾八寸五分
同日　壱通　三分九リ七毛　　長弐間　巾四寸
（16裏）
同日　壱通　壱分六リ九毛　　長弐間　巾五寸
十九日　弐分七リ　　　　　　長五尺　巾八寸
同日　壱通　三分九リ六毛　　長弐間　巾五寸
廿日　壱通　三分四　　　　　長五尺　巾九寸
同日　四通　三分三リ　　　　長六尺　巾五寸
同日　三通　四分七リ五毛　　長壱間　巾八寸
同日　三通　四分五毛　　　　長弐間　巾四寸
同日　弐通　三分七リ四毛　　長壱間五尺　巾四寸
（17表）
同日　壱通　壱分壱毛　　　　長壱間　巾六寸
廿一日　弐通　三分九リ七毛　長壱間四尺　巾九寸
同日　壱通　三分七リ　　　　長壱間壱尺五分　巾九寸五分
同日　壱通　壱分壱リ　　　　長壱間　巾弐寸三寸
同日　壱口　但八寸四方　四リ壱毛　六拾四坪

一同日　十本物　間ノ釘　但卅把　三百
一同日　三寸ノ釣錨　手間代　三拾匁　千本
一同日　目釘　弐千
一同日（13表）弐連頭巻　なミ　五拾わ
一十五日　なミ弐連　百把
一十七日　なミ壱れん　百把
一十八日　同拾本物　百把
一同日　なミ四寸釘　四匁　弐百本
一廿一日　ひぢ　八分　四ケ
一廿四日　ひけし　ふるかねにて　三匁　弐ツ
一同日　わらざ　ふるかねにて　壱匁　四ツ
一同日（13裏）びやう　ふるかねにて　壱匁六分　拾六本
内弐ツハナヲシ
ふるかねにて
一廿六日　なミ四寸釘　四匁　弐百本
一同日　同壱れん　五十把
一同日　同弐れん　百把
一同日　同十本物　百把
一同日　鑢　壱ッ
一同日　つほ　壱分　壱ッ
一廿八日　ひぢつほ　五分　壱口
一廿九日（14表）なミ十本物　五拾把
〆三十九本

一同日　まきかね　同
一廿三日　同　壱匁　弐ツ
一廿四日　四寸釘　八匁　四百本
一同日　十本物　百把
一廿六日　五寸釘　拾弐匁　四百本
一晦日　弐れん　弐百把
一同日　壱れん　弐百五十把
一同日　十本物　百把
一同日（12表）はつり
但鋲目三百把　手間代壱匁　弐本
把釘六百五拾把此代八拾壱匁三分
惣合百九匁弐分弐リ

十一月分
朔日　壱れん　なミ　五十把
一六日　山門鑰　壱本
但輪壱ッ
五分
一はね木釣　手間代壱匁　壱本
一ひぢ　三分　壱口
一掛金　四分　弐くさり
一同日　五寸釘　弐百本
一同日　平かすかい　手間壱匁　五拾本
一同日　四寸釘　ナミ　六匁　三百本
一十二日　鬼釣　鉄目九百目　手間弐匁五分　五本
一壱れん　間ノ釘　弐百本十把

2　風呂屋普請萬帳

一同日　　平日傭　　弐人
一十八日　手木者　　四人
一十九日　平日傭　　弐人
一同日　　手木者　　四人
一廿日　　平日傭　　弐人
一同日　　手木者　　四人
一廿一日　平日傭　　弐人
（8裏）
一同日　　手木者　　四人
一廿二日　平日傭　　弐人
一同日　　手木者　　四人
一廿三日　平日傭　　弐人
一同日　　手木者　　四人
一廿四日　平日傭　　三人
一同日　　手木者　　四人
（9表）
一廿五日　平日傭　　四人
一同日　　手木者　　三人
一廿六日　平日傭　　弐人
一同日　　手木者　　四人
一廿七日　平日傭　　弐人
一同日　　手木者　　四人
一廿八日　平日傭　　弐人
一手木者　　　　　　四人

　手木合百六人半此代百拾壱匁八分弐リ五毛
　平日傭合百三拾六人半此代八拾四匁六分三厘
　木遣合三人此代五匁四分
　三口合弐百壱匁八分五リ五毛

（9裏）
一同日　　平日傭　　弐人
一廿九日　手木者　　四人
一卅日　　平日傭　　壱人
一手木者　　　　　　六人

　十二月分
（10表）
一四日　　平日傭　　七人
一同日　　手木者　　拾六人

（11表）
一十九日　平日傭　　金物
　　　　　木辻門之用
　　　　　手間代三分弐リ　拾六本
一平かすかい　　大小　　　　拾六ケ
一同ひやう　　　同弐分　　　八本
一同かすかい　　同八分　　　八本
一同わちがい　　同四分　　　弐ケ
一同ひちつほ　　　　　　　　弐匁
一廿一日　四寸釘　　　　　　百本
一同　　　平かすかい　　　　拾
　　　　　但四寸弐分
一掛金　　　　　四分　　　　弐くさり
（11裏）
一廿一日　木辻門ノ用　　　　弐匁
一つほ　　　　　　　　　　　弐ツ

一同日 平日傭　拾人半
一木遣　半人

平日傭合七拾壱人半　代四拾四匁三分三リ
手木　合七人半　　　代七匁三分五リ
木遣　合三人半　　　代六匁三分
三口合五拾七匁九分八リ

十一月分

一朔日 手木者　四人
一同日 木遣　壱人
（6表）
一同日 平日傭　弐拾弐人
一二日 手木者　三人
一同日 木遣　壱人
一三日 平日傭　拾八人
一同日 木遣　三人
一四日 平日傭　弐拾人
一同日 手木者　弐人半
（6裏）
一五日 平日傭　九人
一同日 手木者　四人
一六日 平日傭　壱人
一同日 手木者　三人

一同日 平日傭　六人
一七日 手木者　三人
一同日 平日傭　五人
（7表）
一九日 手木者　四人
一同日 平日傭　四人
一十二日 手木者　四人
一同日 平日傭　四人
一十三日 平日傭　四人
一同日 手木者　五人
（7裏）
一十四日 平日傭　五人
一同日 手木者　四人
一十五日 平日傭　四人
一同日 手木者　三人半
一十六日 平日傭　四人
一同日 手木者　弐人
一十七日 平日傭　四人
（8表）
一十七日 手木者　壱人
一同日 平日傭　三人

2　風呂屋普請萬帳

一　八日
　大工　拾六人頭共

一　九日
　大工　拾六人頭共

一　十日
　大工　拾八人頭共

一　十一日
　大工　拾七人頭共

一　十二日
　大工　拾六人頭共

一　十三日
　大工　拾七人頭共

一　十四日
　大工　拾六人頭共
〔3表〕

一　十五日
　大工　拾八人頭共

一　十六日
　大工　拾三人頭共

一　十七日
　大工　拾六人頭共

一　十八日
　大工　拾七人頭

一　十九日
　大工　拾三人頭共

一　廿日
　大工　拾三人頭共

一　廿一日
　大工　拾二人頭共
〔3裏〕

一　廿二日
　大工　拾弐人頭共

一　廿三日
　大工　拾弐人頭共

一　廿四日
　大工　拾弐人頭共
　但太鼓ノ臺ノ手間数
　合テ付ルナリ
　合　三拾壱人頭共

一　廿五日
　大工　拾五人頭共

一　廿六日
　大工　拾六人頭共

一　廿七日
　大工　拾六人頭共
〔4表〕

一　廿八日
　大工　拾六人頭共

一　廿九日
　大工　拾七人頭共

一　晦日
　大工　拾七人頭共

　十一月分
　工数合四百九拾三人

一　朔日
　大工　壱人
〔4裏〕

一　廿日
　大工　壱人

一　廿二日
　大工　壱人

作料合五百八拾壱匁壱分
飯料合弐百四拾六匁五分
取分合四拾六匁三分
三口合八百七拾三匁九分
惣合壱貫弐百六拾壱匁弐分五リ　役者ヨリ可出

〔5表〕
　十月　日傭　西京　太右衛門

一　廿六日
　平日傭　拾七人

一　同日
　木遣　壱人

一　廿七日
　平日傭　拾九人

一　同日
　木遣　壱人

一　廿九日
　手木者　三人

一　同日
　木遣　壱人

一　晦日
　平日傭　弐拾五人
〔5裏〕

一　晦日
　手木者　四人半

2 風呂屋普請萬帳

（表紙）
明暦二年

風呂屋普請萬帳

敷石壱駄ニ付五分四リンツヽ

大坂石井筒壱間ニ付四匁五分ツヽ、御用次第可進也

申小春日

（表紙裏）
一 弐百四拾目　屋敷ノ代

（1表）
十月分　大工

十六日　大工　六人頭共
一七日　大工　八人頭共
十七日　同
十八日　大工　拾壱人頭共
十九日　大工　拾弐人頭共
廿日　大工　拾三人頭共
廿一日　大工　拾壱人頭共

（2表）
廿二日　大工　拾四人頭共
（1裏）
廿三日　大工　拾四人頭共
廿四日　大工　拾七人頭共
廿五日　大工　拾八人頭共
廿六日　大工　拾五人頭共
廿七日　大工　拾九人頭共
廿八日　大工　拾九人頭共
廿九日　大工　拾九人頭共
晦日　大工　拾九人頭共

工数合百九十人内　作料弐百四拾五匁四分五リ
　　　　　　　　　飯料百七匁
頭拾五人　取分拾九匁九分
合弐百拾四人　三口合三百四拾弐匁三分五リ

十一月分
朔日　大工　拾七人頭共
二日　大工　拾八人頭共
三日　大工　拾九人頭共
四日　大工　拾八人頭共
五日　大工　拾八人頭共
（2裏）
一六日　大工　拾九人頭共
一七日　大工　拾七人頭共

1　法堂普請銀之拂帳

一　五拾七匁九分　作料飯米取分共　　大工　孫左衛門

一　弐百四拾九匁三分九厘五毛

一　三百五匁　但土塀上塗之用　　□四月廿日七月八日まて　手木平共　喜右衛門

一　七拾三匁七分壱厘　　左官　三四郎

一　百八匁　　鍛冶　喜左衛門

一　拾弐匁七分　番処畳之用　　畳屋　五郎右衛門

一　拾五匁弐分　方丈畳之用（43裏）さん用指引相済

一　百八匁　　白川　五郎左衛門

一　三百弐拾六匁　但榔木弐百丁ノ代修造番所／屋祢之用　　椹屋　九郎右衛門

一　三百弐拾八匁七分壱厘壱毛　　同人

一　八百六拾三匁壱分四厘五毛　但土塀柴小屋瓦ノ代　　瓦屋　加賀

一　七拾弐匁六分　右ノ葺手間　　小買物

一　五拾壱匁　　葺師惣左衛門（44表）

一　七拾七匁　風呂屋前築地ノ代　　西門前　半兵衛

一　三百目壱分五厘　但聖沢前土塀瓦ノ代　　瓦師　与三衛門

一　百七拾三匁四分七厘　内八十九匁七分ハ柴小屋瓦算用ちかい二渡　　加賀

一　七匁弐分四厘四毛　但請四人ノ手間四分四厘四毛ハ通引ノ代　　小買物

一　合三貫八百五拾八匁五分七厘五毛　　木引　忠右衛門（44裏）

都合四百三拾七貫弐百八拾六匁四分七厘五毛

明暦三年丁酉七月十二日

（45表）
法堂　寝堂　玄関

廊架　風呂　佛殿修補

山門修補　修造　築地

敷石　鐘楼堂石垣　庫裏ノ門

右之外処々修補

(39裏)
一 六拾目　　　　　　　　　　　　　　　石屋
　　但白砂壱坪半ノ代　　　　　　　　　善五郎

一 壱貫弐百七拾九匁四分四厘　　　　　石屋
　　但佛殿山門石垣積手間賃　　　　　与左衛門

一 百弐拾六匁
　　但佛殿山門鎌石九本ノ代
　　壱本ニ付十四匁ツヽ　　　　　　　同人

一 三拾四匁弐分
　　但石切十九人手間壱人ニ付
　　壱匁八分ツヽ、処ミ之用　　　　　同人

一 弐拾五匁
　　但蓮池石垣積直用　　　　　　　　北門前
　　　　　　　　　　　　　　　　　喜右衛門

(40表)
一 拾匁　　　　　　　　　　　　　　　同人
　　但修造ノ前溝石垣積手間賃

一 三拾三匁　　　　　　　　　　　　　同人
　　但法堂廊架ノ廻石畳
　　之手間賃

一 三拾五匁
　　但四本カ、リ芝下石垣
　　積手間賃　　　　　　　　　　　　同人

一 拾八匁
　　但風呂屋石垣積直賃　　　　　　　同人

一 六百五拾弐匁九分壱厘
　　内弐百八拾六匁八分八
　　手木百拾七人ノ代　　　　　　　　同人

一 三百五拾匁八分
　　但畳石三百弐十間半敷手間
　　壱間ニ付壱匁六分ツヽ、
　　内拾四間八壱匁壱分ツヽ、　　　　石屋
　　　　　　　　　　　　　　　　五郎左衛門

(40裏)
一 三拾六匁　　　　　　　　　　　　　石屋
　　但天授院ノ前ゟ退蔵院ノ前まて　　二助
　　六十六間溝石垣積手間
　　壱間ニ付五分ツヽ、

一 弐拾五匁　　　　　　　　　　　　　石屋
　　但山門かつら石三間ノ　　　　　　長兵衛
　　七寸三壱尺ノ石

一 壱貫五百三拾六匁　　　　　　　　　鍛冶
　　但山門ノ登かつら石壱本ノ代　　　喜左衛門

一 弐百九拾壱匁四分
(41表)
　　但畳石溝石垣ノ用四千三百弐十六駄
　　壱駄ニ付五分四リツ、
　　壱枚ニ付四匁七分ツ、

一 六百目
　　萬金物并釘ノ代　　　　　　　　　同人

一 三拾九匁四分六厘
　　瓦釘直手間并はりかね
　　網壱尺四寸四方代　　　　　　　　同人

(41裏)
一 百拾五匁　　　　　　　　　　　　　石屋
　　但渡香橋石橋ノ直石垣積　　　　　喜助
　　直手間
　　内拾壱匁九分八
　　俤木引賃

一 拾八匁三分弐厘九毛　　　　　　　　木引
　　　　　　　　　　　　　　　　忠右衛門

一 三百四拾目　　　　　　　　　　　　左官
　　　　　　　　　　　　　　　　　三四郎

一 八百弐拾壱匁五分　　　　　　　　　小買物

一 百四拾四匁　　　　　　　　　　　　大工
　　但築地ノ手間代間数百間四尺　　　西門前
　　壱間ニ付六匁八分ツヽ、皆済　　半兵衛

一 八百三拾弐匁三分五厘八毛
　　但小日記
　　　書出有之　　　　　　　　　　納所方

一 弐貫八百拾八匁八分　　　　　　　　瓦師
　　　　　　　　　　　　　　　　　加賀

　合拾三貫百八拾三匁九分三厘四毛
　　五月六月七月分

(42表)
一 六拾弐匁四分
　　北門かつら石ノ代　　　　　　　　五郎左衛門

一 弐拾壱匁五分
　　修造屋敷發代　　　　　　　　　　北門前
　　　　　　　　　　　　　　　　喜右衛門

一 三百三拾目
　　修造番処長屋
　　大工請切手間　　　　　　　　　　西門前
　　　　　　　　　　　　　　　　孫左衛門

一 四拾目
　　聖沢門引直
　　築地こほち代　　　　　　　　　　同人

一 九拾八匁六分
　　聖沢ノ前築地十四間四尺　　　　　同人
　　つき手間

一 八拾五匁
　　同溝前石垣
　　積手間　　　　　　　　　　　　　同人

一 五匁七分
　　霊雲前築地三間
　　こほち賃　　　　　　　　　　　　同人

(42裏)
一 弐拾壱匁九分
　　同築地つき手間　　　　　　　　　同人

一 拾七匁
　　聖沢門両脇築地塀祢　　　　　　　塗師
　　大工手間作料飯米共　　　　　　　是徳

一 四拾六匁　　　　　　　　　　　　　白川
　　法堂金物六拾二枚塗賃　　　　　　聖沢へ渡ス

一 六拾九匁弐分五厘　　　　　　　　　白川
(43裏)
　　聖沢ノ前築地かつら石　　　　　五郎左衛門
　　十四間四尺壱間ニ付四匁
　　五分ツヽ、

一 四拾目　　　　　　　　　　　　　　西門前
　　築地上塗ノ増銀　　　　　　　　　半兵衛

1　法堂普請銀之拂帳

一　三百四拾弐匁五分　　　　　　　　　左官三四郎
　　内廿五匁ハ風呂屋ノ用残ル
　　三百十七匁五分ハ佛殿之用

一　拾四貫四拾目九分五厘　　　　　　　石屋　長兵衛
（36表）　　　　　　　　　　　　　　　法堂築地下
　　　　　　　　　　　　　　　　　　　諸石之代

一　八百三拾三匁六厘　　　　　　　　　石屋　市右衛門
　　但鐘楼堂石垣并階庫裏ノ西築地
　　石垣水道方丈ノ踏石

一　三百四拾弐匁三分　　　　　　　　　石屋　三右衛門
　　但東海ノ西築地下
　　石垣方丈玄関廊架耳石

一　百五拾六匁　　　　　　　　　　　　門前者　夜番料
　　但八木三石九斗ノ代
　　壱石ニ付四十匁和市

一　百九拾匁　　　　　　　　　　　　　玉屋　平兵衛
　　小楊弐百丁築地ノ用

一　壱貫五百六拾目四分七厘　　　　　　鍛冶　喜左衛門
（36裏）
　　内弐百八十四匁弐分
　　弐厘風呂屋ノ用處、ノ用

一　五百九拾目六分五厘　　　　　　　　大工　孫左衛門
　　内壱貫弐百拾六匁二分五リ風呂屋工手間
　　残ル三百七十四匁四分ハ法堂ノ用

一　百弐拾八匁三分　合力銀　　　　　　同人
（37表）
　　内弐百六拾七匁五分ハ法堂ノ用
　　残三百五拾三匁五分ハ風呂屋ノ用

一　六百八拾壱匁　飯料　　　　　　　　同人
　　残六拾六匁弐分ハ風呂屋ノ用

一　五拾目　　　　　　　　　　　　　　同人
　　但木辻門ノ用

一　百七拾目　　　　　　　　　　　　　同人
　　但箱佛壇并椅子壱脚
　　長連床九脚腰掛六間
　　庫裏茶堂之前

一　弐拾七匁七分　　　　　　　　　　　大工　六左衛門
　　但法堂ノ残工手間
　　飯料合力銀共

一　百八拾三匁　　　　　　　　　　　　南門前　甚右衛門
　　但風呂屋日傭手間
　　請取ノ分

一　三貫八百五拾八匁七分　　　　　　　瓦屋　加賀
（37裏）　　　　　　　　　　　　　　　法堂廊架敷瓦
　　　　　　　　　　　　　　　　　　　處々ノ用

一　四拾弐匁　　　　　　　　　　　　　塗師　彦右衛門
　　但三牌椅子弐脚かな物ふまへ臺
　　花瓶ノ臺二ケ塗手間法堂ノ用

一　三百目　　　　　　　　　　　　　　石屋　市右衛門
　　　前借

一　壱貫七百弐拾三匁七分八厘七毛　　　小買物
　　内四百五拾九匁弐分五厘ハ風呂屋之用
　　残壱貫弐百六拾三匁七毛ハ法堂之用

（38表）
　　合三拾弐貫八百八拾六匁壱分壱リ三毛
　　都合百八拾五貫三百九拾五匁壱分壱リ六毛

　　酉ノ正月二月分

一　八百目　駄石ノ前借両度ニ借ス　　　石屋　五郎左衛門
（38裏）
一　弐百五拾弐分五厘　　　　　　　　　日備　三郎右衛門
　　廊架東溝ノ蓋石
　　手間共

一　三拾五匁　　　　　　　　　　　　　石屋　五郎左衛門
　　敷石手間之前借　　　　　　　　　　北門前

一　弐百目　　　　　　　　　　　　　　石屋　喜右衛門
　　　　　　　　　　　　　　　　　　　西門前

一　弐百五拾匁　　　　　　　　　　　　半兵衛
　　土塀手間前借

一　五拾九匁八分　　　　　　　　　　　同人
　　鐘楼廻土塀ノ代

一　百弐拾九匁　　　　　　　　　　　　小買物
（39裏）
　　合壱貫八百三拾三匁八分四厘五毛
　　三月四月分
　　但普請相済并歳暮之
　　祝儀ニ被遣

一　壱貫弐百三拾壱匁七分六厘　　　　　石屋　西村越前
　　但法堂南廊架四半石ノ代
　　并手間賃共

一　壱貫弐百三拾壱匁七分六厘　　　　　石屋　長兵衛
　　但佛殿山門石垣ノ用
　　車両数百七拾壱両
　　壱両ニ付七匁壱分ッ、

一　壱貫弐百拾四匁壱分　　　　　　　　石屋　善五郎

一 四百三拾四匁三分　　　　　　寝堂玄関廊架
　　　　　　　　　　　　葺師　惣左衛門
一 弐百五拾六匁五分五厘弐毛　　　　　門　前借
　　　　　　　　　　　　小買物　与三衛門
一 弐百四拾五匁四分八厘壱毛　　　　　木引
　　　　　　　　　　　　　　　理兵衛
　　　　　　　　　　　　　寝堂
（32裏）銀三百三匁　　　　　大仏師　廊架
　　金小判弐両　佛殿本尊再興　　右京　玄関
　　　　　　　　　　　　　　　　　門
一 九拾八匁四分三毛
　　　　　　　　　　　　先納所方
一 壱貫目
　　　　　　　　　　　　石屋　長兵衛
合三貫八百四拾匁六分七厘四毛　　　　　三衛門

八九十一月分
（33表）
一 六百拾三匁四分　　作料
　　　　　　　　　　　　大工　権兵衛
一 四拾八匁六分　　合力銀
　　　　　　　　　　　　同人
一 弐百五拾七匁　　飯料
　　　　　　　　　　　　西京　太右衛門
一 弐百五拾弐匁九分八厘　処ミノ用
　　　　　　　　　　　　塗師　彦兵衛
　　　　　　　　　日傭
一 百三拾目五分
　　　　　　　　　　　　石屋　長兵衛
一 七拾壱匁九分五厘
　　　　　　　　　　　　石屋　与十郎
（33裏）
一 百六拾六匁六分　　処ミノ用
　　　　　　　　　　　　葺師　惣左衛門
一 三百弐拾目
　　　　　　　　　　　　大工　与三衛門
一 百目　　前借
　　　　　　　　　　　　　　　六左衛門
一 三百目　寝堂日傭ノ前借
　　　　　　　　　　　　北門前　喜右衛門
一 弐百七匁五分　鐘楼堂石垣
　　　　　　　　　　　　石屋　市右衛門
　　　　　　　前借
一 三百六拾五匁
　　　　　　　　　　　　塗師　是徳
（34表）
一 四百八拾壱匁五分
　　　　　　　　　　　　松山　九右衛門
　　九匁六分三厘ツヽ、風呂ノ用
　　小椽五百七拾丁ニ付

一 百六拾四匁八分
　　　　　　　　　　　　嵯峨　清左衛門
　　あてひ拾本栗六十八本風呂屋ノ用
　　内弐本八代弐拾三匁但北門前逢坂橋ノ用

一 三百九拾六匁弐分五厘
　　　　　　　　　　　　西京　三郎右衛門
　　小砂拾弐坪三板壱坪ニ付三拾七匁ツヽ、
　　内三板八壱坪ニ付三拾五匁ツヽ、処ノ、庭ノ用

（34裏）
一 弐百拾八匁四分八厘六毛　倩日傭
　　　　　　　　　　　　木引　理兵衛
一 七百五拾八匁分六毛
　　内六拾七匁壱分三毛　風呂屋ノ用
　　残る百五拾七匁三分八厘三毛　法堂ノ用

一 壱貫目
　　法堂日傭手間皆済
　　都合十六貫目
一 百五拾匁
　　　　　　　　　　　　北門前　喜右衛門
　　但廊架寝堂ノ日傭代
一 八拾五匁
　　　　　　　　　　　　同人
　　都合皆済
（35表）
一 八拾六匁九分
　　　　　　　　　　　　石屋　与左衛門
　　但逢坂橋下石垣石
　　拾壱輛之代
一 五拾目
　　　　　　　　　　　　材木屋　次郎兵衛
　　逢坂橋石垣積手間
一 百四拾七匁弐分
　　　　　　　　　　　　車ヤ　与左衛門
　　但草横廿丁壱丁ニ付
　　六匁六分ツヽ、風呂屋ノ用
一 八拾目
　　　　　　　　　　　　同人
　　鐘楼ノ屋敷代八坪
一 六拾目
　　　　　　　　　　　　霊雲院
　　同　六坪ノ代
一 弐百四拾目
　　　　　　　　　　　　衡梅院
　　風呂屋ノ屋敷代
　　弐拾四坪
一 百四拾三匁七分六厘
　　　　　　　　　　　　聖沢院
（35裏）
一 弐百拾三匁七分六厘
　　　　　　　　　　　　葺師　惣左衛門
　　内百三拾六匁八工数八十人七拾七匁八分弐厘楊ふき手間
　　但茶堂築地草駄天ノ前用
一 三百八匁壱分壱厘　風呂屋ノ用
　　　　　　　　　　　　同人
　　西門前　半兵衛
一 三百目　築地之前借
　　　　　　　　　　　　庄右衛門

1 法堂普請銀之拂帳

一 弐百拾七匁九分　工数百六十七人半　　　　　大工　権兵衛

一 九拾八匁五分　飯料取分共　　同人

一 百九拾匁壱分　工数百四十人　　　　　　大工　六左衛門

一 八拾三匁　飯料取分共　　同人

一 七拾目　箱佛壇之作料　　　　　　　　木引　理兵衛

一 弐百三拾九匁八分三厘　手木者四十弐人　平日備百十六人　木遣五人　　寝堂　玄関　　　　　　　　　　　　　　　　　西京　三郎衛門

一 百弐拾四匁　　　　　　同人

一 拾四匁　　　　　　　　石屋長兵衛

一 七拾九匁　内三拾六匁須弥壇地福石　壱板ニ付八匁ツヽ　内弐拾目石シラケ賃　内弐拾三匁箱佛担地福石　　三衛門

一 壱貫五百目　前借　　　日傭　九郎衛門

一 百五匁　法堂石垣ノ根切　　小買物

一 弐百六拾五匁七分五厘

　合三貫四百六拾壱匁八厘

六月分

一 壱貫三百八拾六匁三分八厘　　　　　　　　鍛冶喜左衛門

一 百七拾六匁　箱佛壇塗用　　　　　　　　　塗師是徳

一 四百拾弐匁八厘　南廊架　門　寝堂　葺師　惣左衛門　物左衛門　与三衛門

一 三百九拾四匁五分四厘五毛　手木者七拾六人平日備四百拾弐人半　木遣拾五人小砂壱坪代三十弐匁共ニ　　西京　太郎右衛門　三郎衛門

一 弐百五拾八匁八分　法堂唐戸金物塗賃　　　塗師　彦右衛門

一 三百弐拾七匁弐分五厘　箱佛壇法堂　後屏風塗賃　　漆屋　忠兵衛

一 七貫目　前借　　　石屋　長兵衛

一 壱貫五百目　寝堂　玄関　廊架　　　大工　孫左衛門

一 壱貫五百目　同　　　　　　大工　六左衛門

一 五貫目　　　　　　　越前屋　次左衛門

一 九百三拾三匁四分五厘三毛　法堂日備請切之前借　　　木引　理兵衛

一 八百四匁　　　　　　瓦師　加賀

一 弐貫目　前借　　　　北門前　同人

一 四百目　　　　　　　薄屋　喜右衛門

一 弐百三拾弐匁七分　金薄千九百七拾枚　寝堂之唐戸二口玄関　門四ヶ処金物塗賃　　塗師　善兵衛

一 七百弐拾四分　　　彦右衛門

一 八拾六匁　廊架二ヶ処玄関　　彫物師

一 七百拾六匁九分八厘三毛　　　小買物

　合弐拾三貫弐百五分九厘壱毛

七月分

一 壱貫百目　但渡切之分皆済　　　漆屋　忠兵衛

一 百弐拾七匁弐厘　寝堂玄関廊架門　　大工　権兵衛

一 百目　寝堂玄関廊架門　　大工　六左衛門

一 百拾三匁六分壱厘五毛　内六十匁六分　吉野漆壱貫目　内六拾六匁六分　せしめ漆壱貫目　　日傭　太右衛門

一 弐百三拾五匁壱分　門　寝堂玄関廊架　　鍛冶　喜左衛門

四月分

一 弐貫三百三拾六匁六分九厘　大工権兵衛

一 壱貫五百目　六左衛門

（25裏）
一 七百八拾八匁九分五厘　越前屋
　　　　　　　　　　　　　木引次左衛門

一 弐百目六分　石灰百拾八俵　灰屋理兵衛

一 八百三拾五匁八分五厘　葺師惣左衛門
　　　　　　　　　　　　　与三衛門

一 七百三拾三匁弐分五厘　鍛冶喜左衛門

一 八拾四匁　塗師是徳

（26表）
一 六百三拾五匁七厘五毛　上棟ノ用　納所方遣

一 六百八拾八匁　銀拾六枚分　小買物
　　銭弐拾九貫八役者方ヨリ出

閏四月分

一 八百弐拾九匁弐分　工数七百四十五人　大工権兵衛

一 四百弐拾壱匁四分　飯料合力銀共　同人

一 六百六拾四匁七分　工数五百十四人　大工六左衛門

一 三百六拾弐分　飯料合力銀共　同人

一 三百三拾五分八厘　鍛冶喜左衛門

一 百六拾三匁八分五厘　左官三四郎

一 弐百四拾九匁九分　灰屋与左衛門
　　石灰百四十七俵壱俵ニ付壱匁七分ツ、法堂瓦ノ下土ノ用

一 五百六拾目八分　法堂瓦葺手間賃　瓦師加賀

（27表）
一 弐百九拾目　草槇志、料千枚ノ車力　鳥羽市助

一 五拾九匁五分　槇志、料廿三枚　同丸柱大小三十本ノ車力　鳥羽与一郎

一 百五拾壱匁四厘七毛　木引利兵衛

一 三貫目　前借　越前屋次左衛門

一 八拾目　法堂地福スエル時手間賃　石屋長兵衛

一 壱貫目　前借　石屋三郎衛門

一 六拾三匁　法堂須弥壇後屏風ノ下地福石ノ手間賃　同人

一 拾壱匁　三月分付落　大工理兵衛

一 九百五分　三月分付落　木引七兵衛作料

一 金小判九百弐拾七両三分　尾州樽材木ノ代
　　右銀ニシテ五拾九貫六百目

（27裏）
一 三百三拾五匁七分　洞屋倒岳能沢孫左衛門
　　櫛形ノ用槇志、料弐十三丁廊架槇丸柱大小三十本

一 壱貫八百五拾目三分　大坂上下路料小遣共

（28表）
一 百八匁三分　水南呑舟　上棟之祝儀

一 銭弐拾九貫五百文　諸職人被下　瓦師加賀
　　右銀ニシテ五百三拾壱匁

一 壱貫目　前借　小買物

一 三百弐拾匁五分八厘　大工権兵衛

一 弐貫目　請切之前借　大工六左衛門

合七拾四貫拾匁五分五厘七毛

五月分

一 四百六拾四匁　法堂渡切皆済　大工六左衛門

合八貫弐百四拾七匁八分四厘五毛

1　法堂普請銀之拂帳

一　百四拾六匁弐分弐厘
合八貫四百弐拾五匁弐分四厘壱毛

二月分

一　壱貫百八拾六匁四分五厘　内百壱匁弐分取分　小買物
一　六百参拾六匁弐分　飯料
（22表）
一　五百目　請切之前借
一　壱貫四百七拾弐匁三分　内三百八拾弐匁五分食料　大工　権兵衛
　　　　　　　　　　　　　内七拾三匁五分取分　　工数千七拾五人
一　五百目　請切之前借　六左衛門
（22裏）
一　弐百四拾九匁九分九厘　手木者弐拾壱人　同人
　　　　　　　　　　　　　平日備三人
一　弐拾参匁九分壱厘　四百三拾七本ノ代　鍛冶　喜左衛門
一　弐貫四百弐拾七匁五分　足代木　嵯峨　清左衛門
一　三貫九百四拾四匁弐分五厘　尾張材木運賃　西京　三郎衛門
　　　　　　　　　　　　　　　濱賃不足ニ渡ス
一　百三拾九匁七分七厘　尾張マテ船賃不足ニ渡ス　唐橋　理兵衛
一　六百四拾七匁六分弐厘　鳥羽マテ船賃不足ニ渡ス　平野　三郎兵衛
（23表）
一　五百七拾六分五厘　単提伍監寺清右衛門　本庄ヤ　九郎兵衛
一　三百九匁六分　大坂上下ノ入用　本庄ヤ　九郎兵衛
一　百拾四匁八分　松物四十壱本　名和田屋　甚兵衛
　　　　　　　　　松長三間ニ末口七寸八寸四十壱本
一　三百九匁　松物四十壱本　はね木　本庄ヤ
一　四百五匁壱分　大坂ヶ鳥羽まて運賃　鳥羽　次兵衛
一　四貫四百弐拾九匁　はね木四十壱本ノ車力　草横千丁ノ代　次郎左衛門
一　弐貫目　前借　土居葺ノ用
一　八拾弐匁八分五厘　節首座　南春　単嶺　大坂上下ノ入用

一　弐百参拾参匁七分
（23裏）合拾九貫弐百七拾九匁六分九厘

三月分

一　壱貫拾四匁五分　工数八百拾九人　小買物
一　五百四拾匁五分　内四百廿四匁五分食料　大工　権兵衛
　　　　　　　　　　内八拾目　取分
一　七百六拾弐匁三分　工数五百八十人半　大工　六左衛門
（24表）
一　三百四拾五匁九分　内弐百九拾目弐分五リ食料　同人
　　　　　　　　　　　内五拾五匁六分五リ取分
一　拾五匁五分三厘　手木者八人　鍛冶　喜左衛門
　　　　　　　　　　平日備十壱人半
一　壱貫五百目　　　西京　三郎衛門
（24裏）
一　九拾壱匁八厘　越前屋　次左衛門
一　百五拾壱匁四厘　塗師　是徳
一　五百五拾九匁五分七厘　葺師惣左衛門　西京土屋　太郎衛門
一　六百七拾七匁壱分七厘弐毛　立柱ノ祝儀并虹梁上ル時　唐橋　与三衛門
　　　　　　　　　　　　　　　祝儀書出有之
一　弐百七匁五分　　藁蓆六百枚　納所方
一　壱貫弐百弐拾六匁七分三厘三毛　二月分　小買物
一　壱貫三百四拾三匁壱分三厘九毛　三月分　木引　利兵衛
　　　　　　　　　　　　　　　　　但未九月ヶ申ノ三月まて五分通引落算用相済
　　　　　　　　　　　　　　　　　倩ト草横ミッ切ノ分五分不引
（25表）
一　百七拾匁五分　　　同人
一　百目　　　　　ホリ物師　奥嶋拾五竭　新之丞

一　合拾弐貫四拾三匁三分弐厘四毛

（18表）
一 六百四拾四匁四分壱厘　　　　　日傭　仁左衛門
　　　　　手木九拾五人
　　　　　平日傭七百七拾八人
一 百七拾目七分五厘　　　　　　　唐橋　喜右衛門
一 拾三匁六分　　　　　　　　　　　　　理兵衛
一 七拾弐匁　　　　　　　　　　　葺師　惣左衛門
　　内六拾六匁ハ唐門ノ西築地ツキ手間壱坪ニ付
　　三拾三匁ツヽ、内六匁ハ赤土弐板ノ代　　与三衛門
一 九拾弐匁三分　　　　　　　　小買物　西門前　半左衛門

（18裏）
合弐拾三貫九百六拾八匁五分六リ七毛
　　十一月6十二月十日まで

一 三貫目　　　　　　　　　　　　越前屋　次兵衛
一 壱貫三百五拾四分　　　　　　　大工　権兵衛
　　　　工数千弐百十五人半
一 六百七匁五分　　飯料取分共　　大工　権兵衛
一 壱貫四拾六匁　　工数七百六十八人
一 四百五拾六匁八分　飯料取分共　　大工　六左衛門
一 壱貫目　　　前借
一 弐貫目　　　前借
一 弐貫七百六拾四匁九分弐厘　　　鍛冶　喜左衛門
　　　　釘鈬小日記有之
一 五百八拾壱匁六分　　　　　　　唐橋　理兵衛
一 九拾弐匁八分八厘　　　　　　　門前者夜番扶持方
　　八木弐石壱斗六升ノ代
　　五月廿一日6極月晦日まて
一 三貫目　　松物運賃　　　　　　大坂本庄ヤ　九郎三郎
一 七百九拾目　　　　　　　　　　鳥羽　次市左衛門
一 四貫目　　前借　　　　　　　　　瓦師　加賀
一 壱貫七百六拾八匁八分四厘五毛　小屋ノ用松物ノ車力
　　　　　　　　　　　　　　　　木引　理兵衛

一 弐貫目　　前借　　　　　　　　鳥羽　市助
一 七拾七匁弐分七厘　　　　　　　西京　四郎兵衛
　　　平日傭者七拾三人
一 八百九拾壱匁四分五厘　　　　　石屋　長兵衛
（20表）　　　　　　　　　　　　小買物　三衛門
一 壱貫目　　前借

合弐拾六貫三百八拾弐匁六分六厘五毛
都合八拾弐貫五百六拾四匁九分九厘
　　未十二月十一日6十五日
　　申正月十一日6廿九日迄

一 弐百八拾六匁六分　　十二月分　　大工　権兵衛
　　内百九拾四匁六分ハ作料工数百五拾人
　　内五拾匁五分ハ飯料
　　内四拾弐匁五分ハ取分
一 五百弐拾三匁五分　　正月分　　　大工　権兵衛
　　内三百五拾七匁五分ハ作料工数百八拾三人
　　内百拾匁五分ハ飯料
　　内弐拾五匁五分ハ取分
（20裏）
一 弐百拾三匁五分　　十二月分　　　大工　六左衛門
　　内百四拾八匁六分ハ作料工数百九人
　　内五拾四匁九分ハ飯料
　　内拾匁ハ取分
一 四百四拾七匁九分　　正月分
一 弐貫四百七拾匁九分　　　　　　　尾張樽材木車力
（21表）
一 三貫七百九拾弐匁四分七厘　　　　鳥羽　市助
　　銀高四貫八拾六匁ノ内弐貫目先月勘定ノ時渡ス
　　内四拾弐匁五分リ樽弐間半八寸角弐十五本不足車力代引
　　内拾匁弐分五リハ間板子十八枚不足ニ引
　　内拾匁五リ篷間四百帖ノ車力
一 百三拾弐匁五厘　　　　　　　　鍛冶　喜左衛門
一 七百九拾六匁弐分五厘　　　　　唐橋　理兵衛
一 四百五拾九匁五分八厘弐毛　　　西京　三郎衛門
一 弐百九拾弐匁八分七厘四毛　　　木引　理兵衛
　　　　　　　　　　　　　　　　　　　納所方

1　法堂普請銀之拂帳

〈14裏〉
一百三拾九匁三分　　　鍛冶　喜左衛門
一百五拾七匁九分　　　鳥羽市助
　　　車力代
一弐拾五匁八分　　　石屋五郎左衛門
　　南唐門西石垣ノ用
　　石四ッ五ツ積車三両分
一四拾五匁　　　石屋与十郎
　　南唐門ノ西石垣手間
一三拾壱匁八分　　　南門ノ前　小兵衛
　　動撞ノ松龍安ゟ来車力代
一百四拾六匁九分　　　嵯峨　清左衛門
　　枕丸太弐間半木
　　合百弐拾八本ノ代
一三百弐拾四匁八分九厘五毛　　　唐橋　理兵衛
〈15表〉
一壱貫九百七拾四匁五分壱厘六毛　　　木引　理兵衛
　　五月ゟ八月迄五分通ヲ引落
　　不残相済也
一弐貫目　　　越前屋　次兵衛　前借
一四百七拾四匁六分　　　大工　権兵衛
一五百目　　　大工　六左衛門
一八百七拾壱匁　　　大工　権兵衛
　　工数四百四拾八人半
一壱貫弐百七拾目弐分　　　鍛冶　三郎衛門
　　九月分　請切／前借
〈15裏〉
　合拾六貫三百八拾八匁六分弐厘壱毛
一五百目　　　唐橋　喜左衛門
一七百六拾弐匁四分弐厘　　　西京　四郎兵衛
　　石撞ノ日備
一九拾六匁壱分弐厘　　　葺板　小買物
一弐百六拾九匁弐分　　　引木舞ノ代
一三百三拾五分六厘
一五百六匁　　　小日記有之

〈16表〉
一七拾六匁八分　　　忠首座能沢孫左衛門
　　大坂上下ノ入用
一七百七拾八匁七分九厘五毛　　　大坂上下　喜右衛門
　　石撞ノ日備　北門前　仁左衛門
　合五貫四百四拾四匁九厘五毛
　　十月分
一壱貫四百弐拾三匁三分　　　内三匁五分常是包賃
一弐百五拾六匁五分五厘　　　禁中残材木ノ代
一五貫八百六拾九匁　　　右材木之車力代
一六百目　　　櫻材木并牛引物弐本ノ車力
一六拾目　　　鳥羽ニテ牛引物弐本水上ノ代
一六拾五匁　　　鳥羽櫻柱拾八本ノ水上代
〈16裏〉
　　櫻五間柱壱本ノ増銀
一拾貫四百六拾三匁三分　　　松材木ノ代
　車屋彦兵衛甚九郎九左衛門ニ渡指引前借不残相済者也
　右ノ内八貫七百五拾四匁弐厘大坂松材木草樺色ゟノ代
　内ノ内壱貫五百目者尾張ゟ大坂迄船賃前借遣
　内四百五拾匁弐分八厘南春物首座大坂下リ時材木ノ船賃三渡
　内弐百六拾匁六分忠首座能沢大坂下リ入目
一三百五拾八匁五分壱厘壱毛　　　木引　理兵衛
　　九月分
一九百拾壱匁九分六毛　　　木引　理兵衛
　　工数五百五拾六人
一七百三拾四匁五分　　　大工　同人
　　十月分
一三百弐拾匁八分　　　大工　六左衛門
　　内四拾九匁八分五厘飯料
一壱貫七百七拾九匁五厘　　　鍛冶　喜左衛門
　　工数五百四拾七人半
一弐百拾八匁六分七厘
〈17裏〉
一六百拾四匁三分弐厘　　　西京　四郎兵衛
　　手木九十六人
　　木遣上下弐十三人
　　平七百五拾六人

（11表）
未五月分

一 百七拾八匁　八十壱人　作料午膓取分共ニ　大工　権兵衛

一 五百三十四匁弐分　手木百四十五人半　西京　四郎兵衛
　　　　　　　　　　木遣弐十七人

一 五百弐拾八匁　手木百五十一人　喜右衛門
　　　　　　　　　木遣弐十七人

一 七百三拾五匁　手木百五十一人　北門前　仁左衛門
　　　　　　　　　木遣弐十九人

一 百壱匁五分五厘　砂五拾弐坪弐板ノ代　西京　四郎兵衛

一 拾六匁七分五厘　鍛冶　喜左衛門

一 六拾三匁五分　同　木引　嵯峨材木ヤ　次郎兵衛

一 六拾三匁六分　土弐拾壱坪ノ代　材木ヤ　清左衛門

一 七匁五分　小屋ノ用　南門前　弥吉

一 弐匁五分　同　葺師　物左衛門

一 弐百十八匁九分弐厘　四月分付落　左官　三四郎

一 七拾三匁壱分五厘　後牛引物来時　諸職人手木非時ノ用　納所寮

合弐貫九百壱匁弐分七リ　小買物

六月6七月6日まて

一 壱貫六拾目五分　砂七拾三板之代　西京　四郎兵衛
　　　　　　　　　壱坪□代十四匁ツ

（12表）

（12裏）
一 七拾六匁九分五厘　手木者弐十九人　同人　仁左衛門
　　　　　　　　　　平七十五人

一 九拾六匁七分　手木者三十六人　喜右衛門
　　　　　　　　平九十五人

一 九百三拾目七分　工数四百八拾弐人　大工　権兵衛
　　　　　　　　　作料食料取分共ニ

一 六百三拾目九分　工数三百弐拾十人　大工　六左衛門
　　　　　　　　　作料食料取分共ニ

一 弐拾弐匁八分三厘　材木小屋之用屋祢　葺師　物左衛門
　　　　　　　　　　坪数拾四坪弐分七厘
　　　　　　　　　　壱坪ニ付壱坪弐匁六分ツ

（13表）
一 百四拾目五分　赤土拾坪壱板　鍛冶　喜左衛門
　　　　　　　　壱坪ニ付十匁六分ツ
　　　　　　　　地形之用

一 百八匁六分五厘　鉄物ノ手木小日記有リ　鍛冶　理兵衛

一 弐百八拾六匁壱厘七毛　小日記有之　納所方渡

一 八百八拾三匁弐分三厘五毛　小買物

一 四貫目　瓦師　加賀

一 三貫百弐拾三匁九分弐厘　両替　又兵衛
　　　　　　　　　　　　　天井板ノ代恩首座大坂上下ノ小遣共ニ
　　　　　　　　　　　　　萬帳有之

（13裏）
合八貫弐百七拾七匁弐分九リ弐毛

七月八日6八月晦日まて

一 三貫目　法堂瓦ノ前借　瓦師　加賀

一 五拾七匁九分五厘　退蔵院築地并山門橋袋ノ用　同人
　　　　　　　　　　瓦色さ手間共ニ

一 壱貫九百八拾匁九分五厘　工数千四十七人半　大工　権兵衛
　　　　　　　　　　　　　作料午膓取分共ニ

一 壱貫四百八拾目三匁四分五厘　工数七百六十弐人半　大工　仁左衛門
　　　　　　　　　　　　　　　作料午膓取分共ニ

一 四百七拾目壱分七厘　手木者八十三人木遣上下拾五人　日備中　喜右衛門
　　　　　　　　　　　平四百六十弐人

一 三百八拾弐匁三分五厘　手木者七十九人木遣上下十四人　西京　四郎兵衛
　　　　　　　　　　　　平四百四十八人

（14表）
一 弐拾五匁六分弐厘　栗石五板ノ代　同人　葺師　物左衛門

一 百六匁弐分　請取屋祢百八坪ノ代　葺師　物左衛門
　　　　　　　但壱坪ニ付九分ツ、

1　法堂普請銀之拂帳

（7裏）
一　九拾八匁七分　　作料飯料取分共ニ

一　五拾五匁　　手木五拾人

一　弐百七拾七匁五分　　竹　丸太　嵯峨材木屋　清左衛門

一　七百拾三匁弐分五厘　　砂四十坪三板　栗石六板　西京四郎兵衛　三郎衛門　大坂十八ヤ　吉兵衛　石屋　長兵衛

一　三貫五百目　　材木舟賃

一　弐貫目
（8表）
　七口合七貫百四拾四匁四分五厘
　　　未三月分　　　　　　　　　工数四十七人

一　三百三拾三匁五分

一　四拾九匁五分　　工数弐拾七人半　大工　権兵衛

一　七拾五匁七分　　鍛冶　喜左衛門

一　四拾目八分　　処、小屋椙葺ノ手間　葺師　惣左衛門　与三右衛門

（8裏）
一　四百三拾九匁壱分五厘　　三寸七分四寸四寸五分　西京四郎兵衛　三郎右衛門
　右ノ代栗石弐十坪弐板壱坪ニ付弐十目五分ツヽ、
　砂拾四荷壱荷ニ付拾壱分ツヽ、
　砂五板壱坪ニ付拾四匁ツヽ、

一　五拾四匁　　竹四百本　惣垣ノ用　嵯峨　清左衛門

一　四拾六匁八分　　松六寸四ツ割三十本　千本撞ノ用　材木屋　次郎兵衛

一　百七拾三匁三分三厘　　手木遣壱人　平日備百五十五人　天野屋　源兵衛

一　三百七拾四匁八分九厘　　手木五拾五人半　木遣弐拾八人内三人久兵衛　平四百弐十六人　越前屋　次兵衛

（9表）
一　四拾五匁八分　　算引物請取時　大坂上下ノ入目　伍監寺　能沢

一　八拾七匁六分五厘　　小日記有之　法堂手斧初ノ時備物

　　　　　　

一　弐百弐拾目三分五厘　　小日記有之　同非時之入用　越前へ年頭之進物

一　九拾三匁五分　　大工　棟梁　権兵衛

一　弐拾目壱分五厘　　綿五把同臺昆布五把同臺　生酒弐斗縄巻樽弐ツ　小日記有之　日備者ニ酒被下入目小日記有之　酒

一　八拾六匁　　法堂手斧初祝儀ニ被下
（9裏）
一　四拾三匁　　同

一　三拾六匁　　同　　銭弐貫文ノ代

一　九拾文目　　同　　銭五貫文ノ代

（10表）
　合弐貫三百拾匁壱分弐厘
　　未四月分

一　百弐拾六匁五分　　工数合五拾三人　取分壱匁五分　右食料弐拾六匁五分　大工　権兵衛

一　壱貫百七拾目六厘　　手木百弐拾八人半　代百三十弐匁七分七リ　平千百五十三人　代七百五拾四匁八分六リ　木遣七拾人半内弐十七人代九拾九匁四分　平四百四拾九人代八百八十目九リ　杣人四人代八匁八分　日備者　仁左衛門　喜右衛門

一　八百三拾四匁八分壱厘　　上木遣拾三人代三十弐匁五分　次木遣弐十七人代四十八匁六分　手木三十七人代八十弐匁五リ　西京四郎兵衛　三郎右衛門

一　八拾四匁　　川砂六坪壱坪ニ付拾四匁ツヽ、　同人

一　七拾弐匁　　鍛冶　喜左衛門

一　弐百七拾九匁四分七厘　　小日記有之　納所方　市兵衛

一　百弐拾七匁三分弐厘　　石居下穴ホリ賃　穴四十三ノ分　鐘撞

一　三拾弐匁五分五厘　　地撞棒ノ用松六寸四ツ割　牛引物来時日備共被下　材木ヤ　次郎兵衛

一　六拾六匁　　酒九斗五升ノ代　弐十弐本運賃共　出口屋　清左衛門

　合弐貫七百九拾弐匁七分壱リ

一七拾弐匁四分　但桂昌院之前築地石垣　北門前
　　　　　　　　　こほち賃　　　　　　　　　　材木屋
　　　　　　　　　　　　　　　　　　　　　　　長左衛門
（4表）
一弐百九拾四匁壱分七厘六毛　小牛引物算引物
　　　　　　　　　　　　　　之利銀　　　　　次郎兵衛

　　　　　　　　　　　　　　六月分

合五貫八百七拾五分五厘六毛

一五貫目　　瓦ノ手付　　　　　　　　　　　　瓦師
一八拾四匁三分　　　　　　　　　　　　　　　加賀
（4裏）　　　　　天授院之前
一三貫目　石居ノ手付　地形土ノ代　　　　　　石屋
　　　　　　　　　　　　　　　　　　　　　三右衛門

合八貫九百四拾四匁三分

　　　　　　　　　　　　　　七月分

一拾六貫目　但最前手付ニ拾貫目相渡ス　　　　大牛引物弐本
　　　　　　合弐拾六貫目也請取手形有之
一百六拾八貫五厘　水南呑舟能沢孫左衛門　　同大坂上下ノ入用
　　　　　　　　　喜兵衛小日記有之
一六拾四貫百五匁　紹隆ニ渡ス　　　　　　　　欅材木ノ代
　　　　　　　　　能沢孫左衛門
一百五拾八貫三分五厘　長兵衛市兵衛　　　　　大坂上下ノ入用

合八拾貫五百三拾壱匁四分

　　　　　　　　　　　　　　八月分

一弐百七拾三匁九分　単提物首座　　　　　　　尾州上下ノ路銀

　　　　　　　　　　　　　　十月分

一六百拾三匁壱分弐厘　　　　　　　　　　　　嵯峨材木屋
（5裏）　　　　　　　　　　　　　　　　　　　清左衛門
一百四拾目　　　　　　　　　　　　　　　　　大工
　　　　　　　　　　　　　　　　　　　　　権兵衛
一百六拾三匁七分　平手木共　　　　　　　　　日備喜右衛門
　　　　　　　　　内十五人共八手木　　　　　仁左衛門

一弐百四拾三匁弐分四厘　　　　　　　　　　　瓦師
　　　　　　　　　　　　　　　　　　　　　加賀
一弐百弐拾目五分五厘　退蔵院之前　　　　　　八郎右衛門
　　　　　　　　　　築地ノ用
一百七拾目　椴引木舞千七百丁　　　　　　　　木ヤ
　　　　　法堂大工小屋ノ用　　　　　　　　七左衛門
　　　　　壱間ニ付七匁壱分ツ、
一三拾壱匁五分　草槇ノ運賃　　　　　　　　十八屋
　　　　　　　　　　　　　　　　　　　　　久兵衛
（6裏）
一弐百九拾八貫六匁　祇園材木ノ代　　　　　志方四郎右衛門ニ渡ス
一百弐拾弐匁　　　　　　　　　　　　　　　小買物

二口合四貫九百拾四匁壱厘

　　　　　　　　　　　　　　十一十二月分

一四百四拾匁七分五厘　龍安寺ヨリ来　　　　　車力
　　　　　　　　　　　松九十七本
一拾四匁五分　　　　　　　　　　　　　　　右松ノ切賃
（6裏）
一三百九拾八匁　午膓作料取分共　　　　　　大工百九拾九人
一四百六拾五分六分　　　　　　　　　　　　小屋葺賃
一百六拾四匁四分八厘　壱人ニ付六分四ツ、　　平日傭弐百五十七人
一四拾四匁　　壱人ニ付壱匁壱分ツ、　　　　手木四拾人
一五貫目　　　　　　　　　　　　　　　　　瓦師
　　　　　　　　　　　　　　　　　　　　　加賀
一弐拾八匁　但壱貫目ニ付五匁ツ、　　　　　返古　五貫六百目
　　　　　　　小買物之内　　　　　　　　　　　ノ代
（7表）
一七分　　　小買物之内　　　　　　　　　　ハケ七ツ
一弐百五拾目　　　　　　　　　　　　　　　樫板大小拾六枚

合六貫八百拾文目三厘　但祇園ニ而買

物高合百七貫七百匁弐分九厘六毛

承応四未年　午ノ十二月ノ算用残リ
　　　　　正月二三ケ月分

一五百目　　前借シ　　　　　　　　　　　　大工
　　　　　　　　　　　　　　　　　　　　　権兵衛

1　法堂普請銀之拂帳

（表紙）
承應二癸己年(ママ)
法堂普請銀之拂帳
八月吉辰

（1表）
承應二癸己年分(ママ)

一 拾貫目　　　紹隆へ渡
一 拾貫目　　　紹隆へ渡　請取状有
一 拾貫目　　　紹隆へ渡　請取状有
一 弐貫目　　　紹隆手形有
一 弐貫目　　　紹隆へ渡　請取状有
一 壱貫目　　　次郎兵衛ニ渡　請取状有
　　　　　　　　材木屋
一 拾六文目　　先納所ヨリ拂小日記有
　　　　　　　　大工越前方ヘ被遣（1裏）
一 三文目　　　同
一 壱匁三分七リ五毛　同
一 三拾弐匁　　同　大工大和方ヘ被遣
一 弐匁壱分弐リ五毛　同
一 六匁五分　　同
一 四文目　　　同（2表）

樫柱之手付
大牛引物手付
大牛引物之代
小牛引物手付
樫小道具物手付
諸白弐斗之代
同壱斗樽弐ケ
諸白四斗
同人足六人飯米入目
同樽弐ケ之代
同蕨縄ノ代

一 拾六匁　　　同　　　同昆布弐十把
一 三匁　　　　同　　　同臺　壱ケ
一 弐百弐拾五匁　　但法堂地割祝儀ニ　越前ニ被遣
　　　　銀五枚分
一 壱文目　　　同　　　臺壱ケ
一 六匁四分　　方ミ地割之時　　　楸木松四割八本
一 三分五厘　　先納所ヨリ拂小日記有之　右之駄賃
一 弐匁弐分弐厘　同　　　大工壱人入目飯米共
一 三匁五分　　大工越前　　　吸物酒肴入目共
　　　　　見舞之時
一 弐拾三匁壱分五厘　楸ケツル用　錦嶺軒藪發賃
一 拾八匁　　　伍監寺ニ渡ス　　同地形直シ賃
一 七匁弐分　　西門前　　　　　周桂庵藪發賃
　　　　　　　喜兵衛
一 三拾壱匁五分　　　　樽壱寸板七枚
　　　　　　　但法堂地割之用（3表）
　　　　　　　越前方ヘ遣ス
一 弐匁四分　　同　　松三寸角三本
一 六分　　　　同　　檜長壱間半　三本
　　　　　　　　　　丈木之用
一 三分五厘　　同　　枕長へキ三本
一 壱匁七分五厘　　　瓦師　加賀ニ渡ス
　　　　十一月廿七日　瓦ノ手付
一 五貫目　　　請取手形有之　右之材木代ノ利銀
　己ノ年分(ママ)合三拾貫三百九拾七匁四分弐厘（3裏）

一 四貫八百四拾目五分弐厘　　小牛引物并算引物
　　　承應三甲午二月　大坂ヘ下ス　材木屋　次郎兵衛
一 六百目四分六厘　末口物大坂ゟ鳥羽まて運賃

資料編

◎著者略歴◎

平井　俊行（ひらい・としゆき）

昭和34年1月　　東京都文京区本郷にて生れる。
昭和56年3月　　京都工芸繊維大学工芸学部建築工芸学科　卒業
昭和58年3月　　同大学大学院工芸学研究科建築学専攻　修士課程修了
昭和58年4月　　京都府に就職
平成2年6月　　 京都府教育庁指導部文化財保護課　勤務
平成24年1月　　博士（工学）の学位取得（東京大学、第17606号）
平成25年4月〜　京都府教育庁指導部文化財保護課　建造物担当課長

〔保存修理工事〕
仁和寺鐘楼・経蔵・遼廓亭、妙心寺庫裏・大方丈・小方丈・寝堂・山門・敕使門、福王子神社拝殿・本殿、出雲大神宮本殿、勧修寺書院、退蔵院本堂、国宝浄瑠璃寺本堂・三重塔、正傳寺本堂の修理に従事

〔主な論文等〕
「〈研究ノート〉妙心寺古文書『記録』に見る「並べ瓦」・「丸付並べ瓦」」
　　　『建築史学』第21号　建築史学会　平成5年9月
「西村家の『由緒覚書』の考察と全文紹介」『京都府埋蔵文化財論集』第3集
　　　財団法人京都府埋蔵文化財調査研究センター　平成8年3月
「大仙院本堂の当初平面の考察」『日本建築学会計画系論文集』第471号
　　　社団法人日本建築学会　平成7年5月
「〈技術レポート〉妙心寺の屋根葺き材料の変更について（こけらから檜皮葺きへ）」
　　　『文建協通信』№47　財団法人文化財建造物保存技術協会　平成10年8月
「禅林寺阿弥陀堂について」（共著）『京都府埋蔵文化財論集』第5集
　　　財団法人京都府埋蔵文化財調査研究センター　平成18年3月

近世 妙心寺建築の研究
（きんせいみょうしんじけんちくけんきゅう）

2013（平成25）年9月10日発行

定価：本体9,500円（税別）

著　者　平井　俊行
発行者　田中　大
発行所　株式会社　思文閣出版
　　　　〒605-0089 京都市東山区元町355
　　　　電話 075-751-1781（代表）

印　刷
製　本　株式会社　図書印刷 同朋舎

©T. Hirai, 2013　　ISBN978-4-7842-1689-5　C3052

◎既刊図書案内◎

谷 直樹 編著
大工頭中井家建築指図集
中井家所蔵本
ISBN4-7842-1148-9

江戸幕府の京都大工頭を代々勤めてきた中井家の伝来史料には、同家の職務に対応して城郭、武家屋敷、内裏、公家屋敷、寺社、数寄屋、書院の指図があり、さらに洛中図・町絵図・橋図など土木関係の絵図も豊富に揃っている。図版517点を大判で収録し、総論と各個解説を付す。
▶B4判・360頁／定価 18,900円

谷 直樹 著
中井家大工支配の研究
ISBN4-7842-0707-4

中井家大工支配の初期形態から支配の確立・変容をたどる一書。【内容】中井家大工支配の成立過程／農村大工の大工役と諸役免除／公儀作事における中井家の職務と財政構造／中井家支配下の棟梁衆および家中の変遷／中井家六カ国大工支配の整備と再編成／中井家大工支配の成立と展開
▶A5判・340頁／定価 8,190円

川上 貢 著
近世上方大工の組・仲間
ISBN4-7842-0922-0

江戸幕府の京都大工頭を代々勤めてきた中井家による五畿内・近江六か国大工組支配の仕組みのなかで、各地に組織・編成されていた大工組に焦点をあて、その成立、運営と変遷、さらには分裂と再編を、近世前期にまでさかのぼる新出史料をもとに検証した論集。
▶A5判・402頁／定価 9,450円

日向 進 著
近世京都の町・町家・町家大工
ISBN4-7842-0984-0

身近な素材に精緻な技術が注入され、洗練された造形として結実しているのが京都の町家である。近世における京都町家の形成と展開の過程を事例として、町家が住居形態として一定の類型を保持し、存続してきた背景としての建築的、技術的、社会的、都市的な要因の解明を試みる。
▶A5判・340頁／定価 8,190円

中村昌生先生喜寿記念刊行会編
建築史論聚
ISBN4-7842-1202-7

日本建築の歴史的伝統を深く把握してこそ、新しい時代の建築を創造できるとした建築史学の泰斗・中村昌生氏（京都工芸繊維大学名誉教授）の喜寿を記念し、薫陶を受け研鑽を重ねてきた研究者たちがオリジナル論文を持ち寄る。寺社建築／茶室／建築生産史・都市史／近代建築についての15篇。
▶A5判・590頁／定価 9,450円

川上孤山著／荻須純道補述
増補 妙心寺史
ISBN4-7842-0429-6

大正4年に川上孤山師によって書かれた『妙心寺史』は、草創から維新期まで六百年の妙心寺の沿革を、本山・塔頭はもちろん地方寺院に至るまでその記録・文書を猟渉して描いた大著である。復刻にあたっては荻須純道による「明治以降の妙心寺」を増補した。付・松原一流（古月・白隠）系正脈図。
▶A5判・830頁／定価 10,290円

加藤正俊著
関山慧玄と初期妙心寺
ISBN4-7842-1281-7

世縁の粘着を嫌い隠逸の生涯を送った妙心寺の開山・関山慧玄は、自らの意志で伝記の手掛かりとなるものは遺さなかった。後世の関山伝や印可状などの諸史料を精密に分析し、初期妙心寺における関山を中心とした諸問題にとりくみ、宗門の密室性に分け入った一書。
▶A5判・390頁／定価 6,825円

玉村竹二監修／瑞泉寺史編纂委員会編
妙心寺派語録[全2巻]
瑞泉寺史別巻

瑞泉寺史編纂に際し、中世に属する妙心寺派の語録を刊行。中世禅僧の詳細な行状を通して新たな史実解明をもたらす貴重史料。
【収録史料】日峰宗舜大徳寺入寺法語／義天集／雲谷集／桃隠集／仏日真照禅師雪江和尚語録／本如実性禅師景川和尚語録／虎穴録／西源持芳和尚語録／少林無孔笛 他
▶A5判・総1166頁／揃定価 29,400円

思文閣出版　　　　　　　　（表示価格は税5％込）